新編諸子集成

呂氏春秋集釋

下

許維遹 撰
梁運華 整理

中華書局

呂氏春秋集釋卷第十五

滎成許維遹學

慎大覽第三　權勳　下賢　報更　順説　不廣　貴因　察今

呂氏春秋訓解　高氏

一曰：賢主愈大愈懼，愈彊愈恐。愈，益。凡大者，小鄰國也；彊者，勝其敵也。夫大者，侵削鄰國使小也。彊者，彊以克弱，故能勝其敵也。勝其敵則多怨，小鄰國則多患，多患多怨，國雖彊大，惡得不懼，惡得不恐？惡，安也。故賢主於安思危，安不忘危。於達思窮，顯不忘約。於得思喪。喪，亡也。有得有失，故思之。○王念孫曰：「治要引注『得』下有『必』字，當據補。」周書曰：「若臨深淵，若履薄冰。」以言慎事也。周書，周文公所作也。若臨深淵，恐隕墜也；如履薄冰，恐陷没也，故曰「以言慎事」。○洪邁曰：「高注云『周書，周文公所作』，妄也。」

桀爲無道，暴戾頑貪，心不則德義之經爲頑，求無厭足爲貪。天下顫恐而患之，顫，驚也。患，憂也。言者不同，紛紛分分，其情難得。紛紛，殽亂也。分分，恐恨也。其情難得知也。○俞樾曰：「『分分』當作『忿忿』，老子五十六章『解其分』，王弼注曰：『除爭原也。』顧歡本『分』作『忿』，即其例矣。」○吴先生曰：「分分，無恐恨之義。分、紛音同，以同音疊字爲句，古書亦少此例。疑『分分』當作『介介』，注『恐恨』當作『怨恨』。介介猶耿耿也。耿耿不忘，有怨恨之義。漢書陳湯傳『使百姓介然有秦民之恨』，顔注：『介然猶耿耿。』此以怨恨釋介介，與彼同意。」○維遹案：王念孫校本改「分分」爲「介介」，注「恐恨」改爲「怨恨」。**干辛任威，淩轢諸侯，以及兆民，**干辛，桀之諛臣也，專桀無道之威，以致滅亡。**賢良鬱怨。殺彼龍逢，以服羣凶，衆庶泯泯，皆有遠志，**龍逢忠而桀殺之，故衆庶泯泯然亂。有遠志，離散也。**莫敢直言，其生若驚。**驚，亂貌。民不敢保其生也。○舊校云：「『驚』或作『夢』。」○吳先生曰：「『驚』作『夢』，是也。夢夢爲亂，毛傳、爾雅皆有明訓。『驚』是誤字，無可疑也。」**大臣同患，弗周而畔。**患，憂也。心懼盡見誅，故同憂也。不周於義，而將背畔也。**桀愈自賢，矜過善非，**其所行者非，而反善也。○舊校云：「『矜』一作『給』。」**主道重塞，國人大崩。**崩，壞散。**湯乃惕懼，憂天下之不寧，欲令伊尹往視曠夏，恐其不信，湯由親自射伊尹。**恐夏不信伊尹，故由揚言而親自射伊尹，示伊尹有罪而亡，令夏信之也。○畢沅曰：「梁伯子云：『曠，空也。或云是「獷」之訛，言其猛不可跗〔一〕也，古猛切。』盧云：『「曠夏」似言「間夏」，湯令伊尹爲間於夏，而恐其不信，故親射之。諸子書有言尹與末喜比而亡夏者，此出戰國荒唐之言。觀此下云「若告我曠夏盡如詩」，又云「往視曠夏，聽於末嬉」云云，亦即此意。是明明以伊尹爲間諜也。』」○梁玉繩曰：「『獷』字似勝。漢書叙傳言『獷秦』，後書段熲傳言『獷敵』。」○陶鴻慶曰：「書傳無以『親自』連文者，『由親自

〔一〕「跗」，原作「附」，據諸子集成本改。

射伊尹』尤爲不辭。據高注云云，疑高所見正文本作『湯揚言自射伊尹』，故注云然。傳寫奪『揚言』二字，淺人依注文肊補之耳。湯果自射伊尹，何以使夏聞知，而伊尹安得亡乎？」○吴先生曰：「廣雅：『曠，大也。』曠、皇聲亦相近。殷人稱夏爲曠夏，猶周人稱殷爲大商、大國殷矣。」伊尹奔夏三年，反報於亳，亳，湯都。曰：「桀迷惑於末嬉，好彼琬、琰，「琬」當作「婉」。婉順阿意之人。或作「琬琰」，美玉也。○畢沅曰：「觀注意則高所見本或有脱『琰』字者。案竹書紀年注云：『后桀十四年，命扁伐岷山，岷山女於桀二人，曰琬曰琰。后愛之，無子，斲其名於苕華之玉，苕是琬，華是琰，而棄其元妃於洛曰妹喜，以與伊尹交，遂以亡夏。』今本紀年末有訛字，此參用馬驌所引文。據此，則『琬、琰』不但爲二玉名也。」○梁玉繩曰：「高注殊未合。困學紀聞二十亦非之。案管子輕重甲篇『女華者，桀之所愛』，韓子難四『桀索嶓山之女』，楚辭天問『桀伐蒙山何所得，妹嬉何肆湯何殛』，蒙山即岷山也。（王逸注：『桀伐蒙山得妹嬉。』誤。）『與伊尹交』二句，今本紀年注無之。此据御覽一百三十五。」不恤其衆，衆志不堪，上下相疾，民心積怨，皆曰：『上天弗恤，夏命其卒。』」卒，卒〔一〕盡也。湯謂伊尹曰：「若告我曠夏盡如詩。」詩，志也。○俞樾曰：「上文『民心積怨，皆曰：「上天弗恤，夏命其卒」』是有韵之詞，即所謂詩也。湯誓所稱『時日曷喪，予及女偕亡』，亦是韵語。蓋當時民俗歌謡有此言，故湯以爲盡如詩也。高注訓詩爲志，於義轉迂。」湯與伊尹盟，以示必滅夏。伊尹又復往視曠夏，聽於末嬉。末嬉言曰：「今昔天子夢西方有日，東方有日，兩

〔一〕「卒」，似爲衍文。

日相與鬬，西方日勝，東方日不勝。」伊尹以告湯。商涸旱，涸，枯也。湯猶發師，以信伊尹之盟，故令師從東方出於國，西以進。未接刃而桀走，逐之至大沙，○呂調陽曰：「大沙即南巢也，今桐城西南有沙河埠，其水東逕故巢城南，而東入菜子湖也。」身體離散，爲天下戮。不可正諫，雖後悔之，將可奈何？湯立爲天子，夏民大説，如得慈親，朝不易位，農不去疇，疇，畝也。商不變肆，安其所也。親郼如夏。郼讀如衣，今兖州人謂殷氏皆曰衣。言桀民親殷如夏氏也。○畢沅曰：「書武成『殪戎殷』，禮記中庸作『壹戎衣』，二字聲本相近。」○梁履繩曰：「中庸鄭注：『衣讀如殷，聲之誤也。齊人言殷聲如衣。今姓有衣者，殷之胄歟？』『殪戎殷』是康誥，非武成。」○俞樾曰：「高注未得吕氏之意，蓋由正文錯誤耳。吕氏本文當作『親夏如郼』，言湯之親夏民無異於郼民也，故下文即繼之曰『此之謂至公』。簡選篇曰『親殷如周，視人如己』，彼言親殷如周，可知此當言親夏如郼矣。其文誤到，因失其義耳。」此之謂至公，此之謂至安，此之謂至信。盡行伊尹之盟，不避旱殃，祖伊尹世世享商。祖用伊尹之賢。世世享商，享之盡商世也。○吴先生曰：「古者有功之臣祭於大烝，祖伊尹世世享商，即盤庚所謂『茲予大享於先王，爾祖其從與享之』是也。」

武王勝殷，入殷，未下轝，命封黄帝之後於鑄，鑄，國名。○畢沅曰：「樂記云：『封帝堯之後於祝。』鑄與祝聲相近，此云封黄帝之後，殆誤也。」梁仲子云：「淮南俶真訓『冶工之鑄器』，注云：『鑄讀如唾祝之祝。』祝不讀如字，周禮瘍醫注云『祝讀如注病之注』，則知鑄、祝同一音也。』」封帝堯之後於黎，○畢沅曰：「御覽二百一作『犂』。案樂記云：『封黄帝之後於薊。』黎與薊聲亦相近，此皆互易。」封帝舜之後於陳。下轝，命封夏后之

後於杞，○梁玉繩曰：「此與禮樂記、史本紀、世家俱言武王封杞，非也。大戴禮少閒篇『成湯放移夏桀，遷姒姓於杞』。文選張士然表『成湯革夏而封杞』。史、漢留侯傳：『酈生曰：「昔湯伐桀，封其後於〔一〕杞。」』蓋武王因其舊封重命之爾，故漢書梅福傳云『紹夏於杞』。」**立成湯之後於宋，以奉桑林。**桑山之林，湯所禱也，故使奉之。**武王乃恐懼，太息流涕，命周公旦進殷之遺老，而問殷之亡故，又問衆之所説、民之所欲。殷之遺老對曰：「欲復盤庚之政。」**盤庚，太甲後十七世祖丁之子，殷之中興王也，故欲復行其政也。○畢沅曰：「注『十七世』當作『十五世』。」**武王於是復盤庚之政。**不違民欲。**發巨橋之粟，**巨橋，紂倉名。**賦鹿臺之錢，以示民無私。**鹿臺，紂錢府。賦，布也。私，愛也。○章炳麟曰：「鹿臺本爲錢府之通名，非紂所創立。鹿借爲録，尚書大傳『致天下於大麓之野』，注：『麓者，録也。』魏受禪表及公卿上尊號奏皆作『大鹿』，是録、鹿通之證。説文：『録，金色也。』古謂銅曰金。荀子性惡『文王之録』，注：『劍以色名。』古劍亦以銅爲之也。是銅有録色者，録臺則取銅錢之色以爲名。」**出拘救罪，分財棄責，以振窮困。**分財，分有與無也。棄責，責己不責彼也。振，救也。矜寡孤獨曰窮，無衣食曰困。○畢沅曰：「『救罪』疑是『赦罪』。」謝云：「『棄責，即左傳所云「已責」。責，古債字。注非也。』」**封比干之墓，**以其忠諫而見殺，故封崇其墓，以章賢也。**靖箕子之宫，**以箕子避亂，佯狂而犇，故清淨其宫以異之也。○畢沅曰：「『靖』似當作『清』，七性切。」○俞樾曰：「靖讀爲旌，『旌箕子之宫』與下句『表商容之閭』一律。靖從

〔一〕「於」，原脱，據史記補。

青聲，青從生聲，旌亦從生聲，故『旌』字叚『靖』爲之。介立篇『東方有士焉曰爰旌目』，列子説符篇文亦同，而後漢書張衡傳注引列子作『爰精目』，然則『旌』爲『靖』猶『旌』爲『精』矣。高注非是。」

表商容之閭，商容，殷之賢人，老子師也，故表異其閭里。○梁玉繩曰：「此與離謂篇及淮南主術注同，高氏之謬也。商容，殷末人，而老子竝孔子時，安得師之？蓋因淮南謬稱訓『老子學商容』一語而誤。攷文子上德曰『老子學於常樅』，（説苑敬慎作『摐』，漢藝文志作『從』。）即淮南之商容，聲相近也。古有容成氏，淮南本經注既誤爲黄帝時造歷之容成，莊子則陽釋文又誤爲老子師，何不檢勘如是？管子小匡篇『商容處宋』，則是別一同姓名者。」○宋翔鳳曰：「史記殷本紀『釋箕子之囚，封比干之墓，表商容之閭』，索隱曰：『皇甫謐云「商容與殷人觀周軍之入」，則以爲人名。鄭玄云：「商家樂官知禮容，所以禮署稱容臺。」』樂記『釋箕子之囚，使之行商容而復其位』，鄭注：『行猶視也。使箕子視商禮樂之官，賢者所處，皆令反其居也。』正義曰：『鄭知容爲禮樂者，漢書儒林傳「孝文時，徐生善爲容」。是善禮樂者謂之容也。』詳鄭此注，知『商容』爲商禮樂之官，非一人名，故使箕子行視之，以當時惟箕子存也。後人見『商容』與箕子、比干並稱，遂亦謂人名。然周本紀云『命召公釋箕子之囚，命畢公釋百姓之囚，表商容之閭』，『商容』與『百姓』並稱，可知非一人。蓋紂使師涓作新淫聲，北里之舞，靡靡之樂，於是樂官師瞽抱器奔散。殷本紀又云『商容賢者，百姓愛之，紂廢之』，謂紂廢知禮樂之官，其人即太師疵、少師彊之屬也。周本紀又云『殺王子比干，囚箕子，太師疵、少師彊抱其樂器而犇周』，三事並言，亦猶他書以箕子、比干、商容並舉也。武王行商容而復其位，即脩廢官之事。洛誥『王肇稱殷禮』，鄭注：『王者未制禮樂，恒用先王之禮樂。伐紂以來，皆用殷之禮，非始成王用之也。』武王稱殷禮則必行商容，故淮南齊俗篇亦云『武王入殷而行其禮』。蓋克殷及商，而先謀於禮樂所由致成周之盛也歟？（漢書古今人表商容在第四等。蓋但據樂記及史記載之，如晨門、荷蕢丈人之類。皆非人姓名。）淮南主術篇「表商容之閭」，高注同。繆稱篇云「老子學商容，見舌而知守柔矣」，是也。按老子不能與商容相接，商容即殷禮，老子爲守藏室史，守藏謂歸藏，殷易，故所業亦殷禮。孔子問禮於老聃，故曲禮、檀弓、曾子問諸記亦皆言殷禮。（文子「商容」作「常樅」，音近而訛。）」**士過者趨，車過者下。**過商容之里者趨，車載者下也。○俞樾曰：「『士過者趨』，當作『徒過者趨』，徒與車相對成義。晏子春秋諫篇曰：『載過者馳，步過者趨。』文義正與此同。『徒』字或作『辻』，闕壞而止存『土』字，因誤爲『士』耳。」**三日之内，與謀之士封爲諸侯，**與謀委質於武王之士，封以爲諸侯也。**諸大夫賞以書社，**大夫與謀爲國，以書社賞之。二十五家爲社也。**庶士施政去賦。**施之於政事，去其繇賦也。○孫鏘鳴曰：「施讀曰弛。政讀曰征。注非。」**然後濟於河，**○畢沅曰：「舊本『濟於』倒，從繹史乙轉。究疑『於』字乃衍文。」○維遹案：「於」字非衍文。異寶篇「過於荆」，報更篇「過於薛」，檀弓下「昔我先君駒王西討，濟於河」，竝其例證。**西歸報於廟。**還濟孟津河，西歸於豐、鎬，報功於文王廟。傳曰「振旅凱入，飲至策勳，」此之謂也。**乃税馬於華山，税牛於桃林，**税，釋也。華山在華陰南，西嶽也。桃林，秦、晉之塞也，蓋在華陰西長城是也。○梁玉繩曰：「華山乃陽華山，在今陝西商州雒南縣東北，非太華西嶽也。閻百詩尚書古文疏證卷六下辨之甚明。」**馬弗復乘，牛弗復服。**○畢沅曰：「舊本作『牛弗服』，今亦從繹史增『復』字。」**釁鼓旗甲兵，**殺牲祭，以血塗之曰釁。鼓以進衆。旗，軍械也。熊虎爲旗。甲，鎧。兵，戈戟箭矢也。○梁玉繩曰：「經傳但言釁鼓，未有言及旗甲兵者。惟史封禪書、漢郊祀志有『釁鼓旗』語。」○蔡雲曰：「車甲衅而藏之府庫，見樂記，是經傳言及釁甲也。」**藏之府庫，終身不復用。此武王之德也。故周明堂外户不閉，示天下不藏也。唯不藏也，可以**

守至藏。至德之藏。武王勝殷，得二虜而問焉，曰：「若國有妖乎？」若，汝。妖，怪。一虜對曰：「吾國有妖。晝見星而天雨血，此吾國之妖也。」一虜對曰：「此則妖也。雖然，非其大者也。吾國之妖甚大者，○畢沅曰：「新序雜事二『甚』作『其』。」子不聽父，弟不聽兄，君令不行，此妖之大者也。」武王避席再拜之。此非貴虜也，貴其言也。故易曰：「愬愬履虎尾，終吉。」愬愬，懼也。居之以禮，行之以恭，恐懼戒慎，如履虎尾，終必吉也。喻二虜見於武王，有履虎尾之危，以言所知，武王拜之，是終吉也。○舊校云：「『愬』一作『遡』〔一〕字，讀如虢。」○畢沅曰：「謝云：『引易以戒人君，豈爲二虜哉？注非是。』」

趙襄子攻翟，勝老人、中人，使使者來謁之。襄子，趙簡子之子無恤也。使辛穆子伐翟，勝之，下老人、中人城，使使者來謁襄子。謁，告也。今盧奴西山中有老人、中人城也。○畢沅曰：「晉語九、列子説符及御覽三百二十一皆作『左人中人』。淮南道應訓作『尤人終人』。」○梁玉繩曰：「晉語『趙襄子使新穉穆子伐翟』，韋注：『晉大夫新穉狗也。』此注『辛穆子』有譌脱。」○王念孫曰：「俗書『左』字作『尢』，形與『老』相近，因誤爲『老』。太平御覽兵部五十三引此正作『左人』。淮南作『尤人』，『尤』即俗書『左』字之誤。水經滱水注『滱水東逕左人城南』，應劭曰：『左人城在唐縣西北四十里。』」又曰：「如高注則『勝』字自爲一句。『左人中人』之上須加『下』字，而其義始明矣。今案『勝左

〔一〕「遡」，四部叢刊本作「逆」。

人中人』五字作一句讀。勝者克也，克左人、中人二城也。凡戰而克謂之勝，攻而克亦謂之勝。襄十年左傳曰『城小而固，勝之不武，弗勝爲笑』，是也。（隱二年傳『司空無駭入極，費庈父勝之』，宣十二年公羊傳『莊王伐鄭，勝乎皇門。』）晉語曰『趙襄子使新稚穆子伐狄，勝左人、中人』，義與此同。列子説符篇曰『趙襄子使新稚穆子攻翟，勝之，取左人、中人』，此則以『勝之』爲句，『取左人、中人』爲句，與國語、呂氏春秋不同。」**襄子方食摶飯，有憂色。左右曰：「一朝而兩城下，此人之所以喜也，**○畢沅曰：「列子無『以』字。」○孫先生曰：「『以』字衍。御覽三百二十二又八百四十九引竝無『以』字。」**今君有憂色何？」**○孫先生曰：「『何』下脱『也』字〔一〕。御覽兩引竝作『何也』。列子説符篇同。」**襄子曰：「江河之大也，**大，長。**不過三日。**三日則消也。**飄風暴雨，日中不須臾。**易曰「日中則仄」，故曰「日中不須臾」。○畢沅曰：「舊校云：『「飄風」一作「猋風」。』案『日中不須臾』，謂一日之中不過頃刻即過耳，即指風雨言，注非是。然如列子説符篇『飄風暴雨』下有『不終朝』三字，則『日中』句當如注所云耳。」○梁玉繩曰：「『江河之大』四語，呂襲列子也。」○梁履繩曰：「老子曰『飄風不終朝，驟雨不終日』，此襄子語義所本。説苑叢談云『江河之溢，不過三日；飄風暴雨，須臾而畢』，又本此文。」○劉先生曰：「淮南子道應篇亦作『飄風暴雨，日中不須臾』，注：『言其不終日也。』正與畢説同。列子『飄風暴雨』下有『不終朝』三字，則『日中』之義當如高説。此當各依本書爲解。淮南子道應篇爲許慎注，故與高此注異。」**今趙氏之德行，無所於積，**言無積德積行。**一朝而兩**

〔一〕「字」，原作「也」，據呂氏春秋舉正改。

城下，亡其及我乎？」傳曰：「知懼如此，斯不亡矣。」孔子聞之曰：「趙氏其昌乎！」昌，盛也。○畢沅曰：「孔子卒時，簡子尚在。此與義賞篇同誤。」夫憂所以爲昌也，而喜所以爲亡也。勝非其難者也，持之其難者也。持猶守。賢主以此持勝，故其福及後世。齊、荆、吴、越皆嘗勝矣，而卒取亡，卒，終也。○舊校云：「『取』一作『敗』。」不達乎持勝也。唯有道之主能持勝。孔子之勁，舉國門之關，而不肯以力聞。勁，彊也。孔子以一手捉城門關顯而舉之，不肯以有力聞於天下。○畢沅曰：「此殆即孔子之父事也。左氏襄十年傳『偪陽人啟門，諸侯之士門焉，縣門發，郰〔一〕人紇抉之以出門者』，非孔子也。注『顯』疑本是『翹』字。」○洪頤煊曰：「墨子非儒下篇『孔丘爲魯司寇，舍公家而於季孫，季孫相魯君而走，季孫與邑人爭門關，決植』，列子説符篇、淮南道應訓、主術訓皆言此事。或説即左氏郰人紇事。是孔子之父，非是。」○維遹案：注「捉」字當作「招」，「顯」字當作「顓」，皆形近之誤也。列子云「孔子之勁，能招國門之關」，張注：「招，舉也。」（「招」原作「拓」，據釋文及吴都賦注引改正。）此以招釋舉，義正合。淮南主術篇云「孔子之通，智過於萇弘，勇服於孟賁，足躡郊菟，力招城關」，注：「孔子皆能。招，舉也。以一手招城門關，端能舉之。」案端、顓俱從耑聲，例可通假，故端、顓亦與揣通。漢書賈誼傳「何足控揣」，孟康注：「揣，持也。」是其義。畢氏疑「顯」爲「翹」，然顯、翹形聲皆不相近，無緣致誤。墨子爲守攻，公輸般服，而不肯以兵加。公輸般在楚，楚王使設雲梯爲攻宋之具，墨子聞而往説之。楚王曰：「公輸般，

〔一〕「郰」，原作「聊」，據諸子集成本改。

天下之巧工也。寡人使攻宋之城，何爲不得？」墨子曰：「使公輸般攻宋之城，臣請爲宋守之備。」公輸般九攻之，墨子九却之。又令公輸般守備，墨子九下之。不肯以善用兵見知於天下也。墨子，名翟，魯人也，著書七十篇，以墨道聞也。○畢沅曰：「墨子書本七十一篇，今缺者十六篇。注末『聞也』，舊作『聞之』，誤。」○孫志祖曰：「『加』字列子、淮南竝作『知』，據此注亦當作『知』。」陳昌齊、王念孫、陶鴻慶説同。**善持勝者，以術彊弱。**言能以術彊其弱也。○畢沅曰：「舊校云：『一本作「善持勝者，不以彊弱」。』案列子作『以强爲弱』。」

慎大覽

二曰：利不可兩，忠不可兼。兼，竝也。**不去小利則大利不得，不去小忠則大忠不至。**至猶成也。**故小利，大利之殘也；**殘，害也。**小忠，大忠之賊也。聖人去小取大。**

昔荆龔王與晉厲公戰於鄢陵，荆師敗，龔王傷。晉大夫呂錡射龔王，中其目，故曰傷。**臨戰，司馬子反渴而求飲，豎陽穀操黍酒而進之。**酒器受三升曰黍。○畢沅曰：「梁伯子云：『内、外傳、韓子十過、飾邪二篇、漢書人表竝是「穀陽」，而史記晉、楚世家、淮南人間訓、説苑敬慎篇與此竝倒作「陽穀」。案黍酒是釀黍所成者。説文：「酏，黍酒也。」注非。十過篇作「觴酒」，飾邪篇作「巵酒」。』」○王念孫曰：「太平御覽兵部四十四引此『黍酒』作『參酒』，又引高注『酒器受三升曰參』。韓子外儲説右下『田嬰令官具押券斗石參升之計』。」○王紹蘭曰：「説文『觴』下云：『觶實曰觴。』『觚』下云：『一曰觴受三升者謂之觚。』是觴有受三升者，此文蓋同。十過篇作『觴酒』，故注云『酒器受三升』。傳寫者譌『觴』爲『黍』，併注文改之，非注者之誤也。」○朱駿聲曰：「黍叚借爲觚。」**子反叱曰：**

「訾，〇畢沅曰：「韓非作『嘻』。」〇王引之曰：「訾與呰同。說文：『呰，苛也。』（苛與呵同。）」退！酒也。」豎陽穀對曰：「非酒也。」子反曰：「亟退却也。」〇畢沅曰：「說苑作『酒也』，是。」〇維遹案：左成十六年傳疏引「退酒也」作「却酒也」，「亟退却也」作「却酒也」。豎陽穀又曰：「非酒也。」子反受而飲之。子反之爲人也，嗜酒，甘而不能絶於口，以醉。絶，止也。戰既罷，龔王欲復戰而謀，〇畢沅曰：「飾邪篇作『而謀事』。」使召司馬子反。子反辭以心疾。龔王駕而往視之，入幄中，幄，帳也。聞酒臭而還，曰：「今日之戰，不穀親傷，所恃者司馬也，而司馬又若此。是忘荆國之社稷，而不恤吾衆也，不穀無與復戰矣。」於是罷師去之，〇維遹案：左傳疏引「罷」上有「遂」字。斬司馬子反以爲戮。故豎陽穀之進酒也，非以醉子反也，〇畢沅曰：「十過篇作『不以讎子反也』，飾邪篇作『非以端惡子反也』，說苑作『非以妬子反也』，皆較『醉』字勝。」其心以忠也，忠，愛也。而適足以殺之，故曰：「小忠，大忠之賊也。」

昔者，晉獻公使荀息假道於虞以伐虢，荀息曰：「請以垂棘之璧與屈産之乘，以賂虞公，而求假道焉，必可得也。」垂棘，美璧所出之地，因以爲名也。屈産之乘，屈邑所生，四馬曰乘，今河東北屈駿馬者是也。」〇邵晉涵曰：「通典『慈州文城郡理吉昌縣，春秋時晉之屈邑，左傳「晉有屈産之乘」，此有駿馬』。（劉昭續漢志注同。）」獻公曰：「夫垂棘之璧，吾先君之寶也；屈産之乘，寡人之駿也。若受吾幣而不吾假道，將奈何？」荀息曰：「不然。彼若不吾假道，必不吾受也。〇舊校云：「一作『必不敢受也』。」若受我而假我道，是猶取之内府而藏之外府也，猶取之内皁而著之外皁也。皁，櫪也。○馬敘倫曰：「『皁』本作『皂』，形與『皂』近，因譌爲『皂』，又改爲『皁』耳。『皂』者古文『廄』字。說文『廄』古文作[illegible]，此省『九』字。公羊僖二年傳：『荀息云：「馬出之内廄，繫之外廄耳。」』正作『廄』，可證。」君奚患焉？患猶難也。

獻公許之。乃使荀息以屈産之乘爲庭實，爲虞庭中之實。而加以垂棘之璧，以假道於虞而伐虢。虞公濫於寶與馬而欲許之。濫，貪。宫之奇諫曰：「不可許也。虞之與虢也，若車之有輔也，車依輔，輔亦依車，虞、虢之勢是也。車，牙也。輔，頰也。車、輔相依憑得以近喻也。○馬敘倫曰：「說文：『輔，人頰車也。』俞先生云：『古言車制甚詳，輔之制未聞。小雅正月「其車既載，乃棄爾輔」，正義亦不定其物。按革部「䩛，車下索也」，疑「輔」爲「䩛」之或體。輔爲車下索，是可解脱之物，故曰棄也。詩又云「無棄爾輔，員於爾輻」，員即旋也，則輔爲車下索無疑。』倫案：俞先生說是。『輔』下當云『車下索也』，『人頰』者，『酺』字義，蓋『輔』爲『䩛』之或體，許、高皆已不明，徒以『脣竭齒寒』之說生附會耳。」先人有言曰：『脣竭而齒寒。』竭，亡也。○畢沅曰：「梁伯子云：『案左傳「脣亡齒寒」之語，戰國齊、趙策俱引之，而韓策作「脣揭齒寒」，注：「揭猶反也。」揭字似勝亡字。莊子胠篋篇作「脣竭」，此與淮南説林訓亦竝作「竭」。疑皆因「揭」而誤也。』」夫虢之不亡也恃虞，虞之不亡也亦恃虢也。若假之道，則虢朝亡而虞夕從之矣。奈何其假之道也？」虞公弗聽，而假之道。荀息伐虢，克之。還反伐虞，又克之。荀息操璧牽馬而報。報，白也。獻公喜曰：「璧則猶是也，馬齒亦薄長矣。」故曰：「小利，大利之殘也。」殘，害也。

中山之國有𠘑繇者，智伯欲攻之而無道也，𠘑繇，國之近晉者也。或作「仇酋」。智伯，晉大夫智襄子瑶也。○畢沅曰：「『𠘑』舊本作『夙』。何屺瞻云：『當作𠘑。』梁仲子云：『韓非説林下作「仇由」，戰國西周策作「厹由」，史記樗里子傳作「仇猶」，索隱云「高誘注國策以仇猶爲厹由」，説文繫傳口部「㕣」云：「吕氏春秋有㕣猶國，智伯欲伐者也。」』」爲鑄大鐘，方車二軌以遺之。𠘑繇之君將斬岸堙谿以迎鐘。○俞樾曰：「『斬』當爲『鏨』。説文金部：『鏨，小鑿也。』字亦作『嶄』，文選海賦『巉陵巒而嶄鑿』，注曰：『鏨與嶄古字通。』是鏨有鑿義。言岸之高者則鏨鑿之也。若作『斬岸』，則無義矣。」赤章蔓枝諫曰：「詩云：『唯則定國。』○畢沅曰：「左氏僖四年傳『公孫支對秦穆公曰：「臣聞之，唯則定國」』下兩引詩，則知此語是逸詩也。」我胡以得是於智伯？赤章蔓枝，𠘑繇之臣也。○畢沅曰：「『我胡』下舊有『則』字，因上文而衍，今刪去。」夫智伯之爲人也貪而無信，必欲攻我而無道也，故爲大鐘，方車二軌以遺君。君因斬岸堙谿以迎鐘，師必隨之。」弗聽。有頃，諫之，○俞樾曰：「『頃』字衍文也。『弗聽，有諫之』，有當讀爲又，言又諫之也。後人不知有爲又之叚字，故妄加『頃』字耳。」君曰：「大國爲懽，而子逆之，不祥。子釋之。」釋，置。赤章蔓枝曰：「爲人臣不忠貞，罪也。忠貞不用，遠身可也。」斷轂而行，山中道狹，故斷車轂而行去。至衛七日而𠘑繇亡。智伯滅之。○畢沅曰：「韓非作『至於齊七月而仇由亡矣』。」○梁玉繩曰：「史正義引韓作『九日』。」欲鐘之心勝也，欲鐘之心勝則安𠘑繇之説塞矣。塞，不行也。凡聽説，所勝不可不審也，故太上先勝。先猶上也。○陶鴻慶曰：「上文云『欲鐘之心勝則安𠘑繇之説塞矣』，言人君之心不可有所勝也。此云『太上先勝』，文義乖違。『先』當爲『无』字之誤。无勝者，无有所勝也。注文『上』乃『止』字之誤，高氏讀无爲毋，故云『无猶止也』，言止其勝心也。因『无』誤爲『先』，後人復改注以牽合正文耳。」

昌國君將五國之兵以攻齊。昌國君，樂毅也，爲燕昭王將伐齊。五國，謂燕、秦、韓、魏、趙也。○畢沅曰：「梁伯子云：『時攻齊者尚有楚，高氏因本文五國，故不數楚，然非也。』」○梁玉繩曰：「燕爲主兵，當不數燕。」○俞樾曰：「戰國燕策曰：『於是遂以樂毅爲上將軍，與秦、楚、三晉合謀以伐齊。』然則所謂五國者，秦、楚、三晉也。高注謂『燕、秦、韓、魏、趙』，大誤。燕是本國，不當更數燕。策又曰『昌國君樂毅爲燕昭王合五國之兵』，其語更明，可知五國之不數燕矣。」**齊使觸子將，**○梁玉繩曰：「此與貴直竝作『觸子』，戰國齊策是『向子』也。」○維遹案：燕策作「蜀子」，「向」即「蜀」字之殘。觸、蜀同聲字通用。**以迎天下之兵於濟上。**濟，水名。○維遹案：「名」字原作「也」，改從許本、姜本。**齊王欲戰，使人赴觸子，恥而訾之曰：「不戰，必刬若類，掘若壟。」**刬，滅也。若，汝也。壟，冢也。言不堪敵而戰克破燕軍，必刬滅汝種類，平掘汝先人之冢也。**觸子苦之，**苦，病。**欲齊軍之敗。於是以天下兵戰。戰合。擊金而却之，**○舊校云：「『却』一作『退』。」○王念孫曰：「以猶與也。」**卒北，**北，走也。**天下兵乘之，**乘猶勝也。○畢沅曰：「乘猶陵也。」**觸子因以一乘去，莫知其所，不聞其聲。**○舊校云：「一作『問』。」**達子又帥其餘卒，**達子，齊人也。帥，將也。**以軍於秦周，無以賞，使人請金於齊王。**軍，屯也。秦周，齊城門名也。請金，將以賞有功也。○梁玉繩曰：「注『秦周，齊城門名』，東吴惠氏據之，謂左傳襄〔一〕十八年秦周即此，以杜注魯大夫爲非，其說似勝。曰：惠氏是也。魯從晉伐齊，帥師者爲季武子、孟莊子，即有

〔一〕「襄」，原作「哀」，據左傳改。

秦周其人，亦偏裨下僚，安得主兵？且傳云：『十一月丁卯朔，入平陰，遂從齊師。十二月戊戌，及秦周，伐雍門之萩。己亥，焚雍門及西郭、南郭。壬寅，焚東郭、北郭。甲辰，東侵及濰，南及沂。』文法一例，則秦周之非人名，審矣。唯秦周當是近雍門之地名，高誘以爲城門名，恐未然。考齊記古齊城，其西曰雍門，西北曰楊門。杜注亦欠明。」齊王怒曰：「若殘豎子之類，殘，餘也。豎子，謂達子也。○劉師培曰：「『若殘』文當互乙，與知士篇『劃而類』同。高訓殘爲餘，是其所據本已誤。」惡能給若金？」惡，安也。給，與也。與燕人戰，大敗，達子死，齊王走莒。走，奔也。莒，邑也。燕人逐北入國。相與爭金於美唐甚多。美唐，金藏所在。○俞正燮曰：「莊子田子方篇云『求馬唐肆』，釋文引李云：『唐，亭也。』亦雙聲字。呂氏春秋『爭金美唐』，亦言亭肆。」○維遹案：美唐，其義未詳。俞說亦難定耳。此貪於小利以失大利者也。小利，金也。大利，國也。言湣王貪金，不給達子，以失國，乃大惑者也。

權勳

三曰：有道之士固驕人主，人主之不肖者亦驕有道之士，日以相驕，奚時相得？若儒、墨之議與齊、荆之服矣，賢主則不然，士雖驕之，而己愈禮之，士安得不歸之？士所歸，天下從之，帝。○陶鴻慶曰：「『帝』字衍文。下文皆以帝、王並舉，此不當專言帝，蓋涉下『帝也者』之文而誤重也。」帝也者，天下之適也。適，主也。王也者，天下之往也。○王念孫曰：「高說非也。適亦往也。『天下之適』，『天下之往』，皆承上『天下從之』而言。」○劉師培曰：「書鈔一、御覽七十七引『之』下均有『所』字。」**得道之人，貴爲天子而不驕倨，**倨，傲也。**富有天下而不騁夸，**夸，詫而自大也。**卑爲布衣而不瘁攝，**瘁，病也。攝猶屈也。**貧無衣食而不憂懾，**懾，懼也。**狠乎其誠自有也，**自有，有道。○畢沅曰：「『狠』即『懇』字。舊本作『狠』，訛，今改正。」○維遹案：畢改是。姜本正作「懇」。**覺乎其不疑有以也，**詩云：「何其久也，必有以也。」**桀乎其必不渝移也，**桀，特也。渝，變也。移，易也。**循乎其與陰陽化也，悤悤乎其心之堅固也，**悤悤，明貌。○俞樾曰：「高氏訓悤悤爲明貌，然於下堅固義不相應，殆非也。『悤悤』當作『勿勿』，禮記禮器篇、祭義篇鄭注竝曰：『勿勿猶勉勉也。』大戴禮曾子立事篇盧注同。勉勉之義與堅固相應。今誤作『悤悤』者，因俗書『悤』字作『怱』，或省作『匆』，『匆』與『勿』字相似，因而致誤耳。」**空空乎其不爲巧故也，**空空，慤也。巧故，僞詐。**迷乎其志氣之遠也，**志在江海之上。○俞樾曰：「迷當讀爲彌，古字通用。左傳『彌子瑕』，大戴禮保傅篇作『迷子瑕』。周官眂祲『七曰彌』，鄭注曰：『故書彌作迷。』竝其證也。哀二十五年左傳『以肥之得備彌甥也』，杜注曰：『彌，遠也。』文選西京賦『彌望廣潒』，薛綜注同。『彌乎其志氣之遠』，義正相應，若作『迷』則不可通矣。」**昏乎其深而不測也，**測，盡也。言深不可盡。○畢沅曰：「正文『也』字舊脱，案當有。」孫云：『李善注文選曹子建雜詩引「風乎其高無極也」，疑此處脱文。』」**確乎其節之不庳也，就就乎**就就讀如由與之與。○畢沅曰：「注『由與』即『猶豫』。案爾雅釋獸釋文『猶，羊周、羊救二反』。字林『弋又反』。此就字讀從之也。」○梁玉繩曰：「通雅九：『呂注「由與之由」，今本作「由與之與」，就從尤，轉平爲近。若「與」，則遠矣。』處素云：『晉語引商銘，就與憂爲韻，是也。』」○孫先生曰：

「注當作『就就讀如由與之由』。」其不肯自是，○維遹案：王念孫校本「是」下補一「也」字，與上下文例正合。鵠乎其羞用智慮也，鵠讀如浩浩昊天之浩，大也。○梁履繩曰：「鵠从告得聲，漢地理志『鵠澤』，孟康音告，蓋古讀如此。」假乎其輕俗誹譽也，皆謂體道之人也。○維遹案：假猶遐也。楊子法言「假言周於天地，贊於神明」，注「假」作「遐」。詩漢廣篇「不我遐棄」，毛傳：「遐，遠也。」然則上文「鵠乎其羞用智慮也」，以大言之，此則以遠言之。以天爲法，以德爲行，以道爲宗，宗，本也。與物變化而無所終窮，窮，極也。精充天地而不竭，充，實。竭，盡。神覆宇宙而無望，四方上下曰宇，以屋喻天地也。往古來今曰宙，言其神而包覆之。無望，無界畔也。○王引之曰：「正文及注内兩『望』字皆『埒』字之誤。淮南原道篇云『知八紘九野之形埒』，是埒爲界畔之名，故高云『無埒，無界畔也』。若作『望』則與界畔之義無涉。且宗、窮爲韻，竭、埒爲韻，若作望則失其韻矣。」莫知其始，莫知其終，莫知其門，莫知其端，莫知其源，道不可得知也。○王念孫曰：「『莫知其終』四字似後人所加，蓋因圜道篇而加此一句。案上文已云『無所終窮』，此不當復云『莫知其終』。」其大無外，其小無内，此之謂至貴。道在大，能大故無復有外；在小，能小故無復有内。道所貴之也。士有若此者，五帝弗得而友，三王弗得而師，去其帝王之色，則近可得之矣。去猶除去。除其尊寵盈滿之色，則近得師友矣。○舊校云：「『可』一作『於』。」

堯不以帝見善綣，北面而問焉。善綣，有道之士也。堯不敢以自尊，北面而問焉。○畢沅曰：「『善綣』，莊子作『善卷』。」堯，天子也。善綣，布衣也。何故禮之若此其甚也？善綣，得道之士也。得道之人，不可驕也。人輕道重也。堯論其德行達智而弗若，若，如也。故北面而問焉，此之謂至公。非至公其孰能禮賢？孰，誰也。

周公旦，文王之子也，武王之弟也，成王之叔父也，所朝於窮巷之中、甕牖之下者七十人。甕牖，以破甕蔽牖，言貧陋也。文王造之而未遂，造，始也。遂，成也。○維遹案：圜道篇注「遂，達。」此釋爲成，義違。武王遂之而未成，周公旦抱少主而成之，抱，奉。故曰成王，不唯以身下士邪。

齊桓公見小臣稷，一日三至弗得見。稷不見之也。從者曰：「萬乘之主見布衣之士，一日三至而弗得見，亦可以止矣。」止，休也。桓公曰：「不然。士驁祿爵者，固輕其主。驁亦輕也。其主驁霸王者，亦輕其士。縱夫子驁祿爵，吾庸敢驁霸王乎？」庸，用也。遂見之，不可止。○畢沅曰：「新序雜事五作『五往而後得見』。韓非難一作『於是五往，乃得見之』。」世多舉桓公之內行，內行雖不修，霸亦可矣。霸功大，亦可以滅內行之闕也。○陶鴻慶曰：「『霸亦可』與下文『王猶少』語意相應，言雖不能王，亦可勉至於霸也。高注非是。」誠行之此論而內行修，王猶少。猶，尚也。

子產相鄭，鄭大夫子國之子公孫喬也。○畢沅曰：「左傳作『僑』。」往見壺丘子林，與其弟子坐必以年，是倚其相於門也。年，齒也。子產，壺丘子弟子。坐以齒長少相亞，不以尊位而上之，倚置其相之寵於壺丘之門外，不以加於坐也，故曰「倚其相於門也」。○馬叙倫曰：「此謂子產與壺丘弟子皆相從於壺丘之門，故坐必以年亞，而不以爵凌其上。辭義甚明，高注未安。」夫相萬乘之國而能遺之，遺猶舍也。鄭國北迫晉，南近楚，爵則伯也，賦千乘耳，而云萬乘，復妄言也。○畢沅曰：「注『遺猶舍也』，舊作『全也』，訛，今改正。」謀志論行，而以心與人相索，索，盡也。孔子曰：「子產有君子之道四焉：其行己也恭，其事上也敬，其養民也惠，其使民也義。」推其志行，以忠心與人相極盡，知其情實。一曰：「索，法。與人爲法則。」其唯子產乎？唯，獨也。故相鄭十八年，○梁玉繩曰：「左傳子產相鄭二十二年，并爲卿之年計之，是三十三年。此云十八，史循吏傳作二十六，竝誤。」刑三人，殺二人，桃李之垂於行者莫之援也，援，攀也。錐刀之遺於道者莫之舉也。舉猶取也。○梁玉繩曰：「初學記二十四引作『垂於術』，疑今本譌『行』字。又韓子外諸説左上『桃棗蔭於街者，莫有援也。錐刀遺道，三日可反』。」○維遹案：「行」非譌字，行亦道也，見爾雅釋宫。書鈔四十九引「援」上、「舉」上竝有「敢」字。

魏文侯見段干木，立倦而不敢息，倦，罷也。反見翟黄，踞於堂而與之言。反，從干木所還也。翟黄不説，以文侯敬干木而慢己也。文侯曰：「段干木，官之則不肯，禄之則不受。今女欲官則相位，欲禄則上卿，既受吾實，實猶爵禄也。○梁玉繩曰：「史魏世家正義引呂『今女欲宫則相至，欲禄則上卿』。又『實』作『賞』。」又責吾禮，無乃難乎？」故賢主之畜人也，不肯受實者其禮之。禮，敬也。○維遹案：其猶則也。禮〔一〕士莫高乎節欲，欲節則令行矣，文侯可謂好禮士矣。好禮士，故南勝荆於連隄，東勝齊於長城，虜齊侯，獻諸天子，天子賞文侯以上聞。文侯，畢公高之後，與周同姓，魏桓子之孫，始立爲侯。文，謚也。○畢沅曰：「梁伯子云：『國策、史記皆不見文侯勝荆、齊之事。』『上聞』舊本作

〔一〕四部叢刊本「禮」下有注「一作卑」。

『上卿』，訛。案史、漢樊噲傳『上聞爵』，如淳注引此語作『上聞』。張晏曰：『得徑上聞也。』晉灼曰：『名通於天子也。』今史記多訛爲『上閒』，唯索隱本是『上聞』。又引此作『上閒』，云『閒音中間』，恐訛也。」○蘇時學曰：「此事不見史書，今以竹書紀年及淮南子考之，則在三家未爲侯之時也。凡自古僭竊之臣，其始猶未敢專擅，而必假天子之命以濟其私焉。紀年於威烈王十六、十七年皆有三晉與齊戰爭，而十八年特書『王命韓景子、趙烈子及我師伐齊，入長垣』，長垣即長城也。至二十三年，始書『王命晉卿魏氏、韓氏、趙氏爲諸侯』，則虜諸侯獻天子事，亦必在此數年，而記注者脱略耳。淮南子曰：『三國伐齊，圍平陸。括子以報於牛子曰：「三國之地，不接於我，踰鄰國而圍平陸，利不足貪也，然則求名於我也，請以齊侯往。」牛子以告無害子。無害子曰：「臣聞之，有裂壤土以安社稷、殺身破家以存其國者，不聞出其君以爲封疆者。」牛子不聽無害子之言，而用括子之計。三國之兵敗，而平陸之地存。』據淮南所言，正虜齊侯之實事也。注言三國爲韓、魏、趙，則與紀年同。其言求名於我，亦與未爲侯時合。蓋三家所以命爲侯者，以勝齊之功也，即此書所謂賞以上聞者也。上聞者，言始列爲侯，而名上聞於天子也。然此時之齊，已在宣、康之世，方制於田氏，而不能自存，王乃命三家以致討者何歟？」

下賢

四曰：「國雖小，其食足以食天下之賢者，其車足以乘天下之賢者，其財足以禮天下之賢者，與天下之賢者爲徒，徒，黨也。此文王之所以王也。詩云：「濟濟多士，文王以寧。」此之謂也。今雖未能王，其以爲安也，不亦易乎？立王功大，保安其國差小，故曰不亦易。此趙宣孟之所以免也，宣孟，晉卿趙盾也，履行仁義，束脯以食翳桑之餓人，以免靈公伏甲之難。周昭文君之所以顯也，昭文君，周後所分立東周君也，賓禮張儀，欲與分國。張儀重之於秦、秦尊奉之，故曰所以顯也。○畢沅曰：「注『重之』舊作『勝之』，訛，今案下文改正。」孟嘗君之所以却荆兵也。孟嘗君，齊公子田嬰之子田文也，下士禮賢，養客三千人，行仁義而彊，故荆兵却偃，不敢攻之也。古之大立功名與安國免身者，其道無他，其必此之由也。古立功名安國免身無咎殃者，皆以此仁義之道也。堪士不可以驕恣屈也。堪，樂也。樂士當以禮卑謙，若魏公子之虚己，故不可以驕恣屈而有之也。○畢沅曰：「孫云：『堪士疑是湛士。』舊校云：『屈一作有。』」○俞樾曰：「高氏讀堪爲湛，故曰『堪，樂也』。然非吕氏意也。堪之言克也，字通作『戡』。爾雅釋詁：『戡，克也。』釋言：『克，能也。』然則堪士猶能士也。士之有能者，必不爲驕恣屈。故曰不可以驕恣屈也。」○劉師培曰：「堪即沈伏之沈。」

昔趙宣孟將上之絳，見骫桑之下，○畢沅曰：「後漢趙壹傳注云：『骫，古委字。』淮南人間訓作『委桑』，左傳作『翳桑』。」有餓人卧不能起者，宣孟止車，爲之下食，蠲而餔之，再咽而後能視。宣孟問之曰：「女何爲而餓若是？」對曰：「臣宦於絳，歸而糧絶，羞行乞而憎自取，故至於此。」羞於行乞，自憎至此也。○畢沅曰：「注謬。憎自取，言憎惡徑自取之，亦不肯也。」宣孟與脯二朐，○畢沅曰：「舊本作『一朐』。案北堂書鈔百四十五、初學記二十六及趙壹傳注俱是『二朐』，今據改正。」拜受而弗敢食也。問其故，對曰：「臣有老母，將以遺之。」○畢沅曰：「御覽八百三十六『將』作『請持』二字，初學記、後漢書注『將』亦作『持』。」宣孟曰：「斯食之，吾更與女。」斯，猶盡也。○畢沅曰：「詩大雅皇矣篇『王赫斯怒』，鄭箋云：

『斯，盡也。』釋文：『鄭讀斯爲賜。』」○梁玉繩曰：「斯字當解如斧以斯之。爾雅釋言：『斯，離也。』說文：『析也。』」乃復賜之脯二束與錢百，而遂去之。○梁玉繩曰：「御覽八百三十六作『錢二百』。」處二年，晉靈公欲殺宣孟，伏士於房中以待之，因發酒於宣孟。發猶致也。○梁履繩曰：「發酒，義如檀弓『晉大夫發焉』。」○洪頤煊說同。末云：「蓋飲酒禮名。」宣孟知之，中飲而出。靈公令房中之士疾追而殺之。一人追疾，先及宣孟之面。○孫鏘鳴曰：「『之面』當作『面之』，漢書項羽傳『馬童面之』，李奇曰：『面謂不正視也。』此當讀『宣孟面之』四字爲句。（或曰：面之謂一人不正視而告之者，懼後至者疑也。下反走而對，亦此意。）」曰：「嘻，君轝！轝，車也，教宣孟使就車也。吾請爲君反死。」反，還也。宣孟曰：「而名爲誰？」而，汝也。反走對曰：「何以名爲！臣骫桑下之餓人也。」還鬭而死。○畢沅曰：「梁伯子云：『桑下餓人是靈輒，鬭死者是提彌明，此誤合二人爲一。史記晉世家亦同此誤，索隱言之矣。水經注四亦誤。』」宣孟遂活。此書之所謂「德幾無小」者也。○畢沅曰：「墨子明鬼篇『禽艾之道之曰：「得璣無小，滅宗無大」』。翟氏灝謂逸周書世俘解有禽艾侯之語，當即此禽艾。但二語尚未見所出。此德幾無小，猶所謂惠不期多寡，期於當阸云耳。未知禽艾之言意相同否？得與德古字通用。」○維遹案：此逸書文，今僞古文伊訓摭拾墨子及此文而改之曰：「爾惟德罔小，萬邦惟慶。爾惟不德罔大，墜厥宗。」宣孟德一士猶活其身，而況德萬人乎！故詩曰：「赳赳武夫，公侯干城。」此周南之風，兔罝之首章也。言其賢可爲公侯扞難其城藩也，以喻骫桑下之人扞趙盾之難也。「濟濟多士，文王以寧。」此大雅文王之三章也。文王以多士而造周，趙盾以桑下之人去患也。○畢沅曰：「注首九字舊本多缺，依朱本補。又『造周』二字亦脱，今案文義補。」○劉先生曰：「注文『王以多士而』下，誠似有敚字，然細繹其意，蓋謂文王以多士去患，而趙盾以桑下之人去患，省其文耳。畢逞臆補『造周』二字，實無所馮依，不可從也。」人主胡可以不務哀士？哀，愛也。士其難知，唯博之爲可，博，廣也。博則無所遁矣。遁，失也。

張儀，魏氏餘子也，大夫庶子爲餘，受氏爲張。○松皋圓曰：「注『餘』下脱『子』字。」將西遊於秦，過東周。客有語之於昭文君者曰：「魏氏人張儀，材士也，○畢沅曰：「孫云：『文選袁陽源詩「荆、魏多壯士」，李善注引此作「壯士」，御覽四百七十五同。』」將西遊於秦，願君之禮貌之也。」昭文君見而謂之曰：「聞客之秦，寡人之國小，不足以留客。雖游，然豈必遇哉？客或不遇，○舊校云：「『或』一作『訾』。訾猶歎也。」○王念孫曰：「『然』字當在『游』字上。」請爲寡人而一歸也，國雖小，請與客共之。」張儀還走，北面再拜。拜昭文君之言也。張儀行，行，去也。昭文君送而資之。至於秦，留有間，惠王説而相之。惠王，孝公之子，始稱王也。説張儀而相之。張儀所德於天下者，無若昭文君。德猶恩也。周，千乘也，重過萬乘也，張儀重之。令秦惠王師之，師昭文君。逢澤之會，魏王嘗爲御，韓王爲右，秦會諸侯於逢澤，魏王爲昭文君御，韓王爲之右也。名號至今不忘，此張儀之力也。

孟嘗君前在於薛，荆人攻之。淳於髡爲齊使於荆，還反，過於薛。孟嘗君令人禮貌而親郊送之，○畢沅曰：「『齊策』『禮貌』作『體貌』。」謂淳於髡曰：「荆人攻薛，夫子弗爲憂，文無以復侍矣。」文，孟嘗名也。侍，侍見也。○畢沅曰：「『侍』舊作『待』，訛，今從齊策改。注同。」淳於髡曰：「敬聞命矣。」至於齊，畢報。反命畢也。王曰：「何見於荆？」對曰：「荆甚固，固，護，以侵兼人。而薛亦不量其力。」王曰：「何謂也？」對曰：「薛不量其力，而爲先王立清廟，荆固而攻薛，薛清廟必危，○畢沅曰：「衍下『薛』字。齊策作『荆固而攻之，清廟必危』。」故曰薛不量其力，而荆亦甚固。」○陶鴻慶曰：「此文當云：『故曰荆甚固，而薛亦不量其力。』上文云：『王曰：「何見於荆？」對曰：「荆甚固，而薛亦不量其力。」』是其證也。今本誤倒，則語氣不合。」齊王知顔色，齊王，宣王也，威王之子。知猶發也。○畢沅曰：「齊策作『和其顔色』。」曰：「嘻！先君之廟在焉。」疾舉兵救之，由是薛遂全。顛蹷之請，坐拜之謁，○畢沅曰：「『坐拜』，策作『望拜』。」○維遹案：「坐」字義勝。顛蹷與坐拜爲對文。禮記曲禮篇「坐而遷之」，疏：「坐亦跪也。坐通名跪，跪不通名坐也。」雖得則薄矣。薄，輕少也。○畢沅曰：「『得』舊訛作『薄』，今從策改正。」故善説者，陳其勢，言其方，○陶鴻慶曰：「『言』當爲『立』字之誤。順説篇云『田贊可謂能立其方矣』，是其證。」見人之急也，若自在危厄之中，○畢沅曰：「『危厄』，策作『隘窘』。」豈用彊力哉？彊力則鄙矣。説之不聽也，任不獨在所説，亦在説者。○陶鴻慶曰：「此三句語意未了，且與本篇之旨不相涉。上文云『故善説者，陳其勢，立其方，見人之急也，若自在危厄之中，豈用彊力哉？彊力則鄙矣』，論淳於髡爲孟嘗君却荆兵之事，文義已足。國策齊策載此文至『豈用彊力哉』而止，可證也。此文疑本在下篇順説之首，而誤錯在此篇之末。下篇首云『善説者若巧士』云云，文義正與此相屬也。」

報更

五曰：善説者若巧士，因人之力以自爲力，因其來而與來，因其往而與往，與猶助也。不設形象。與生與長，而言之與響；○陶鴻慶曰：「而讀爲如。」與盛與衰，以之所歸。歸，終也。力雖多，材雖勁，勁，彊也。以制其命。順風而呼，聲不加疾也；加，益也。際高而望，目不加明也，所因便也。○王念孫曰：「『際』疑『登』之譌。」

惠盎見宋康王，康王蹀足謦欬，○畢沅曰：「舊本訛作『惠盎見宋康成公而謂足聲速』，今據列子黃帝篇、淮南道應訓及李善注文選謝惠連詠牛女詩所引改正。」○維遹案：畢改是。治要引正作「惠盎見宋康王」。疾言曰：「寡人之所説者，勇有力也，不説爲仁義者。惠盎者，宋人，惠施族也。康王，宋昭公曾孫辟公之子，名偃，立十一年，僭號稱王，四十五年，大爲不道，故曰宋子不足仁義者也，齊湣王伐滅之。○畢沅曰：「正文『也不説』三字舊本作『而無』，今從列子、淮南改。梁伯子云：『注「名侵」當是「偃」字之訛。「四十五年」與禁塞篇注「四十七年」又異，其實六十一年也。』」○維遹案：畢改是。治要引正作「寡人之所悦者，勇有力也，不悦爲仁義者」。客將何以教寡人？」惠盎對曰：「臣有道於此，有道於此，勇有力者也。使人雖勇，刺之不入；雖有力，擊之弗中。大王獨無意邪？」不可入，不可中，如此者，大王獨無意欲之邪？王曰：「善。此寡人所欲聞也。」○孫先生曰：「『寡人』下疑脱『之』字。下云『此寡人之所欲知也』，『此寡人之所願也』，『此寡之所欲得也』，（原無『也』字，據畢校補。）語句竝同。列子黃帝篇、淮南道應篇亦竝有『之』字。」惠盎曰：「夫刺之不入，擊之不中，此猶辱也。臣有道於此，使人雖有勇弗敢刺，雖有力不敢擊。大王獨無意邪？」王曰：

「善。此寡人之所欲知也。」惠盎曰：「夫不敢刺，不敢擊，非無其志也。臣有道於此，使人本無其志也。本無有擊刺之志也。大王獨無意邪？」王曰：「善。此寡人之所願也。」惠盎曰：「夫無其志也，未有愛利之心也。臣有道如此，使天下丈夫女子莫不驩然皆欲愛利之，此其賢於勇有力也，言以仁義之德，使民皆欲愛利之也，故賢於勇有力。居四累之上。大王獨無意邪？」四累，謂卿、大夫、士及民四等也。君處四分之上，故曰「四累之上」，喻尊高也。臨下以德，則下愛利之矣。大王意獨無欲之邪？○畢沅曰：「四累即指上所言層累而上凡四等。注非是。而張湛注列子亦與之同。」○梁玉繩曰：「淮南道應注云『此上凡四事，皆累於世，而男女莫不歡然爲上也』，與此注異。虞氏兆灐天香樓偶得云：『惠盎論勇力之說，凡四更端，故云居四累之上。』」○劉先生曰：「畢說是。淮南道應篇『此其賢於勇有力也，四累之上也』，許注：『此上凡四事，皆累於世。』與畢說正合。」王曰：「此寡人之所欲得。」欲得人愛利也。○畢沅曰：「正文句末，列子、淮南皆有『也』字。」惠盎對曰：「孔、墨是也。言當爲孔丘、墨翟之德，則得所欲也，故曰「是也」。當法則之也。孔丘、墨翟，無地爲君，以德見尊。無官爲長，以道見敬。○維遹案：文子、列子、淮南「爲」上竝有「而」字。天下丈夫女子莫不延頸舉踵而願安利之。延頸，引領也。舉踵，企望之也。願其尊高安而是〔一〕利也。○維遹案：治要引注無「安」字，「利」下有「己」字。今大王，萬乘之主也，誠有其志，有孔、墨之志。則四境之內

〔一〕「是」，原脱，據諸子集成本補。

皆得其利矣，○維遹案：「矣」字據許本、姜本增。治要引同。其賢於孔、墨也遠矣。」得賢名過於孔、墨。遠猶多也。宋王無以應。應，荅也。惠盎趨而出。宋王謂左右曰：「辨矣，客之以説服寡人也！」○維遹案：辨、辯古字通。張本作「辯」，淮南同。宋王，俗主也，而心猶可服，因矣。因猶便也。○陶鴻慶曰：「此文當云：『宋王，俗主也，而心猶服，可謂能因矣。』『心猶服』承上『以説服寡人』而言。下文云『管子可謂能因矣』，明此亦當同。今本『可』字誤倒在上，又脱『謂能』二字，則文不成義。」因則貧賤可以勝富貴矣，小弱可以制彊大矣。惠盎是也。

田贊衣補衣而見荆王。田贊，齊人也。補衣，弊衣也。荆王曰：「先生之衣，何其惡也？」田贊對曰：「衣又有惡於此者也。」荆王曰：「可得而聞乎？」對曰：「甲惡於此。」甲，鎧也。此，惡衣也。王曰：「何謂也？」對曰：「冬日則寒，夏日則暑，衣無惡乎甲者。贊也貧，故衣惡也。○畢沅曰：「御覽三百五十六引疊一『貧』字。」今大王，萬乘之主也，富貴無敵，而好衣民以甲，臣弗得也。得猶取也。意者爲其義邪？甲之事，兵之事也，刈人之頸，刳人之腹，隳人之城郭，刑人之父子也，隳，壞也。刑，殺也。○陶鴻慶曰：「『甲之事兵之事也』，疑本作『甲兵之事也』，與下文相連讀之。言甲兵之事，其禍有如此也。書傳凡言兵者，皆指器械。今本衍『之事』二字，而以甲與兵分言，則文不成義。」○維遹案：荆王好衣民以甲，田贊以爲衣甲之事即兵之事也，意本相因。陶説非。其名又甚不榮。兵殺人，以逆名，不得爲榮。意者爲其實邪？苟慮害人，人亦必慮害之。不得財寶〔一〕也。爲財利廣出，苟謀害人，人亦必謀害之。傳曰：「晉侯誣人，人亦誣之。」其此之謂也。○孫鏘鳴曰：「謂國有關土安疆之實也，不得專以財寶言。」苟慮危人，人亦必慮危之。其實人則甚不安。之其爲事如此，甚不得安也。○舊校云：「『人則』一作『久則』。」○俞樾曰：「『實』下『人』字乃『又』字之誤。『則』字衍文也。『其實又甚不安』與上文『其名又甚不榮』相對。『之』字屬下句。『之二者』，猶言此二者，與莊子『之二蟲』文法相同。先識篇曰『之二國者皆將亡』，慎勢篇曰『之二臣者甚相憎也』，皆可爲證。」二者，臣爲大王無取焉。」二者，害與危。臣爲大王計，無取此二者也。○孫鏘鳴曰：「二者，謂名甚不榮，實甚不安。注非。」荆王無以應。説雖未大行，田贊可謂能立其方矣。方，道也。若夫偃息之義，則未之識也。段干木偃息以安魏。田贊辯説以服荆，比之偃息，故曰未知誰賢之也。

管子得於魯，魯束縛而檻之，使役人載而送之齊，其謳歌而引。役人皆謳歌而輓其車，以送之也。○畢沅曰：「意林作『皆謳歌而引車』，御覽五百七十一同。」○孫先生曰：「『其』乃『皆』字之誤。高注云云，是正文作『皆』明矣。事類賦十一引亦作『皆』。」管子恐魯之止而殺己也，欲速至齊，因謂役人曰：「我爲汝唱，汝爲我和。」其所唱適宜走，役人不倦，而取道甚速，管子可謂能因矣。因役人用勢欲走，而爲唱歌歡之令走也。○畢沅曰：「注『歡之』疑當作『勸之』。」○維遹案：畢説是。姜本、張本及意林竝作「勸之」。文子

〔一〕「寶」，四部叢刊本作「實」。

微明篇：「老子曰：『今夫挽車者，前呼邪許，後亦應之，此挽車勸力之歌也。』」可互證此注。役人得其所欲，已亦得其所欲。以此術也，以，用。此術，道也。是用萬乘之國，其霸猶少，○陶鴻慶曰：「『是用萬乘之國』，是讀爲寔。當以『以此術也寔用萬乘之國』十字爲句，言以此術用於萬乘之國當不僅至於霸也。」桓公則難與往也。往，王也。言其難與致於王也。

順説

六曰：智者之舉事必因時。時不可必成，必成猶必得也。其人事則不廣，廣，博也。○俞樾曰：「廣讀爲曠，古廣、曠字通。荀子王霸篇『人主胡不廣焉』，解蔽篇『則廣焉能棄之矣』，楊注並曰：『廣讀爲曠。』列子湯問篇『不思高林廣澤』，釋文曰：『「廣」一本作「曠」。』並其證也。無義篇曰『以義動則無曠事矣』，高注曰：『曠，廢也。』此文廣字誼與彼同。言時不可必成，而人事則不可廢也。下文曰：『若是而猶不全也，其天邪？人事則盡之矣。』正見人事不曠之意。此篇即以『不廣』名篇，蓋欲人以人事自盡，毋自曠廢也。高氏不知『廣』之爲『曠』，而釋之曰『廣，博也』，則此二句之義不可通，而於名篇之意亦失之矣。」成亦可，不成亦可。以其所能，託其所不能，若舟之與車。舟不能陸，車不能浮，然更相載，故曰「以其所能，託其所不能」也。

北方有獸，名曰蹶，○畢沅曰：「説苑復恩篇作『蟨』，爾雅注同。淮南道應訓作『蹷』。」○梁玉繩曰：「爾雅釋地、韓詩外傳五並作『西方』。」鼠前而兔後，趨則跲，走則顛，常爲蛩蛩距虛取甘草以與之。○畢沅曰：「爾雅作『岠虚』，説苑作『巨虚』，淮南作『駏驉』。」○蔣超伯曰：「郭弘農注爾雅引此而申其義云：『然則邛邛岠虚亦宜鼠後而兔前，前高不得取甘草，故須蟨食之。其贊云：「蟨與岠虚，乍兔乍鼠，短長相濟，彼我供舉，有若自然，同心共膂。」』又曰：「相如子虚賦張揖注曰：『蛩蛩青獸，狀如馬。距虚似驘而小。』黄香九宫賦『三台執兵而奉引，軒轅乘駏驉而先駈』，注：『駏驉似騾。』超疑『邛邛岠虚』四字連云者當别是一獸，與蟨相負行，其邛邛岠虚分言者，乃驢騾之類，斷非一物。蟲魚禽鳥同名而異狀者甚多也。」蹶有患害也，蛩蛩距虚必負而走。此以其所能，託其所不能。託，寄也。

鮑叔、管仲、召忽，三人相善，欲相與定齊國，以公子糾爲必立。召忽曰：「吾三人者於齊國也，譬之若鼎之有足，去一焉則不成。且小白則必不立矣，小白，齊桓公名。不若三人佐公子糾也。」管仲曰：「不可。夫國人惡公子糾之母以及公子糾，公子小白無母而國人憐之，事未可知。不若令一人事公子小白。夫有齊國，必此二公子也。」二公子，齊僖公之子，襄公之弟也。故令鮑叔傅公子小白，管子、召忽居公子糾所。公子糾外物則固難必。物，事也。糾在外，不可謂必得主，故曰「固難必」。○陳昌齊曰：「元劉節軒校本疊『外物』二字。」○俞樾曰：「『公子糾』三字涉上文而衍。高注云云，則其所據本已誤。」○陶鴻慶曰：「俞説是也。『外物不可必』，本莊子外物篇文。」雖然，管子之慮近之矣。慮，謀也。若是而猶不全也，其天邪？人事則盡之矣。

齊攻廩丘，趙使孔青將死士而救之。與齊人戰，大敗之，齊將死。得車二千，得尸三萬，以爲二京。古者軍伐克敗，於其所獲尸，合土葬之，以爲京觀，故孔青欲以齊尸爲二京也。甯越謂孔青曰：「惜矣，不如歸尸以内攻之。」甯越，趙之中牟人也。言不如歸尸於齊，齊人必怨，其將使葬送以盡其財，是所以内攻之也。○畢沅曰：「梁仲子云：『孔叢論勢篇以歸尸爲子順語，餘亦小同大異。』」○蘇時學曰：「孔叢本之吕氏春秋。今以紀年考之，此事在魏文侯時，甯越爲周威公師，正其時人也。若子順相魏，乃安釐王世，相去百餘年矣。」越聞之，古善戰者，莎隨賁服，莎隨猶相守，不進不却。賁，置也。服，退也。○吴先生曰：「莎隨疊韻，賁服雙聲，皆爲連語。高注説莎隨近之，賁服宜與同意。服訓爲退，則賁當訓爲進。樂記稱『粗厲猛起奮末廣賁之音作而民剛毅』，鄭注：『賁，怒氣充實。』然則賁服猶進却也。高注『賁，置也』，文義俱不相應，疑非其本真。」却舍延尸，軍行三十里爲一舍，却舍以緩其尸，使齊人得收之。彼得尸而財費乏。○畢沅曰：「七字舊本訛在上句注中，又『乏』作『之』，今依孫校改正。」車甲盡於戰，府庫盡於葬，此之謂内攻之。」齊人戰敗，盡其車甲。府庫，財所藏也，葬死者以盡之，令其貧窮且相怨，此所謂内攻之術也。孔青曰：「敵齊不尸則如何？」言與齊爲敵，不收其尸爲京則如何？○畢沅曰：「注謬甚。敵齊，指齊人爲敵人也。我緩之使得收，而彼不收，將如之何？下文甚明，何以妄説。」○王念孫曰：「余謂『敵』字因下文『何敵之不服』而衍。」○松皋圓曰：「敵讀曰適。偶使齊人知覺我謀，不收葬也。」○維遹案：松説似勝。甯越曰：「戰而不勝，其罪一。與人出而不與人入，其罪二。與之尸而弗取，其罪三。民以此三者怨上，○舊校云：「『怨』一作『罪』。」上無以使下，下無以事上，是之謂重攻之。」甯越可謂知用文武矣。用武則以力勝，用文則以德勝。文武盡勝，何敵之不服？能盡服之。

晉文公欲合諸侯，咎犯曰：「不可。天下未知君之義也。」公曰：「何若？」咎犯曰：

「天子避叔帶之難，出居於鄭。君奚不納之，以定大義？且以樹譽。」樹，立也。文公曰：「吾其能乎？」咎犯曰：「事若能成，繼〔一〕文之業，定武之功，闢〔二〕土安疆，於此乎在矣。事若不成，補周室之闕，勤天子之難，勤，憂也。成教垂名，於此乎在矣。成仁義之教，勤天子之名，以示諸侯，於此在矣。君其勿疑。」文公聽之，遂與草中之戎、○舊校云：「『與』一作『興』。」○劉師培曰：「『草』爲『莫』字之譌。」驪土之翟定天子於成周。天子，周襄王也。避母弟叔帶之難，出奔在鄭，晉文納之於成周，故曰「定」也。成周，今雒陽也。於是天子賜之南陽之地，襄王賜之南陽之地，在河之北，晉之山南，故言南陽，今河内陽樊、温之屬是也。遂霸諸侯。舉事義且利，以立大功，文公可謂智矣。此咎犯之謀也。出亡十七年，反國四年而霸，其聽皆如咎犯者邪？

管子、鮑叔佐齊桓公舉事，舉猶用也。齊之東鄙人有常致苦者。管子死，豎刀、易牙用，國之人常致不苦。不知致苦卒爲齊國良工，澤及子孫。知大禮，知大禮雖不知國可也。禮，國之本。君子務本，本立而道生，故曰「不知國可也」。

不廣

〔一〕四部叢刊本「繼」下有注「一作經」。

〔二〕四部叢刊本「闢」下有注「一作開」。

七曰：三代所寶莫如因，因則無敵。禹通三江五湖，決伊闕，溝迴陸，注之東海，因水之力也。迴，通也。○王念孫曰：「書傳無訓迴爲通者。『迴』當爲『迵』。『溝迴陸』當爲『迵溝陸』。玉篇：『迵，徒東切，通達也。』昭四年左傳注曰：『陸，道也。』迵溝陸者，通溝道也。淮南本經篇『平通溝陸』，正與此義同。迵之言洞也，史記倉公傳『臣意診其脈曰迵風』，集解曰：『迵音洞，言迵徹入四肢也。』淮南要略篇『通迵造化之母』，（今本迵誤爲迴。辨見淮南雜志。）又云『使人通迵周備』，迵亦通也。又上德篇『德迵乎天地』，高注曰：『迵，通也。』迵亦迴之誤。世人多見迴，少見迵，故迵誤爲迴矣。」舜一徙成邑，再徙成都，三徙成國，周禮「四井爲邑」，邑方二里也。「四縣爲都」，都方二十二里也。邑有封，都有成，然則邑小都大。傳曰：「都城過百雉，國之害也。」成國，成千乘之國也。○維遹案：注「都有成」當作「都有城」，故引傳以證之。今作「成」者，蓋涉上下文而誤。而堯授之禪位，因人之心也。授之禪位，與之天下也。人皆喜之，故曰「因人之心也」。湯、武以千乘制夏、商，因民之欲也。傳曰「衆曹所好，鮮其不濟」，湯、武是也。「衆曹所惡，鮮其不敗」，桀、紂是也。故曰「因民之欲也」。○畢沅曰：「周語下泠州鳩對周景王曰：『民所曹好，鮮其不濟也。其所曹惡，鮮其不廢也。』」如秦者立而至，有車也。立猶行也。車行陸而至也。○畢沅曰：「古者車皆立乘，故云『立』。與下『坐』字對文。注非也。」○吴先生曰：「畢說是也。御覽七百六十八引慎子曰：『行海者坐而至越，有舟也。行陸者立而至秦，有車也。』與此文正同。」適越者坐而至，有舟也。適，之也。秦、越遠塗也，竫立安坐而至者，因其械也。竫，正也。械，器也。

武王使人候殷，候，視也。反報岐周曰：「殷其亂矣。」武王曰：「其亂焉至？」對曰：

「讒慝勝良。」讒，邪也；慝，惡也，而皆進用之，忠良黜遠之，故曰「勝良」也。○維遹案：治要引「勝」下有「忠」字。下同。武王曰：「尚未也。」又復往，反報曰：「其亂加矣。」○維遹案：「復」字因「往」而誤衍。此與下文「又往」同一文例。治要引無「復」字。武王曰：「焉至？」對曰：「賢者出走矣。」謂箕子奔朝鮮。○梁玉繩曰：「此謂向摯、太師疵、少師彊之類。箕子封朝鮮，乃商亡後事也。」武王曰：「尚未也。」又往，反報曰：「其亂甚矣。」武王曰：「焉至？」對曰：「百姓不敢誹怨矣。」言百姓畏紂無道刑戮之誅，皆閉口無誹怨之言。武王曰：「嘻！」遽告太公。遽，疾。太公對曰：「讒慝勝良，命曰戮。戮，暴也。賢者出走，命曰崩。崩，壞也。百姓不敢誹怨，命曰刑勝。傳曰：「厲王虐，國人謗王。王使衛巫監謗者，得而殺之。乃不敢言，而道路以目。」刑辟勝也。其亂至矣，不可以駕矣。」駕，加也。故選車三百，虎賁三千，朝要甲子之期，而紂爲禽。朝，早朝也。與諸侯要期甲子之日也。○俞樾曰：「此當作『要期甲子之朝，而紂爲禽』。高注曰『與諸侯要期』以『甲子之日』，可證正文之本爲『要期』也。朝、期二字形相似〔一〕，又涉下文『吾已令膠鬲以甲子之期報其主』而誤耳。其下文曰『武王與周公旦明日早要期，則弗得也』，亦以『要期』二字連文。」則武王固知其無與爲敵也。因其所用，何敵之有矣！

武王至鮪水。○梁玉繩曰：「水經河水五注：『鞏縣北有山臨河，謂之崟㟪丘。其下有穴，謂之鞏穴。直穴有

〔一〕「似」，原作「形」，據諸子平議改。

渚，謂之鮪渚。河自鮪穴已上又兼鮪稱。武王伐紂至鮪水，即是處也。』」殷使膠鬲候周師，武王見之。膠鬲曰：「西伯將何之？無欺我也。」武王曰：「不子欺，將之殷也。」膠鬲曰：「朅至？」朅，何也。言以何日來至殷也。○王念孫曰：「朅猶曷也。」武王曰：「將以甲子至殷郊，子以是報矣。」報，白也。膠鬲行。天雨，日夜不休，行猶還也。不休止降雨，天地和同也，武王所以克紂也。武王疾行不輟。輟，止也。軍師皆諫曰：「卒病，請休之。」休，息也。武王曰：「吾已令膠鬲以甲子之期報其主矣。今甲子不至，是令膠鬲不信也。膠鬲不信也，其主必殺之。吾疾行以救膠鬲之死也。」武王果以甲子至殷郊。殷已先陳矣。至殷，因戰，大克之。此武王之義也。人爲人之所欲，己爲人之所惡，先陳何益？人，謂武王也。人之所欲，天必從之，順天誅也。己，謂紂也。人之所惡，天必壞之，所壞不可支，故曰「先陳何益」。適令武王不耕而穫。不耕而穫，不戰而克也。故孫子曰：「不戰而屈人之兵，善之善者也。」此之謂也。

武王入殷，聞殷有長者，武王往見之，而問殷之所以亡。殷長者對曰：「王欲知之，則請以日中爲期。」武王與周公旦明日早要期，則弗得也。武王怪之。周公曰：「吾已知之矣。此君子也，取不能其主，有以其惡告王，不忍爲也。○王念孫曰：「有讀爲又。」若夫期而不當，言而不信，此殷之所以亡也，已以此告王矣。」

夫審天者，察列星而知四時，因也。○畢沅曰：「舊校云：『一本此句〔一〕下有「動作因日光而治萬事，因也」十一字。』案：此淺陋，必非本文。」**推歷者，視月行而知晦朔，因也。禹之裸國，裸入衣出，**○舊校云：「一本作『人衣出否』。」**因也。墨子見荆王，錦衣吹笙，因也。**墨子好儉非樂，錦與笙非其所服也，而爲之，因荆王之所欲也。○孫先生曰：「『錦衣』本作『衣錦』，與『吹笙』平列。高注云云，是正笙與錦對，非與衣對也。御覽五百八十一引正作『衣錦』。」○維遹案：劉子新論隨時篇載此事亦作「衣錦吹笙」。**孔子道彌子瑕見釐夫人，因也。**彌子瑕，衛靈公之幸臣也。孔子因之，欲見靈公夫人南子。論語云：「子見南子，子路不悦。夫子矢之曰：『予所不者，天厭之，天厭之。』」是也。此釐夫人，未之聞。或云爲謚。謚法：「小心畏忌曰釐。」若南子淫佚，與宋朝通。太子蒯聵過宋野，野人歌之曰：「既定爾婁豬，盍歸我艾豭。」推此言之，不得謚爲釐明矣。○畢沅曰：「梁仲子云：『淮南泰族訓云「孔子欲行王道，東西南北七十説而無所偶，故因衛夫人、彌子瑕而欲通其道」，語義政合。此似有脱誤。然此皆戰國時人所爲也。』注『過宋野』，舊作『于野』，訛，今依左傳改正。」○梁玉繩曰：「釐夫人雖他無所見，然春秋時夫人別謚甚多，魯文姜、穆姜皆淫佚而得美謚，南子謚釐，無足異也。此與淮南語同義。鹽鐵論論儒篇亦云『孔子因彌子瑕見衛夫人』，非有脱誤。」張雲璈説同。○俞樾曰：「梁氏誤以道字爲行道之道，故疑有脱誤。其實非也。道者，由也。道彌子瑕見釐夫人者，由彌子瑕見釐夫人也。晏子春秋諫上篇曰『楚巫微導裔款以見景公』，文法正與此同。道、導

〔一〕「句」，四部叢刊本作「字」。

古通用。」湯、武遭亂世，臨苦民，揚其義，成其功，因也。故因則功，專則拙。因則成，故曰功。專則敗，故曰拙。○王念孫曰：「功讀爲工。」因者無敵。因民之欲，道以義，故無與之敵者，湯、武是也。○畢沅曰：「注『道』舊作『遵』，上文『道彌子瑕』，舊校云：『道一作遵。』案：皆訛。今改作『道』。」國雖大，民雖衆，何益！民雖衆多，不能使之不亡，故曰「何益」，桀、紂是也。

貴因

八曰：上胡不法先王之法，非不賢也，爲其不可得而法。胡，何也。先王之法，經乎上世而來者也，人或益之，人或損之，胡可得而法？雖人弗損益，猶若不可得而法。東夏之命，古今之法，言異而典殊，東夏，東方也。命，令也。○舊校云：「『言』一作『世』。」○孫鏘鳴曰：「『東夏』與『古今』對文，猶言夷、夏也。東方曰夷，故夷亦可言東。命，名也，亦言也。」○維遹案：東夏，地名。尚書微子之命云「尹茲東夏」，蔣廷錫云：「蔡傳云：『宋亳在東，故曰東夏。』今河南歸德府商邱縣。」故古之命多不通乎今之言者，○孫鏘鳴曰：「命，名也。謂古之名物與今之言不同。」今之法多不合乎古之法者。○舊校云：「『合』一作『同』。」殊俗之民，有似於此。其所爲欲同，其所爲異。○畢沅曰：「舊本『異』上亦有『欲』字，係誤衍。李本無，今從之。」○陶鴻慶曰：「上句『爲』字亦衍文也。爲欲篇云：『蠻、夷反舌殊俗異習之國，其衣服冠帶、宮室居處、舟車器械、聲色滋味也皆異，其爲欲使一也。』與此文異而義同。」口惛之命不愉，○吳汝綸曰：「惛讀若莊子『爲其腤合』之腤。愉讀爲渝。口惛之命，謂方音也。」若舟車衣冠滋味聲色之不同，人以自是，反以相誹。天下之學者多辯，言利辭倒，不求其實，務以相毀，以勝爲故。故，事也。先王之法，胡可得而法？雖可得，猶若不可法。凡先王之法，有要於時也，時不與法俱至。法雖今而至，猶若不可法。○陶鴻慶曰：「『兩』『至』字皆『在』字之誤。上文云『人或益之，人或損之，胡可得而法？雖人弗損益，猶若不可法』，下文云『時已徙矣而法不徙，以此爲治，豈不難哉』，皆言法雖存而時已去，故曰『時不與法俱在，法雖今而在，猶若不可法也』。」故擇先王之成法，而法其所以爲法。○舊校云：「『擇』一作『釋』。」○維遹案：「擇」字呂覽纂作「釋」。擇、釋聲同字通。先王之所以爲法者，何也？先王之所以爲法者，人也。而己亦人也，故察己則可以知人，察今則可以知古，古今一也，人與我同耳。有道之士，貴以近知遠，以今知古，以益所見，知所不見。○畢沅曰：「意林無『益』字。」○維遹案：呂覽纂亦無「益」字。故審堂下之陰，陰，日夕昃也。○畢沅曰：「注『夕昃』疑『晷』之誤。」孫云：「『李善注陸士衡演連珠引高誘曰：「陰，晷影之候也。」』」○維遹案：注探下文爲說，「夕」當是「月」字，形近之誤。陰者言日月，非專言日也。姜本正作「陰，日月昃也」。而知日月之行、陰陽之變；見〔一〕瓶水之冰，而知天下之寒、魚鼈之藏也；嘗一脟肉，而知一鑊之味、一鼎之調。調，和也。○畢沅曰：「『一脟』舊本作『一脬』，訛。盧云：『脟與臠同。』舊本訛其下，而日

〔一〕四部叢刊本「見」下有注「一作先」。

抄引作「肘」，又脱其上。』今案：史記司馬相如傳載子虚賦有『脟割輪焠』之語，集解引郭璞曰：『脟音臠。』李善注文選亦同。又漢書相如傳師古曰：『脟與臠同。』今定爲『脟』字。意林及北堂書鈔百四十五、御覽八百六十三皆作『一臠』，他書亦皆作『一臠』，知『一脟』之即爲『一臠』者少矣。」○孫先生曰：「書鈔一百四十五引『調』下有『也』字，與上語略同。」

荆人欲襲宋，使人先表澭水。○舊校云：「『澭』一作『灌』。」澭水暴益，暴，卒。益，長。荆人弗知，循表而夜涉，溺死者千有餘人，軍驚而壞都舍。嚮其先表之時可導也，導，涉也。嚮其施表時水可涉也。今水已變而益多矣，荆人尚猶循表而導之，此其所以敗也。今世之主，法先王之法也，有似於此。似此表澭水而不知其長益也。其時已與先王之法虧矣，虧，毁也。○王念孫曰：「虧讀爲詭。詭，異也。虧、詭古字通。公子無虧或作『無詭』是也。」○俞樾曰：「如高注則但當曰『其時先王之法虧矣』，不得曰『其時已與』也。『虧』當爲『詭』，聲之誤耳。左傳『齊公子無虧』，史記齊世家作『無詭』，漢書古今人表亦作『無詭』，是其證也。詭之言異也，文選西京賦『豈不詭哉』，海賦『詭色殊音』，注竝曰：『詭，異也。』『其時已與先王之法詭矣』，猶曰『其時已與先王之法異矣』，故其下曰『世易時移，變法宜矣』。蓋先王之法所以不可行者，非法之毁，乃時之異也。注以本字釋之，未得其旨。」而曰「此先王之法也」而法之，以此爲治，豈不悲哉！○維遹案：「以」下「此」字，據元刻本、姜本、張本增，與下「以此爲治，豈不難哉」句法同。故治國無法則亂，守法而弗變則悖，悖亂不可以持國。世易時移，變法宜矣。譬之若良醫，病萬變，藥亦萬變。○孫先生曰：「御覽九百八十四引『良醫』下有『醫病』二字，義優。」病變而藥不變，嚮之壽民，今爲殤子矣。嚮，曩也。未成人夭折曰殤子也。故凡舉〔一〕事必循法以動，動，作也。變法者因時而化，若此論則無過務矣。務猶事也。○陶鴻慶曰：「『此論』上當有『行之』二字。下賢篇云『誠行之此論而內行修，王猶少』，此文當與彼同。今本脱去，則文義不足。」

夫不敢議法者，衆庶也；以死守者，有司也；○畢沅曰：「『守』下亦當有『法』字。」因時變法者，賢主也。是故有天下七十一聖，○維遹案：王念孫校本「一」改作「二」。其法皆不同，非務相反也，時勢異也。故曰良劍期乎斷，不期乎鏌鋣；鏌鋣，良劍也。取其能斷，無取於名也，故曰「不期乎鏌鋣」。良馬期乎千里，不期乎驥驁。驁，千里馬名也。王者乘之遊驁，因曰驥驁也。○梁玉繩曰：「『驥驁』二字僅見，别類云『驥驁緑耳』。」夫成功名者，此先王之千里也。楚人有涉江者，涉，渡也。其劍自舟中墜於水，遽契其舟曰：「是吾劍之所從墜。」遽，疾也。疾刻舟識之於此下墜劍者也。○舊校云：「『契』一作『刻』。」○維遹案：後漢書張衡傳注引「墜」下有「也」字。類聚六十引同。舟止，從其所契者入水求之。舟已行矣而劍不行，求劍若此，不亦惑乎！以此故法爲其國與此同。爲，治也。與此契舟求劍者同

〔一〕四部叢刊本「舉」下有注「一作學」。

也。○王念孫曰：「『此』字因下『以此』而衍。」陶鴻慶説同。○維遹案：呂覽纂正無「此」字。

時已徙矣，而法不徙，以此爲治，豈不難哉！有過於江上者，見人方引嬰兒而欲投之江中，嬰兒啼，人問其故，曰：「此其父善游。」其父雖善游，其子豈遽善游哉？此任物亦必悖矣。任，用也。○維遹案：「此」字上王念孫校本補一「以」字，呂覽纂正有「以」字。

荆國之爲政，有似於此。似此悖也。○維遹案：呂覽纂「荆」作「亂」。

察今

呂氏春秋集釋卷第十六

榮成許維遹學

呂氏春秋訓解　高氏

先識覽第四　觀世　知接　悔過　樂成　察微　去宥　正名

一曰：凡國之亡也，有道者必先去，古今一也。傳曰：「君子見幾而作，不俟終日。」故必先去也。孔子曰：「賢者避世，其次避地，其次避人，其次避言。」故曰「古今一也」。○畢沅曰：「子華子神氣篇：『吾聞之，太上違世，其次違地，其次違人。』與此避人正相合。」地從於城，城不下，地不遷。城從於民，民不潰，城不壞。民從於賢。亶父處邠，狄人攻之，杖策而去，邑乎岐周，邠人襁負而隨之，故曰民從賢也。○畢沅曰：「所謂『天下之父歸之，其子焉往』是也。下文終古、向摯、屠黍諸人，亦是說在下之賢人。注尚未切。」故賢主得賢者而民得，民得而城得，城得而地得。夫地得豈必足行其地、人說其民哉！得其要而已矣。孝經曰：「非家至而日見之也。」以德化耳，故曰「得其要而已矣」。

夏太史令終古出其圖法，執而泣之。夏桀迷惑，暴亂愈甚，太史令終古乃出奔如商。湯喜而告諸侯曰：「夏王無道，暴虐百姓，窮其父兄，恥其功臣，輕其賢良，棄義聽讒，衆庶咸怨，守法之臣，自歸于商。」知桀之必亡也。

殷内史向摯見紂之愈亂迷惑也，○梁玉繩曰：「『向』〔一〕，史通十一、通典職官三作『高』，通鑑外紀作『尚』。『摯』，淮南氾論作『藝』，通典作『勢』，紀年與此同。」○王念孫曰：「『愈』下當據上文補『暴』字。」於是載其圖法，出亡之周。武王大説，以告諸侯曰：「商王大亂，沈于酒德，辟遠箕子，爰近姑與息，箕子忠臣而疏遠之，姑息之臣而與近之。○畢沅曰：「尸子曰『棄黎老之言，用姑息之語』，注云：『姑，婦也。息，小兒也。』與此意同。」○梁玉繩曰：「通雅十九云：『御覽引武王曰：「紂愛近姑與息。」』則『爰』是『愛』訛。」妲己爲政，賞罰無方，方，道。不用法式，殺三不辜，剖比干之心，折材士之股，刳孕婦而觀其胞。○畢沅曰：「注『股』舊本作『肝』，誤，今據古樂篇注改正。」民大不服，守法之臣，出奔周國。」周國在豐、鎬也。

晉太史屠黍見晉之亂也，見晉公之驕而無德義也，以其圖法歸周。屠黍，晉出公之太史也。出公，頃公之孫，定公之子也。史記曰：「智伯攻出公，出公奔齊，而道死焉。」○畢沅曰：「『屠黍』，説苑權謀篇作『屠餘』。」周威公見而問焉，曰：「天下之國孰先亡？」周敬王後五世考烈王封其弟於河南爲桓公。威公，桓公之孫也。○畢沅曰：「謝云：『敬王五傳爲考王，人表作考哲，此誤考烈。西周威公爲桓公之子，非孫也。』」對曰：「晉先亡。」威公問其故。對曰：「臣比在晉也，不敢直言。示晉公以天妖、日月星辰之行

〔一〕「向」，原作「尚」，據吕子校補改。

多以不當，曰：『是何能爲？』不敢直言其亂也，但語以日月星辰之行多不當其宿度也，而云是無能爲也。○畢沅曰：「說苑作『多不當，曰：「是何能然？」』」又示以人事多不義，百姓皆鬱怨，曰：『是何能傷？』又示以鄰國不服，賢良不舉，曰：『是何能害？』如是，是不知所以亡也，○劉師培曰：「呂氏原本當作『是不知所以存所以亡也』，與說苑權謀篇同。今本脱『存所以』三字。」故臣曰晉先亡也。」居三年，晉果亡。屠黍居周三年也。○蘇時學曰：「晉亡非謂三家分晉時事，乃謂晉幽公之亂也。幽公遇亂而亡，魏文侯平晉亂，乃復立幽公子止，後數年而中山武公初立，是魏滅中山亦此時也，與屠黍所言正合。舊注以爲晉出公則不然。考出公之亡在貞定王世，是時周桓公尚未立國，安得有威公之問耶？」威公又見屠黍而問焉，曰：「孰次之？」對曰：「中山次之。」○蘇時學曰：「此魏文侯所滅之中山也。下文言：『白圭之中山，中山之王欲留之，白圭固辭，乘輿而去。又之齊，齊王欲留之仕，又辭而去。人問其故，曰：「之二國者皆將亡。」』此趙武靈王所滅之中山也。曷知之？以其時世知之。蓋周威公與魏文侯同時，而趙武靈王與晉湣王亦同時也。下言『五割而與趙』，是武靈也。言『悉起而拒軍於濟上』，是湣王也。」威公問其故。對曰：「天生民而令有別。有別，人之義也，所異於禽獸麋鹿也，○孫先生曰：「說苑『所』下有『以』字，疑此脱。」君臣上下之所以立也。中山之俗，以晝爲夜，以夜繼日，男女切倚，固無休息，切，磨。倚，近也。無休息，夜淫不足，續以晝日。○畢沅曰：「『切倚』，淮南齊俗訓作『切踦』，注：『踦，足也。』說苑同。」康樂，歌謠好悲。康，安也。安淫酒之樂，樂極則繼之以悲也。○畢沅曰：「『康樂』上說苑有『淫昏』二字。」○維遹案：水經滱水注引亦有「淫昏」二字，今本疑脱。其主弗知惡。此亡國之風也，風，化也。臣故曰中山次之。」居二年，中山果亡。威公又見屠黍而問焉，曰：「孰次之？」屠黍不對。威公固問焉。對曰：「君次之。」威公乃懼。求國之長者，得義蒔、田邑而禮之，二人賢者也。○畢沅曰：「『義蒔』，説苑作『錡疇』。」得史驎、趙駢以爲諫臣，二人直人。○畢沅曰：「説苑作史理、趙巽。」去苛令三十九物，物，事。以告屠黍。對曰：「其尚終君之身乎！」其尚，尚也。○畢沅曰：「舊本『君』下衍『子』字，今從黄氏日抄所引去之。説苑亦無。」曰：○畢沅曰：「説苑無。」○劉先生曰：「『曰』字衍。上文既云『對曰』，此不當更有『曰』字隔斷文義，當據説苑刪。」「臣聞之，國之興也，天遺之賢人與極言之士；極，盡。國之亡也，天遺之亂人與善諛之士。」諛，諂也。○次「遺」字，舊校云：「一作『予』。」威公薨，肂，九月不得葬，周乃分爲二。下棺置地中謂之肂。故有道者之言也，不可不重也。

周鼎著饕餮，有首無身，食人未〔一〕咽，害及其身，以言報更也。○畢沅曰：「廣雅釋言云：『更，償也。』」○徐時棟曰：「夏鑄九鼎，詳見墨子中，而散見羣書。左傳曰『鑄鼎象物』，不知所象何物。諸子説鼎者甚多，而未有言其所鑄之物者，惟吕氏四載之，非特廣異聞，抑三代鐘鼎無古於此者，以補博古、考古諸圖之缺，而惜其不全也。」爲不善亦然。白圭之中山，中山之王欲留之，白圭固辭，乘輿而去。又之齊，白圭，周人。齊王欲留之仕，又辭而去。人問其故，曰：「之二國者皆將亡。所學有五盡。」○陶鴻慶曰：

〔一〕四部叢刊本「未」下有注「一作來」。

「『學』當爲『覺』。說文：『學，覺悟也。』覺從學省聲，例得通假。覺猶知也。」○維遹案：李本「學」作「舉」。「何謂五盡？」曰：「莫之必則信盡矣。○畢沅曰：「說苑作『莫之必忠則言盡矣』。下『譽』字、『愛』字上皆有『必』字。」莫之譽則名盡矣。莫之愛則親盡矣。行者無糧，居者無食，則財盡矣。不能用人，又不能自用，則功盡矣。國有此五者，無幸必亡。中山、齊皆當此。」當此五盡。○畢沅曰：「『無幸』，舊本作『無辜』，誤，今從本生篇改正。說苑亦作『毋幸』。」○維遹案：李本「辜」正作「幸」。若使中山之王與齊王聞五盡而更之，則必不亡矣。更猶革也。其患不聞，雖聞之又不信。然則人主之務，在乎善聽而已矣。夫五割而與趙，悉起而距軍乎濟上，未有益也。中山五割地與趙，趙卒亡之。齊悉起軍以距燕人於濟上，燕卒破之，不能自存。故曰「未有益也」。是棄其所以存，而造其所以亡也。保地養民，所以存也，棄而不修。割地與趙，棄民於燕，不能自衛，而衆破亡，故曰「造其所以亡也」。

先識覽

二曰：天下雖有有道之士，國猶少。○王念孫曰：「治要『國』作『固』。」千里而有一士，比肩也。累世而有一〔一〕聖人，繼踵也。士與聖人之所自來，若此其難也，而治必待之，治奚由

〔一〕「一」，原脫，據諸子集成本補。

至？淮南記曰：「欲治之君不世出，可與治之臣不萬一，以不萬一待不世出，何由遇哉？」故曰「治奚由至」。○王念孫曰：「治要『至』下有『乎』字。」雖幸而有，未必知也，未必知其爲賢也。不知則與無賢同。不知其賢而不用之，故不治，則與無賢同。○王念孫曰：「治要引注作『不知其賢而用之，故不治，不治則與無賢同』。」此治世之所以短，而亂世之所以長也。短，少。長，多也。故王者不四，霸者不六，亡國相望，囚主相及。言不絕也。得士則無此之患。無亡、囚之患也。此周之所封四百餘，封，建。○畢沅曰：「『此』疑『比』。」服國八百餘，今無存者矣，雖存皆嘗亡矣。賢主知其若此也，故日慎一日，以終其世。没世爲世。○畢沅曰：「疑是『没身爲世』。」賢主時以其亡其亡〔一〕爲憂也。」譬之若登山，登山者，處已高矣，○王念孫曰：「治要『登山』二字不重。」左右視，尚巍巍焉山在其上。賢者之所與處，有似於此。身已賢矣，行已高矣，左右視，尚盡賢於己。故周公旦曰：「不如吾者，吾不與處，累我者也。○畢沅曰：「『不如吾者』，舊本作『吾不如者』，誤，今從意林改正。大戴曾子制言中盧注亦作『不如我者』。」與我齊者，吾不與處，無益我者也。」齊，等也。等則不能勝己，故曰「無益我者也」。惟賢者必與賢於己者處。○王念孫曰：「『惟賢者』，治要作『以爲賢者』。」賢者之可得與處也，禮之也。主賢世治，則賢者在上。上，上位也。主不肖世亂，則賢者在下。今周室既滅，天子既廢。○畢沅曰：「『天子』，舊本作『天

〔一〕「其亡」不當重，疑誤衍。

下』，訛。此段與前謹聽篇同，彼云『而天子已絶』。」亂莫大於無天子，無天子則彊者勝弱，衆者暴寡，以兵相剗，剗，滅。不得休息而佞進，佞諂者進而升用也。○王念孫曰：「『而佞進』三字與下文皆不相屬，前謹聽篇無。此三字疑當在上文『賢者在下』之下。」○俞樾曰：「『而佞進』三字，衍文也，謹聽篇無，當據刪。」○劉師培曰：「『而佞進』蓋與『賢者在下』聯詞，在『不得休息』四字前。今本倒移其後，則誼不克通。」今之世當之矣。今，謂衰周無天子之世，故曰「當之」。故欲求有道之士，則於江河之上，山谷之中，僻遠幽閒之所，若此則幸於得之矣。太公釣於滋泉，○畢沅曰：「説見謹聽篇。盧云：『説文「茲，黑也」，引春秋傳曰「何故使吾水茲」。今左傳作「滋」。則「茲」乃本字，後人加以水旁，實則一字耳。』」○俞正燮曰：「水經渭水注云：『磻溪水出南山〔一〕茲谷，吕氏春秋所謂太公釣茲泉也。』」○維遹案：史記齊太公世家正義引亦作「茲泉」，蓋據古本。遭紂之世也，故文王得之。○孫先生曰：「謹聽篇『得之』下有『而王』二字。」文王，千乘也。紂，天子也。天子失之，而千乘得之，知之與不知也。紂不知太公賢，故失之也。諸衆齊民，不待知而使，不待禮而令。令亦使也。若夫有道之士，必禮必知，然後其智能可盡也。可盡得而用也。

晏子之晉，見反裘負芻息於塗者，以爲君子也，晏子，齊大夫晏平仲也。使人問焉，曰：「曷爲而至此？」對曰：「齊人累之，名爲越石父。」累之，累然有罪。○畢沅曰：「『累』，新序節士篇作『纍』，

〔一〕「山」，原脱，據水經注補。

即史記所云『在縲紲中』也。」○維遹案：累與纍通。呂覽纂作「齊累人之名爲越石父」，句順。晏子曰：「譆！」遽解左驂以贖之，載而與歸。至舍，弗辭而入。越石父怒，請絶。晏子使人應之曰：「嬰未嘗得交也，○舊校云：「『交』一作『友』。」今免子於患，吾於子猶未邪？」○畢沅曰：「舊本下復有一『也』字，古『也』字亦與『邪』通，後人注『邪』字於旁以代音，而傳寫遂誤入正文。今去『也』留『邪』，蓋以便讀者，使不致惑耳。」○孫先生曰：「晏子春秋雜上篇作『吾於子尚未可乎』，新序節士篇作『吾於子猶未可也』，疑今本『未』下脱『可』字。」越石父曰：「吾聞君子屈乎不己知者，而伸乎己知者，○孫先生曰：「意林引『己知』竝作『知己』，與晏子、新序合，近是。」吾是以請絶也。」○畢沅曰：「史記晏子傳載石父之言云：『方吾在縲紲中，彼不知我也。夫子既已感寤而贖我，是知己。知己而無禮，固不如在縲紲之中。』如此，則所以絶之意方明。」晏子乃出見之曰：「嚮也見客之容而已，今也見客之志。○畢沅曰：「晏子雜上篇作『意』，新序同。」嬰聞察實者不留聲，實，功實也。言欲察人之功實，不復留意考其名聲也。觀行者不譏辭。欲觀人之至行，不譏刺之以辭。○陶鴻慶曰：「譏，察也。即孔子『聽其言而觀其行』之意。高注釋爲『譏刺』，非。」嬰可以辭而無棄乎！」辭，謝也。謝不敏而可以弗棄也。○李寶洤曰：「春秋左傳宣十一年『楚申叔曰：「猶可辭乎？」王曰：「可哉」』，與此同。言可以辭而不見棄也。」越石父曰：「夫子禮之，敢不敬從。」晏子遂以爲客。客，敬。○孫先生曰：「晏子、新序竝作『上客』。注訓客爲敬，是讀客爲愙，於義未安。」俗人有功則德，德則驕。今晏子功免人於阨矣，而反屈下之，○孫先生曰：「晏子、新序竝作『有功』，疑今本脱『有』字。」其去俗亦遠矣。此令功之道也。

○畢沅曰：「晏子、新序『令功』俱作『全功』。」

子列子窮，容貌有饑色。子列子，禦寇，體道人也，著書八篇，在莊子前，莊子稱之也。客有言之於鄭子陽者，子陽，鄭相也。一曰鄭君。○馬叙倫曰：「首時篇注同此。鄭世家『繻公二十五年殺駟子陽』，高氏謂鄭相者據此。韓非説疑篇曰『鄭王孫申之爲臣也，思小利，忘法義，進則揜蔽賢良以陰闇其主，退則擾亂百官而爲禍難，有臣如此，身死國亡，爲天下笑，故鄭子陽身殺，國分爲三』，高謂鄭君者疑據此。然史無鄭君名子陽者。鄭世家注：『徐廣曰：「一本云立幽公弟乙陽爲〔一〕君，是爲康公。」』然列子與子産、關尹同時，則又不合。倫謂『子陽』當作『子駟』，涉『駟子陽』而譌。子駟與子産同時，亦不善終者。」曰：「列禦寇，蓋有道之士也，○畢沅曰：「舊本『列禦寇』上衍一『子』字。案列子説符、莊子讓王俱無『子』字。新序作『子列子圄寇』。」居君之國而窮，君無乃爲不好士乎？」鄭子陽令官遺之粟數十秉。○維遹案：聘禮云「十斗曰斛，十六斗曰藪，十藪曰秉」，鄭注云：「秉十六斛，今江、淮之間量名。」子列子出見使者，再拜而辭。使者去，子列子入。其妻望而拊心，○維遹案：望猶怨也。漢書汲黯傳云「黯褊心不能無稍望」，顔注：「望，怨也。」即其義。莊子、列子於「望」下增「之」字，蓋後人未達「望」字之義而增入者。曰：「聞爲有道者妻子皆得逸樂，○維遹案：莊子、列子「者」下竝有「之」字，義長。今妻子有饑色矣，君過而遺先生食，先生又弗受也，豈非命也哉！」子列子笑而謂之

〔一〕「爲」，原脱，據史記補。

曰：○舊校云：「『笑』一作『歎』。」「君非自知我也，以人之言而遺我粟也，至已而罪我也，有罪且以人言，○畢沅曰：「『有』下『罪』字衍。有與又同。莊子作『至其罪我也，又且以人之言』，列子同。」此吾所以不受也。」其卒民果作難，殺子陽。子陽嚴猛，刑無所赦。家人有折弓者，畏誅，因國人逐猘狗之亂而殺子陽也。受人之養而不死其難則不義，死其難則死無道也，死無道，逆也。子列子除不義，去逆也，豈不遠哉！且方有饑寒之患矣，而猶不苟取，先見其化也。先見其化而已動，遠乎性命之情也。孔子曰：「貧觀其所取。」此之謂也。○畢沅曰：「『遠』疑『達』字之誤。」○王念孫曰：「新序作『通乎性命之情』。」

觀世

三曰：人之目以照見之也，以瞑則與不見同，同一目也。○畢沅曰：「謂目本非有異。」○陳昌齊曰：「注『同一目也』四字疑是正文。」其所以爲照、所以爲瞑異。謂見與不見，故曰異。○陶鴻慶曰：「瞑則不見，不當云『與不見同』。高注此句云『同一目也』，又與正文意不相涉。疑正文本無『與』字，由後人失其讀而妄增也。元文當讀云『人之目，以照見之也，以瞑則不。見同，其所以爲照、所以爲瞑異』。下文『智亦然』以下，當讀云『智亦然，其所以接智，所以接不。智同，其所能接、所不能接異』，與此文同一例。因此文『見同』及下文『智同』皆二字爲句，故高於此注云『同一目也』，下注云『同一智也』，是高讀此文本不誤。後人不知『不』之爲『否』，輒增『與』字連下句讀之，則義不明，而高注爲不倫矣。」瞑士未嘗照故未嘗見，瞑者目無由接也，接，見。無由接而言見，謊。謊讀誣妄之誣，億不詳審也。○畢沅曰：「舊本『謊』作『謊』。段云：『當作謊，説文：「謊，夢言也，從言，亡聲。」正如亡無、荒幠通用，故可讀誣。』又惠氏於左氏襄廿九年傳『祇見疏也』，亦謂當爲『謊』。」智亦然，其所以接智、所以接不智同，一同智也。○畢沅曰：「亦當作『同一智也』。」其所能接、所不能接異。異，謂能與不能。智者其所能接遠也，智者達於明，見未萌之前，故曰「接遠」。愚者其所能接近也。愚者蔽於明，禍至而不知，故曰「接近」。所能接近而告之以遠化，奚由相得？無由相得，説者雖工，不能喻矣。雖子貢辯敏，無由何如，故曰「弗能喻」。戎人見暴布者而問之曰：「何以爲之莽莽也？」爲，作也。莽莽，長大貌也。指麻而示之。怒曰：「孰之壤壤也，可以爲之莽莽也？」壤壤猶養治之。莽莽，均長貌。○畢沅曰：「注不明。壤壤，紛錯之貌。史記貨殖傳『天下壤壤，皆爲利往』。此指麻之未治者。戎人見其紛亂難理，言孰有如此而可以成長大之幅乎？疑人之欺己也。」○王念孫曰：「藝文類聚布帛部引此『壤壤』作『灌灌』，又引注云：『灌灌，叢皃。』」故亡國非無智士也，非無賢者也，其主無由接故也。謂雖有賢智之士，不能爲昏主謀，以存將亡之國也。無由接之患，自以爲智，○舊校云：「『爲智』一作『長智』。」智必不接。今不接而自以爲智，悖。悖，惑。若此則國無以存矣，主無以安矣。智無由接，○維遹案：「由接」原作「以接」。畢沅云：「李本作『由接』。」案元刻本、張本與李同。今據改。而自知弗智，則不聞亡國，不聞危君。言人君自知不智，則求賢而任之，故不聞亡國危君也。桀、紂所以國亡身滅，不自知不智故也。

管仲有疾，桓公往問之曰：「仲父之疾病矣，病，困也。將何以教寡人？」管仲曰：「齊鄙人有諺曰：『居者無載，行者無埋。』謂臣居職有謀計，皆當宣之於君，無有載藏之於心也。行謂即世也，亦當輸寫所知，使君行之，無有懷藏埋之地中。○梁玉繩曰：「天香樓偶得云：『蓋謂人之居止者，凡物皆不當載負。人之行徙者，凡物皆不當埋藏。高氏訓解甚謬。至下云「今臣將有遠行」，然後以遠行喻死耳。』」○陶鴻慶曰：「載爲車載，埋謂埋藏。鄙諺謂居者不爲行者之備，行者不爲居者之事，而管仲引以爲比，故下文云『今臣將有遠行，胡可以問』也。高注以居爲居職，行爲即世，殊謬。」今臣〔一〕將有遠行，胡可以問？」言不足問。桓公曰：「願仲父之無讓也。」管仲對曰：「願君之遠易牙、豎刀、常之巫、衛公子啟方。」遠猶疏也。無令相近。○畢沅曰：「『豎刀』舊本作『豎刁』，字俗刀亦有貂音。」公曰：「易牙烹其子以慊寡人，慊，快。猶尚可疑邪？」管仲對曰：「人之情，非不愛其子也，其子之忍，又將何有於君？」子，所愛也，而忍殺之，何能有愛於君。公又曰：「豎刀自宮以近寡人，宮，割陰爲奄人。猶尚可疑耶？」管仲對曰：「人之情，非不愛其身也，其身之忍，又將何有於君？」公又曰：「常之巫審於死生，能去苛病，苛，鬼病，魂下人病也。○吳先生曰：「此注『魂』字似誤，疑當作『苛病，鬼下人病也』。下猶降。鬼下人病，猶云天下災異，其句例同。」猶尚可疑邪？」管仲對曰：「死生命也，苛病失也。精神失其守，魍魎鬼物乘以下人，故曰『失』。○畢沅曰：「孫云：『御覽四百四十六作「苛病本也」。觀下文「守其本」之言，似「本」字是。』」○孫鏘鳴曰：「失

〔一〕「今臣」原脫，據諸子集成本補。

讀曰佚，謂淫佚也。此言死生命爲之，苛病則淫佚之過也，能守其本則不至於淫佚而生病矣。」君不任其命、守其本，而恃常之巫，彼將以此無不爲也。」爲妖惑也。公又曰：「衛公子啓方事寡人十五年矣，其父死而不敢歸哭，猶尚可疑邪？」管仲對曰：「人之情，非不愛其父也，其父之忍，又將何有於君？」公曰：「諾。」管仲死，盡逐之，食不甘，宮不治，苛病起，朝不肅。居三年，公曰：「仲父不亦過乎？孰謂仲父盡之乎？」誰謂仲父言盡可用乎？於是皆復召而反。明年，公有病，常之巫從中出曰：「公將以某日薨。」易牙、豎刀、常之巫相與作亂，塞宮門，築高墻，不通人，矯以公令。令矯公命爲不通人之命。○畢沅曰：「注『矯公』二字當在『令命』之下，蓋先以命釋令也。」有一婦人踰垣入，至公所。公曰：「我欲食。」婦人曰：「吾無所得。」公又曰：「我欲飲。」婦人曰：「吾無所得。」言無從得飲食與公。公曰：「何故？」對曰：「常之巫從中出曰：『公將以某日薨。』」○畢沅曰：「此十三字疑衍。」○松皋圓曰：「此婦人詳説外事以告公者，非複衍也，乃秦、漢以上妙處，畢不知古文。再考此婦人，蓋易牙等所密遣告公，使其忿恚速死。」易牙、豎刀、常之巫相與作亂，塞宮門，築高墻，不通人，故無所得。無使得飲食也。衛公子啓方以書社四十下衛。」下，降也。社，二十五家也。四十社，凡千家。以降歸于衛。○維遹案：管子小稱篇作「書社七百」。公慨焉歎涕出曰：「嗟乎！聖人之所見，豈不遠哉！若死者有知，我將何面目以見仲父乎？」蒙衣袂而絶乎壽宮。蒙，冒也。袂，衣袖也。以衣覆面而絶。壽宮，寢堂也。○維遹案：注「堂」字許本作「室」。蟲流出於户，上

蓋以楊門之扇，楊門，門名。扇，屏也。邪臣爭權，莫能舉喪事，六十日而殯，蟲流出户，不欲人見，故掩以楊門之扇也。○王念孫曰：「襄十八年左傳『諸侯圍齊，晉范鞅門于揚門』，即此楊門。又注『扇，屏』當作『扇，扉』也。」○梁履繩曰：「楊門乃楊木之門，非門名也。南史恩倖傳敘『掩陽門之扇』。楊、陽古通。」○嚴元照曰：「釋名釋車：『陽門，在前曰陽，兩旁似門也。』畢氏疏證云：『考工記車人「羊車」，鄭仲師注云：「車羊門也。」』陽、羊古通。廣雅釋器：『陽門，蔽簹也。』是所謂陽門者，乃車中之蔽簹。門名、木名，兩解俱非。」**三月不葬。**○畢沅曰：「史記齊世家正義引作『二月不殯』。」**此不卒聽管仲之言也。**○舊校云：「『言』一作『敗』。」**桓公非輕難而惡管子也，**輕，易。**無由接見也。**○畢沅曰：「疑『見』字衍。」**無由接，固却其忠言，**接，知也。却，不用。○畢沅曰：「固與故通用。」劉本作『見』字，屬上句，非。」**而愛其所尊貴也。**愛其所尊所貴，謂豎刀、易牙、常之巫、衛公子啟方之屬也。

知接

四曰：穴深尋，則人之臂必不能極矣。八尺曰尋。○畢沅曰：「『極』，意林作『及』。」**是何也？不至故也。智亦有所不至。所不至，説者雖辯，爲道雖精，不能見矣。**精，微妙也。**故箕子窮于商，**爲紂所困。**范蠡流乎江。**佐越王句踐滅吴，雪會稽之恥，功成而還，輕舟浮于江而去也。○畢沅曰：「孫云：『離謂篇云「范蠡、子胥以此流」。意少伯乘扁舟，出入三江五湖，不知所終，傳聞異辭，遂有流江之説歟？』盧云：『案賈誼書耳痺篇建寧本作「范蠡負室而歸五湖」，潭本作「負石而蹈五湖」。潭本與流江之説頗相似，疑當時相傳有此言也。』」

昔秦繆公興師以襲鄭，不鳴鐘鼓密聲曰襲。蹇叔諫曰：「不可。臣聞之，襲國邑，以車不過百里，以人不過三十里，軍行三十里一舍。皆以其氣之趫與力之盛，至，是以犯敵能滅，去之能速。趫，壯也。故進能滅敵，去之能疾也。今行數千里，又絶諸侯之地以襲國，臣不知其可也。絶，過也。過諸侯之土地，遠行襲國，必不能以克，故曰「不知其可也」。君其重圖之。」重，深。○畢沅曰：「戒其勿輕易也。」繆公不聽也。蹇叔送師於門外而哭曰：「師乎！見其出而不見其入也。」蹇叔有子曰申與視，申，白乙丙也。視，孟明視也。皆蹇叔子也。○畢沅曰：「左氏『蹇叔之子與師』，則必非三帥明矣。史記秦本紀云：『百里傒子孟明視，蹇叔子西乞術、白乙丙。』孫云：『均屬傳訛。』」○松皋圓曰：「『申』恐『甲』字訛。韓子云『正妻之子曰甲』，蓋失其名，故以甲、乙稱之。『與視』恐與下『與師』字相涉而衍。『蹇叔有子曰甲，與師偕行』，則與傳合。左傳正義云：『傳稱蹇叔之子與師，言其在師中而已。若是西乞、白乙，則爲將帥，不得云與也。』此亦甚確。畢校何不引之？」○維遹案：若從松説，則下文「有子二人，皆與師行」當作「有子一人，與師偕行」。惟異聞已久，殊難定耳。與師偕行。蹇叔謂其子曰：「晉若遏師必於殽。殽，澠池縣西崤塞是也。女死不於南方之岸，必於北方之岸，爲吾尸女之易。」識之易也。繆公聞之，使人讓蹇叔曰：「寡人興師，未知何如。今哭而送之，是哭吾師也！」蹇叔對曰：「臣不敢哭師也。臣老矣，有子二人，皆與師行，比其反也，非彼死則臣必死矣，是故哭。」彼，謂其子。師行過周，周，今河南城，所謂王城也。公羊傳曰：「王城者，西周。」襄王時也。王孫滿要門而窺之，王孫滿，周大夫。要，徼也。○洪頤煊曰：「左氏僖三十三年傳作『王孫滿尚幼，觀之』。此當作『王孫滿要，門而窺之』。楚辭湘君篇『美要眇兮宜修』，漢書元帝紀『窮極幼眇』，師古曰『幼眇讀曰要眇』，要即幼假借字。」○馬叙倫曰：「高、洪二説並非是。要借爲闑。聲同宵類。説文：『闑，關下牡。』（謂閉門下楗也。）今杭縣謂關門曰要上了，音正如此。古書要、徼通假，説文『敫讀若龠』，是其證。滿因秦師過境，恐其闖入，故關門而窺之。左傳作『尚幼』者，『尚幼』二字即『要』字之譌。」曰：「嗚呼！是師必有疵。疵，病。若無疵，吾不復言道矣。夫秦非他，周室之建國也，周家所封立也。過天子之城，宜橐甲束兵，○畢沅曰：「梁仲子云：『左傳僖卅三年正義引作「橐甲束兵」。』」左右皆下，以爲天子禮。今袀服回建，左不軾，而右之袀，同也。兵服上下無別，故曰袀服。回建者，兵車四乘也。左，君位也。君不載而車右之不軾。○畢沅曰：「『袀服』即左傳之『均服』，舊本作『初服』，訛。『回建』，注所釋殊不明，此似言車上所建者。考工記有六建，謂五兵與人也。『君不載』以下，字亦多訛，竊疑『右之超乘者五百乘』本連下爲句，高氏誤分之。時秦伯不自行，亦不當言左君位也。蓋將在左，御居中。御主車，可不下，今左并不軾，右既下，復超乘以上，與左氏傳微異。」超乘者五百乘，○畢沅曰：「左傳作三百乘。」○梁玉繩曰：「禮喪服小記疏引呂作『三百人』，與左傳合。」力則多矣，然而寡禮，安得無疵？」超乘，巨踴車上也。不下車爲天子禮，故曰力多而寡禮。○畢沅曰：「注『巨踊』之『巨』，當從左傳『距躍曲踴』之『距』。車中如何跳踴？左傳所載『左右免胄而下』爲是。蓋既下而即躍以上車，示其有勇。」師過周而東。鄭賈人弦高、奚施○畢沅曰：「淮南人間訓作『蹇他』。」○梁玉繩曰：「左氏但稱弦高，此可補傳所未備。」張雲璈説同。將西市於周，道遇秦師，曰：「嘻！師所從來者遠矣，此必襲鄭。」遽使奚施歸告，乃矯鄭伯之命以勞之，擅稱君命曰矯。曰：「寡君固聞大國之將至久矣。大國不至，寡君與士卒竊爲大國憂，日無所與焉，惟恐士卒罷弊與糗糧匱乏。何其久也，使人臣犒勞以璧，膳以十二牛。」秦三帥對曰：「寡君之無使也，使其三臣丙也、術也、視也於東邊候⿰日晉之道，候，視也。⿰日晉，晉國也。○畢沅曰：「李善注文選謝靈運述祖德詩引此作『使臣』，無『人』字。舊本『⿰日晉』訛作『晉』，注亦訛，今從善注改正，而刪去舊校『一作⿰日晉〔一〕，注亦同』六字。」○孫鏘鳴曰：「『寡君之無使』，『之』當作『乏』。越語『大夫種行成於吴曰「寡君句踐乏無所使，使其下臣種」』，文與此同。」過是，以迷惑陷入大國之地。」○舊校云：「『陷入』一作『以及』。」不敢固辭，再拜稽首受之。三帥乃懼而謀曰：「我行數千里，數絶諸侯之地以襲人，未至而人已先知之矣，此其備必已盛矣。」盛，彊。○維遹案：盛讀爲成，猶言其備已成，故淮南齊俗篇述此事作「其備必先成」。還師去之。當是時也，晉文公適薨，未葬。先軫言於襄公，襄公，文公之子驩。曰：「秦師不可不擊也，臣請擊之。」襄公曰：「先君薨，尸在堂，見秦師利而因擊之，無乃非爲人子之道歟？」先軫曰：「不弔吾喪，不憂吾哀，是死吾君而弱其孤也。若是而擊，可大彊。彊，霸也。○畢沅曰：「舊本注又有『一作若是而弗擊不可大彊』十一字，乃校者之辭。」○俞樾曰：「注云『一作若是而弗擊不可大彊』，此蓋校者之辭誤入注文，然作『若是而弗擊，不可』，較今本爲勝，當從之。惟『大彊』二字義不可通。今按：『若是而弗擊，不可』，先軫之言已止於此。『大彊』二字屬下句，當作『大臣彊請擊之，襄公不得已而許之』，『彊請』與『不得已』正相應。上文『先軫言於襄公曰：「秦師不可不擊也，臣請擊之。」』若此文猶言『臣請擊

〔一〕「⿰日晉」，四部叢刊本作「⿰目留」。

之』，則詞複矣。今本即涉上文而誤。」臣請擊之。」襄公不得已而許之。先軫遏秦師於殽而擊之，大敗之，獲其三帥以歸。繆公聞之，素服廟臨，哭也。以說於衆曰：「天不爲秦國，使寡人不用蹇叔之諫，以至於此患。」此繆公非欲敗於殽也，智不至也。言但慮襲鄭之利，不知將有殽之敗也，故曰「智不至也」。智不至則不信。蹇叔哭其子云：「晉人遏師必於殽。」繆公不信。○畢沅曰：「正文舊本作『智至』，案：語當承上文，今增正。」○維遹案：元刻本、張本、李本作「智不至」。言之不信，師之不反也從此生，蹇叔言信，不可不信也。師之不反，敗殽也。穀梁傳曰「匹馬隻輪無反者」，從蹇叔言信生也。○畢沅曰：「首句舊多作『而言不可不信』，今從朱本改。注末句訛，當云『從不信蹇叔言生也』。」故不至之爲害大矣。師敗帥執，故害大也。

悔過

五曰：大智不形，大器晚成，大音希聲。

禹之決江水也，民聚瓦礫。事已成，功已立，爲萬世利。禹之所見者遠也，而民莫之知，故民不可與慮化舉始，始，首也。而可以樂成功。○王念孫曰：「以，與也。」孔子始用於魯，魯人鷖誦之曰：「麛裘而韠，投之無戾。韠而麛裘，投之無郵。」孔子衣麛裘。投，棄也。郵字與尤同。言投棄孔子，無罪尤也。〇畢沅曰：「『鷖』蓋魯人名。孔叢子作『謗』，御覽同。『韠』字舊訛『鞞』，案當作『韠』，與芾、韍、紱字同，孔叢子陳士義篇正作『芾』。」〇李賡芸曰：「二句一轉韻也。孔叢子陳士義篇『韠』作『芾』。『芾』說文作『市』。詩召南甘棠『蔽芾甘棠』，作方味切，正與『戾』韻。韠與芾同物，冕服謂之芾，它服謂之韠。麛裘固宜芾。韠字古音亦不與戾叶。」〇孫詒讓曰：「鷖當讀爲緊。左傳僖五年云：『民不易物，惟德緊物。』詩泂酌孔疏引服虔云：『緊，發聲也。』鷖、緊同聲叚借字，周禮巾車『鷖總』，鄭注云：『故書鷖或作緊。』是其證。畢說失之。」**用三年，男子行乎塗右，女子行乎塗左，財物之遺者，民莫之舉。**舉，取也。**大智之用，固難踰也。**踰，邁也。〇畢沅曰：「盧云：『「踰」當本是「喻」字，言大智之用，固不能使人易曉也。注就訛文爲釋，非是。』」〇王念孫曰：「諭、踰古字通，非訛文也，但不當訓爲邁耳。淮南覽冥篇『精神踰於六馬』，亦以『踰』爲『諭』。」**子產始治鄭，使田有封洫，都鄙有服。**封，界。洫，溝也。服，法服也。君子小人各有制。〇俞樾曰：「說文又部：『𠬝，治也。從又，從卩。卩，事之制也。』然則服事之『服』，字本作『𠬝』，今經典皆作『服』，而『𠬝』字廢矣。卩爲事之制，故服亦爲制。都鄙有服者，都鄙有制也。襄三十年左傳杜注曰：『公卿大夫服不相踰。』則誤以爲車服之服。此篇高注曰『服，法服也』，然都鄙有法服，義不可通，疑高氏原文曰『服，法也』，蓋服爲制，故亦爲法。淺人不知其義，妄加『服』字耳。」〇維遹案：左襄三十年傳云「子產使都鄙有章，上下有服」，俞亦校「服」爲「制」，似均失審。以王制「五服各有差等，異則必禁」，管子立政篇云「衣服有制」，而子產治鄭，亦猶如是。下文民誦之曰：「我有衣冠，而子產貯之。」正指都鄙有服而言，雖不改字亦通。**民相與誦之曰：「我有田疇，而子產賦之。我有衣冠，而子產貯之。**〇畢沅曰：「左氏襄卅年傳『貯』作『褚』，同。盧云：『案周禮廛人注：「猪，藏。」釋文云：「本或作貯，或作褚。」』」梁仲子云：『一切經音義四分律第四十一引傳亦作「貯」。』」○馬叙倫曰：「説文：『褚，卒也。』古書借褚爲貯，如莊子秋水篇『褚小者不可以懷大也』。此當作『褚』，作『貯』者，借字。褚訓卒，卒爲吏人給事者衣有題識者。子産使民衣服有別，故識其衣而民不便，故曰殺之也。」孰殺子産，吾其與之。」與猶助也。左傳曰：「鄭子産作丘賦，國人謗之。」此之謂也。後三年，民又誦之曰：「我有田疇，而子産殖之。殖，長也。我有子弟，而子産誨之。誨，教也。子産若死，其使誰嗣之？」嗣，續也。使鄭簡、魯哀當民之誹訕也而因弗遂用，則國必無功矣，言二國人民誹訕仲尼、子産之時，二君因不復用，則二國亦無用賢聖之功。子産、孔子必無能矣。若二人不見用，則必無所能爲也。非徒不能也，雖罪施，於民可也。言非但不能有爲也，雖施二人罪罰，於民意亦可。○畢沅曰：「注『施』舊作『此』，訛。案王肅注家語正論解『施生，施猶行也，行生者之罪也。』杜預注昭十四年左氏傳亦云：『施，行罪也。』今改正。」今世皆稱簡公、哀公爲賢，稱子産、孔子爲能，○梁玉繩曰：「『哀』字兩見，皆當作『定』。孔子仕于魯定公時也。」此二君者，達乎任人也。任，用也。舟車之始見也，三世然後安之。安，習也。夫開善豈易哉！開，通也。○維遹案：注未愜。開當訓始。故聽無事治，事治之立也，人主賢也。聽無事，謂民謗子産、孔子無用之爲事也，乃賢主所以爲事也；謗之無治也，又賢主能聽之，故曰「聽無事治，事治之立也」。○俞樾曰：「聽無事治，謂聽愚民之言，必無事治也。上文曰『使鄭簡、魯哀當民之誹訕也而因遂弗用，則國必無功矣，子産、孔子必無能矣』，即其義也，故又曰『事治之立也，人主賢也』。高注殊未明了。」

魏攻中山，樂羊將。樂羊爲將，以伐中山。已得中山，還反報文侯，報，白也。有貴功之色。○

舊校云：「『貴』一作『責』。」○畢沅曰：「盧云：『疑是「負功」。』」○劉先生曰：「說苑復恩作『喜功』，當從之。舊校與盧說皆非。」文侯知之，命主書曰：「羣臣賓客所獻書者，操以進之。」主書舉兩篋以進。○畢沅曰：「秦策作『謗書一篋』。」○維遹案：說苑「書」下「者」字在「主書」下，義長。令將軍視之，書盡難攻中山之事也。難，說。○維遹案：書鈔一百三十五引「之」下無「書」字，說苑同。又案：注「說」字猶「訟」，於義始合。韓非孤憤篇注「訟即說」，是也。將軍還走，北面再拜曰：「中山之舉，非臣之力，君之功也。」當此時也，論士殆之日幾矣，論士，議士也。殆，危。幾，近。中山之不取也，奚宜二篋哉，一寸而亡矣！中山之不取，謂樂羊不敢取以爲己功，一方寸之書則亡矣，何乃二篋也？○孫鏘鳴曰：「取亦舉也。謂文侯如信羣臣之言，則必以中山爲不可取，奚待二篋之多，即一方寸之書，而樂羊必無功矣。注非。」○陶鴻慶曰：「此承上文『論士殆之日幾矣』而言，使文侯任之不專，則一寸之書足亡其功也。高注釋爲『樂羊不敢取以爲己功』，非是。」文侯，賢主也，而猶若此，又況於中主邪？中主之患，不能勿爲，而不可與莫爲。夫唯賢主能無爲耳。中庸之主不能無爲，故不可與爲無爲也。○陶鴻慶曰：「『勿爲』與『莫爲』意義不殊。高注義雖可通，然非本篇之旨，且於『無爲』上增出『爲』字，可知其非矣。『莫爲』疑當作『莫易』，言中主之患，不能禁使勿爲，而又不可使無中變也。下云『凡舉無易之事』，正承此言。下文『無易』，畢引舊校云『易一作爲』，彼作『爲』者，亦『易』之誤，即其例矣。」凡舉無易之事，○舊校云：「『易』一作『爲』。」氣志視聽動作無非是者，人臣且孰敢以非是邪疑爲哉？皆壹於爲，則無敗事矣。此湯、武之所以大立功於夏、商，成湯得夏，武王得商，故曰「立功」也。而句踐之所以能報其讎也。越王句踐破吴於五湖，故曰能報其讎也。以小弱皆壹於爲而猶若此，又況於以彊大乎？湯、武以百里，越王臣事吴王夫差，爲之前馬，故稱小弱。

魏襄王與羣臣飲，酒酣，王爲羣臣祝，令羣臣皆得志。魏襄王，孟子所見梁惠王之子也。祝，願也。史起興而對曰：「羣臣或賢或不肖，賢者得志則可，不肖者得志則不可。」賢者得志則忠，故曰「可」也。不肖得志則驕，驕則亂，故曰「不可」。公孫丑曰：「伊尹放太甲于桐宮，太甲賢，又反之。賢者之爲人臣，其君不賢則可放歟？」孟子曰：「有伊尹之志則可，無伊尹之志則篡也。」王曰：「皆如西門豹之爲人臣也。」史起對曰：「魏氏之行田也以百畝，鄴獨二百畝，是田惡也。漳水在其旁，而西門豹弗知用，是其愚也。知而弗言，是不忠也。愚與不忠，不可效也。」○畢沅曰：「梁伯子云『史記河渠書「西門豹引漳水溉鄴」，後漢書安帝紀「初元二年，修西門豹所分漳水爲支渠以溉田」，水經濁漳水注亦云「豹引漳以溉鄴」。吕氏所言不足據，漢書溝洫志乃誤仍之。左太沖魏都賦云「西門溉其前，史起灌其後」，斯得其實。』」魏王無以應之。明日，召史起而問焉，曰：「漳水猶可以灌鄴田乎？」史起對曰：「可。」王曰：「子何不爲寡人爲之？」史起曰：「臣恐王之不能爲也。」王曰：「子誠能爲寡人爲之，寡人盡聽子矣。」聽，從也。史起敬諾，言之於王曰：「臣爲之，民必大怨臣。大者死，其次乃藉臣。臣雖死、藉，願王之使他人遂之也。」遂，成也。王曰：「諾。」使之爲鄴令。史起因往爲之，鄴民大怨，欲藉史起。史起不敢出而避之。王乃使他人遂爲之。水已行，民大得其利，相與歌之曰：「鄴有聖令，時爲史公，決漳水，灌鄴旁，終古斥鹵，生之稻粱。」○畢沅曰：「漢書溝洫志『民歌之曰：鄴有賢令兮爲史公，決漳水兮灌鄴旁，千古舄鹵兮生稻粱』，數字不同。」使民知可與不可，則無所用矣。○畢沅曰：「『無所用』下似脱一『賢』字。」賢主忠臣，不能導愚教陋，則名不冠後，實不及世矣。史起非不知化也，以忠於主也。魏襄王可謂能決善矣。誠能決善，衆雖諠譁而弗爲變。功之難立也，其必由哅哅邪！○維遹案：「哅哅」與「匈匈」同。荀子天論篇云「君子不爲小人匈匈也輟行」，楊注：「匈匈，諠譁之聲。」國之殘亡，亦猶此也。○畢沅曰：「猶與由同。」故哅哅之中，不可不味也。中主以之哅哅也止善，賢主以之哅哅也立功。按魏王世家，文侯生武侯，武侯生惠王，惠王生襄王。西門豹，文侯用爲鄴令，史起亞之，不得爲四世之君臣也。又孟子見梁襄王，出，語人曰：「望之而不似人君，就之而不見所畏焉。」何能決善哉！此言復謬也。○畢沅曰：「注『魏世家』，『王』字衍。以一見定其終身不能從善，此言亦過。梁仲子云：『左氏傳襄廿五年正義引此書云「魏文侯時，史起爲鄴令，引漳水以灌田」，與今本異』。」○梁玉繩曰：「注『西門豹，文侯用爲鄴令，史起亞之』，此語不知何據。」

樂成

六曰：使治亂存亡若高山之與深谿，有水曰澗，無水曰谿。若白堊之與黑漆，則無所用智，雖愚猶可矣。且治亂存亡則不然，如可知，如可不知；如可見，如可不見。○畢沅曰：「孫疑兩『可不』文倒。據李善注文選東方曼倩非有先生論作『不可』爲是。」故智士賢者相與積心愁慮以求之，積累其仁心，思慮其善政，以求致治也。○王引之曰：「高解愁慮二字之義未明。愁讀爲揫。揫，聚也。積心、揫慮，其義一也。爾雅曰：『揫，聚也。』説文曰：『䊵，收束也。或作揫。』又曰：『揫，束也。』引商頌長發篇『百禄是揫』，今詩作『遒』，毛傳曰：『遒，聚也。』鄉飲酒義『秋之爲言愁也，愁之以時察，守義者也』，鄭注曰：『愁讀爲揫。揫，斂也。』漢書律曆志曰：『秋，䊵也。物䊵斂乃成熟。』䊵、揫、愁、遒古同聲而通用。」猶尚有管叔、蔡叔之事與東夷八國不聽之謀。成王幼少，周公攝政，勤心國家，以致太平。管叔，周公弟也，蔡叔，周公兄也，流言作亂。東夷八國附從二叔，不聽王命。周公居攝三年，伐奄，八國之中最大，著在尚書。餘七國小，又先服，故不載於經也。○畢沅曰：「梁伯子以諸書皆言管、蔡是周公弟，唯孟、荀及史記以管叔爲周公兄，此又言蔡叔爲周公兄，益不可信。全謝山以皋鼬之會，將長蔡於衛，不聞長蔡於魯，安得如此注所言乎？」○梁玉繩曰：「余初校語有謬漏，今更之曰：『周公、管、蔡之長幼，當依史世家，管居周公上，蔡居周公下。左傳富辰敘魯於管、蔡之後，似是錯舉其次，不必如此。乃淮南泰族云「周公誅管叔、蔡叔，未可謂弟」，齊俗云「周公放兄」，故賈逵、杜預皆言「蔡叔，周公兄」，楚語韋注亦言「管、蔡，周公兄」。高氏察微、開春兩注，竝同其説，然注淮南氾論則曰「管叔，周公兄。蔡叔，周公弟」。何自相異也？至管叔之爲周公兄，孟子已有明文。而書金縢孔傳、趙岐孟子注、褚生補三王世家、後書樊鯈傳、白虎通姓名章、列女傳一俱以管叔爲周公弟，（淮南氾論云「周公有殺弟之累」，齊俗云「周公誅弟」，語又岐別。）高注仍之，殊不足據。』」故治亂存亡，其始若秋毫。喻微細也。察其秋毫，則大物不過矣。過，失也。

魯國之法，魯人爲人臣妾於諸侯，有能贖之者，取其金於府。子貢贖魯人於諸侯，來而讓不取其金。○維遹案：文選答東阿王牋注引「讓」作「辭」，與淮南道應篇合。孔子曰：「賜失之矣。自今以往，魯人不贖人矣。取其金則無損於行，言無所損於德行也。不取其金則不復贖人矣。」淮南記曰：「子貢讓而止善。」此之謂也。○畢沅曰：「『止善』，舊本誤作『亡義』，今據淮南齊俗訓本文改正。」子路拯溺者，其人拜之以牛，○維遹案：淮南齊俗篇作「子路拯溺而受牛謝」，然則拜之以牛，猶言謝之以牛也。子路受之。孔子曰：「魯人必拯溺者矣。」淮南記曰：「子路受而勸德。」此之謂也。孔子見之以細，觀化遠也。見其始，知其終，故曰「觀化遠也」。○俞樾曰：「『以細觀化遠也』，甚爲無義。高注亦曲說耳。『觀』下蓋脱『大以近觀』四字，『化』字當在『遠』字之下，而『化』上又脱『通於』二字。本作『以細觀大，以近觀遠，通於化也』。何以明之？淮南子齊俗篇載此事曰：『孔子之明，以小知大，以近知遠，通於論者也。』故知此文當作『以細觀大，以近觀遠』。説苑政理篇亦載此事曰：『孔子可謂通於化矣。』此文有『化』字，故知當作『通於化也』，與淮南子字異而句法同。」

楚之邊邑曰卑梁，○畢沅曰：「梁伯子云：『卑梁是吴邊邑，史記十二侯表及楚世家、伍子胥傳皆同。楚邊邑乃鍾離也。此與吴世家所載皆誤。』」○梁玉繩曰：「吴越春秋亦同此誤。」其處女與吴之邊邑處女桑於境上，戲而傷卑梁之處女。卑梁人操其傷子以讓吴人，吴人應之不恭，怒殺而去之。吴人往報之，盡屠其家。卑梁公怒，公，卑梁大夫也。楚僭稱王，守邑大夫皆稱公，若周之單襄公、成肅公、劉文公也。曰：「吴人焉敢攻吾邑！」舉兵反攻之，反，更也。老弱盡殺之矣。吴王夷昧聞之怒，使人舉兵侵楚之邊邑，克夷而後去之。夷，平。○劉師培曰：「夷爲楚邦邊邑。注非。」吳、楚以此大隆。「隆」當作「格」。格，鬭也。○孫詒讓曰：「隆讀爲鬨。大隆即大鬨也。孟子云『鄒與魯鬨』，孫奭音義引劉熙注云：『鬨，構也，構兵以鬭也。』隆與鬨古音相近，得相通借。」吳公子光又率師與楚人戰於雞父，公子光，夷昧之子也。大敗楚人，獲其帥潘子臣、小帷子、陳夏齧，潘子臣、小帷子，楚二大夫也。雞父之戰，胡、沈、陳、蔡皆佐楚戰，故吳獲之。夏，姓。齧，名。陳大夫。○畢沅曰：「雞父之戰，獲陳夏齧，在魯昭廿三年。吳太子終纍敗楚舟師，獲潘子臣、小帷子，在定六年。此誤合爲一。釋文云：『惟，本又作帷。』羣經音辨云：『小惟子，楚人也，音帷。』」又反伐郢，又，復也。郢，楚國都也。○劉師培曰：「即左傳入郹事。『郢』蓋『郹』誤，而高已訓爲楚都。」得荆平王之夫人以歸，○畢沅曰：「盧云：『案左氏昭廿三年傳云：「楚太子建之母在郹，召吳人而啓之。冬十月甲申，吳太子諸樊入郹，取楚夫人與其寶器以歸。」與雞父之戰同一年事。』」實爲雞父之戰。凡持國，太上知始，其次知終，其次知中。三者不能，國必危，身必窮。言楚不知始與終，又不知中，故國危身窮也。孝經曰：「高而不危，所以長守貴也。滿而不溢，所以長守富也。富貴不離其身，然後能保其社稷，而和其民人。」楚不能之也。○畢沅曰：「黄東發云：『觀此所引，然則孝經固古書也。』」○梁玉繩曰：「周、秦古書中引孝經處甚少。」○陳昌齊曰：「呂氏時孝經未出，無從引用。『孝經曰』四十六字當是注語。」○王念孫曰：「孝行篇『故愛其親不欲惡人』以下八句，亦與孝經同，則此似非注文。」○汪中曰：「孝行、察微二篇並引孝經，則孝經爲先秦之書，明。」○維遹案：王、汪説是。

鄭公子歸生率師伐宋。魯宣二年傳曰：「鄭公子歸生受命于楚伐宋。」言受命於楚，與晉爭盟也。宋華元率師應之大棘，應，擊也。大棘，宋邑，今陳留襄邑南大棘是也。羊斟御。明日將戰，華元殺羊饗士，羊斟不與焉。與，及也。明日戰，怒謂華元曰：「昨日之事，子爲制。昨日之事，殺羊事也。今日之事，我爲制。」今日之事，御事也。○畢沅曰：「陳氏樹華春秋内傳攷正云：『左傳「子爲政」「我爲政」，此或因始皇名改。』但他卷不盡然。」遂驅入於鄭師。宋師敗績，華元虜。爲鄭虜。夫弩機差以米則不發。○孫鏘鳴曰：「古以一黍之廣爲一分，則以米計之也。」○維遹案：尸子分篇云：「夫弩機損若黍則不鉤，益若口則不發。」據此，「米」或爲「黍」之壞字。戰，大機也。饗士而忘其御也，將以此敗而爲虜，豈不宜哉！傳曰：「羊斟非人也，以其私憾，敗國殄民，刑孰大焉。」此之謂也。故凡戰必悉熟偏備，知彼知己，然後可也。古之良將，人遺之單醪，輸之於川，與士卒從下流飲之，示不自獨享其味也。華元羊肉不及羊斟而身見虜，故曰「凡戰必悉熟偏備，知彼知己」。○畢沅曰：「注『單醪』亦作『簞醪』，李善注文選張景陽七命引黄石公記曰：『昔良將之用兵也，人有饋一簞之醪，投河，令衆迎流而飲之。夫一簞之醪，不味一河，而三軍思爲致死者，以滋味及之也。』或以爲楚莊王事。『獨享』，宋邦乂本作『獨周』，形近而訛，今改正。」

魯季氏與郈氏鬭雞，郈氏介其雞，介，甲也。作小鎧著雞頭也。○畢沅曰：「淮南人間訓注云：『介，以芥菜塗其雞翅也。』與此互異。」○沈欽韓曰：「昭二十五年左傳云『季氏介其雞』，賈云：『擣芥子爲末，播其雞翼，可以坌郈氏雞目。』鄭司農云：『介，甲也。爲雞著介。』高二注不同，正兼用賈、鄭之説。」季氏爲之金距。以利鐵作鍛距，沓其距上。○俞樾曰：「此當從左傳作『季氏介其雞，郈氏爲之金距』。蓋爲金距更甚於介其雞，故季氏不勝而怒也。」**季氏之雞不勝，季平子怒，因歸郈氏之宮而益其宅。**平子，名意如，悼子紇之子也。侵郈氏宮以益己宅。○畢沅曰：「淮南『歸』作『侵』。又下句作『而築之宅』。」○俞樾曰：「歸讀爲壞。禮記緇衣篇『私惠不歸德』，鄭注曰：『歸或爲懷。』古懷、壞同聲，字亦通用，襄十四年左傳『王室之不壞』，服虔本『壞』作『懷』，是其證也。歸可爲懷，故亦可爲壞。」○孫先生曰：「『歸』本作『侵』，與淮南人間篇同，故高注云『侵郈氏宮以益己宅』也。『歸』俗書作『帰』，與『侵』相似，故『侵』誤爲『歸』。俞氏讀歸爲壞，非是。」○維遹案：孫先生説是。史記魯周公世家亦作「季平子怒，而侵郈氏」，集解引服虔曰：『怒其不下己也，侵郈氏之宮地以自益。』」**郈昭伯怒，傷之於昭公，**郈氏，魯孝公子惠伯華之後也，以字爲氏，因曰郈氏。昭，謚也。傷猶譖也。○畢沅曰：「梁仲子云：『惠伯華，禮記檀弓上注作「惠伯鞏」，正義引世本作「革」，字形竝相近。「以字爲氏」當作「以邑爲氏」。孝公八世孫成叔爲郈大夫，因以爲氏。』」○梁玉繩曰：「魯語韋注稱郈惠伯，則惠伯始受郈邑，非始成叔。」**曰：「禘於襄公之廟也，舞者二人而已，其餘盡舞於季氏。**禘，大祭也。襄公，昭公之父也。禮，天子八佾，諸侯六佾。六佾者，四十八人。於襄公廟二人，餘在季氏，季氏僭也。○畢沅曰：「『二人』，左傳、淮南竝同。吴斗南兩漢刊誤補遺曰：『「人」當作「八」。舞必以八人成列，故鄭人賂晉以女樂二八。若四人尚不成樂，況二人乎？』盧云：『案秦遺戎王女樂，亦是二八。齊遺魯女樂八十人，御覽引家語作「二八」。知此「二人」，斷然字誤。魯自隱公初用六羽，當有六八。季氏大夫，本有四八，今又取公之四佾以往，故公止有二八。觀高氏注亦本不誤，乃轉寫之失也。』」○梁玉繩曰：「左傳隱五年，衆仲對羽數，杜預依何休，以人數如佾數遞減，故以六佾爲三十六人。范甯解同。誘注依服虔，不減人數，故爲四十八人。宋書樂志，太常傅隆舞佾議，以杜爲非，以服爲允。困學紀聞六亦言之。劉昭續百官志注引漢官曰：『八佾舞，三百八十人。』與舊説迥異。豈以四十八人爲一列乎？則尚少四人，不可解也。」季氏之舞道，無上久矣，弗誅，必危社稷。」公怒不審，審，詳也。○維遹案：「舞道」原作「無道」，改從元刻本、許本、張本、姜本，正與上文相承。淮南人間篇誤與此同，亦當據此訂正。乃使郈昭伯將師徒以攻季氏，遂入其宫。仲孫氏、叔孫氏相與謀曰：「無季氏，則吾族也，死亡無日矣。」遂起甲以往，陷西北隅以入之，三家爲一，郈昭伯不勝而死。昭公懼，遂出奔齊，卒於乾侯。乾侯，晉邑。魯昭聽傷而不辯其義，辨，別。義，宜。○孫鏘鳴曰：「傷，毀也，讒也。」懼以魯國不勝季氏，而不知仲、叔氏之恐而與季氏同患也，是不達乎人心也。不達乎人心，位雖尊，何益於安也？以魯國恐不勝一季氏，況於三季？同惡同惡昭公。○王念孫曰：「『同惡固相助』五字連讀。」○俞樾曰：「此當於『三季』絶句。言一季氏猶恐不勝，況於三季乎。『同惡』二字屬下『固相助』爲句，『同惡固相助』，言同惡之人固相輔助也。昭十三年左傳曰『同惡相求，如市賈焉』，即此義也。惡如字。」陶鴻慶説同。固相助，權物若此其過也。非獨仲、叔氏也，魯國皆恐。魯國皆恐，則是與一國爲敵也，其得至乾侯而卒猶遠。不薨國内，乃至乾侯，故以爲遠也。○松皋圓曰：「『遠』當作『幸』。『幸』訛爲『達』，遂誤『遠』耳。」○陶鴻慶曰：「此言『一國爲敵』，將身與篡殺之禍，得卒於乾侯，猶幸其遠也。高注未達其旨。」

察微

七曰：東方之墨者謝子，將西見秦惠王。謝子，關東人也，學墨子之道。惠王，秦孝公之子駟也。○畢沅曰：「説苑雜言篇作祁射子。古謝、射通。」○梁玉繩曰：「淮南修務亦有之，高注：『謝，姓。子，通稱。』然則祁乃地名，祁屬太原，政是關東。」惠王問秦之墨者唐姑果，唐姑果恐王之親謝子賢於己也，○畢沅曰：「説苑『唐姑』，無『果』字。舊校云：『親一作視。』」○梁玉繩曰：「淮南作『唐姑梁』。」對曰：「謝子，東方之辯士也，○維遹案：淮南作「謝子，山東辯士」，與此不同。其爲人也甚險，將奮於説，以取少主也。」奮，彊也。少主，惠王也。○俞樾曰：「高説非是。據下文云『人之老也，形益衰而智益盛。今惠王之老也，形與智皆衰邪』，然則惠王是時已老矣，非少主也。蓋因惠王年老，有漢景帝疑周亞夫非少主臣之意，故唐姑果以此言譖謝子耳。」王因藏怒以待之。謝子至，説王，王弗聽。謝子不説，遂辭而行。行，去也。凡聽言以求善也，所言苟善，雖奮於取少主，何損？所言不善，不奮於取少主，何益？○陶鴻慶曰：「『奮於』下皆當有『説以』二字。『將奮於説，以取少主』，本唐姑果譏謝子之言，此當全舉其辭，奪去二字，則文不成義。」不以善爲之慤，而徒以取少主爲之悖，慤，誠也。○吴汝綸曰：「『慤』當爲『穀』之借字。」惠王失所以爲聽矣。用志若是，見客雖勞，耳目雖弊，猶不得所謂也。此史定所以得行其邪也，史定，秦史。此史定所以得飾鬼以人，罪殺不辜，羣臣擾亂，國幾大危也。人之老也，形益衰，衰，肌膚消也。而智益盛，老者見事多，所聞廣，故智益盛。今惠王之老也，形與智皆衰邪！皆，俱也。

荆威王學書於沈尹華，昭釐惡之。威王好制，威王，楚懷王之父也。制，術數也。有中謝佐制者爲昭釐謂威王曰：「國人皆曰，王乃沈尹華之弟子也。」中謝，官名也。佐王制法制也。○畢沅曰：「梁仲子云：『楚官有中射士，見韓非十過篇。此作中謝，亦通用。』盧云：『史記張儀傳「後陳軫舉中謝對楚王」云云，索隱云「中謝，蓋謂侍御之官」，則知楚之官實有中謝，與此正同。』」王不説，因疏沈尹華。中謝，細人也，細，小人也。○維遹案：注「細」下脱一「人」字。君守篇注「鄙人，小人也」，其比正同。一言而令威王不聞先王之術，文學之士不得進，令昭釐得行其私，故細人之言，不可不察也。且數怒人主，以爲姦人除路，姦路以除，而惡壅却，豈不難哉！除猶開通也，故曰「而惡壅却，豈不難」也。夫激矢則遠，激水則旱，○畢沅曰：「淮南兵略訓、鶡冠子世兵篇俱作『水激則悍，矢激則遠』。史記賈誼傳索隱引此正作『旱』，以言水激則去疾，不能浸潤也，與兩家作『悍』不同。但近所行陸佃注鶡冠子本亦作『旱』，小司馬又云『説文旱與悍同音』，則亦可通用也。」激主則悖，悖則無君子矣。夫不可激者，其唯先有度。度，法也。

鄰父有與人鄰者，有枯梧樹。○陶鴻慶曰：「『鄰父』二字當作『人』。列子説符篇云：『人有枯梧樹者。』此云『人有與人鄰者，有枯梧樹』，文有詳略耳。」其鄰之父○孫先生曰：「『之』字疑涉下文『之』字而衍。此以『鄰父』與『鄰人』對言，不必稱『鄰之父』也。列子説符篇亦無『之』字。」言梧樹之不善也，鄰人遽伐之。○陶鴻慶曰：「『鄰人遽伐之』本作『其人遽伐之』。下文云『其人不説』，即此人也。列子作『其鄰人遽而伐之』，彼文衍『鄰』字，此沿彼文之誤，又奪『其』字。」鄰父因請而以爲薪，其人不説曰：「鄰者若此其險也，豈可爲之鄰哉？」此有所宥也。宥，利也。又云「爲」也。○畢沅曰：「注頗難通。疑宥與囿同，謂有所拘礙而識不廣也。

以下文觀之，猶言蔽耳。」○吴先生曰：「畢讀宥爲囿，是也。高注訓宥爲利，蓋誤以『此有所宥也』爲鄰人語，謂鄰父請伐樹，欲以樹爲薪耳，故展轉釋之。高注不解文義，往往類此。」夫請以爲薪與弗請，此不可以疑枯梧樹之善與不善也。齊人有欲得金者，清旦，被衣冠，○孫先生曰：「『被』字乃後人所加。『清旦衣冠』，其義已明，不必加『被』字也。文選齊竟陵文宣王行狀注引正無『被』字。列子説符篇同。」往鬻金者之所，見人操金，攫而奪之。吏〔一〕搏而束縛之，問曰：「人皆在焉，子攫人之金，何故？」對吏曰：「殊不見人，徒見金耳。」○孫先生曰：「列子説符、淮南氾論、劉子新論利害篇竝無『吏』字，疑涉上文而衍。」此真大有所宥也。夫人有所宥者，固以晝爲昏，以白爲黑，以堯爲桀，宥之爲敗亦大矣。亡國之主，其皆甚有所宥邪？故凡人必別宥然後知，○維遹案：宥、囿古通用。尸子廣澤篇云「料子貴別囿」。別宥則能全其天矣。天，身也。○畢沅曰：「『則能』，舊本作『別能』，今案文義改。」○維遹案：呂覽纂正作「則能」。

去宥

八曰：名正則治，名喪則亂。使名喪者，淫説也。説淫則可不可而然不然，是不是而非不非。不可者而可之也，不然者而然之也，不是者而是之也，不非者而非之也，故曰「淫説也」。故君子之説

〔一〕「吏」，原作「史」，據諸子集成本改。

也，足以言賢者之實，不肖者之充而已矣；充亦實也。足以喻治之所悖，亂之所由起而已矣；喻，明。悖，惑。○畢沅曰：「盧云：『左氏莊十一年傳云「禹、湯罪己，其興也悖焉」，杜注云：「悖，盛貌。」釋文云：「悖一作勃。」此當以「治之所悖」爲句，不當訓惑，疑是「盛」字之訛。』」足以知物之情，人之所獲以生而已矣。

凡亂者，刑名不當也。○孫鏘鳴曰：「刑、形古字通。下文『刑名異充』並當作形。」○陶鴻慶曰：「刑讀爲形，名生於形也。下文云『是刑名異充，而聲實異謂也』，刑與名相對，猶聲與實相對矣。」人主雖不肖，猶若用賢，猶若聽善，猶若爲可者，其患在乎所謂賢從不肖也，從，使人從不肖自謂賢。所爲善而從邪辟，使人從邪辟自謂善，故曰「其患」也。所謂可從悖逆也。可者乃從悖逆之道也。○王念孫曰：「『所爲善』，爲與謂同義，說見秦策『蘇代僞爲齊王曰』下。『邪辟』下當有『也』字。」又曰：「三『從』字皆當爲『徒』。高注異用篇云：『徒猶但也。』言所謂賢者非賢也，但不肖耳。所謂善者非善也，但邪辟耳。所謂可者非可也，但悖逆耳。隸書『從』字作『從』，形與『徒』相似，故『徒』誤爲『從』。（禁塞篇『承從多羣』，『從』一本作『徒』。齊風載驅箋『徒爲淫亂之行』，『徒』一本作『從』。列子天瑞篇『食於道徒』，『徒』一本作『從』。史記仲尼弟子傳『壤駟赤字子徒』，『鄭國字子徒』，家語七十二弟子篇『徒』竝作『從』。）高不知『從』爲『徒』之誤，而云『使人從不肖』，『使人從邪辟』，又云『從悖逆之道』，皆失之。」○李寶淦曰：「言彼所謂賢，而所從實不肖；彼所謂善，而所從實邪辟；彼所謂可，而所從實悖逆。『而從邪辟』，『而』字疑衍。末應有『也』字。」○維遹案：「從邪辟」，舊校云：「從一作徒。」與王說正合。是刑名異充，而聲實異謂也。夫賢不肖，善邪辟，可悖逆，不肖者賢之，邪辟者善之，悖逆者可之也。國不亂，身不危，奚待也？言亂亡立至，無所復待也。齊湣王是以知説士而不知所謂士也，湣王，齊田常之孫田和立爲宣王，湣王，宣王之子也。言知當敬義士，不能知其所行，徒謂之士也。○畢沅曰：「梁仲子云：『前樂成篇「義士」作「議士」。』」○梁玉繩曰：「此注誤甚。田常之曾孫爲田和，田和之曾孫爲宣王。當云『湣王，齊田常七世孫宣王之子也。』」故尹文問其故問所以爲士之故也。而王無以應，此公玉丹之所以見信而卓齒之所以見任也。任卓齒而信公玉丹，豈非以自讎邪？公玉丹，齊臣。卓齒，楚人，亦爲湣王臣。其斃由在此二人，非欲以自斃也。然二人卒斃之。湣王無道，齒殺之而擢其筋，懸之於東廟終日，以自斃者也。」○畢沅曰：「梁仲子云：『卓齒，齊策作「淖齒」。顏師古注人表：「淖音女教反，字或作卓。」』梁伯子云：『潛夫論作「踔齒」，史記田單傳徐廣作「悼齒」。注「東廟」，後行論篇注亦同，國策作「廟梁」。』」

尹文見齊王，尹文，齊人，作名書一篇，在公孫龍前，公孫龍稱之。齊王謂尹文曰：「寡人甚好士。」尹文曰：「願聞何謂士？」王未有以應。尹文曰：「今有人於此，事親則孝，事君則忠，交友則信，居鄉則悌，有此四行者，可謂士乎？」齊王曰：「此真所謂士已。」○舊校云：「一作『矣』。」尹文曰：「王得若人，肯以爲臣乎？」○舊校云：「『肯』一作『用』。」王曰：「所願而不能得也。」尹文曰：「使若人於廟朝中，○舊校云：「『廟』一作『廣』。」深見侮而不鬬，王將以爲臣乎？」王曰：「否。大夫見侮而不鬬，則是辱也。○畢沅曰：「『大夫』疑衍『大』字。」○維遹案：畢説非。「大夫」當作「夫士」，方與上下文合。孔叢子論勢篇作「夫士也，見侮而不鬬是辱」，是其證。辱則寡人弗以爲臣矣。」尹文曰：「雖見侮而不鬬，未失其四行也。未失其四行者，是未失其所以爲士一矣。未失其所以爲士一而王以爲臣，失其所以爲士一而王不以爲臣，則鄉之所謂士者乃士乎？」○陳昌齊曰：「案前後文義，不得有『而王以爲臣失其所以爲士』一十二字。孔叢子載此事云『雖見侮而不鬬，是未失所以爲士也，然而王不以爲臣』云云，當據刪。」○俞樾曰：「上文云：『雖見侮而不鬬，未失其四行也。未失其四行者，是未失其所以爲士一矣。』然則此文『失其所以爲士』，上無所承，且於義亦不應有。疑呂氏原文本云：『未失其所以爲士一，而王不以爲臣，則鄉之所謂士者，乃士乎？』今衍十二字，遂不可讀。」○陶鴻慶曰：「俞説是也。今案『乃士乎』本作『乃非士乎』，乃反詰之辭。公孫龍子跡府篇載此文，正作『乃非士乎』。」王無以應。尹文曰：「今有人於此，將治其國，民有非則非之，民無非則非之，民有罪則罰之，民無罪則罰之，而惡民之難治，可乎？」王曰：「不可。」尹文曰：「竊觀下吏之治齊也，方若此也。」王曰：「使寡人治信若是，則民雖不治，寡人弗怨也。雖不可治，言不怨也。意者未至然乎？」王言意以爲未至如是。○畢沅曰：「此注各本脱，李本有。」○維遹案：元刻本、許本、張本、姜本亦有此注。宋邦乂本無。尹文曰：「言之不敢無説，請言其説。王之令曰：『殺人者死，傷人者刑。』民有畏王之令，深見侮而不敢鬬者，是全王之令也，○畢沅曰：「李本無『之』字。」而王曰『見侮而不敢鬬，是辱也』。夫謂之辱者，非此之謂也？以爲臣不以爲臣者罪之也，此無罪而王罰之也。」○陳昌齊曰：「『以爲臣』三字亦衍文，當據孔叢子及本篇前後文義删之。」○陶鴻慶曰：「上『臣』字當爲『士』，『罪之』當爲『辱之』。其文云：『夫謂之辱者，非此之謂也。以爲士不以爲臣者，辱之也，此無罪而王罰之也。』言見侮而不敢鬬，非辱，以爲士而不以爲臣，乃爲辱，是無罪而見罰也。今本爲寫者所亂，則義不可曉。」**齊王無以應。論皆若此，故國殘身危，走而之穀**。穀，齊邑也。**如衛**。如，之也。**齊湣王，周室之孟侯也**，孟，長也。○俞樾曰：「『湣王』二字衍文也。齊，『周室之孟侯也』，乃推始封之齊而言。若湣王時，周室衰微，儕於列國，久無此稱矣。下文曰『太公之所以老也，桓公嘗以此霸矣』，皆承『齊』字而言。若此句是齊湣王，則下二句便不可通。高氏作注時，已衍『湣王』二字，故有『山頭井底』之譏，其實非也。」**太公之所以老也。桓公嘗以此霸矣，管仲之辯名實審也**。桓公以繼絶存亡，率義以霸，管子輔而成之，不以土地之大也。今此湣王繼篡國之胄，僭號不義之人，無管子之輔，假有之，又不能用，喻以桓公，山頭井底，不得方之者也。」○梁玉繩曰：「山頭井底，蓋當時方言。」

正名

榮成許維遹學

呂氏春秋集釋卷第十七

呂氏春秋訓解　高氏

審分覽第五　君守　任數　勿躬　知度　慎勢　不二　執一

一曰：凡人主必審分，然後治可以至，主，謂君也。分，謂仁義禮律殺生與奪之分也。至者，至於治也。姦僞邪辟之塗可以息，息，滅也。惡氣苛疾無自至。自，從也。君德合則祥瑞應，故苛疾無從來至也。

夫治身與治國，一理之術也。身治則國治，故曰一理之術也。今以衆地者，公作則遲，有所匿其力也。作，爲也。遲，徐也。遲用其力而不勤也。○孫鏘鳴曰：「『今以衆地者』，謂以衆治地。」分地則速，無所匿遲也。分地，獨也。速，疾也。獲稼穡則入己分而有之，各自欲得疾成，無藏匿，無舒遲也。○王念孫曰：「『無所匿遲也』，疑衍『遲』字。」○俞樾曰：「『遲』字衍文也。上云『公作則遲，有所匿其力也』，此云『分地則速，無所匿也』，其文甚明。因涉上文而衍『遲』字，義不可通。高氏曲爲之説，非是。」○維遹案：「分地則速」，疑爲「分作則速」，與上文「公作則遲」辭義相對，皆承「今以衆地者」而言。今本作「地」者，「地」、「作」隸書形略近，又涉上下文而誤。注「分地獨也」，「地」字後人據正文妄增。主亦有地，臣主同地，則臣有所匿其邪矣。邪，私也。不欲君知，故蔽之也。主無所避其累矣。累猶負也。謂主不以正臨之，令臣自欲容私，故君無所避其負也。○李寶洤曰：「言臣主同地，則臣有所匿其私力，而君不能免其負累。注不明。」凡爲善難，任善易。奚以知之？人與驥俱走，則人不勝驥矣。居於車上而任驥，則驥不勝人矣。人主好治人官之事，則是與驥俱走也，言君好爲人臣之官事，是謂與驥俱走，無以勝之也。○舊校云：「『人官』一作『人臣』。」○吴汝綸曰：「『官之事』，据注當作『之官事』。後勿躬篇『人君而好爲人官』，即此『好治人官』也。『之事』二字疑衍。」○維遹案：吴後説是。治要引正作「人主好人官」，惟脱一「治」字。必多所不及矣。言力不贍也。好自治人臣之所官事亦如之。夫人主亦有居車，無去車，去猶釋也。去讀去就之去。○維遹案：「居車」，畢本乙爲「車居」。畢沅云：「『居』字舊在『車』字上，係誤倒。『居』字當屬下句，今乙正。」陳昌齊云：「『有居車，無去車』，原本不誤。『居車』即上文『居於車上』之義也。又居、去爲句中之韻，必不可移易。」王念孫云：「『居車』即上文之所謂『居於車上』也，『有居車，無去車』，文義正相對。『居』字正當在『車』字上，非誤倒也。」案陳、王説是，今改從舊本。治要引作『夫人主亦有車，無去其車』。金樓子立言篇同。則衆善皆盡力竭能矣，諂諛詖賊巧佞之人無所竄其姦矣，竄猶容也。堅窮廉直堅，剛也。○劉師培曰：「『窮』爲『叡』之訛。」忠敦之士畢競勸騁騖矣。畢，盡。人主之車，所以乘物也。察乘物之理，則四極可有。察，明也。有之易也。不知乘物而自怙恃，奪其智能，○陳昌齊曰：「『奪』當作『奮』。後任數篇『以好唱自奮』，去宥篇『奮於取少主』，是其義也。」○王念孫曰：「『奪』疑當作『奮』。治要正作『奮』。」○俞樾曰：「『奪』當作『奮』，形似致誤也。奮猶矜也，説見前本味篇。『奮其智能』，謂矜其智能。今誤作『奪』，義不可通。」多其教詔，而好自以，詔亦教。以，用也。若此則百官恫擾，恫，動。擾，亂。○畢沅曰：「『恫』，玉篇作『挏』。」少長相越，萬邪竝起，權威分移，政在家門。不可以卒，不可以教，此亡國之風也。風，化。

王良之所以使馬者，約審之以控其轡，而四馬莫敢不盡力。王良，晉大夫郵無正郵良也，以善御之功，死託精於星，天文「王良策駟」是也。○畢沅曰：「郵無正見國語，即左傳之郵無恤。舊本『郵』作『孫』，意即孫陽。」○梁玉繩曰：「似順篇稱孫明，明、良音近。注作『孫無政』，淮南覽冥注同，似不必依晉語改舊本『孫』字作『郵』。若孫陽乃伯樂姓名，是秦穆公時人，恐不可爲一。晉語郵良亦曰伯樂，蓋『伯樂』星名，主典天馬，孫陽知馬，故以名焉，而郵良之善御同于孫陽，遂以爲號，後世并孫氏蒙之，然未見有直呼孫陽者。」○俞正燮曰：「漢書古今人表以郵無卹、王良、伯樂爲三人。今案：古有兩伯樂。趙之伯樂曰王良，曰郵無卹，亦曰郵良，又曰郵無政，曰王子期，曰王子於期。良、樂、無卹是一義，名字相發也。政、期是一義，亦名字相發。蓋簡子時名無卹字良，亦字樂，後避襄子名，則改名正字期矣。伯樂蓋王族，故曰『王』，曰『王子』。其曰『郵』者，以官氏也。秦之伯樂曰孫陽，曰孫明。莊子馬蹄篇釋文云：『伯樂姓孫名陽。』開元占經引石氏星經云：『伯樂，天星名，主典天馬，孫陽善御，故以爲名。』呂氏春秋似順論言晉陽事，以國語郵無正爲孫明，疑因伯樂而誤。注云『孫明，孫無政郵良也』，則又附無正之名。呂氏春秋觀表篇云『趙之王良，秦之伯樂』，漢書敍傳云『良、樂軼能於相馭〔一〕』，皆二人名字錯舉。今以左傳有郵無恤，國語有郵無正、伯樂，國語注有郵良，孟子有王良，韓非外儲説有王良、王子於期，喻老有王子期，皆言趙之伯樂。以孫陽秦人證孫陽、孫明爲秦伯樂，漢書

〔一〕「馭」，原作「遇」，據漢書敍傳改。

司馬相如傳云『陽子驂乘』，秦孫陽也。若依呂氏似順，則王良、郵良、孫明、孫陽、伯樂、郵無卹、郵無正、孫無政、王子期、王子於期，一人十名矣。」有道之主，其所以使羣臣者亦有轡。其轡何如？正名審分，是治之轡已。○維遹案：治要引「已」作「也」。故按其實而審其名，以求其情；聽其言而察其類，無使放悖。放，縱也。悖，亂也。○王念孫曰：「治要引注『縱』作『紛』。」夫名多不當其實而事多不當其用者，故人主不可以不審名分也。不審名分，是惡壅而愈塞也。名，虛實爵號之名也。分，殺生與奪之分也。傳曰「唯器與名，不可以假人」，君之所慎也，故曰不可不慎。愈，益也。不審之而欲治，猶惡溼而居下也，故曰「惡壅而愈塞也」。壅塞之任，不在臣下，在於人主。君明則臣忠，臣忠則政無壅塞，故曰「在於人主」。堯、舜之臣不獨義，○維遹案：治要引「臣」作「民」。下「桀、紂之臣」同。湯、禹之臣不獨忠，得其數也。御之得其術。桀、紂之臣不獨鄙，幽、厲之臣不獨辟，失其理也。厲王，周宣王之父。幽王，周宣王之子。言先幽、厲，偶文耳。殺戮不辜曰厲，壅過不達曰幽，皆惡謚也。○畢沅曰：「『壅過』，逸周書、獨斷、蘇明允竝作『壅遏』。」

今有人於此，求牛則名馬，求馬則名牛，所求必不得矣。失其名，故不得也。而因用威怒，有司必誹怨矣，牛馬必擾亂矣。百官，衆有司也。萬物，○舊校云：「一作『邦』。」羣牛馬也。不正其名，不分其職，而數用刑罰，亂莫大焉。夫說以智通而實以過悗，以，用。○畢沅曰：「舊校云：『「過」一作「遇」。』又本『悗』作『悦』。」今案『遇』、『悦』皆非也。悗音瞞，又音懣，玉篇『惑也』，莊子大宗師釋文『廢忘也』。」○王念孫曰：「作『遇』者是也。遇即愚之假借，愚與智正相反。悗訓爲惑，亦與通相反。」○俞樾曰：「此當以作『遇』者爲是。遇與愚古通用。詩巧言篇『遇犬獲之』，釋文曰：『遇，世讀作愚。』莊子則陽篇『匿爲物而愚不識』，釋文曰：『愚本作遇。』竝其證也。愚字與上句智字正相對。玉篇：『悗，惑也。』然則遇悗猶愚惑也。『説以智通而實以愚悗』，與下文『譬以高賢而充以卑下，贊以潔白而隨以汙德，任以公法而處以貪枉，用以勇敢而堙以罷怯』諸句一律，下兩字與上兩字義皆相反，因借遇爲愚，又誤『遇』爲『過』，而其義始晦矣。」**譬以高賢而充以卑下，**充，實。**贊以潔白而隨以汙德，**以汙穢之德，隨潔白之蹤，里諺所謂「牛頭而賣馬脯」，此理之謂也。○梁玉繩曰：「晏子春秋六：『懸牛首于門，而賣馬肉于内。』續漢書百官志三注引決録曰：『懸牛頭，賣馬脯，盜跖行，孔子語。』蘇子由送柳子玉詩：『衒牛沽馬脯。』（晏子條亦見説苑政理、決録條見光武詔。）」○松皋圓曰：「注『牛頭』上宜有『懸』字，『理』字衍。」**任以公法而處以貪枉，**與上「賣馬脯」義同。**用以勇敢而堙以罷怯，**將行罷怯，以充勇敢之用，故芎窮之似藁本，蛇牀之類薇蕪，碧盧之亂美玉，非猗頓不能別也。闇主之於名實，亦不能知也，是以趙高壅蔽二世，以鹿爲馬，此之類也。○畢沅曰：「『薇蕪』，博物志作『蘼蕪』。」**此五者，皆以牛爲馬，以馬爲牛，名不正也。故名不正則人主憂勞勤苦，而官職煩亂悖逆矣。國之亡也，名之傷也，從此生矣。白之顧益黑，**顧，反。**求之愈不得者，其此義邪！**此牛名馬之類也。**故至治之務在於正名，名正則人主不憂勞矣，不憂勞則不傷其耳目之主，**主猶性也。○畢沅曰：「案注似『主』本是『生』字。」**問而不詔，**詔，教也。好問而行之，不自專獨爲教詔。**知而不爲**，雖知〔一〕之，不與爲名其功也。**和而不矜**，和則成矣，不自矜伐。**成而不處**。處，居也。老子曰「功成而弗居」，此之謂也。**止者不行，行者不止，因形而任之，不制於物，無肯爲使**，止者不行，謂土也。行者不止，謂水也。因形而任之，不令土行，不令水止也。不制於物者，不爲物所制，物不能制之也。若此人者，王公不能屈，何肯爲人之使令者乎？○陶鴻慶曰：「無肯爲使，言不爲物役。高注不肯爲人使令，非。」○維遹案：「形」原作「刑」，改從元刻本、張本。**清靜以公**，公，正。**神通乎六合，德耀乎海外**，六合，四方上下也。海外，四海之外。**意觀乎無窮，譽流乎無止**，流，行。**此之謂定性於大湫**，性，命也。大湫猶大竇。**命之曰無有**。無有，無形也。道無形，無形言得道也。**故得道忘人，乃大得人也，夫其非道也？**得道澹然無所思慮，故忘人也，而人慕之，此乃所以大得人也。夫其非道也，亦在其人也，不能使人人得之也，故曰「夫其非道也」。○畢沅曰：「舊本作『夫非其道也』，注同。今案下數句皆『其』字在『非』字上，今亦依例乙轉。」○陶鴻慶曰：「『夫其非道也』，『也』當讀爲『邪』，言忘人而大得人，安得謂之非道乎？蓋反言以明其爲道之至也。下文『夫其非德也』，『夫其不明也』，『夫其不假也』，『夫其不全也』，義並同。高注皆肊說，不可從。」**知德忘知，乃大得知也，夫其非德也？**自知有德，忘人知之，而人仰之，此乃所以大得知也。夫其非德也，亦在其人也，不能使人人知之也，故曰「夫其非德也」。**至知不幾，靜乃明幾也，夫其不明也？**幾，近也。至有德，雖萬里人猶知之，故曰「不幾」也。靜，

〔一〕「知」下四部叢刊本有「與」字。

安也。安處其德，乃所以使人明之也。望遠若近，故曰「靜乃明幾也」。夫其不明也，亦在其人也，明不能使人人見之，故曰「夫其不明也」。○畢沅曰：「盧云：『此所言幾，即今人所謂機警也。此與聖人言不逆詐，不億不信，先覺乃賢，意相似。注似非也。』」○劉師培曰：「『夫其不明也』，『明』當作『靜』。高據誤本爲說，非是。」**大明不小事，假乃理事也，夫其不假也？**大明者，垂拱無爲而化流行，不治小事也。假，攝。若周公、魯隱勤理成致之也。夫其不假也，亦在其人也。久假不歸，惡乃知非，故曰「夫其不假也」。○畢沅曰：「舊本正文『夫其不假』下缺『也』字，今依注補。」○陶鴻慶曰：「爾雅釋詁：『假，大也。』言事之大者，人君乃理之。高注解爲『假，攝』，且引周公、魯隱爲說，殊謬。」**莫人不能，全乃備能也，夫其不全也？**假攝者，務濟國事，事濟歸之，故曰「莫人不能，全乃備能也，夫其不全也」，亦在其人也。周公有流言之謗，魯隱有鍾巫之難，故曰「夫其不全也」。推其本情，但管、蔡傾邪，不達聖人之旨也，其大乎子翬有欲太宰之志，於是生之也。○畢沅曰：「注『其大乎』三字衍，仍當有一『公』字。又『生之』疑是『生心』。」○洪頤煊曰：「『莫』古通作『謨』字。謂有謀之人不自恃其能，至全乃備能也，與上文義相應。高注非。」○俞樾曰：「『莫人』當爲『真人』，字之誤也。隸書『真』字作『眞』，『莫』字作『萛』，二形相似，故往往致誤。史記高祖功臣侯者表『甘泉戴侯莫摇』，漢表『莫摇』作『真粘』，新序雜事篇『黄帝學乎大真』，路史疏仡紀曰『大真或作大莫』，竝其證也。『真人不能，全乃備能也』，蓋即堯、舜不偏物之意。高注不知『莫』字之誤，曲爲之說，大謬。」○維遹案：俞說是。**是故於全乎去能，於假乎去事，於知乎去幾，所知者妙矣。**妙，微也。**若此則能順其天，意氣得游乎寂寞之**

宇矣，形性得安乎自然之所矣。全乎萬物而不宰，宰，主。澤被天下而莫知其所自始〔一〕，自，從〔二〕。始，首。雖不備五者，其好之者是也。人於此五者，雖不能備有，但能好慕則幾矣。

審分覽

二曰：得道者必靜，靜者無知。知乃無知，可以言君道也。故曰：中欲不出謂之扃，外欲不入謂之閉，○畢沅曰：「二語見文子上仁篇、淮南主術訓。」既扃而又閉。天之用密，有准不以平，有繩不以正。准，法。正，直。○畢沅曰：「『准』，説文本作『準』，从水，隼聲，而諸子書多省作『准』。五經文字云：『字林作准。』今姑仍舊本。」天之大靜，既靜而又寧，可以爲天下正。寧，安。正，主。身以盛心，心以盛智，○孫鏘鳴曰：「盛猶藏也。」智乎深藏，而實莫得窺乎。窺，見。鴻範曰：「惟天陰騭下民。」陰之者，所以發之也。陰陽升陟也。言天覆生下民，王者助天舉，發明之以仁義也。○李寶洤曰：「言陰覆之者，乃正所以發明之也。注非是。下『不出』、『不爲』亦相仿。」故曰：「不出於户而知天下，不窺於牖而知天道。因人之知以知之。○畢沅曰：「『故曰』者，本老子道德經之言。下二語亦是。」其出彌遠者，其知

〔一〕「始」，四部叢刊本作「姓」。
〔二〕「從」，四部叢刊本作「姓」。

彌少。」不知人而恃己明，不能察偏遠，故彌少也。故博聞之人，彊識之士，闕矣；闕，短。事耳目，深思慮之務，敗矣；敗，傷。堅白之察，無厚之辯，外矣。外，棄所以爲也。○吴先生曰：「注訓外爲棄，『所以爲』三字義無所施，蓋因下文而誤衍。」○維遹案：公孫龍子有堅白論，鄧析子有無厚篇。不出者，所以出之也。不爲者，所以爲之也。不出户庭而知天下，與出無異，故曰「所以出之」。不爲而有所成，與爲無異，故曰「所以爲之」。此之謂以陽召陽，以陰召陰。召，致也。○李寶洤曰：「疑應作『以陽召陰，以陰召陽』，求之下文可見。然二句本莊子徐無鬼篇。」○劉咸炘説同。末云：「不出，不爲陰也，出之、爲之陽也。以陰召陽，即上文陰之所以發之，彼注亦誤。」東海之極，水至而反。反，還。夏熱之下，化而爲寒。寒暑更也。○王念孫曰：「下猶後也。」故曰：「天無形而萬物以成，天無所制而物自成。○王念孫曰：「羣書治要引此『天』上有『昊』字。案下文『至精無象』句注云『説與昊天同』，則天上原有『昊』字明甚。（本句下注云『天無所制而物自成』，不言昊天者，省文耳。）『昊天無形』，『至精無象』，『大聖無事』，皆相對爲文也。」○俞樾曰：「『曰』乃『昊』字之誤。『昊』字闕壞，止存上半之『日』，因誤爲『曰』矣。下文高注曰『説與昊天同』，則其所據本正作『故昊天無形』。」至精無象而萬物以化，説與昊天同。○王念孫曰：「『象』當作『爲』。老子曰：『道常無爲而無不爲，侯王若能守之，萬物將自化。』又曰：『我無爲而民自化。』莊子天地篇曰：『無爲而萬物化。』皆其證也。隸書『象』字或作『為』，形與『爲』相似，故『爲』誤作『象』。形、成爲韻，爲、化爲韻，事、能爲韻。（爲古讀若譌，能古讀若而，竝見唐韻正。）若作『象』，則失其韻矣。管子兵法篇：『無設無形焉，無不可以成也。無形無爲焉，無不可以化也。』形、成爲韻，爲、化爲韻，正與此同。」陶鴻慶説同。大聖無事而千官盡能。」官得其人，人任其職，故盡能也。此乃謂不教之教，無言之詔。○維遹案：治要引「乃」字作「之」，與上文「此之謂以陽召陽，以陰召陰」辭例正同。故有以知君之狂也，以其言之當也；君狂言，臣不敢諫之，而自以其言爲當也，是以知其言之狂。○王念孫曰：「治要引注作『君狂言，臣下不敢諫止，而喜輕言，自以其言爲當，是以知其言之當』。」有以知君之惑也，以其言之得也。狂言而自得，所以知其惑也。○陶鴻慶曰：「此言君之狂，正以其言之當；君之惑，正以其言〔一〕之得，故下文云『君也者，以無當爲當，無得爲得者也』。此義亦見任數篇。高注解爲君狂言而自以爲當，自以爲得，殊失其旨。」君也者，以無當爲當，以無得爲得者也。當與得不在於君，而在於臣。待臣匡正。○維遹案：治要引注「正」字作「之」。故善爲君者無識，其次無事。有識則有不備矣，物不可悉識。備識其物，則爲不備也。○畢沅曰：「注『則爲』朱本作『則反有』。」○俞樾曰：「『無識』當爲『無職』。周官『職方氏』，脩華嶽碑作『識方氏』，是職與識古通用。『善爲君者無職，其次無事』，『無職』與『無事』義相近。若作『無識』，失其義矣。下文云『人主好以己爲，則守職者舍職而阿主之爲矣』，然則『善爲君者無職』，正以此也。高氏不知『識』之當爲『職』，乃曰『物不可悉識』，此曲説也。勿躬篇曰『人主知能不能之可以君民也，則幽詭愚險之言無不職矣』，無不職者，無不識也。此借識爲職，彼借職爲識，正可互證。」有事則有不恢矣，恢亦備也。不備不恢，此官之所以疑，而邪之所從來也。今之爲車者，數官然後成。輪輿轅軸，各自有材，故曰「數官然後成」。夫國豈特爲車哉！特，但。衆智衆能之所持也，不可以一物一方安車也。方，

〔一〕「言」下原衍「君」，據讀諸子札記刪。

道也。○王念孫曰：「治要『安』下無『車』字，是也。」○陶鴻慶曰：「此言爲國，不言爲車，『安車』之『車』，涉上文而衍。」

夫一能應萬、無方而出之務者，一者，道也。唯有道者能之。魯鄙人遺宋元王閉，鄙人，小人也。閉，結不解者也。元王號令於國，有巧者皆來解閉。人莫之能解。兒説之弟子請往解之。○畢沅曰：「韓非外儲説左上云：『兒説，宋人，善辯者也。』淮南人間訓注云：『宋大夫。』」乃能解其一，不能解其一，○陶鴻慶曰：「兩『能』字皆涉上下文而衍，本作『乃解其一，不解其一』。下文『鄙人曰：「我爲之而知其不可解也。今不爲而知其不可解也，是巧於我。」』正謂以不解解之，非可解而不能解也。衍兩『能』字，則非其旨。」且曰：「非可解而我不能解也，固不可解也。」問之魯鄙人，鄙人曰：「然。固不可解也，我爲之而知其不可解也。今不爲而知其不可解也，是巧於我。」故如兒説之弟子者，以不解解之也。言此不可以解也乃能解。鄭大師文終日鼓瑟而興，再拜其瑟前曰：「我效於子，效於不窮也。」故若大師文者，以其獸者先之，所以中之也。儌射其獸，走與矢會，故中之也。○陶鴻慶曰：「『以其獸者先之』二句，與大師鼓瑟事絶不相涉，『故若大師文者』之下當有脱句，爲師文之結論。『以其獸者』云云，據高注疑是引古善射者之事，而寫者奪之，其餘文與大師文事合併爲一耳。」○李寶洤曰：「效猶用也。獸者，蓋無知之意。言大師文之鼓瑟，效於瑟之自然，故可效於無窮。先使其心若獸之冥然無知，所以能中乎瑟之道。樂記：『知聲而不知音者，禽獸是也。』古人語質，不憚以獸爲喻。」故思慮自心傷也，思慮勞精神而亂於心，故自傷也。○陳昌齊曰：「『心』字据下文當删。」○俞樾曰：「『心』字衍文。『思慮自傷也，智差自亡也』，兩句一律。高注云云，正以『自傷』二字連文，可知本無『心』字，因涉注文『亂於心』句而誤衍耳。」○維遹案：治要引「思」上無「故」字，亦無「心」字。陳、俞説是。**智差自亡也，**差，過也。用智過差，極其情欲，以自消亡也。○俞樾曰：「差讀爲瑳。淮南子原道篇曰：『偶瑳〔一〕智故，曲巧譌詐。』此云『智差』，即彼云『偶瑳智故』也，故與『思慮』相對。注未得其義。」○維遹案：呂覽纂「差」正作「瑳」。**奮能自殃，**奮，彊也。夏桀彊其能以肆無道，自取破滅之殃。**其有處自狂也。**○俞樾曰：「此當作『奮能自殃也，有處自狂也』，與上句『思慮自傷也，智差自亡也』兩句正一律。『也』字秦刻石文作『殹』，『其』字古鐘鼎文或止作『丌』，兩形微似，因而致誤。」○維遹案：治要及呂覽纂「殃」下竝有「也」字。**故至神逍遥倏忽而不見其容，至聖變習移俗而莫知其所從，離世別羣而無不同，**同，和。**君民孤寡而不可障壅，**孤寡，人君之謙稱也。能自卑謙名譽者，不可防障。○陶鴻慶曰：「『民』當爲『名』。高注云云，是其所據本正作『名』也。然高注實非吕氏本旨。此言人君雖自名孤寡，而不爲姦邪所障塞，即上文所謂『一能應萬』也，與上句『離世別羣而無不同』語意相類。」**此則姦邪之情得，**得猶知也。**而陰陂讒慝諂諛巧佞之人無由入。**無從自入而見用也。**凡姦邪險陂之人，必有因也。何因哉？因主之爲。**因猶順也。○陳昌齊曰：「『人』字据上文當作『入』。」○王念孫曰：「治要『也』字在『必有』上，注作『因猶隨也』。」**人主好以己爲，**己所好、情所欲則爲也。**則守職者舍職而阿**

〔一〕「瑳」，原作「差」，據諸子平議改。

主之爲矣。阿，從。阿主之爲，有過則主無以責之，則人主日侵而人臣日得。得其阿主之志也。是宜動者静，宜静者動也。尊之爲卑，卑之爲尊，從此生矣。此國之所以衰而敵之所以攻之者也。○維遹案：治要引「攻」下無「之者」二字。

奚仲作車，奚仲，黄帝之後，任姓也。傳曰：「爲夏車正，封于薛。」蒼頡作書。蒼頡生而知書，寫倣鳥跡以造文章。后稷作稼，后，君。稷，官也。烈山氏子曰柱，能植百穀蔬菜以爲稷。○畢沅曰：「柱在舜臣之稷之前。又下云『非至道者』，故不數弃，而以柱當之。」皋陶作刑，虞書曰：「皋陶，蠻夷猾夏，寇賊姦宄，女作士師，五刑有服。」昆吾作陶，昆吾，顓頊之後，吴回之孫，陸終之子，己姓也，爲夏伯制作陶冶埏埴爲器。○畢沅曰：「舊本注『吴回』下衍『黎』字，今删。」○梁玉繩曰：「作陶者當是陸終之子，非爲夏伯之昆吾氏也。注似誤合爲一人。」夏鮌作城，鮌，禹父也。築作城郭。此六人者所作當矣，當，合也。合其宜。然而非主道者。○舊校云：「『主』一作『至』。」故曰：「作者憂，因者平。○王念孫曰：「『憂』當作『擾』。任數篇『爲則擾矣，因則静矣』，是其證。」陶鴻慶説同。惟彼君道，得命之情。」故任天下而不彊，此之謂全人。全人，全德之人，無虧闕也。

君守

三曰：凡官者，以治爲任，以亂爲罪。今亂而無責，則亂愈長矣。長，大。人主以好暴示能，以能暴示衆。○畢沅曰：「舊校云：『「暴」一作「爲」。』今案『爲』字是也。注『暴示』乃表暴之意。若作能爲威嚴解，正文與注竝窒礙。」○王念孫曰：「畢校是。『好爲』義見上篇。治要正作『好爲』，注亦無『暴』字。」以好唱自奮。奮，彊。人臣以不爭持位，孝經云：「臣不可以不爭於君。」此不爭持位，非忠臣也。以聽從取容。阿意曲從以自容。是君代有司爲有司也，有司，大臣也。大臣匡君，進思盡忠，退思補過。此聽從取容，無有正君者，君當自正耳，是爲代有司爲有司。○孫鏘鳴曰：「有司謂羣臣。注專屬大臣，非。」○陶鴻慶曰：「下『有司』字當衍，本作『是君代有司爲也』。君守篇云：『人君好以己爲。』本篇下云：『因者，君術也。爲者，臣道〔一〕也』。即此爲字之義。今本蓋校者不達其義而忘增耳。」是臣得後隨以進其業。後隨，隨後也。其業，不爭取容定業也。○維遹案：王念孫校本「業」下據上句及治要補一「也」字，注「定」字據治要改作「之」。君臣不定，君不君，臣不臣，故不定也。耳雖聞不可以聽，不可以聽五音。目雖見不可以視，不可以視五色。心雖知不可以舉，不可舉取。勢使之也。言其人不忠不正，苟取容説，志意傾邪，故曰「勢使之也」。凡耳之聞也藉於靜，藉，假也。靜無聲，乃有所聞，故藉於靜。目之見也藉於昭，昭，明也。非明，目無所見，故藉明以見物。心之知也藉於理。處物斷義，非理不決，故藉於理以決物。○維遹案：注「處物斷義」原作「去物斷義」，陳昌齊云：「去當作處。」案陳説是。張本正作「處」，今據改。君臣易操，則上之三官者廢矣。三官，耳目心。不得其正，故曰「廢」。亡國之主，其耳非不可以聞也，其目非不可以見也，其心非不可以知也，君臣擾亂，上下不分別，雖聞曷

〔一〕「道」，原作「術」，據正文改。

聞，雖見曷見，雖知曷知！雖知就利避害，不知仁義與就利避害之本也。去其本而求之於末，故曰「雖知曷知」。其聞、見之義亦然。馳騁而因耳矣，此愚者之所不至也。馳騁，田獵也。田獵禽獸，亡國之主所樂及，脩其本者弗爲也，故曰「愚者之所不至也」。○吳先生曰：「『而因』語不可通，疑『因』當爲『田』字，形似而譌。文云『馳騁而田』，故注以『馳騁田獵』釋之。」不至則不知，不知則不信。言不知其君，不信備〔一〕仁義，無欲爲可以致治安國之本。無骨者不可令知冰。亡國之主，不知去貪暴，施仁惠，若無骨之蟲，春生秋死，不知冬寒之有冰雪。有土之君能察此言也，則災無由至矣。

且夫耳目知巧，固不足恃，惟脩其數、行其理爲可。理，道。韓昭釐侯視所以祠廟之牲，其豕小，昭釐，謚也。晉宣子起之後也。起生貞子，居平陽。生康子，與趙襄子共滅智伯而分其地。生武子，都宜陽。生景侯處〔二〕，徙陽翟。釐侯，景侯子也。○畢沅曰：「梁伯子云：『史記韓世家：貞子生簡子，簡子生莊子，莊子生康子。徐廣謂史記多無簡子、莊子。人表亦同。然韓簡子見左傳及史晉、趙世家，惟莊子無攷。今史記據世本，誘似未見此也。昭釐侯，史作昭侯，乃懿侯子，非景侯子也。』」昭釐侯令官更之。以豕小，使官更易大者。官以是豕來也，昭釐侯曰：「是非嚮者之豕邪？」官無以對。命吏罪之。從者曰：「君王何以知之？」君曰：「吾以其耳也。」言識其耳。申不害聞之，申不害，鄭之京人，昭釐侯之相。曰：「何以知其

〔一〕「備」，原作「脩」，據四部叢刊本改。

〔二〕「處」，史記、大事紀作「虔」。

聾？以其耳之聰也。○畢沅曰：「『聰』，舊本作『聽』，訛，今案下文改。聰與聾韻協。」○注中曰：「『聽』當作『聰』。」何以知其盲？以其目之明也。何以知其狂？以其言之當也。故曰：去聽無以聞則聰，去視無以見則明，去智無以知則公。去三者不任則治，三者任則亂。任，用也。○陳昌齊曰：「『去』當作『夫』。」以此言耳目心智之不足恃也。耳目心智，其所以知識甚闕，闕，短。其所以聞見甚淺。以淺闕博居天下，安殊俗，治萬民，其說固不行。博，曠。固，必。十里之間而耳不能聞，帷牆之外而目不能見，三畝之宮而心不能知，其以東至開梧，東極之國。○畢沅曰：「『其以』，意林作『而欲』。」南撫多顯，南極之國。○畢沅曰：「『顯』，意林作『鷜』。」西服壽靡，西極之國。「靡」亦作「麻」。○畢沅曰：「大荒西經作『南服壽麻』，『南』字訛。注引亦作『麻』。」○維遹案：靡、麻古通。漢書地理志「益州郡收靡」，李奇云：「靡音麻。」可證。北懷儋耳，北極之國。○畢沅曰：「大荒西經作『闟耳』。」○劉師培曰：「山海經注引作『闟』，蓋『闟』通作『耴』，別本作『耴』，因訛爲『耽』，與淮南同。後人習聞南方有儋耳，又易爲『儋』，此今失晉本之舊者也。○維遹案：大荒北經有儋耳之國，郝懿行云：「『儋』依字當爲『瞻』，見說文。此是北瞻耳也。」正與此合。若之何哉？○畢沅曰：「意林作『何以得哉』。」故君人者，不可不察此言也。治亂安危存亡，其道固無二也。故至智棄智，至仁忘仁，至德不德，無言無思，靜以待時，時至而應，心暇者勝。凡應之理，清淨公素，而正始卒，焉此治紀〔一〕，無唱有和，無先有隨。古之王者，其所爲少，其所因多。因者，君術也。爲者，臣道也。爲則擾矣，因則靜矣。因冬爲寒，因夏爲暑，君奚事哉！故曰：君道無知無爲，而賢於有知有爲，則得之矣。賢，愈。得，知。

有司請事於齊桓公，桓公曰：「以告仲父。」有司又請，公曰：「告仲父。」若是三。○孫先生曰：「書鈔四十九引作『若是者三』，與新序雜事四同。今本疑脱『者』字。」習者曰：「一則仲父，二則仲父，易哉爲君！」習，近習，所親臣也。○劉師培曰：「書鈔四十九引『習』作『贄』。」桓公曰：「吾未得仲父則難，已得仲父之後，曷爲其不易也？」○劉師培曰：「書鈔四十九引『後』作『教』。」桓公得管子，事猶大易，又況於得道術乎？

孔子窮乎陳、蔡之間，藜羹不斟，七日不嘗粒，無藜羹可斟，無粒可食，故曰不斟不嘗。○畢沅曰：「『斟』乃『糂』之訛。説文：『糂，以米和羹也。』前慎人篇作『不糝』。」○維遹案：畢説是。類聚七十九引作「糝」，風俗通窮通篇同。墨子非儒下篇、荀子宥坐篇竝作「糂」，楊注：「糂與糝同，蘇覽反。」説文云：「古文糂从參。」則糝、糂古今字。晝寢。顏回索米，得而爨之，幾熟。孔子望見顏回攫其甑中而食之。選間，食熟，選間，須臾。謁孔子而進食。孔子佯爲不見之。○俞樾曰：「『孔子佯爲不見之』七字，當在上文『選間，食熟』之

〔一〕四部叢刊本「紀」下有注「一作治亂」。

上。呂氏本文蓋云『孔子望見顔回攫其甑中而食之，孔子佯爲不見之。選間，食熟，謁孔子而進食。』今到其文，則義不可通。李善注文選君子行因并删此七字矣。」孔子起曰：「今者夢見先君，食潔而後饋。」○畢沅曰：「孫云：『御覽八百三十八『後』作『欲』。李善注文選陸士衡君子行作『食潔故饋』。」顔回對曰：「不可。嚮者煤炱入甑中，棄食不祥，回攫而飯之。」煤炱，煙塵也。入猶墮也。○畢沅曰：「『煤炱』，舊本訛作『煤室』。孫云：『選注作「炱煤」。』梁仲子云：『盧玉川詩「當天一搭如煤炱」，政用此。』室與炱形近致訛，今定作『煤炱』。舊本注『煙塵』下多『之煤』二字，乃衍文。又『墮』作『墜』。今皆依選注删正。」○王引之曰：「文選陸機君子行注引此，『煤室』作『炱煤』，又引高注『炱煤，煙塵也。炱讀作臺。』家語在厄篇『炱煤』作『炱墨』。（今本家語『炱』誤爲『埃』，蓋『炱』字似『矣』而誤爲『矣』，後人又加土旁耳。墨、煤古同聲，説見唐韻正。）説文：『炱，灰炱煤也。』一切經音義十五引通俗文云：『積煙爲炱煤。』案『煤室』當作『臺煤』，臺與室字形相似而誤，蓋正文借臺爲炱，而注讀臺爲炱也。今本『臺煤』二字誤倒，『臺』字又譌作『室』，而注内復有脱文。文選注所引『炱煤』，亦當作『臺煤』，其引高注『炱讀作臺』，當是『臺讀作炱』，今本文選亦後人所改。『炱』爲正字，『臺』爲借字，故云『臺讀作炱』。若云『炱讀作臺』，則是反以假借之字易正字，不可通矣。畢校本據文選注改『煤室』爲『煤炱』，非也。炱與室形聲俱不相近，若本是『炱』字，無緣誤爲『室』，且文選注及説文、玉篇、一切經音義皆作『炱煤』，非作『煤炱』也。」○鹽田曰：「『回攫』，唐類函『回』作『因』。」孔子歎曰：「所信者目也，而目猶不可信。所恃者心也，而心猶不足恃。目見妄，不可信。心憶妄，不足恃。弟子記之，知人固不易矣。」記，識。故知非難也，孔子之所以知人難也。○陶鴻慶曰：「『孔子之』三字衍文。此因孔子『知人固不易』之言而申説之，故曰『故知非難也，所以知人難也』。若專主孔子言，則非本篇之旨矣。」

任數

四曰：人之意苟善，雖不知，可以爲長。長，上。故李子曰：「非狗不得兔，兔化而狗，則不爲兔。」○陶鴻慶曰：「此三句文不成義，蓋傳寫亂之也。元文當云：『非狗不得兔，狗化爲兔，則不得兔。』下文云『人君而好爲人官，有似於此。其臣蔽之，人時禁之，君自蔽則莫之敢禁』，即承此意言之。『其臣蔽之，人時禁之』者，所謂非狗不得兔也。『君自蔽則莫之敢禁』者，所謂狗化爲兔則不得兔也。」○維遹案：陶説是。李本、黄本正作「狗化爲兔」。又案：李子即李悝。驕恣篇亦引其言。蘇時學云「漢書藝文志有李子三十二篇，李悝之言也。悝書失傳，人罕知之，唯食貨志採其盡地力之教近三百言」云。案李書隋、唐志均不著録，馬國翰有輯本一卷。人君而好爲人官，有似於此。作君而好治人官職，似兔化而爲狗也。○孫先生曰：「注『人官職』當作『人臣之職』。下注可證。」其臣蔽之，人時禁之，人時有止之者。○陶鴻慶曰：「『人時』疑『君得』二字之誤。」君自蔽則莫之敢禁。夫自爲人官，自蔽之精者也。精，甚。祓篲日用而不藏於篋，祓篲，賤物也，日用掃除，故不藏於篋。喻人君好治人臣之職，與祓篲何異。故用則衰，動則暗，作則倦。君用思臣職，則志衰也。舉動作臣安社稷利民之事，未必能獨當，是自見蒙闇也。代臣作趨走力役之事，則心倦。衰、暗、倦三者，非君道也。

大橈作甲子，黔如作虜首，○畢沅曰：「舊校云：『「虜」一作「慮」。』案『虜』與『慮』皆不可解。世本云：

『隸首作數。』或是此誤。亦疑『虜首』當是『蔀首』。」○孫先生曰：「疑原文作『虜首作數』。世本云『隸首作數』，虜、隸聲義竝近，虜首即隸首也。『黔如』二字左旁與數字相似，蓋『數』字誤分爲二文，展轉寫爲『黔如』，又到置於上，故不可解耳。」**容成作麻，羲和作占日，尚儀作占月，**○畢沅曰：「尚儀即常儀。古讀儀爲何，後世遂有嫦娥之鄙言。」**后益作占歲，胡曹作衣，夷羿作弓，祝融作市，儀狄作酒，高元作室，虞姁作舟，伯益作井，赤冀作臼，乘雅作駕，**○畢沅曰：「舊校云：『「雅」一作「持」。』案荀子解蔽篇云『乘杜作乘馬』，楊倞注云：『呂氏春秋作「一駕」。』『一』字或衍文。疑舊校『持』字乃『杜』字之誤，杜即相土也。」○王國維曰：「史記殷本紀：『契卒，子昭明立，昭明卒，子相土立。』『相土』之字，詩商頌、春秋左氏傳、世本帝繫篇皆作『土』，而周禮校人注引世本作篇『相土作乘馬』，作『士』，（楊倞荀子注引世本此條作『土』。）而荀子解蔽篇曰『乘杜作乘馬』，呂覽勿躬篇曰『乘雅作駕』，注『雅一作持』，持、杜聲相近，則『土』是『士』非。楊倞注荀子曰『以其作乘馬，故謂之乘杜』，是『乘』本非名。相土或單名土，又假用杜也。」**寒哀作御，**○畢沅曰：「寒哀即世本韓哀，古寒、韓通。『哀』舊本作『衰』，誤。孫云：『蜀志郤正傳注引作韓哀。』」**王冰作服牛，**○王國維曰：「篆文『冰』作『仌』，與『亥』字相似，『王仌』亦『王亥』之譌，世本作篇『胲作服牛』，其證也。服牛者，即大荒東經之『僕牛』，古服、僕同音。楚辭天問：『該秉帝德，厥父是臧，胡終弊于有扈，牧夫牛羊？』又曰：『恒秉季德，焉得夫朴牛？』『該』即『胲』，『有扈』即『有易』，『朴牛』亦即『服牛』。是山海經、天問、呂覽、世本皆以王亥爲始作服牛之人。蓋夏初奚仲作車，或尚以人挽之，至相土作乘馬，王亥作服牛，而車之用益廣。」**史皇作圖，巫彭作醫，巫咸作筮，**著，筮。○馬叙倫曰：「『史皇作圖』，即君守篇之『蒼頡作書』也。倉頡所造爲象形、指事、會意之文，皆圖畫也，故亦曰作圖。倉頡造文，因以記事，記事之職，是謂史官。倉頡始爲史官，故號史皇。後世不悟，歧爲兩人兩事。呂氏書不出一人，故君守、勿躬兩歧，或當時作者亦已不明圖書之同體矣。」此二十官者，聖人之所以治天下也。聖王不能二十官之事，然而使二十官盡其巧，畢其能，聖王在上故也。聖王在上，官使人人任其事也，故盡畢其巧能也。聖王之所不能也，所以能之也；用其人，得其任，故所以能。所不知也，所以知之也。老子曰：「不知乃知之。」此之謂。養其神、脩其德而化矣，無所思慮勞神，是養神也。無狀而能化，化育萬物謂也。○畢沅曰：「『謂』疑衍。否，或上當有『之』字。」豈必勞形愁弊耳目哉！○維遹案：「愁」下疑脱「慮」字。察微篇云：「相與積心愁慮以求之。」察賢篇云：「天下之賢主，豈苦形愁慮哉，執其要而已矣。」足證本書多以「愁慮」連文。是故聖王之德，融乎若日之始出，極燭六合，極，北極，天太陰也，日能燭之。○畢沅曰：「『日』舊訛『月』，注同。趙云：『極燭猶言徧燭。注非。』」而無所窮屈；昭乎若日之光，變化萬物而無所不行。神合乎太一，生無所屈，而意不可障。大通也。神與通合生道，乃無詘厭，志意通達，不可障塞。○吳先生曰：「注文當作『太一，道也。神與道合生□，乃無所詘厭』云云。說文：『惟初太極，道立於一。』阮籍通老論：『道者，法自然而爲化，易謂之太極，春秋謂之元，老子謂之道。』然則太極也，太一也，道也，同物而異名。此注以道釋太一，易、禮、孔、老之舊說也。原文『大通也』多有奪誤，幾不可通矣。」精通乎鬼神，深微玄妙，而莫見其形。今日南面，百邪自正，而天下皆反其情；南面，當陽而治，謂之天子也。反，本。○畢沅曰：「朱本注末有『也』字。」黔首畢樂其志，安育其性，而莫爲不成。莫，無。故善爲君者，矜服性命之情，而百官已治矣，○王念孫曰：「『矜』疑當作『務』。」俞樾説同。黔首已親矣，名號已章矣。

章，明也。

管子復於桓公，復，白。曰：「墾田大邑，○畢沅曰：「新序『大』作『剏』，韓詩外傳作『墾田刱邑』。」○維遹案：管子小匡篇作「墾草入邑」。韓非外儲説左下作「墾草仞邑」，注「仞，入也」，即本管子。廣雅釋詁：「入，得也。」此當各依本書爲解。辟土藝粟，盡地力之利，○孫先生曰：「御覽二百七十三引無『力』字，與管子小匡篇、新序雜事篇同。」臣不若甯遬，請置以爲大田。甯遬，甯戚。○畢沅曰：「古戚、速同音。遬即速。」登降辭讓，進退閑習，臣不若隰朋，請置以爲大行。大行，官名也。周禮：「大行人掌大賓客之禮，以親諸侯。」蚤入晏出，犯君顏色，進諫必忠，不辟死亡，不重貴富，臣不若東郭牙，請置以爲大諫臣。楚有箴尹之官，亦諫臣。○畢沅曰：「外傳、新序皆無『大』字。御覽二百七十三無『臣』字。梁仲子云：『管子小匡篇作「鮑叔牙爲大諫。」』」○王念孫曰：「管子作鮑叔牙，誤，當從吕覽。」平原廣城，○畢沅曰：「『城』疑『域』，新序作『囿』。」○維遹案：管子「城」作「牧」。車不結軌，士不旋踵，結，交也。車兩輪間曰軌。鼓之，三軍之士視死如歸，○孫先生曰：「御覽引『鼓之』下有『而』字。管子、新序同。」臣不若王子城父，○畢沅曰：「新序作『成甫』，外傳亦作『成』。」請置以爲大司馬。司馬，主武之官也。周禮「大司馬之職，掌建國之九法，目佐王平邦國」也。決獄折中，不殺不辜，不誣無罪，臣不若弦章，○畢沅曰：「管子作賓須無。王厚齋云：『案説苑弦章在景公時，當以管子爲正。』梁仲子云：『小匡篇作「子旗爲大理」，子旗蓋弦章之字。』孫云：『韓非外儲説左下作弦商，新序四作弦寧。』」○王念孫曰：「韓子作弦商。商與章古字通。費誓『我商賚爾』，徐邈音章，荀子王制篇『審詩章』作『審詩商』，皆是也。新序作弦寧，即弦章之譌。」請置以爲大理。大理，治獄官。君若欲治國彊兵，則五子者足矣。君欲霸王，則夷吾在此。」○孫先生曰：「御覽引『君』下有『若』字。管子作『若欲霸王，夷吾在此』，亦有『若』字。」桓公曰：「善。」令五子皆任其事，以受令於管子。受管子之令。十年，九合諸侯，一匡天下，皆夷吾與五子之能也。管子，人臣也，不任己之不能，○畢沅曰：「黄氏日抄引作『不任己之能』。」○維遹案：御覽二百七十三引作「不用己之不能」。而以盡五子之能，況於人主乎！

人主知能不能之可以君民也，○陶鴻慶曰：「『知能』二字誤倒，本作『人主能知不能之可以君民也』。下文云『夫人君而知無恃其能』，文義並與此同，『而知』亦即『能知』，古能、而通用。」則幽詭愚險之言無不職矣，○王念孫曰：「『愚』即暫遇姦宄之『遇』。『職』當作『戢』。」○孫鏘鳴曰：「『職』疑作『識』。」○維遹案：許本「職」作「識」。俞樾云「此借『職』爲『識』」。百官有司之事畢力竭智矣。五帝三王之君民也，○維遹案：張本、宋邦乂本、李本、凌本「王」並作「皇」。下固不過畢力竭智也。夫君人而知無恃其能勇力誠信，則近之矣。凡君也者，處平靜，任德化，以聽其要，若此則形性彌羸而耳目愈精，百官慎職而莫敢愉綖，愉，解。綖，緩。○舊校云：「『慎』一作『順』。」○王念孫曰：「『羸』當爲『贏』，字之誤也。贏與盈古字通。言人君能處平靜，任德化，則形性充盈，而耳目聰明也。『綖』當爲『綎』，亦字之誤也。綎讀爲挺。仲夏篇『挺衆囚』，高注曰：『挺，緩也。』鄭注月令曰：『挺猶寬也。』寬亦緩也。後漢書臧宫傳『宜小挺緩，令得逃亡』，傅燮傳『賊得寬挺』，李賢並云：『挺，解也。』解亦緩也。故序卦傳云：『解者，緩也。』挺與綎古字通。『愉』即安肆日偷之偷，（偷古作愉，見周官大司徒。)故注訓愉爲解,(與懈同。)綎爲緩也。此以嬴、綎、名爲韻,若作綎則失其韻矣。」○維遹案:王説是。凌本「嬴」作「嬴」。人事其事,以充其名。上「事」,治也。名實相保,之謂知道。○陶鴻慶曰:「『之謂』二字誤倒。『名實相保,謂之知道』,本四字句,保與道爲韻。○維遹案:陶説非。「之」猶是也。尊師篇云:「能全天之所生而勿敗之,是謂善學。」莊子天地篇云:「無爲爲之,之謂天。」辭例同此。

勿躬

五曰:明君者,非徧見萬物也,明於人主之所執也。有術之主者,非一自行之也,知百官之要也。知百官之要,故事省而國治也。明於人主之所執,故權專而姦止。姦止則説者不來,而情諭矣。情者不飾,飾,虚。而事實見矣。此謂之至治。至治之世,其民不好空言虚辭,不好淫學流説,不學正道爲淫學。邪説謂之流説。○俞樾曰:「流説即游説也,流、游義得相通。漢書項籍傳『必居上游』,注曰:『游即流也。』韋玄成傳『德盛而游廣』,注曰:『游亦流也。』匡謬正俗曰:『斿者旌旗之斿,訓與旒同。』然則從斿從㐬之字本得通用。荀子勸學篇『昔者瓠巴鼓瑟而流魚出聽』,流魚即游魚也。游説之爲流説,猶游魚之爲流魚矣。」賢不肖各反其質,反,本。質,正。行其情不雕其素,素,樸也。本性純樸,不雕飾之以爲華藻也。○畢沅曰:「『行其情』,舊作『其行情』。孫云:『李善注文選齊竟陵王行狀引作「行其情」。』今依乙正。」蒙厚純樸以事其上。○王念孫曰:「蒙讀敦厖之厖。」○俞樾曰:「蒙與厚同義。詩長發篇『爲下國駿厖』,毛傳曰:

『厖，厚也。』荀子榮辱篇引作『爲下國駿蒙』，楊注曰：『蒙讀爲厖，厚也。』此云『蒙厚純樸以事其上』，蒙亦當讀爲厖。厖厚爲一義，純樸爲一義。」若此，則工拙愚智勇懼可得以故易官，易官則各當其任矣。○維遹案：文選謝靈運從游京口北固應詔詩注引作「若此則工拙愚智可得而知矣」，義勝。下文未申述勇懼之義，與選注引合。故有職者安其職不聽其議，有亂衆干度之議者不聽之。無職者責其實以驗其辭。驗，功。○畢沅曰：「『功』字必誤，疑當爲『效』，又疑是『効』。」此二者審，則無用之言不入於朝矣。君服性命之情，去愛惡之心，愛惡，好憎。用虛無爲本，虛無，無所愛惡也。無所愛惡則公正，治之本也。以聽有用之言，謂之朝。有用之言，謂忠正有益於國者。凡朝也者，相與召理義也，召，致。相與植法則也。植，立。上服性命之情，則理義之士至矣，法則之用植矣，枉辟邪撓之人退矣，撓，曲。貪得僞詐之曹遠矣。曹，衆。故治天下之要存乎除姦，除姦之要存乎治官，治官之要存乎治道，治道之要存乎知性命。知性命則不珍難得之物，不爲無益之事，唯道是從，利民而已。○陶鴻慶曰：「『治道』皆當爲『知道』。勿躬篇云：『名實相保，之謂知道。』」○維遹案：「存」字均當作「在」，本書存、在二字往往互誤。務本篇云「安危榮辱之本在於主，主之本在於宗廟，宗廟之本在於民，民之本在於有司」，管子重令篇云「故安國在乎尊君，尊君在乎行令，行令在乎嚴罰」，辭例與此正同。故子華子曰：「厚而不博，敬守一事，子華子，體道人也。一事，正事。正性是喜。羣衆不周，而務成一能。一能，專一之能，言公正。盡能既成，四夷乃平。平，和。唯彼天符，不周而周。忠信爲周。此神農之所以長，而堯、舜之所以章也。」長猶盛也。章，著明也。以，用也。人主自智而愚人，自巧而拙人，自智謂人愚，自巧謂人拙。詩云：「惟彼不順，自獨俾臧。自有肺腸，俾民卒狂。」愚拙者，此之謂也。○畢沅曰：「注『此』字疑衍。」若此則愚拙者請矣，君自謂智而巧，故愚拙者從之請也。巧智者詔矣。詔，教。詔多則請者愈多矣，聽益亂。請者愈多，且無不請也。主雖巧智，未無不知也。未能盡無所不知也。以未無不知應無不請，其道固窮。固，必。爲人主而數窮於其下，將何以君人乎？窮而不知其窮，其患又將反以自多，反，更。多，大。是之謂重塞之主，無存國矣。○陳昌齊曰：「『重塞』二字當疊。」○陶鴻慶曰：「『重塞』二字當疊。審爲篇云：『不能自勝而强不縱者，此之謂重傷，重傷之人，無壽類矣。』此文例與彼同。」○劉師培曰：「治要於『重塞』二字均爲疊詞。」故有道之主，因而不爲，因循舊法，不改爲。責而不詔，責臣成功，不妄以偏見教詔。○維遹案：治要引注作「責臣成功，不妄有所教詔」。去想去意，靜虚以待，不伐之言，不奪之事，○王念孫曰：「『伐』疑當作『代』。」○陶鴻慶曰：「兩『之』字指有司言。『伐』當爲『代』字之誤。淮南主術訓誤同。」督名審實，官使自司，○維遹案：「自司」當作「有司」，自、有形近致譌。淮南主術篇正作「官使有司」，（原脱「官」字，據王念孫校補。）是其證。以不知爲道，以柰何爲實。道尚不知，不知乃知也。以不知爲貴，因循長養，不戾自然之性，故以不可柰何爲實也。○畢沅曰：「自『有道之主』以下，亦見淮南主術訓，一二文異，不復别出。此爲『實』，舊校云『一作「寶」』，則正與淮南合。觀此注意，似亦當作『寶』爲是。」○俞樾曰：「舊校云『實一作寶』，與淮南主術篇合，當從之。高注『實』亦『寶』字之誤，惟正文但言『柰何』，而注文增出『不可』，恐非其旨。柰何即如何。昭十二年公羊傳注曰：『如猶柰也。』是柰與如同義。既以不知爲道，則遇事必曰『如何如何』，故以『如何』爲寶也。孔子曰：『不曰如之何如之何者，吾末如之何也已矣。』可證此義。下文『堯曰：「若何而爲及日月之所燭？」舜曰：「若何而服四荒之外？」禹曰：「若何而治青北，化九陽、奇怪之際？」』引三聖人言，皆有『若何』二字，若何即柰何也。以柰何爲寶之義，吕氏自申明之如此，足見高注之非。」○劉師培曰：「『柰何』當從文子上仁篇作『禁苛』，高以『不可奈何』爲訓，所據本已誤。」○劉先生曰：「作『寶』者是也。此文以道、寶爲韻，作『實』則義既不可通，又失其韻矣。淮南子許注『道貴無形，無形不可奈何，道之所以爲寶也』，最得此文之誼。」○維遹案：王念孫校本亦改『實』爲『寶』。治要引注作「道尚不知，不知乃知也，故以不知爲道，道尚因循長養，不違戾自然之性。」**堯曰：「若何而爲及日月之所燭？」**燭，照。**舜曰：「若何而服四荒之外？」**荒，裔遠也。○維遹案：注「裔」下脱「外」字。外訓遠，高注常見。**禹曰：「若何而治青北，化九陽、奇怪之所際？」**皆四夷之遠國。際，至也。○王念孫曰：「『青北』疑當作『青丠』。」○孫詒讓曰：「『青北』當作『青丠』。『奇怪』當作『奇肱』。求人篇云：『禹東至鳥谷、青丘之鄉。』又云：『南至九陽之山，西至其肱、一臂、三面之鄉。』（其、奇字通。）山海經海外東經云：『青丘國在朝陽北。』又海外西經云：『奇肱之國在一臂北，其人一臂三目。』『北』即『丠』之壞字。（『丠』，隸書作『丘』。）『肱』，説文作『厷』，與『怪』形近，故譌。」

趙襄子之時，以任登爲中牟令，○畢沅曰：「韓非外儲説左上『任登』作『王登』。」○維遹案：韓非作「王登」，「王」即「壬」字之誤，壬與任同，顧廣圻已校及。攷淮南人間篇，任登勸魏宣子與智伯地之事，疑任登仕魏又仕趙矣。**上計言於襄子，**○徐時棟曰：「『計』字見周官，後世『大計』本此，而襄子此事尤與後世保舉之法相類。督撫以大計之年保舉賢員，送入引見。既引見，不復有所考較，即以薦者之言爲信，而官之矣，而升擢之矣。」**曰：「中牟有**

士曰膽、胥己，請見之。」○畢沅曰：「韓非作『中章、胥己』，是二人。下云『一日而見二中大夫』。」○梁玉繩曰：「膽姓甚僻。」○王念孫曰：「『膽』疑『瞻』之誤。瞻、章聲近而通，上又脱『中』字耳。大雅桑柔篇『民人所瞻』，與相、臧、暘、狂爲韻，是瞻可讀爲章也。」襄子見而以爲中大夫。以，用也。相國曰：「意者君耳而未之目邪？爲中大夫若此其易也，○畢沅曰：「『易』，舊作『見』，訛，今案文義改正。」非晉國之故。」故，法。襄子曰：「吾舉登也，已耳而目之矣。登所舉，吾又耳而目之，謂耳任登之名，目任登之實，登之所舉，豈復假耳目哉。○畢沅曰：「舊本『吾又耳而目之』下亦有『矣』字，今從韓非去之。」是耳目人終無已也。」遂不復問，而以爲中大夫。襄子何爲任人，則賢者畢力。畢，盡也。

人主之患，必在任人而不能用之，用之而與不知者議之也。絶江者託於船，致遠者託於驥，霸王者託於賢。伊尹、呂尚、管夷吾、百里奚，此霸王者之船驥也。○孫先生曰：「此文不當有『者』字，蓋涉上文『霸王者託於賢』而衍。治要引無『者』字。説苑尊賢篇作『此霸王之船乘也』，亦無『者』字。」釋父兄與子弟非疏之也，言其父兄子弟不肖，不能爲霸王之船驥，故釋之，非苟遠也。任庖人釣者與仇人僕虜非阿之也，持社稷立功名之道不得不然也。庖人即伊尹，釣者即呂尚，仇人即管夷吾，僕虜即百里奚之輩。非阿之，取其可以爲社稷功名之道。○孫先生曰：「『庖人釣者』，當作『庖人釣屠』，與『仇人僕虜』對文。注『釣者即呂尚』，當作『釣屠即呂尚』，與『僕虜即百里奚』相對。此緣『屠』字捝去上半，誤爲『釣者』，不得不改注以就之。呂尚之事，書傳所載各異，六韜言其漁釣，國策言其賣飯，楚詞注言其屠牛，是正文『釣屠』與注亦正相合。説苑尊賢篇作『任庖人釣屠與仇讎僕虜，非阿之也』，是其證。治要引呂覽正文及注亦作『釣者』，是唐人所見本已誤。淮南氾論篇『太公之鼓刀』」，注云『河内汲人，有屠釣之困』，是也。」又曰：「治要引正文『持』上有『用』字，引注作『僕虜即百里奚也。非阿私近之也，用其以持社稷立功名之道也，故曰不得不然』，較今本爲優。」猶大匠之爲宫室也，量小大而知材木矣，訾功丈〔一〕而知人數矣。訾，相也。相功力丈尺，而知用人數多少也。○畢沅曰：「説苑尊賢篇作『比功校而知人數矣』。」故小臣、吕尚聽而天下知殷、周之王也，殷之盡，周之興。○畢沅曰：「此注誤。小臣，湯之師也，謂伊尹，見尊師篇。」管夷吾、百里奚聽○畢沅曰：「舊校云：『一作任。』案説苑作『任』。」而天下知齊、秦之霸也，豈特驥遠哉！○畢沅曰：「當作『豈特船驥哉』。説苑作『豈特船乘哉』。」

夫成王霸者固有人，亡國者亦有人。桀用羊辛，○畢沅曰：「説見當染篇。」紂用惡來，宋用唐鞅，○畢沅曰：「從説苑作唐鞅，亦見當染篇。舊本作『駃唐』，誤。」齊用蘇秦，而天下知其亡。○畢沅曰：「舊本無『知』字，又『其』字訛作『甚』，今亦從説苑改正。」非其人而欲有功，譬之若夏至之日而欲夜之長也，○畢沅曰：「『若』，説苑作『苦』。」射魚指天而欲發之當也，當，中。舜、禹猶若困，而況俗主乎！○畢沅曰：「『苦』，説苑作『亦』。」

知度

六曰：失之乎數，求之乎信，疑。失誠信之數，欲人信之，故疑。失之乎勢，求之乎國，危。失

〔一〕四部叢刊本「丈」下有注「一作力」。

居上之勢，以恃有國，故危也。吞舟之魚，陸處則不勝螻蟻。螻蟻食也。○吴先生曰：「注『食也』疑當作『食之』，文義乃順。」權鈞則不能相使，勢等則不能相并，治亂齊則不能相正，故小大輕重少多治亂不可不察，察，知也。此禍福之門也。

凡冠帶之國，舟車之所通，通，達。不用象譯狄鞮，方三千里。周禮：「象胥掌蠻、夷、閩、越、戎、狄之國使，傳通其言也。」東方曰羈，南方曰象，西方曰狄鞮，北方曰譯，國語所謂曰羈南三千里內，被服五常，華夏之盛明，胡不用象譯狄鞮也。○畢沅曰：「注『象胥』下舊本衍『古』字，今刪。『閩越』周禮作『閩貊』。王制『東方曰寄』，此作『羈』，未詳何出。『國語所謂曰羈南』七字，疑衍文。『胡』字亦疑衍。」○陳昌齊曰：「注『所謂』下脱『舌人』二字。其『曰羈南』三字因上文而衍也。『胡』字亦衍。」王念孫説略同。古之王者，擇天下之中而立國，國，千里之畿。擇國之中而立宮，擇宮之中而立廟。天下之地，方千里以爲國，所以極治任也。非不能大也，其大不若小，其多不若少。在德不在人，傳曰：「楚子觀兵于周疆，問鼎之大小輕重焉。王孫滿對曰：『在德不在鼎。德之休明，雖小，重。其姦回昏亂，雖大，輕。』」是也。故曰其大不若小，其多不若少。○畢沅曰：「注舊本作『在德之休明雖大輕』，文有脱漏，今依傳補十二字。」○陳昌齊曰：「『天下』當作『天子』。」○陶鴻慶曰：「古者封建諸侯無千里之制，惟王者畿内地方千里，此文『天下』當爲『天子』。上文云『古之王者，擇天下之中而立國』，此又言其廣袤之數，故曰『天子之地，方千里以爲國，所以極治任也』。」又曰：「此篇言王者以大制小，地方千里，正見其大，而下文云『非不能大也，其大不若小』，與上文語氣不屬，其間當有脱句。『非不能大也』云云，當指諸侯言之，其上疑奪『諸侯之地』四字。蓋諸侯之地，大者百里，小者十里，故曰『非不能大也，其大不若小』。觀於本篇全文皆發明此義，可知此文之有訛奪矣。」又曰：「『其多不若少』，多、少二字當互易。蓋大小以地言，多少以國言，地大則國少，地小則國多，故曰『其大不若小，其少不若多』，文雖異而義正同。下文云『衆封建，非以私賢也，所以便勢全威』，又云『權輕重，審大小，多建封，所以便其勢也』，皆申言『少不若多』之義，可知今本多、少二字之誤倒矣。高注據誤本而曲爲之説，且引左傳『在德不在鼎』爲證，大非吕氏之旨。」衆封建，非以私賢也，所以便勢全威，衆，多。所以博義。義博利則無敵，○畢沅曰：「孫云：『李善注文選陸士衡五等論引作「所以博利博義也。利博義博則無敵也」。』」無敵者安，故觀於上世，其封建衆者，其福長，其名彰。神農十七世有天下，與天下同之也。神農，炎帝也。農植嘉穀，化養兆民，天下號之曰神農。○梁玉繩曰：「御覽七十八引尸子、路史後紀四引吕覽竝作『七十世』，疑此譌倒。然易繫疏引世紀、禮祭法疏引命歷序皆云『神農八世』。又路史載十六帝各不同。」王者之封建也，彌近彌大，彌遠彌小，近國大，遠國小，彊幹弱枝。海上有十里之諸侯。海上，四海之上，言遠也。十里，小國。以大使小，以重使輕，以衆使寡，此王者之所以家以完也。家，室也。王者以天下爲家，故所以天下爲國。○陳昌齊曰：「劉節軒校本『完』字下注云：『一作室。』竊謂据注意，當作『以家爲國』，蓋『國』亦作『𡋯』，遂訛爲室。舊校者不省，因改爲『以家以室』，而『室』又訛爲『完』也。後執一篇亦有『以家爲國』語。」故曰：以滕、費則勞，以鄒、魯則逸，滕、費小，故勞也。鄒、魯大，故逸也。以宋、鄭則猶倍日而馳也，倍日而馳，以行其威，易也。以齊、楚則舉而加綱旃而已矣。齊、楚最大，舉綱紀加之於小國，無大勞，故曰「而已矣」。所用彌大，所欲彌易。用大使小，欲盡濟，故曰「彌易」。湯其無郼，武其無岐，賢雖十全，不能成功。郼、岐，湯、武之本國。假令無之，賢雖十倍，不能以成功業。○畢沅曰：「郼，說見慎大篇。」○維遹案：其猶若也。湯、武之賢而猶藉知乎勢，又況不及湯、武者乎？○陶鴻慶曰：「『知』當爲『資』，以聲近而誤。」○維遹案：「知」字不誤。莊子庚桑楚篇：「知者，接也。」墨子經上：「知，接也。」然則藉知猶言藉接。故以大畜小吉，以小畜大滅，滅，亡也。以重使輕從，從，順。以輕使重凶。凶，逆也。自此觀之，夫欲定一世，安黔首之命，功名著〔一〕乎槃盂，銘篆著乎壺鑑，其勢不厭尊，其實不厭多。多實尊勢，賢士制之，以遇亂世，王猶尚少。以尊勢賢士之佐，遇亂世而王尚爲少。天下之民，窮矣苦矣。民之窮苦彌甚，王者之彌易。苦紂之民，紂之亂，與武王陳兵牧野，倒矢而射，横戈而戰，武王由是彌易。○梁玉繩曰：「『倒矢而射，横戈而戰』二語，本淮南泰族，『横戈』作『傍戟』。」○吴先生曰：「注文似當作『紂之民苦紂之亂』。」○維遹案：「注『兵』字原作『其』，今改從姜本。凡王也者，窮苦之救也。水用舟，陸用車，塗用輴，沙用鳩，山用樏，○畢沅曰：「文子自然篇『水用舟，沙用肆，泥用輴，山用樏』，釋音云：『肆，乃鳥切，推版具。』又淮南齊俗訓『譬若舟車輴肆窮廬』，葉林宗本作『肆』，俗本作『鳩』，至修務訓葉本亦作『鳩』矣。」○陳昌齊曰：「『鳩』當作『肆』。據文子自然篇『水用舟，沙用肆』，釋音云：『肆，乃鳥切。』『鳩』字疑即『乃鳥』二字誤合爲一，蓋『乃』與『九』形近，遂爲『鳩』字，而校者不知其

〔一〕「著」，原作「箸」，據諸子集成本改。

誤，棄『肆』用『鳩』，相沿已久，幾不復知有『肆』字矣。」〇俞正燮曰：「尚書禹『乘四載』，史記夏本紀言『陸行乘車，水行乘船，泥行乘橇，山行乘檋』，河渠書則『檋』作『橋』，漢書溝洫志四載，山行乘梮，説文則䡈以行泥，欙以行山，傳寫之字不一。橇者，徐廣云：『他書或作蕝。』孟康云：『橇形〔一〕如箕，擿行泥上。』檋者，字應從具作『輂』，或作『檋』，即『輴』。如淳云：『鐵如錐頭長半寸，施之履下，以上山不蹉跌。』非也。梮者，韋昭云：『木器，如今輿牀〔二〕，人舉以行。』應劭云：『梮或作欙，爲人所牽引也。』徐廣云：『檋者，直轅車。』又引説文：『輂，直轅車轒也。』如應劭、韋昭所説，則梮、欙、橋爲今山轎也。史記河渠書集解引尸子云：『以軌行沙，以楯行塗，以樏行險，以欙行山。』書正義引尸子云：『泥行以〔三〕蕝，山行以欙。』文子自然云：『水用舟，沙用肆，泥用輴，山用欙。』呂氏春秋慎勢云云，皆五車。蓋尸子以沙爲陸，以塗、險爲泥；呂氏以沙附陸，以塗爲泥。淮南脩務訓則云『水用舟，涉用鳩，泥用輴，山用蔂』，不數車數。」因其勢也者令行。〇畢沅曰：「『因其勢也』下，似當云『因其勢者其令行』，補四字語氣方完。」

位尊者其教受，受，因。威立者其姦止，此畜人之道也。故以萬乘令乎千乘易，以千乘令乎一家易，以一家令乎一人易。嘗識及此，雖堯、舜不能。不能以行其化。〇畢沅曰：「『嘗識及此』，疑是『嘗試反此』。」諸侯不欲臣於人，而不得已，其勢不便，則奚以易臣？奚，何也。權輕重，

〔一〕「形」，原脱，據漢書注補。

〔二〕「牀」，原作「狀」，據漢書注改。

〔三〕「以」，尚書正義引作「乘」。下同。

審大小，多建封，所以便其勢也。王也者，勢也。王也者，勢無敵也。○陳昌齊曰：「據文義，『勢也』句下不得重出『王也者』三字，當是衍文。」○陶鴻慶曰：「『王也者，勢也』，當作『王也者，王也』。上『王者』讀本字，下『王字』及『王也者』兩『王』字皆當讀爲往。下賢篇云『王也者，天下之往也』，順説篇『桓公則難與往也』，高彼注云：『往，王也。』往、王聲義皆同，古得通用，故此云『王也者，王也。王也者，勢無敵也』。上下文一意相承。後人不知兩『王』字之異讀，疑爲誤複，改『王也』爲『勢也』，則文贅而義乖矣。」○維遹案：陶説是。勢有敵，則王者廢矣。有知小之愈於大、少之賢於多者，則知無敵矣。知無敵，則似類嫌疑之道遠矣。故先王之法，立天子不使諸侯疑焉，立諸侯不使大夫疑焉，立適子不使庶孽疑焉。尊卑皆有別。疑生爭，爭生亂。○陶鴻慶曰：「疑皆讀爲擬，謂相比擬也。管子君臣篇云：『内有疑妻之妾，此宮亂也。庶有疑適之子，此家亂也。朝有疑相之臣，此國亂也。』韓非子説疑篇云：『孽有擬適之子，配有擬妻之妾，廷有擬相之臣，臣有擬主之寵，此四者，國之所危也。』是疑、擬古通用。」是故諸侯失位則天下亂，大夫無等則朝庭亂，妻妾不分則家室亂，適孽無別則宗族亂。愼子曰：「今一兔走，百人逐之。愼子名到，作法書四十二篇，在申不害、韓非前，申、韓稱之也。○畢沅曰：「注舊本作『四十一篇』，今據漢書藝文志改。」非一兔足爲百人分也，由未定。未定者，人欲望之也。由未定，堯且屈力，而況衆人乎！屈，竭也。○陶鴻慶曰：「此文當有譌脱，元文本云：『今一兔走，百人逐之，非一兔足爲百人欲，由分未定也。分未定，堯且屈力，而況衆人乎？』下文云：『積兔滿市，行者不顧。非不欲兔也，分已定矣。分已定，人雖鄙不爭。』文義與此相對。高於此注云『未定者，人欲望之也』，可證正文本有『欲』字，自寫者誤奪，而後人以意竄易，遂成今本之誤。」○維遹案：陶説是。慎子誤與此同，惟上「定」字下亦有「也」字。雜纂引吕覽同。**積兔滿市，行者不顧。**顧，視。**非不欲兔也，分已定矣。分已定，人雖鄙不爭。故治天下及國，在乎定分而已矣。」**分土畫界，各守其封，故定分也。○畢沅曰：「注『定分』似當作『分定』。」

莊王圍宋九月，莊王，楚穆王子，共王父也。圍宋在魯宣十五年。○畢沅曰：「春秋圍宋在宣十四年之秋，踰年而始與平，故高注每云十五年。」**康王圍宋五月，**康王，楚共王審之子，莊王之孫也。宋君病，不以告，故不書於經。**聲王圍宋十月。**聲王，楚惠王熊章之孫，簡王之子，在春秋後。**楚三圍宋矣而不能亡，非不可亡也，以宋攻楚，奚時止矣？**宋無德，楚亦無德，故曰「以宋攻楚」也。○陳昌齊曰：「据注意，當作『以宋攻宋』，與孟子『以燕伐燕』同一句法。」○陶鴻慶曰：「此文當有譌脱，元文本云：『楚三圍宋矣而不能亡，宋非不可亡也，以宋攻宋，奚時止矣？』高注『故曰以宋攻楚』，『攻楚』亦當作『攻宋』。『以宋攻宋』，猶言『以燕伐燕，以桀攻桀』也。今本『亡』下奪『宋』字則文不備〔一〕，『攻宋』誤作『攻楚』則不可通矣。」**凡功之立也，賢不肖彊弱治亂異也。齊簡公有臣曰諸御鞅，諫於簡公曰：「陳成常與宰予，之二臣者，甚相憎也，**簡公，悼公陽生之子壬也。陳成常，陳乞之子恒也。宰予字子我。○畢沅曰：「注『壬』舊本作『王子』，訛，今改正。闞止字子我，諸子遂誤以爲宰予。」○梁玉繩曰：「『成』是謚，當衍。以『恒』爲『常』，後人所改。因闞子我誤宰我，此史記索隱之説，宋儒俱仍之，然非

〔一〕「備」，原作「傳」，據讀諸子札記改。

也。宰我死田常，史李斯傳、韓子難言以及淮南人間、説苑正諫指武、鹽鐵論殊路頌賢竝載其事。不韋、韓非、李斯去陳恒不遠，必非虚語。其死爲誅叛討賊，忠於簡公，不愧孔門弟子。馬遷著傳，稱宰我與田常作亂夷族，孔子恥之，豈不誣哉！」臣恐其相攻也。相攻唯固，則危上矣。願君之去一人也。」相憎不可竝也，故願去一人。簡公曰：「非而細人所能識也。」○舊校云：「『而』一作『汝』，『識』一作『議』。」居無幾何，陳成常果攻宰予於庭，即簡公於廟。○畢沅曰：「説苑正諫篇作『賊簡公於朝』。」○維遹案：淮南人間篇作『弒簡公於朝』。史記李斯傳作『即弒簡公於朝』。然『即』字亦通。」簡公喟焉太息曰：「余不能用鞅之言，以至此患也。」失其數，無其勢，雖悔無聽鞅也與無悔同，悔，恨。是不知恃可恃而恃不恃也。○松皋圓曰：「『而恃不恃』，『不』下脱『可』字。」周鼎著象，爲其理之通也。理通，君道也。○畢沅曰：「『周鼎著象』，詳見先識覽。」○孫鏘鳴曰：「先識覽云：『周鼎著饕餮，有首無身，食人未咽，害及其身，以言報更也。』離謂篇云：『周鼎著倕而齕其指，先王有以見大巧之不可爲也。』適威篇云：『周鼎有竊，（『有』疑『著』之誤。竊未詳何物。）曲狀甚長，上下皆曲，以見極之敗也。』達鬱篇云：『周鼎著鼠，令馬履之，爲其不陽也。』史記秦本紀昭襄王五十二年，周九鼎入秦，故〔一〕不韋目驗而詳言之。此『著象』下亦必有言其所著之狀而脱之矣。或曰：『著象者，象物而著之於鼎，與它文專指一物言者不同，非有脱文。』亦通。」

慎勢

〔一〕「故」，原作「姑」，形近而誤，今改。

七曰：聽羣衆人議以治國，國危無日矣。聽，從也。聽從衆人之議，人心不同，如其面焉，故國不能安寧也。詩曰：「如彼築室于道謀，是用不潰于成。」此之謂也。**何以知其然也？老耽貴柔，孔子貴仁，墨翟貴廉，**○孫詒讓曰：「爾雅釋詁邢疏引尸子廣澤篇『墨子貴兼』，『廉』疑即『兼』之借字」。**關尹貴清，**關尹，關正也，名喜，作道書九篇。能相風角，知將有神人，而老子到，喜説之，請著上至經五千言，而從之遊也。○畢沅曰：「老耽，困學紀聞十引仍作老聃。」○梁玉繩曰：「稱道、德二經爲『上至經』，他書未見，高氏必有所本。」○孫先生曰：「注『至』乃『下』字之譌。（『至』字草書與『下』形近。）非老子書別名『上至經』也。」**子列子貴虚，**體道人也，壺子弟子。○梁玉繩曰：「下賢篇言壺子爲子産之師。此注依列子天瑞諸篇以列子乃其弟子，似未合，蓋列子多寓言也。」○徐時棟曰：「惟列禦寇稱之爲子列子，蓋吕氏門客中有列子之門人弟子也。（觀世篇記子陽遺粟事，五稱子列子。）」**陳駢貴齊，**陳駢，齊人也，作道書二十五篇。貴齊，齊死生，等古今也。○畢沅曰：「注舊本作『一十五篇』，今據漢書藝文志改。」○梁玉繩曰：「士容篇注是『二十五篇』。」**陽生貴己，**輕天下而貴己。孟子曰：「陽子拔體一毛以利天下弗爲也。」○畢沅曰：「李善注文選謝靈運述祖德詩引作楊朱。陽、楊古多通用。」**孫臏貴勢，**孫臏，楚人，爲齊臣，作謀八十九篇，權之勢也。○畢沅曰：「梁伯子云：『史、漢皆以孫臏爲齊人，此獨以爲楚人，當別有據。』」**王廖貴先，兒良貴後，**王廖謀兵事，貴先建策也。兒良作兵謀，貴後。○梁玉繩曰：「漢藝文志兵書四種，權謀類有良一篇。」**此十人者，皆天下之豪士也。**○畢沅曰：「舊本無此十一字，孫云：『李善注文選賈誼過秦論、陸士衡豪士賦序皆有。』今據補。盧云：『此下疑所脱尚多，引此十人，必不如是而止，應有斷制語。前安死篇「故反以相非」一段，頗似此處文。又此下段亦必别有發端語，而今無從考補矣。』」○維遹案：盧校引前安死篇，「前」字原作「後」，今改正。有金鼓所以一耳。金，鐘也。擊金則退，擊鼓則進。必同法令所以一心也。○孫鏘鳴曰：「『必』當作『也』，屬上爲句。」○維遹案：孫説是。鹽田云：「唐類函鼓條引作『金鼓所以一耳也』。」智者不得巧，愚者不得拙，所以一衆也。○陶鴻慶曰：「『一衆』疑當爲『一智』，與上文『有金鼓所以一耳必，（『必』疑『也』字之誤。）同法令所以一心也』，下文『勇者不得先，懼者不得後，所以一力也』，文義相配。」勇者不得先，懼者不得後，所以一力也。故一則治，異則亂；一則安，異則危。夫能齊萬不同，○陶鴻慶曰：「『能』上當有『一』字。君守篇云：『夫一能應萬無方而出之務者，（案此句疑有譌脱。）唯有道者能之。』文義與此同。」愚智工拙皆盡力竭能，如出乎一穴者，○畢沅曰：「舊校云：『『穴』一作『空』』。案空與孔同。」○陶鴻慶曰：「如讀爲而。『穴』當爲『空』之壞字。商子農戰篇云『民見上利之從壹空出也』，則作『壹』。又靳令篇云『利出一空者其國無敵，利出二空者國半利，利出十空者其國不守』，空與孔同。若穴爲土室，於義不倫矣。」其唯聖人矣乎！無術之智，不教之能，而恃彊速貫習，不足以成也。

不二

八曰：天地陰陽不革，而成萬物不同。革，改也。不同，區以别也。目不失其明，而見白黑之殊。耳不失其聽，○陳昌齊曰：「据文義，『聽』當作『聰』。」○陶鴻慶曰：「『聽』當爲『聰』，字之誤耳。『不失其聰』，與上『目不失其明』相對。」而聞清濁之聲。清，商。濁，宮。王者執一，而爲萬物正。一者平。正者主。軍必有將，所以一之也。將，主。國必有君，所以一之也。天下必有天子，所以一之也。天子必執一，所以摶之也。○畢沅曰：「摶與專同，説見前。舊作『搏』，訛。」一則治，兩則亂。今御驪馬者，使四人人操一策，則不可以出於門閭者，不一也。驪馬，騑馬也。在中曰服，在邊曰騑。策，轡策也。御四馬者六轡，乃四人持，故曰不一。○洪頤煊曰：「漢書平帝紀『立軺併馬』，服虔曰：『併馬，驪駕也。』後漢書寇〔一〕恂傳『恂以輦車驪駕轉輸，前後不絶』，李賢注：『驪駕，併駕也。』一車兩馬併駕，故有四馬。高注以爲騑馬，失之。」○維遹案：注「騑馬」，許本、姜本作「駢馬」，與洪説合。

楚王問爲國於詹子，詹何，隱者。詹子對曰：「何聞爲身，不聞爲國。」身治國亂，未之有也，故曰爲身。○畢沅曰：「爲訓治也。」意林兩『爲』字即改作『治』。」詹子豈以國可無爲哉？以爲爲國之本在於爲身，身爲而家爲，家爲而國爲，國爲而天下爲。故曰：以身爲家，以家爲國，以國爲天下。爲，治。此四者，異位同本，故聖人之事，廣之則極宇宙，窮日月，窮亦極也。約之則無出乎身者也。慈親不能傳於子，忠臣不能入於君，唯有其材者爲近之。近猶知也。

田駢以道術説齊，齊王應之曰：「寡人所有者，齊國也，願聞齊國之政。」○陶鴻慶曰：「當

〔一〕「寇」，原作「冠」，形近而誤，今改。

作『以道術説齊王，王應之曰』，今本『齊』字誤重，又奪『王』字。」○劉先生説同，末云：「淮南子道應篇正作『以道術説齊王，王應之曰』，是其證矣。」田駢對曰：「臣之言，無政而可以得政。譬之若林木，無材而可以得材。材從林生。願王之自取齊國之政也。駢猶淺言之也，博言之，豈獨齊國之政哉！變化應求而皆有章，○維遹案：元刻本「求」作「來」。因性任物而莫不宜當，當，合。彭祖以壽，三代以昌，彭祖，殷賢大夫，治性，壽益七百。論語曰：「竊比於我老彭。」此之謂也。三代，夏、殷、周。以治性而昌盛。五帝以昭，神農以鴻。」五帝，黄帝軒轅、顓頊高陽、帝嚳高辛、帝堯陶唐、帝舜有虞。神農炎帝，三皇之一也。皆以治世體道。昭，明。鴻，盛也。

吳起謂商文曰：「事君果有命矣夫！」吳起，衛人，爲楚將，又相魏，爲西河太守。商文，蓋魏臣也。○畢沅曰：「梁仲子云：『商文，史記吳起傳作田文，與孟嘗君同姓名。』」商文曰：「何謂也？」吳起曰：「治四境之内，成訓教，變習俗，○維遹案：張本、姜本「訓」作「馴」，古通。使君臣有義，父子有序，子與我孰賢？」商文曰：「吾不若子。」若，如也。曰：「今日置質爲臣，其主安重；置猶委也。今日釋璽辭官，其主安輕，○維遹案：荀子勸學篇楊注引無兩「日」字，無下「今」字，竝云：「蓋當時人通以『安』爲語助，或方言耳。」子與我孰賢？」商文曰：「吾不若子。」子謂吳起。○畢沅曰：「此可不注，又不應在次見下，得無後人所爲乎？」曰：「士馬成列，馬與人敵，人在馬前，援桴一鼓，使三軍之士樂死若生，子與我孰賢？」商文曰：「吾不若子。」吳起曰：「三者子皆不吾若也，位則在吾上，命也夫事君！」言事君由天命。商文曰：「善。子問我，我亦問子。世變主少，羣臣相疑，黔首不定，○畢沅曰：「孫云：『御覽四百四十六此下有「當此之時」四字。』」屬之子乎？屬之我乎？」吴起默然不對。少選曰：「與子。」少選，須臾也。與猶歸。商文曰：「是吾所以加於子之上已。」吴起見其所以長而不見其所以短，知其所以賢而不知其所以不肖，故勝於西河而困於王錯，王錯譖之於武侯，故曰「困於王錯」。傾造大難，身不得死焉。大難，車裂之難。○畢沅曰：「盧云：『起後在楚，事悼王。王死，貴人相與射起，起伏王尸而死。見史記本傳。此書後貴卒篇亦同。至戰國秦策、韓非難言、問田兩篇、史記蔡澤傳皆言起支解。此亦可信。既攢射矣，何必不臠割？唯此注言車裂則非是。」○梁玉繩曰：「韓詩外傳一亦言吴起車裂。」夫吴勝於齊吴王夫差破齊於艾陵。而不勝於越，越王句踐破吴王夫差於五湖。齊勝於宋齊宣王伐宋而勝。○畢沅曰：「史表滅宋者齊湣王也。」而不勝於燕，燕昭使樂毅伐齊，下其城七十二也。故凡能全國完身者，其唯知長短贏絀之化邪？

執一

呂氏春秋集釋卷第十八

榮成許維遹學

審應覽第六　重言　精諭　離謂　淫辭　不屈　應言　具備

呂氏春秋訓解　高氏

一曰：人主出聲應容，不可不審。凡主有識，言不欲先。淮南記曰：「先唱者窮之路，後動者達之原也。」故言動欲後。人唱我和，人先我隨，以其出爲之入，以其言爲之名，取其實以責其名，實，德行之實也。名，德行之名也。蓋虛名可以僞致，顯實難以詐成，故以其實考責其名也。○畢沅曰：「注『蓋虛名可以僞致』，舊本多作『虛稱不可以爲致』，今從劉本改正。」則說者不敢妄言，其爲名實不相當也。而人主之所執其要矣。要，約也。

孔思請行，魯君曰：「天下主亦猶寡人也，將焉之？」孔思，子思，伯魚之子也。行，去。之，他也。○維遹案：注「之」下「他」字當作「往」，形近致誤。爾雅釋詁：「之，往也。」是其義。孔思對曰：「蓋聞君子猶鳥也，駭則舉。」魯君曰：「主不肖而皆以然也，違不肖，過不肖，而自以爲能論天下之主乎？」○王念孫曰：「『過』當作『遇』。論，知也。」凡鳥之舉也，去駭從不駭。駭，擾也。去駭從不駭未可知也，去駭從駭則鳥曷爲舉矣？○陶鴻慶曰：「『去駭從不駭未可知也』，當作『駭不駭未可知也』，去、從二字涉上句而誤複耳。蓋鳥之去駭從不駭者，以所從之駭不駭未可知也。若知其所從又駭，則不復舉矣。駭不駭但指所從者言之，如今本則義不可曉。」孔思之對魯君也亦過矣。

魏惠王使人謂韓昭侯曰：「夫鄭乃韓氏亡之也，願君之封其後也，惠王，魏武侯子也，孟子所見梁惠王也。韓哀侯滅鄭，初兼其國。昭侯，哀侯之孫也，故適使封鄭之後。此所謂存亡繼絶之義，君若封之則大名。」昭侯患之。公子食我曰：「臣請往對之。」公子食我至於魏，見魏王曰：「大國命弊邑封鄭之後，弊邑不敢當也。弊邑爲大國所患，昔出公之後聲氏爲晉公，拘於銅鞮，大國弗憐也，而使弊邑存亡繼絶，弊邑不敢當也。」大國，謂魏國也。言韓當爲大國所憂。出公、聲氏，韓之先君也，曾爲晉公所執於銅鞮，魏國不救，故曰「大國不憐也」。欲使韓封鄭之後，故曰「弊邑不敢當也」。○孫志祖曰：「戰國時，衛入於魏。此出公、聲氏蓋指衛言。史衛世家出公後有聲公，疑即聲氏。言魏之於衛，亦未能存亡繼絶也。注非。」○蘇時學曰：「出公疑即晉出公也。出公奔楚，其子不得立，乃立昭公之孫，是爲敬公，則聲氏疑即出公子也。其爲公拘於銅鞮，蓋亦事之容或有者。舊注以出公、聲氏爲韓二先君，然韓無出公，蓋謬説也。」○孫詒讓曰：「史記韓世家韓先君無出公、聲氏，亦無見拘之事，高説殊不足據。孫謂衛事〔一〕，以史攷之，亦絶無證驗。竊疑此當讀『昔出公之後聲

〔一〕「事」，原作「氏」，據札迻改。

氏爲晉公』爲句，出公、聲氏皆晉君也。晉世家載出公爲四卿所攻，奔齊，智伯立昭公曾孫哀公驕，至哀公玄孫靜公俱酒二年，魏、韓、趙共滅晉，靜公遷爲家人。聲氏蓋即靜公也。（聲、靜古音相近字通。）但世家不詳其所遷之地，而趙世家則云『成侯十六年，與韓、魏分晉，封晉君以端氏，肅侯元年，又徙處屯留』，皆不云銅鞮。惟古文苑劉歆遂初賦云：『憐後君之寄寓兮，唁靖〔一〕公於銅鞮。』（靜、靖字通。）是靜公亡國後，實有居銅鞮之事。西漢距戰國尚近，古籍遺聞間出正史之外，劉賦與吕書符合，必有所本。高氏不能檢勘，而望文肊説，其疏甚矣。（古文苑章樵注云：『靖公，晉之末君。三卿分晉，靖公寄寓於銅鞮，降爲家人。』樵蓋因劉賦上下文竝説晉事，肊揣爲釋，非實有根據，而與此書卻闇合，不可易也。世家所記晉末世系事實，舛互甚多，梁曜北史記志疑攷證極詳覈，而前後兩校吕書，不知此爲晉事，何也？）魏王慙曰：「固非寡人之志也，客請勿復言。」言封鄭非寡人意也，故令客勿復言也。是舉不義以行不義也。魏王雖無以應，韓之爲不義愈益厚也。厚，多也。公子食我之辯，適足以飾非遂過。飾好其非，遂成其過。

魏昭王問於田詘曰：「寡人之在東宮之時，昭王，哀王之子也。東宮，世子也。詩云：「東宮之妹，邢侯之姨。」○畢沅曰：「注舊本作『昭王，襄王之子』，訛，據魏世家改正。」○梁玉繩曰：「昭王，襄王之子。高注不誤。史記誤分襄王、哀王爲二王也。畢氏校本反據史改『襄』爲『哀』，謬矣。」聞先王之議曰：『爲聖易。』有諸

〔一〕「靖」，原作「靜」，據札迻改。

乎？」有是言不？○畢沅曰：「注末舊衍『可』字，今删。」田詘對曰：「臣之所舉也。」言有是言。昭王曰：「然則先生聖于？」于，乎也。○畢沅曰：「盧云：『古于、乎通。』列子黄帝篇「今汝之鄙至此乎」，殷敬順釋文云：「本又作于。」」田詘對曰：「未有功而知其聖也，是堯之知舜也。待其功而後知其舜也，是市人之知聖也。○陳昌齊曰：「『舜』、『聖』二字，据淮南氾論訓當互易。」○俞樾曰：「上文云『未有功而知其聖也，是堯之知舜也』，然則此文亦當云『待其功而後知其聖也，是市人之知舜也』，聖、舜二字傳寫互易。」○維遹案：陳、俞説是。論衡知實篇正作「未有功而知其聖者，堯之知舜也。待其有功而後知其聖者，市人之知舜也」。是其證。今詘未有功，而王問詘曰：『若聖乎？』敢問王亦其堯邪？」昭王無以應。田詘之對，昭王固非曰「我知聖也」耳，問曰「先生其聖乎」，已因以知聖對昭王，已，謂田詘。昭王有非其有，田詘不察。察，知也。

趙惠王謂公孫龍曰：「寡人事偃兵十餘年矣而不成，兵不可偃乎？」惠王，趙襄子後七世武靈王之子，吴娃所生。事，治。偃，止也。○畢沅曰：「『吴娃』，舊本作『吴姬』，訛，今改正。」○維遹案：「惠王」，史記趙世家作「惠文王」，趙策同。此疑脱「文」字。公孫龍對曰：「偃兵之意，兼愛天下之心也。兼愛天下，不可以虛名爲也，必有其實。虛，空。實，誠。今藺〔一〕、離石入秦二縣叛趙，自入於秦也，今屬西河。

〔一〕「藺」，原作「蘭」，據諸子集成本改。

而王縞素布總，縞素布總，喪國之服。○畢沅曰：「舊本『布』作『出』，校云：『一作布。』」今案『出』明是訛字，故竟定作『布』。」東攻齊得城而王加膳置酒。得國之樂也。言王不兼愛也。秦得地而王布總，秦得藺、離石也。齊亡地而王加膳，置酒而爲歡。所非兼愛之心也，○畢沅曰：「『所非』疑是『此非』。」○鹽田曰：「諸子品節引『所』作『此』。」此偃兵之所以不成也。今有人於此，無禮慢易而求敬，阿黨不公而求令，煩號數變而求靜，暴戾貪得而求定，雖黃帝猶若困。」困，不能諧。

衛嗣君欲重税以聚粟，民弗安，以告薄疑曰：「民甚愚矣。」嗣君，蒯聵後八世平侯之子也，秦貶其號爲君。薄疑，其臣也，故以重税告之，謂民爲愚。○畢沅曰：「注舊本『後』下衍一『也』字，今删。以蒯聵後爲君者計之則八世，以序次言之，實六世也。」夫聚粟也，將以爲民也。其自藏之與在於上奚擇？」言民自藏粟於家與藏之於官何擇。擇，失也。○畢沅曰：「注『失也』似當作『異也』，見下注。」○吴先生曰：「差、擇互訓，亦爲連語。爾雅：『差，擇也。』差亦得訓爲失。此注以失訓擇，雖爲迂曲，而高氏多有展轉相訓之例。奚擇猶云無差矣。畢校不明注義，故誤説。」薄疑曰：「不然。其在於民而君弗知，知猶得也。其不如在上也。爲官言，不如其在上。上，謂官。其在於上而民弗知，其不如在民也。」爲民言，不如在於民。凡聽必反諸己，審則令無不聽矣。聽，從。國久則固，固則難亡。今虞、夏、殷、周無存者，皆不知反諸己也。

公子沓相周，申向説之而戰。申向，周人，申不害之族也。爲公子沓相，説見公子而戰。戰，懼也。公子沓訾之曰：「申子説我而戰，爲吾相也夫？」訾，毁也。説我，我説之也而戰懼。毁之，言不任爲吾相也夫。不滿之辭。○畢沅曰：「此兩節注皆非是。公子沓爲周之相，非申向相公子沓也。毀其說我而戰懼，將以我爲相尊嚴之故而然歟？如是與下文皆脗合。今注乃言公子沓以申向不任爲吾相，大謬。」申向曰：「向則不肖。雖然，公子年二十而相，見老者而使之戰，請問孰病哉？」孰，誰也。公子沓無以應。應，荅也。戰者，不習也。不慣習見尊者，故懼而戰。○陶鴻慶曰：「此言人之戰懼，非其素所慣習，乃嚴駔者使之然耳，故下文曰『使人戰者嚴駔也』。高注云云，則與下文意不相屬。」使人戰者，嚴駔也。嚴，尊。駔，驕。○畢沅曰：「駔與怚、姐同。」意者，恭節而人猶戰，任不在貴者矣。故人雖時有自失者，猶無以易恭節。自失不足以難，以嚴駔則可。言以嚴駔者失則可也。

審應覽

二曰：人主之言，不可不慎。高宗，天子也，即位諒闇，三年不言。高宗，殷王盤庚之弟小乙之子也，德義高美，殷人尊之，故曰高宗。諒闇三年不言，在小乙之喪也。論語曰：「高宗諒闇，三年不言，何謂也？」孔子曰：『古之人皆然。君薨，百官總己聽於冢宰三年。』」此之謂也。卿大夫恐懼，患之。患，憂。○陶鴻慶曰：「『恐懼』二字不當有，疑是下文『余惟恐言之不類也』之注而羼入於此者。」高宗乃言曰：「以余一人正四方，余唯恐言之不類也，茲故不言。」類，善。茲，此。古之天子，其重言如此，故言無遺者。遺，失也。

成王與唐叔虞燕居，援梧葉以爲珪，而授唐叔虞曰：「余以此封女。」削桐葉以爲珪冒以授叔虞。周禮「侯執信珪，七寸」，故曰「余以此封女」。○維遹案：書鈔四十六、事類賦二十五引「梧葉」作「桐葉」，與注合。叔虞喜，以告周公。周公以請曰：「天子其封虞邪？」成王曰：「余一人與虞戲也。」戲，不誠也。○畢沅曰：「説苑君道篇無『人』字，是。」周公對曰：「臣聞之，天子無戲言。天子言，則史書之，工誦之，士稱之。」於是遂封叔虞于晉。叔虞，成王之母弟也。傳曰：「當武王邑姜方娠太叔，夢天帝謂己曰：『余命而子曰虞，將與之唐。』及生，有文在其手曰『虞』，遂以命之。及成王滅唐，而封太叔爲晉侯。」此之謂也。○梁玉繩曰：「叔虞封唐，其子燮改國號爲晉也。御覽四百六十六引此作『唐』，則是今本之譌。」○維遹案：梁説本史記晉世家索隱。周公旦可謂善説矣，一稱而令成王益重言，明愛弟之義，有輔王室之固。輔，正。

荆莊王立三年，不聽而好讔。莊王，楚繆王商臣之子旅也。讔，謬言。○畢沅曰：「讔，廋辭也。史記滑稽傳作『喜隱』。」○陳昌齊曰：「『聽』下當有『朝』字。」○王念孫曰：「立與涖同。新序雜事二作『涖政』。今本無『政』字者，後人不知立字之義而妄删之也。制樂篇『周文王立國八年』，韓詩外傳三『立』作『莅』。」○維遹案：類聚二十四及渚宫舊事引竝作「不聽朝」，當據補。成公賈入諫，○畢沅曰：「孫云：『史記楚世家作五舉，新序雜事二作士慶，滑稽傳又以爲淳于髡説齊威王。』」王曰：「不穀禁諫者，今子諫，何故？」禁，止也。對曰：「臣非敢諫也，願與君王讔也。」王曰：「胡不設不穀矣？」設，施也。何不施讔言於不穀也？對曰：「有鳥止於南方之阜，三年不動不飛不鳴，是何鳥也？」王射之使王射不動不鳴何意也。○俞樾曰：「『王射之』三字當連下『曰』字爲句，非成公賈之言也。若如高注，則『曰』字上又當有『王』字矣。」○維遹案：本書此類句法，高氏皆在「曰」字上著注，全書盡然。曰：「有鳥止於南方之阜，其三年不動，將以定志意也。其不飛，將以長羽翼也。其不鳴，將以覽民則也。覽，觀。是鳥雖無飛，飛將沖天。雖無鳴，鳴將駭人。沖，至也。駭，驚也。○王念孫曰：「雖與唯同。」賈出矣，不穀知之矣。」明日朝，所進者五人，所退者十人。○維遹案：類聚二十四引「五人」作「五十人」，「十人」亦作「五十人」。韓非喻老篇作「處半年，乃自聽政，所廢者十，所起者九，誅大臣五，舉處士六」。蓋傳聞異辭耳。羣臣大說，荊國之衆相賀也。故詩曰：「何其久也？必有以也。何其處也？必有與也。」其莊王之謂邪？成公賈之讔也，賢於太宰嚭之說也。太宰嚭之說，聽乎夫差而吳國爲墟；嚭，晉柏州犂之子。州犂奔楚，嚭自楚之吳，以爲太宰。○維遹案：注當作「嚭，晉伯宗之子，州犂之孫」，今本誤脫，說在當染篇。成公賈之讔，喻乎荊王而荊國以霸。莊王霸。

齊桓公與管仲謀伐莒，謀未發而聞於國，發，行。聞，知。桓公怪之，曰：「與仲父謀伐莒，○維遹案：論衡知實篇「之」下有「問管仲」三字。謀未發而聞於國，其故何也？」管仲曰：「國必有聖人也。」桓公曰：「譆！日之役者，有執蹠⿸疒台而上視者，蹠，踰。○畢沅曰：「『⿸疒台』字無攷。注以踰訓蹠，亦難曉。說苑權謀篇作『執柘杵』。梁仲子云：『墨子備穴篇云：「用搯若松爲繇户。」搯不知何物，字與「⿸疒台」相似。』」○孫志祖曰：「疑『蹠⿸疒台』即『柘杵』之譌。」○孫詒讓曰：「『⿸疒台』疑『枱』之異文。說文木部云：『枱，耒耑也。』淮南子主術訓云『一人蹠耒而耕，不過十畝』，高注云：『蹠，蹈也。』（宋本『蹠』作『跖』，字通。）又齊俗訓云『脩脛者使跖钁』，注云：『長脛以蹋插者使入深。』（『插』當爲『臿』。文選舞賦李注引淮南子許慎注亦云：『跖，蹋也。』）此『蹠枱』猶言『蹠耒』、『跖钁』也。（蹠枱言可用足蹈之枱。論衡效力篇云：『鍤所以能撅地者，跖蹈之也。』『蹠枱』與彼義同。説苑作『柘杵』者，亦即『跖枱』之譌。）注『踚』以淮南注校之，亦當爲『蹋』。干禄字書『蹋』字通作『踚』，（亦見左傳宣十二年釋文、曹憲廣雅音。）與『踚』形近而誤。」**意者其是邪？」乃令復役，無得相代。少頃，東郭牙至。**○畢沅曰：「説苑作東郭垂。」○梁玉繩曰：「管子小問作東郭郵，疑『垂』字譌。」○維遹案：韓詩外傳四、論衡知實篇均作東郭牙。**管仲曰：「此必是已。」乃令賓者延之而上，分級而立。**延，引。級，階陛。**管子曰：「子邪言伐莒者？」對曰：「然。」**子謂東郭牙。牙曰然也。○畢沅曰：「『管子』亦當作『管仲』。『子邪言伐莒者』，文似倒而實順。注『牙』字舊本不重，今案文義補之。」**管仲曰：「我不言伐莒，子何故言伐莒？」對曰：「臣聞君子善謀，小人善意。**○維遹案：意與億通，即度也。**臣竊意之也。」管仲曰：「我不言伐莒，子何以意之？」對曰：「臣聞君子有三色：顯然喜樂者，鐘鼓之色也；湫然清靜者，衰絰之色也；艴然充盈手足矜者，兵革之色也。**矜，嚴也。○畢沅曰：「『顯然喜樂』，意林作『歡然喜樂』，舊本呂氏作『善樂』。又『清靜』，意林作『清淨』，本亦多同，唯李本作『靜』。又『艴』作『沸』。説苑字句亦間不同，今不悉記。」○王念孫曰：「矜猶奮也。言手足奮動也。燕策曰『矜戟砥劍』，言奮戟也。墨子所染篇曰：『其友皆好矜奮。』荀子正名篇曰：『有兼聽之明，而無奮矜之容。』淮南説林篇曰：『呂望使老者奮，項託使嬰兒矜。』是矜與奮同義。管子小問篇作『漻然豐滿而手足拇動者，兵甲之色也』，此尤其明證矣。」**日者，臣望君之在臺上也，艴然充盈手足矜者，此兵革之色也。**○陶鴻慶曰：「『艴然充盈手足矜』，與上句辭意相屬，句末不當有『者』字。涉上文論君子三色其末云『艴然充盈手足矜者，兵革之色也』，因而誤衍耳。說苑權謀篇載此文作『勃然充滿，此兵革之色也』，無『者』字可證。」君呿而不唫，呿，開。唫，閉。○畢沅曰：「『唫』本或作『唌』。說苑作『吁而不吟』。」○汪中曰：「案此則開口合口之呼，上世亦明著之矣。」所言者『莒』也。君舉臂而指，所當者莒也。臣竊以慮諸侯之不服者，其惟莒乎，故臣言之。」凡耳之聞以聲也，今不聞其聲而以其容與臂，是東郭牙不以耳聽而聞也。桓公、管仲雖善匿，弗能隱矣。匿，藏。隱，蔽。故聖人聽於無聲，視於無形，詹何、田子方、老耽是也。詹何，體道人也。田子方學於子貢，尚賢仁而貴禮義，魏文侯友之。老耽學於無爲而貴道德，周史伯陽也，三川竭，知周將亡，孔子師之也。○維遹案：注「田子方學於子貢」，本當染篇。張本、姜本「子貢」作「子夏」，與史記儒林傳合。莊子田子方篇又謂「師於東郭順子」。

重言

三曰：聖人相諭不待言，有先言言者也。海上之人有好蜻者，○畢沅曰：「列子黃帝篇作『有好漚鳥者』，下竝同。」○梁玉繩曰：「『好蜻，人罕用之。注謂『蜻蜓』，一名『白宿』，亦新。」每居海上，○畢沅曰：「孫云：『李善注文選江文通擬阮步兵詩作『每朝居海上』，御覽九百五十同。』」從蜻游，蜻之至者百數而不止，前後左右盡蜻也，蜻，蜻蜓，小蟲，細腰四翅。一名白宿。終日玩之而不去。玩，弄。其父告之曰：「聞蜻皆從女居，居，所。○畢沅曰：「注頗僻，似不若訓處。或本作古『処』字，而傳寫訛『所』。」取而來，吾將玩之。」明日之海上，而蜻無至者矣。○畢沅曰：「孫云：『選注沈休文詠湖中雁詩作「羣蜻翔而不下」。』」

勝書説周公旦曰：○畢沅曰：「韓詩外傳四但作『客』。説苑指武篇作王滿生。」「廷小人衆，徐言則不聞，疾言則人知之，徐言乎？疾言乎？」周公旦曰：「徐言。」勝書曰：「有事於此，而精言之而不明，勿言之而不成，精言乎？勿言乎？」精，微。勿，無。周公旦曰：「勿言。」○陶鴻慶曰：「『徐言則不聞』，當作『徐言則人不聞』，謂不爲他人所聞也，故周公答以徐言也。今本奪『人』字，則語意不明。『勿言之而不成』，當作『勿言之而成』，謂不言而後能成也，即下文所謂『勝書能以不言説』也，故周公答以勿言也。今本衍『不』字，則文義難通。」故勝書能以不言説，而周公旦能以不言聽，此之謂不言之聽。不言之謀，不聞之事，殷雖惡周，不能疵矣。疵，病。○畢沅曰：「外傳、説苑皆作誅管、蔡事。」口唶不言，以精相告，紂雖多心，弗能知矣。紂多惡周之心，不能知周必病。○畢沅曰：「注『必病』下似當有一『己』字。」目視於無形，耳聽於無聲，商聞雖衆，弗能窺矣。窺猶見。同惡同好，志皆有欲，雖爲天子，弗能離矣。

孔子見温伯雪子，不言而出。伯雪子，得道人。子貢曰：「夫子之欲見温伯雪子好矣，○畢沅曰：「孫云：『莊子田子方篇「子貢」作「子路」，「好矣」作「久矣」。』」○吴先生曰：「好讀爲孔。孔，甚也。好矣猶云甚矣。」今也見之而不言，其故何也？」孔子曰：「若夫人者，目擊而道存矣，不可以容聲矣。」○維遹案：舊校云「『擊』一作『解』」，非。莊子田子方篇文與此同，郭注：「目裁往，意已達，無所容其德音也。」

釋文引司馬云：「見其目動而神實已著也。擊，動也。」故未見其人而知其志，見其人而心與志皆見，天符同也。符，道也。同，合也。聖人之相知，豈待言哉！

白公問於孔子曰：「人可與微言乎？」孔子不應。白公，楚平王之孫，太子建之子勝也。白，楚縣也。楚僭稱王，守縣大夫皆稱公。太子建爲費無極所譖，出奔鄭，與晉通謀，欲反鄭於晉，鄭人殺之。勝與庶父令尹子西、司馬子期伐鄭，報父之仇，許而未行，晉人伐鄭，子西、子期率師救鄭，勝怒曰：「鄭人在此，讎不遠矣。」欲殺子西、子期，故問微言。微言，陰謀密事也。孔子知之，故不應之。○畢沅曰：「注『勝與庶父』，當作『勝請庶父』。」○梁玉繩曰：「白公作亂，在孔子卒後三月，恐未必有問答。此本列子説符，當是寓言，而淮南道應又襲之。」白公曰：「若以石投水奚若？」喻微言若石沈没水中，人不知。孔子曰：「没人能取之。」没行水中之人能取之。白公曰：「若以水投水奚若？」孔子曰：「淄、澠之合者，易牙嘗而知之。」淄、澠，齊之兩水名也。易牙，齊桓公識味臣也，能別淄、澠之味也。○汪中曰：「此則別味之説，又遠在許敬宗之前矣。」白公曰：「然則人不可與微言乎？」孔子曰：「胡爲不可？唯知言之謂者爲可耳。」知言，言仁言義。言忠信仁義大行於民，民欣而戴之，則可用也。○陶鴻慶曰：「高説殊誤。謂猶意也。知言之謂者，聽言而知其意也。列子説符篇載此文，張注云：『謂者，所以發言之旨趣。』斯爲得之。」又曰：「下文云『言者，謂之屬也』，與離謂篇『辭者，意之表也』義同。」白公弗得也。弗得，不得知言之言。○吳先生曰：「『白公弗得也』，謂白公不知言之謂，故不可與微言也。注當作『弗得，不得知言之謂』，文義乃相應。今本句末『言』字譌。」知謂則不以言矣。不欲白公以微言言。○陶鴻慶曰：「『不以言』下，當疊『言』字。列子説符篇載此文云：『夫知言之謂者，不以言言也。』是其證。高注云云，是其所據本不誤。」○孫先生曰：「文子微言篇、淮南道應篇竝疊『言』字。陶校是也。」言者，謂之屬也。謂不仁不義之言。求魚者濡，爭獸者趨，○畢沅曰：「列子説符篇作『爭魚者濡，逐獸者趨』。文子微明篇亦同。」非樂之也。故至言去言，去不仁不義之言。○孫鏘鳴曰：「言之至者，無待乎言，故可以去言。論語曰：『天何言哉！』」至爲無爲。至德之人，爲乃無爲。無爲因天無爲，天無爲而萬物成，乃有爲也，故至德之人能體之也。淺智者之所爭則末矣，此白公之所以死於法室。末，小也。白公不能蹈無爲，遂行其志，殺子西、子期而有荆國。葉公子高率方城外衆攻白公，九日而殺之法室。法室，司寇也。一曰浴室，澡浴之室也。○畢沅曰：「列子及淮南道應訓俱作『浴室』。」○梁玉繩曰：「左傳：『白公奔山而縊，其徒微之。』此與列子、淮南言歸死，非實。又『九日而殺之』，本于淮南，亦不知何出。」

齊桓公合諸侯，合，會也。衛人後至。公朝而與管仲謀伐衛，退朝而入，衛姬望見君，下堂再拜，請衛君之罪。公曰：「吾於衛無故，子曷爲請？」對曰：「妾望君之入也，足高氣彊，有伐國之志也。見妾而有動色，伐衛也。」明日君朝，○陳昌齊曰：「据上文當作『公朝』。」揖管仲而進之。管仲曰：「君舍衛乎？」公曰：「仲父安識之？」管仲曰：「君之揖朝也恭，而言也徐，見臣而有慙色，臣是以知之。」君曰：「善。仲父治外，夫人治内，寡人知終不爲諸侯笑矣。」桓公之所以匿者不言也，今管子乃以容貌音聲，夫人乃以行步氣志，桓公雖不言，若暗夜而燭燎也。

晉襄公使人於周曰：「弊邑寡君寢疾，卜以守龜曰：『三塗爲祟。』弊邑寡君使下臣願藉途而祈福焉。」三塗之山，陸渾之南，故假道於周也。襄公，文公之子驩也。按春秋經，襄公以魯僖三十三年即位，至魯文公六年卒，無卜三塗爲祟之言也。魯昭十七年傳曰：「晉侯使屠蒯如周，請事於洛與三塗。萇弘謂劉子曰〔一〕：『客容猛，非祥也，其伐戎乎？陸渾睦於楚，必是故也。君其備之。』乃儆戎備。九月丁卯，晉荀吳帥師涉自棘津，使祭史先用牲于洛，陸渾人不知師從之。庚午，遂滅陸渾，數之以其貳於楚也。」計襄公卒至此，乃九十六年，歷世亡失。按傳，晉頃公也。此云襄公，復妄言也。○畢沅曰：「注引傳多訛，今悉據傳文改正。唯『非祭也』作『非祥也』，誤涉昭十五年傳『非祭祥也』之文。」○梁玉繩曰：「匠誨云：『左昭十五年傳「非祭祥也」，注誤涉彼文。』」天子許之。天子，周景王。朝，禮使者事畢，客出。萇弘謂劉康公曰：「夫祈福於三塗，而受禮於天子，此柔嘉之事也，而客武色，殆有他事，願公備之也。」晉襄公，周襄王時也。萇弘乃景王、敬王之大夫，春秋之末也。以世推之，當爲晉頃公，其不得爲襄公明矣。劉康公乃儆戎車卒士以待之。晉果使祭事先，因令楊子將卒十二萬而隨之，涉於棘津，○維遹案：左昭十七年傳云：「九月丁卯，晉荀吳帥師涉自棘津。」此作楊子，與傳異。襲聊阮、梁、蠻氏，滅三國焉。○王念孫曰：「哀四年左傳『楚襲梁及霍』，杜注云：『梁，河南梁縣西南故城也。梁南有霍陽山，皆蠻子之邑也。』」此形名不相當，聖人之所察也，萇弘則審矣。故言不足以斷小事，

〔一〕「曰」，原脱，據左傳補。

○陶鴻慶曰：「『小』字當衍。離謂篇云：『辭之不足以斷事也明矣。』是其證。」**唯知言之謂者可爲。**○王念孫曰：「『可爲』當作『爲可』，見上文。」陶鴻慶說同。

精諭

四曰：言者，以諭意也。言意相離，凶也。○孫鏘鳴曰：「『意』者，即上篇所云『言之謂也』。言意相離，是不知言之謂者也，故以『離謂』名篇。」**亂國之俗，甚多流言，而不顧其實，務以相毀，務以相譽，毀譽成黨，**○舊校云：「『毀譽』一作『巧辭』。」**衆口熏天，**熏，感動也。**賢不肖不分，以此治國，賢主猶惑之也，**分，別。惑，疑。**又況乎不肖者乎！惑者之患，不自以爲惑，故惑惑之中有曉焉，冥冥之中有昭焉。**○畢沅曰：「『昭』字當重。」○陳昌齊曰：「畢校謂『故惑』爲句，『昭』字當重。竊謂『故惑』二字當連下『惑之中』爲句，『昭』字不必重。淮南俶真訓云：『冥冥之中獨見曉焉，寂漠之中獨有照焉。』二語與此略同。此以惑惑對冥冥也。惑惑連文，亦見賈誼疏。」○陶鴻慶曰：「畢校非。今案惑者，謂有惑疾者也。『惑者之患』下衍『不』字，兩『惑』字、兩『冥』字當各衍其一。原文本云：『惑者之患，自以爲惑，故惑之中有曉焉，冥之中有昭焉。』言有惑疾者自知其惑，故有時而不惑。若亡國之主不自以爲惑，故與桀、紂、幽、厲皆也。今本『不』字涉下文誤衍，『冥冥』二字則以習見誤重，校者又妄增一『惑』字作『惑惑』，與『冥冥』相配，而辭意遂不可曉矣。畢校不審語勢，既以『故惑』斷句，因疑『昭』字當重，古書之難讀如此。」○維遹案：陳說義長。莊子天地篇「冥冥之中獨見曉焉，無聲之中獨聞和焉」，辭例亦同。

亡國之主，不自以爲惑，故與桀、紂、幽、厲皆也。然有亡者國，無二道矣。○維遹案：「皆」，古「偕」字。偕，同也。者與諸字古通。廣雅釋言：「諸，之也。」「然有亡者國」，猶云「然有亡之國」。韓非顯學篇云「不道仁義者故」，俞樾釋者爲之，其例正同。

鄭國多相縣以書者。子產令無縣書，鄧析致之。子產令無致書，鄧析倚之。令無窮，則鄧析應之亦無窮矣，是可不可無辨也。辨，別。可不可無辨，而以賞罰，其罰愈疾，其亂愈疾，此爲國之禁也。爲，治。禁，法。○陶鴻慶曰：「『其罰愈疾』，當作『其法愈疾』。法即承上賞罰言。下文云『於是殺鄧析而戮之，民心乃服，是非乃定，法律乃行』，義即承此。今作『罰』者，以聲同又涉上句而誤。」○吳先生曰：「注似當作『禁，法禁』。今奪一『禁』字，義不可通。」故辨而不當理則僞，僞，巧也。知而不當理則詐，詐僞之民，先王之所誅也。理也者，是非之宗也。宗，本也。

洧水甚大，鄭之富人有溺者。人得其死者，○畢沅曰：「死與尸同。史記秦本紀『晉、楚流死河二萬人』，漢書酷吏傳『安所求子死，桓東少年場』，此書期賢篇『扶傷輿死』，亦是。意林作『有人得富者尸』。」富人請贖之，其人求金甚多，以告鄧析。○畢沅曰：「意林作『富人黨以告鄧析』。」鄧析曰：「安之，人必莫之賣矣。」○畢沅曰：「意林作『必無買此者』。」得死者患之，以告鄧析。鄧析又答之曰：「安之，此必無所更買矣。」○畢沅曰：「意林作『必無人更買，義必無不贖』，下五字疑是注。」夫傷忠臣者，有似於此也。夫無功不得民，則以其無功不得民傷之。有功得民，則又以其有功得民傷之。此鄧析之讒辯，所以車裂而死。人主之無度者，無以知此，豈不悲哉！比干、萇弘以此死，以世詭辯，反白爲黑，而主不知，故死。箕子、商容以此窮，箕子，紂之庶父也。商容，紂時賢人，老子所從學者也。以主不知，故窮。周公、召公以此疑，以管、蔡流言，故疑也。論語曰：「雖有周親，不如仁人。」此之謂也。○畢沅曰：「此引論語，不解所用意。」○茆泮林曰：「論語孔注：『親而不賢不忠則誅之，管、蔡是也。』疑誘引即指管、蔡。」范蠡、子胥以此流，流，放。死生存亡安危從此生矣。此譏辯無理若鄧析。○吳先生曰：「注以『譏辯』釋『從此生』之『此』，則當疊一『此』字，今本誤挩。」

子產治鄭，鄧析務難之，與民之有獄者約，大獄一衣，小獄襦袴。○畢沅曰：「舊校云：『一作「䘹」，下同。』案玉篇『䘹，子憒切，襌衣也』。」民之獻衣襦袴而學訟者不可勝數，以非爲是，以是爲非，是非無度，而可與不可日變，○維遹案：舊校云：「『日』一作『因』。」當從之。所欲勝因勝，所欲罪因罪，鄭國大亂，民口讙譁。子產患之，於是殺鄧析而戮之，民心乃服，是非乃定，法律乃行。今世之人，多欲治其國，而莫之誅鄧析之類，有如鄧析者無能誅。○畢沅曰：「列子力命篇亦云『子產殺鄧析』。考左氏定九年傳：『鄭駟歂殺鄧析而用其竹刑。』駟歂乃代子太叔爲政者，則鄧析、子產並不同時。張湛注列子云：『子產卒後二十年而鄧析死也。』」○梁玉繩曰：「此既仍列子力命、荀子宥坐之誤，而述鄧析之亂法有不可不誅者，恐語增非實。果爾，則何以鄭用其竹刑，而君子謂子然不忠乎？今其書存二篇。」此所以欲治而愈亂也。

齊有事人者，所事有難而弗死也。遇故人於塗，故人曰：「固不死乎？」對曰：「然。

凡事人以爲利也，死不利，故不死。」故人曰：「子尚可以見人乎？」對曰：「子以死爲顧可以見人乎？」顧，反。是者數傳。○松皋圓曰：「『是』上恐脱『如』字。」不死於其君長，大不義也，其辭猶不可服，辭之不足以斷事也明矣。夫辭者，意之表也，鑒其表而棄其意，悖，悖，惑。故古之人得其意則舍其言矣。聽言者，以言觀意也，聽言而意不可知，其與橋言無擇。橋，戾也。擇猶異。

齊人有淳于髡者，以從説魏王。魏王辯之，關東六國爲從也。魏王以爲辯達。約車十乘，將使之荆。辭而行，有以横説魏王，魏王乃止其行。關西爲横。髡以合關東從爲未足，復説欲連關西之横，王多其言，故輟不使行之也。○畢沅曰：「『有以』讀爲『又以』。」失從之意，又失横之事。夫其多能不若寡能，寡，少。其有辯不若無辯，周鼎著倕而齕其指，先王有以見大巧之不可爲也。倕，堯之巧工也，以巧聞天下。周家鑄鼎，著倕於鼎，使自齧其指，明不當大巧爲也。一説周鑄鼎象百物，技巧絶殊，假令倕見之，則自銜齧其指，不能復爲，故言大巧之不可爲也。○畢沅曰：「注前説是也。淮南本經訓、道應訓皆有此語。」

離謂

五曰：非辭無以相期，從辭則亂。亂辭之中，又有辭焉，心之謂也。○陳昌齊曰：「『亂辭』，『亂』字因上句而衍。」○陶鴻慶曰：「『從』當爲『徒』，以形似而誤。徒，空也，即下文所謂欺心之言也。」又曰：

「『亂』字不當重，即『辭』字之誤而衍者。」言不欺心，則近之矣。凡言者，以諭心也。言心相離，而上無以參之，則下多所言非所行也，所行非所言也。言行相詭，不祥莫大焉。

空雄之遇，秦、趙相與約，空雄，地名。遇，會也。約，盟也。○畢沅曰：「『空雄』，前聽言篇作『空洛』。此疑本是『空雒』，寫者誤耳。」約曰：「自今以來，秦之所欲爲，趙助之；趙之所欲爲，秦助之。」居無幾何，秦興兵攻魏，趙欲救之。秦王不説，使人讓趙王曰：「約曰：『秦之所欲爲，趙助之；趙之所欲爲，秦助之。』今秦欲攻魏，而趙因欲救之，此非約也。」趙王以告平原君，趙王，趙惠王也。平原君，趙公子勝也。平原君以告公孫龍，公孫龍曰：「亦可以發使而讓秦王曰：『趙欲救之，今秦王獨不助趙，此非約也。』」

孔穿、公孫龍相與論於平原君所，深而辯，至於藏三牙。公孫龍言藏之三牙甚辯，公孫龍、孔穿，皆辯士也。論，相易奪也。龍言藏之三牙。辯，説也。若乘白馬禁不得度關，因言馬白非白馬，此之類也，故曰甚辯也。○畢沅曰：「謝云：『「臧三耳」見孔叢子公孫龍篇。「耳」字篆文近「牙」，故傳寫致誤。愚意臧、牂古字通用，謂羊也。此作「藏」，尤誤。』盧云：『作「三耳」是也。龍意兩耳形也，又有一司聽者以君之，故爲三耳。但此下又言馬齒，則此書似是作「三牙」。』又案：『新論言：「龍乘白馬無符傳，關吏不聽出關，此虚言難以奪實也。」今此注意又相反，非也。』」○王念孫曰：「『三耳』是也。今作『三牙』者，即因下文『與牙三十』而誤。」孔穿不應。少選，辭而出。少選，須臾。明日，孔穿朝，朝，見也。平原君謂孔穿曰：「昔者，公孫龍之言甚辯。」昔，昨日也。其辯，謂藏三牙之說也。孔穿曰：「然。幾能令藏三牙矣。雖然，難。言藏三牙之說近難成也。願得有問於君：謂藏三牙甚難而實非也，謂藏兩牙甚易而實是也，難易之說未聞。不知君將從易而是者乎？○畢沅曰：「舊『者乎』上有『也』字，衍，今删去。」將從難而非者乎？」平原君不應。明日，謂公孫龍曰：「公無與孔穿辯。」辯，相易奪也。○畢沅曰：「孔叢子有『其人理勝於辭，公辭勝於理』二語，亦當竝引。」

荆柱國莊伯柱國，官名，若秦之有相國。令其父視。曰：「日在天。」「視其奚如？」曰：「正圓。」「視其時。」「日當今。」令謁者駕。曰：「無馬。」令涓人取冠。「進上。」問馬齒，圉人曰：「齒十二與牙三十。」馬上下齒十二，牙上下十八，合爲三十。謂若公孫龍滅去其三牙，多而偏，不可均，故難也。藏去其二，少而均，故易。○畢沅曰：「正文與注皆難曉。」○陳昌齊曰：「『曰日』二字倒誤。『日當今』，『日』字當作『曰』。」○孫鏘鳴曰：「『視曰』當作『視日』。『日在天』當作『曰在天』。『日當今』當作『曰當今』。視日，問日之早莫也，乃始以『在天』對，繼以『正圓』對。至問其時，則又不告以日所加之辰。謁者主駕，而言『無馬』。問馬齒，欲知馬之年數也，而以齒與牙對。皆所答非所問也。涓人，中涓也。涓，潔也。主知潔清洒掃之事。（漢書陳勝傳『嘗爲項燕軍視日』，如淳曰：『視日時吉凶舉動之占。』）」○孫詒讓曰：「陳校是也。『進上』上亦當有『曰』字，陳失校。此章皆言辭意相左之弊。莊伯令其父視日者，（父字疑誤。）欲知其蚤莫，而乃答以『在天』。視其奚如者，欲知其中昃，而乃答以『正圓』。又令視其時者，問其所加何時，而乃答以適當今時。謁者本不掌駕，今令之駕者，謂令傳命使騶駕，而謁者乃辭以『無馬』。此皆與所使之意不相當也。惟令涓人取冠，曰『進上』，未詳其義耳。」

人有任臣不亡者，○李寶洤曰：「任，保任。」臣亡。莊伯決之，任者無罪。斷之便無罪，析言破律之刑。○畢沅曰：「注『便』似當作『使』。」

宋有澄子者，亡緇衣，求之塗。塗，道也。見婦人衣緇衣，援而弗舍，欲取其衣，曰：「今者，我亡緇衣。」婦人曰：「公雖亡緇衣，此實〔一〕吾所自爲也。」澄子曰：「子不如速與我衣。昔吾所亡者，紡緇也。今子之衣，禪緇也。以禪緇當紡緇，子豈不得哉？」得猶便也。澄子橫認路婦緇衣，計其禪與紡以爲便，非其理也，言宋亂無法也。○俞樾曰：「紡與禪對，紡猶複也。紡字從方，方之本意爲兩舟相竝，其字亦或作『舫』。衣之複者謂之紡，猶舟之竝者謂之舫矣，故計其禪與紡，而因以爲得耳。」○吳先生曰：「聘禮『賄用束紡』，注：『紡，紡絲爲之，今之縳也。』紡緇即緇色之紡帛耳。俞校以紡爲複，與禪相對，古書無以紡爲複者。棄明文而任肊說，殆不可從。」

宋王謂其相唐鞅曰：「寡人所殺戮者衆矣，而羣臣愈不畏，其故何也？」宋王，康王也。言何故不畏我。唐鞅對曰：「王之所罪，盡不善者也。罪不善，善者故爲不畏。○畢沅曰：「楊倞注荀子解蔽篇引論衡作『善者胡爲畏』。」○俞樾曰：「此本作『罪不善，善者故爲畏』，故讀爲胡。墨子尚賢中篇『故不察尚賢爲政之本也』，一本『故』作『胡』，下文曰『胡不察尚賢爲政之本也』，是上文『故』字乃『胡』之叚字。管子侈靡篇『公將

〔一〕四部叢刊本「實」下有注「一作真」。

有行，故不送公』，亦以『故』爲『胡』。竝其證也。『故爲畏』即『胡爲畏』，言所罪者止是不善者，則善者胡爲畏也。後人不知故與胡通，而疑『胡爲畏』三字文不成義，遂臆加『不』字，失其旨矣。楊倞注荀子解蔽篇引論衡正作『善者胡爲畏』。」王欲羣臣之畏也，不若無辨其善與不善而時罪之，若此則羣臣畏矣。」居無幾何，宋君殺唐鞅。唐鞅之對也，不若無對。鞅令宋王善與不善皆罪之以立威，王是以殺唐鞅，故曰「唐鞅之對，不若無對」。

惠子爲魏惠王爲法，爲法已成，以示諸民人，民人皆善之。惠子，惠施，宋人也，仕魏，爲惠王相也，孟子所見梁惠王也。○王念孫曰：「淮南道應篇作『惠子爲惠王爲國法，已成而示諸先生』。」○俞樾曰：「舊校云：『「民人」一作「良人」。』當從之。『良人』見序意篇，蓋當時有此名目。高彼注曰『君子也』，非是，説見前。」○維遹案：惠子，國策魏惠王、襄王、哀王皆記其事。莊子至樂篇云「惠子相梁」，則施作相在惠、襄之世，至哀王時猶存也。天下篇云：「惠施多方，其書五車，其道舛駮，其言不中。」漢志名家有惠子一篇，注：「施與莊子竝時。」其書隋、唐志皆不著録，佚已久，馬國翰有輯本一卷。獻之惠王，惠王善之，以示翟翦，翟翦曰：「善也。」翟翦，翟黄之後也。惠王曰：「可行邪？」翟翦曰：「不可。」惠王曰：「善而不可行，何故？」翟翦對曰：「今舉大木者，前呼輿謣，後亦應之，此其於舉大木者善矣。「輿謣」或作「邪謣」。前人倡，後人和，舉重勸力之歌聲也。○維遹案：文子微明篇「輿謣」作「邪許」，淮南同。他籍或作「邪所」。竝聲近而義同。今北方共著力於一事者，猶有勸力之歌。豈無鄭、衛之音哉？然不若此其宜也。鄭、衛之音皆新聲，非雅樂，凡人所説也，不如呼「輿謣」宜於舉大木也。夫國亦木之大者也。」言惠子之法若鄭、衛之音，宜於衆人之耳，於治國之法未可用也，故曰「善而不可行」也。

淫辭

六曰：察士以爲得道則未也。雖然，其應物也，辭難窮矣。辭難窮，其爲禍福猶未可知。猶，尚也。察而以達理明義，則察爲福矣。察而以飾非惑愚，則察爲禍矣。惑，誤。古者之貴善御也，以逐暴禁邪也。○維遹案：語意不完，疑有脱文。

魏惠王謂惠子曰：「上世之有國，必賢者也。○維遹案：「有國」下當有「者」字。下文「古之有國者，必賢者也」，辭例正同。今寡人實不若先生，願得傳國。」傳，授。惠子辭。謝不受之。王又固請曰：「寡人莫有之國於此者也，○吴汝綸曰：「『之國』，之猶是也。」而傳之賢者，民之貪爭之心止矣。欲先生之以此聽寡人也。」聽，從。惠子曰：「若王之言，則施不可而聽矣。王固萬乘之主也，以國與人猶尚可。○陶鴻慶曰：「『猶尚可』下當有『止貪爭之心』五字。上文云『王又固請曰，寡人莫有之國於此者也，而傳之賢者，民之貪爭之心止矣』，下文云『今施，布衣也，可以有萬乘之國而辭之，此其止貪爭之心愈甚也』，皆與此文反復相應。如今本，則語意不完。」今施，布衣也，可以有萬乘之國而辭之，此其止貪爭之心愈甚也。」惠王謂惠子曰古之有國者「必賢者也」。夫受而賢者，舜也，是欲惠子之爲舜也。夫辭而賢者，許由也，是惠子欲爲許由也。傳而賢者，堯也，是惠王欲爲堯也。堯、舜、許由之作，○陶鴻慶曰：「『作』當爲『行』字之誤，故下云『他行稱此』。」非獨傳舜而由辭也，他行稱此。○維遹案：「舜」爲「受」字形誤。「由」字衍。而猶與也。觀上文可知。今無其他，而欲爲堯、舜、許由，故惠王布冠而拘於鄄，鄄，邑名也。自拘於鄄，將服於齊也。齊威王幾弗受；威王，田和之孫，孟子所見宣王之父。幾，危。危不受魏惠王也。惠子易衣變冠，乘輿而走，幾不出乎魏境。言幾不免難於魏境内也。凡自行不可以幸爲，必誠。言惠王幸享傳國之名，惠子幸享以不受之名，以爲必誠也。○陶鴻慶曰：「高注云云，是讀正文十字爲句，非也。此當於『幸爲』絶句，『必誠』二字爲句。」

匡章謂惠子於魏王之前曰：「蝗螟，農夫得而殺之，奚故？爲其害稼也。匡章，孟子弟子也。蝗，螽也。食心曰螟。食葉曰螣。今兗州謂蝗爲螣。論王與惠子擅相禪受，害於義者也。○畢沅曰：「梁仲子云：『高氏注淮南氾論訓以陳仲子〔一〕爲孟子弟子，此以匡章爲孟子弟子，均妄説也。』」○維遹案：王念孫校本改正文「蝗螟」作「螣螟」，注「蝗，螽也」作「螣，螽也」。案：王改是。下文亦以「螣螟」連文，高注仲夏紀可作旁證。今公行，多者數百乘，步者數百人；少者數十乘，步者數十人。此無耕而食者，其害稼亦甚矣。」甚於蝗螟。惠王曰：「惠子施也，難以辭與公相應。公，謂匡章。雖然，請言其志。」惠子曰：○陳昌齊

〔一〕「子」，原脱，據諸子集成本補。

曰：「此段皆惠子語，訛爲惠王，又誤衍『惠子』及『惠子曰』五字，遂不成文義，當删正。」』**今之城者，或者操大築乎城上，或負畚而赴乎城下，或操表掇以善晞望。若施者，其操表掇者也。**施，惠子名也。表掇，儀度。○孫鏘鳴曰：「表訓儀度，是。『掇』疑『棳』，蓋以木爲杖，如子罕摺朴之類。表以審方位之邪正，棳以課工役之勤惰，皆有事於晞望者也。晞，眄也。」○維遹案：首二句有脱誤，當作「今之城城者，或操大築築乎城上」，今本脱「城」、「築」二字，則文不成義矣。呂覽纂「或」下無「者」字。大築即大杵。廣雅釋器：「築謂之杵。」左宣十一年傳「稱畚築」，孔疏：「畚者，盛土之器。築者，築土之杵。」校者昧於大築爲直舂之器，遂删去下「築」字。亦或「築築」叠文易脱，「城城」亦然。所謂「築乎城上」，猶言擣土於城牆之上。説文：「築，所以擣也。」是其義。墨子耕柱篇：「譬若築牆然，能築者築，能實壤者實壤，能欣者欣。」此云「或操大築築乎城上」，即彼所云「能築者築」。此云「或負畚而赴乎城下」，即彼云「能實壤者實壤」。此云「或操表掇以善晞望」，即彼云「能欣者欣」。欣在諄部，晞在脂部，二部古音相通。**使工女化而爲絲，不能治絲。使大匠化而爲木，不能治木。使聖人化而爲農夫，不能治農夫。施而治農夫者也。』**而，能也。○王念孫曰：「而猶乃也。」**公何事比施於螣螟乎？」惠子之治魏爲本，其治不治。當惠王之時，五十戰而二十敗，所殺者不可勝數，大將、愛子有禽者也。**言惠王用惠子之謀，爲土地之故，麋爛其民而戰之，大敗。又將復之，恐不勝，用乃驅其所愛子弟以殉之。此謂以其所不愛及其所愛，故曰「大將、愛子有禽者」矣。○維遹案：孟子：「梁惠王曰：『及寡人之身，東敗於齊，長子死焉。』」史記魏世家，惠王三十年，太子申與齊人戰，敗於馬陵。齊虜魏太子申，殺將軍龐涓。據此，大將即龐涓，愛子即太子申。**大**

術之愚，爲天下笑，得舉其諱，天下人笑之，得舉書其諱惡。乃請令周太史更著其名。言惠王比惠子於管夷吾，欲更著其名。名，「仲父」之名也。○梁玉繩曰：「今之具牒改名，古有其例矣。」圍邯鄲三年而弗能取，士民罷潞，潞，羸也。○畢沅曰：「潞與露同。」○梁玉繩曰：「管子短語十四：『天下〔一〕乃路。』左傳昭元年『以露其體』，注：『羸也。』韓子亡徵云：『罷露百姓。』風俗通第九：『大用羸露。』蓋三字古通。」○梁履繩曰：「逸書職方解『其浸汾露』，周禮作『汾潞』，蓋露、路本通，潞字以音同假借。」國家空虛，府藏竭也。天下之兵四至。救邯鄲之兵從四方來至也。衆庶誹謗，怨望多也。諸侯不譽，皆〔二〕道其惡也。謝於翟翦而更聽其謀，社稷乃存。翟翦言惠子之法善而不可行，又爲惠王説舉大木，前呼輿謣，後亦和之，豈無鄭、衛之音，不若此其宜也。嘗謝負於翟翦而從其謀，社稷乃存也。○畢沅曰：「注『嘗』疑是『當』。末『也』字舊作『之』，誤，今改正。」名寶散出，土地四削，魏國從此衰矣。名寶散出，以賂鄰國也。土地爲四方所侵削，故曰「魏國從此衰」。仲父，大名也。讓國，大實也。説以不聽、不信。聽而若此，不可謂工矣。不工而治，賊天下莫大焉，賊，害。幸而獨聽於魏也。言惠子之言獨見聽用於魏者，幸也。以賊天下爲實，以治之爲名，匡章之非，不亦可乎？匡章之非惠子，不亦可也。

〔一〕「天下」，管子作「國家」。

〔二〕「皆」上四部叢刊本有「一作舉」三字。

白圭新與惠子相見也，惠子説之以彊，以彊力也。白圭無以應。惠子出，白圭告人曰：「人有新取婦者，婦至，宜安矜煙視媚行。媚行，徐行。○梁玉繩曰：「謂若人在煙中，目不能張，其視甚微也。」徐時棟説同。○凌曙曰：「燕有煙音，古字通用。説文：『睇，小視也。』夏小正『燕乃睇』。燕視曰睇。煙視即燕睇。後世新婦入門閉目，即小視之遺也。」豎子操蕉火而鉅，新婦曰：『蕉火大鉅。』○畢沅曰：「蕉，薪樵也。」○俞樾曰：「『蕉』當作『焦』。求人篇『十日出而焦火不息』，是其證也。字亦作『爝』，舉難篇『爝火甚盛』，蓋爝、焦聲近通用。莊子逍遥遊篇『日月出矣，而爝火不息』，釋文曰：『爝本作燋。』儀禮士喪禮『楚焞置於燋』，注曰：『燋，炬也，所以然火者也。』禮記少儀篇『執燭抱燋』，注曰：『未爇曰燋。』是其字本作『燋』。説文火部：『燋，所以然持火也。』求人篇作『焦』者從省，此篇作『蕉』則叚字耳。」入於門，門中有歛陷〔一〕，歛讀曰脅。○畢沅曰：「歛從欠，呼濫切。疑即坎窞。注不可曉。舊校云：『「陷」一作「塪」。』梁仲子疑『歛』爲『欿』字之誤。」○李賡芸曰：「歛、脅聲甚遠，疑『歙』之譌。」王紹蘭説同。○維遹案：李、王説是。淮南本經篇「開闔張歙」，高彼注「歙讀曰脅」，正與此合。新婦曰：『塞之，將傷人之足。』此非不便之家氏也，家氏，婦氏。○畢沅曰：「此與衛策滅竈徙臼之事相似。」○松皋圓曰：「『之家氏』猶言其夫家也。注誤。」然而有大甚者。今惠子之遇我尚新，遇，見。其説我有大甚者。」惠子聞之曰：「不然。詩曰：『愷悌君子，民之父母。』愷者，大也。悌者，長也。

〔一〕「陷」，原作「險」，據諸子集成本改。

君子之德，長且大者，則爲民父母。父母之教子也，豈待久哉？何事比我於新婦乎？詩豈曰『愷悌新婦』哉！」誹汙因汙，誹辟因辟，是誹者與所非同也。白圭曰「惠子之遇我尚新，其説我有大甚者」，惠子聞而誹之，因自以爲爲之父母，其非有甚於白圭，亦「有大甚者」。○松皋圓曰：「十二字句。白圭固以惠子爲有太甚者，然觀惠子所説，失理自飾，比諸白圭所誹，其謬更爲過甚也。」○陶鴻慶曰：「『有甚』之『有』讀爲又。『亦有大甚者』五字疑是注文。」○維遹案：松説似勝。

不屈

七曰：白圭謂魏王曰：「市丘之鼎以烹雞，多洎之則淡而不可食，市丘，魏邑也。鼎，大鼎，不宜烹小也。能知五味也。肉汁曰洎。淡者洎多無味，故不可食之也。○畢沅曰：「梁仲子云：『市丘之爲魏邑，無攷。「市」疑是「巿」，讀若貝，與「市」字異。沛丘，齊地，見史記齊世家。左氏莊八年傳作「貝丘」。沛、貝同音，省文作「巿」。』盧云：『昭廿年傳「齊侯田于沛」，釋文：「沛音貝。」是則沛丘之即貝丘，信矣。』余案：史記孟荀列傳索隱引呂氏春秋作『函牛之鼎不可以烹雞』，疑當以『函牛』爲是。函牛之鼎，大鼎也，與喻意似更切。又案：蔡邕集載薦邊讓書引傳曰：『函牛之鼎以烹雞，多汁則澹而不可食，少汁則燋而不熟。』其文與此正同。市丘、沛丘俱不聞以大鼎著名。今欲言大鼎，何必定取某地所出？然蔡集舊本亦注云『一曰市丘之鼎』，故并載梁説，以俟後來擇焉。又注『能知五味也』上，疑有脱文。」○維遹案：「市丘」當作「帝丘」，注同。「市」篆書作「帀」，「帝」古文作「帝」，二字形近易誤。墨子耕柱篇云：

「昔者，夏后開使蜚廉折金於山川而鑄鼎於昆吾。」孫詒讓謂：「通典州郡篇：『濮州濮陽縣即昆吾之虚，亦名帝丘。』濮陽故城在今直隸大名府開州西南，即古昆吾國也。濮陽古亦名帝丘，吕氏春秋應言篇『市丘之鼎』，宋本蔡邕集薦邊文禮書作『帝丘之鼎』，亦即指夏鼎言之。」據此，宋本吕氏春秋作「帝丘」明矣。左僖三十一年經「衛遷于帝丘」，杜注：「帝丘，今東郡濮陽縣。」漢書地理志同。是帝丘本屬衛地。攷史記衛康叔世家「元君十四年，秦拔衛東地，秦初置東郡，更徙衛野王縣而并濮陽爲東郡」，索隱云：「魏都大梁，濮陽、黎陽並是魏之東地，故立郡名東郡也。」然則高注魏邑，知其所據本必作「帝丘」。梁、盧定爲沛丘，沛丘屬齊地，史、傳有明文，高氏不致失照。史記孟荀列傳索隱引作「函牛之鼎」，殆誤以傳文爲吕文耳。後漢書邊讓傳章注引吕文作「市丘」，雖經後人據誤本吕氏春秋改「帝」爲「市」，其不作「函牛」明矣。此當傳文爲「函牛」，吕文爲「帝丘」，傳聞異辭，不必强同。**少洎之則焦而不熟，**焦，燥。雞難臑熟。**然而視之蝺焉美無所可用。**蝺讀齲齒之齲。齲，鼎好貌。○畢沅曰：「『蝺』字無攷，疑是『竬』，與偊、踽皆同。」○孫詒讓曰：「『蝺』當與『竘』同。方言云：『竘，貌治也，吳、越飾貌爲竘。』説文立部云：『竘，健也，讀若齲。』與高讀正同。淮南子人間訓説高陽魋爲室云：『其始成，竘然善也。』許注云：『高壯貌。』此云『蝺然美』，猶淮南云『竘然善』矣。」**惠子之言，有似於此。」**似此鼎好而不可用。**惠子聞之曰：「不然。使三軍饑而居鼎旁，適爲之甑，則莫宜之此鼎矣。」**○吴汝綸曰：「『宜』下『之』字猶『於』也。」**白圭聞之曰：「無所可用者，意者徒加其甑**

邪？」白圭之論自悖，其少魏王大甚。以惠子之言「蝺焉〔一〕美無所可用」，是魏王以言無所可用者爲仲父也，是以言無所用者爲美也。

公孫龍説燕昭王以偃兵，龍，魏人也。昭王，燕王噲之子也。偃，止也。昭王曰：「甚善。寡人願與客計之。」公孫龍曰：「竊意大王之弗爲也。」王曰：「何故？」公孫龍曰：「日者，大王欲破齊，諸天下之士其欲破齊者大王盡養之，知齊之險阻要塞君臣之際者大王盡養之，雖知而弗欲破者大王猶若弗養，其卒果破齊以爲功。○陶鴻慶曰：「『弗養』當作『養之』。上文云『諸天下之士其欲破齊者大王盡養之，知齊之險阻要塞君臣之際者大王盡養之』，故此云『雖知而弗欲破者大王猶若養之』，言但知齊王之情勢即不欲破齊者猶然養之，正見昭王之急於破齊也。今作『弗養』，則語氣不合，蓋後人不審文義而妄改之。」今大王曰：『我甚取偃兵。』諸侯之士在大王之本朝者，盡善用兵者也，臣是以知大王之弗爲也。」王無以應。

司馬喜難墨者師於中山王前以非攻，司馬喜，趙之相國也。○梁履繩曰：「中山策『司馬憙使趙，爲己求相中山』，注謂趙相國，誤。」曰：「先生之所術非攻夫？」墨者師曰：「然。」然，如是。曰：「今王興兵而攻燕，先生將非王乎？」墨者師對曰：「然則相國是攻之乎？」○吳先生曰：「『對曰』下疑

〔一〕「焉」，原作「然」，據諸子集成本改。

脱一『然』字，蓋先對曰『然』，復以『然則』云云反詰之也。」司馬喜曰：「然。」墨者師曰：「今趙興兵而攻中山，相國將是之乎？」○陳昌齊曰：「『趙』當作『燕』，蓋以燕攻中山反形中山攻燕之非也。」司馬喜無以應。

路説謂周頗曰：「公不愛趙，天下必從。」周頗曰：「固欲天下之從也。」天下從，則秦利也。」路説應之曰：「然則公欲秦之利夫？」周頗曰：「欲之。」路説曰：「公欲之，則胡不爲從矣？」

魏令孟卬割絳、⿱穴汾、安邑之地以與秦王。○畢沅曰：「『孟卬』乃『孟卯』之誤。淮南子注云：『孟卯，齊人。』戰國策作『芒卯』。案魏策『芒卯謂秦王曰：「王有所欲於魏者，長羊、王屋、洛林之地也。王能使臣爲魏之司徒，則臣能使魏獻之。」』今此云『割絳、⿱穴汾、安邑之地』，『⿱穴汾』疑即『汾』之異文，字書不載。梁仲子云：『安邑，魏都也。』柰何割其國都以與人？此殊不可信。」」○王念孫曰：「梁説非。此時魏已都大梁矣。」松皋圓説同。王喜，令起賈爲孟卬求司徒於魏王。○畢沅曰：「『起賈』疑即『須賈』。」魏王不説，應起賈曰：「卬，寡人之臣也。寡人寧以臧爲司徒，無用卬。臧亦魏臣。○蘇時學曰：「臧，臧獲也，甚賤之之詞。言雖用臧獲之賤，猶勝於卬也。」○俞樾曰：「高注曰『臧亦魏臣』，此恐不然。若『臧』實有其人，則魏王已有爲司徒之人矣，何以下文又曰『願大王之更以他人詔之也』乎？此『臧』乃臧獲之臧，方言曰：『荆、淮、海、岱雜齊之間，駡奴曰臧。』是也。『寧以臧爲司徒，無用卬』，乃極言卬之不可用，故下文起賈謂孟卬曰『公甚賤於公之主也』。蓋視之不如臧獲，賤之至矣。若『臧亦魏臣』，則何賤之有乎？」願大王之更以他人詔之也。」詔，告。起賈出，遇孟卬於廷。曰：「公之事何如？」起賈曰：「公甚賤於公之主。公之主甚賤公。公之主曰『寧用臧爲司徒』，無用公。」公，謂卬。孟卬入見，謂魏王曰：「秦客何言？」王曰：「求以女爲司徒。」孟卬曰：「王應之謂何？」王曰：「寧以臧，無用卬也。」孟卬太息曰：「宜矣王之制於秦也。王何疑秦之善臣也？以絳、𥨍、安邑令負牛書與秦，猶乃善牛也。言王使負牛持絳、𥨍、安邑之書致之於秦，秦猶善牛。○畢沅曰：「負牛當亦是魏臣，在孟卬之下者。舊校云：『「乃」一作「之」。』」○陳昌齊曰：「『負牛』當作『牛負』，言使牛負書耳。淮南道應訓：『王壽負書而行。』」○蘇時學曰：「『令負牛書與秦』者，言令牛負此書以致於秦也。牛雖賤畜，秦猶善之，豈卬之賤而不逮一畜乎？語意最爲分曉，而注者以『臧』與『負牛』爲二臣名，真夢夢矣。」○俞樾曰：「正文、注文『牛』字竝當在『負』字之上，今『牛負』字到，義不可通。畢説誤矣。」卬雖不肖，獨不如牛乎？且王令三將軍爲臣先曰『視卬如身』，王身。是臣重也。令二輕臣也，二，疑也。臣見疑則不重矣。令臣責，令秦責臣。卬雖賢，固能乎？」言不能也。○陳昌齊曰：「『令二輕臣也』，當作『令二輕臣也』。」○俞樾曰：「『令二』兩字，義不可通，疑『令王』兩字之誤。言王令三將軍爲臣先曰『視卬如身』，是重臣也。今王輕臣也，令臣責，卬雖賢，固能乎？因涉上下文竝有『令』字，故誤『今』爲『令』，因又誤『王』爲『二』耳。高注曰：『二，疑也。臣見疑則不重矣。』此注亦有誤。高注本云：『輕，疑也。臣見疑則不重矣。』蓋高氏以疑訓輕也，又以其義未足，故加下句以申明之。今作『二，疑也』，乃後人以既誤之正文改不誤之注文耳。又高氏於『令臣責』下注曰『令秦責臣』，此注亦誤。當云『令臣責秦』，言王既輕臣，日後秦復有隙，臣不能復責之也。今到其文曰『令秦責臣』，則失其義矣。古書錯誤，所在多有，學者宜悉心考正之。」居三日，魏王乃聽起賈。聽起賈言，用卬爲司徒。凡人主之與其大官也，爲有益也。

今割國之錙錘矣，而因得大官，割，分也。錙錘，銖兩也。謂分絳、窌、安邑而得大官。大官，司徒也。且何地以給之？給，足。大官，人臣之所欲也。孟卯令秦得其所欲，所欲田邑。秦亦令孟卯得其所欲，所欲司徒。責以償矣，尚有何責？魏雖彊，猶不能責無責，又況於弱！魏王之令乎○王念孫曰：「『乎』字當在『魏王之令』上。『又況於弱乎』爲句，『魏王之令孟卯爲司徒』爲句。」○俞樾曰：「『乎』字衍文。『又況於弱』四字爲句，當連上文讀之曰：『魏雖强，猶不能責無責，又況於弱。』『魏王之令』四字屬下文讀，當云：『魏王之令孟卯爲司徒，以棄其責，則拙也。』今衍『乎』字，遂失其讀，并失其義。」孟卯爲司徒，以棄其責，則拙也。

秦王立帝，宜陽令許綰誕魏王，誕，詐也。許綰，秦臣也。秦實未爲帝也，詐魏王，言帝欲令魏王入朝也。○孫志祖曰：「此疑即新序刺奢篇說魏王罷起臺之許綰，魏臣，非秦臣也。」魏王將入秦。魏敬謂王曰：○畢沅曰：「魏敬，魏策作周訢。」「以河内孰與梁重？」王曰：「梁重。」又曰：「梁孰與身重？」王曰：「身重。」又曰：「若使秦求河内，則王將與之乎？」王曰：「弗與也。」魏敬曰：「河内，三論之下也。三論，謂河内與梁及身也。身，三論之上也。秦索其下而王弗聽，索其上而王聽之，臣竊不取也。」王曰：「甚然。」甚善。○畢沅曰：「舊本注二字在『甚』字之下，誤，今移正。」乃輟行。輟，止。不入秦。○畢沅曰：「舊本『輟』上有『輒』字，係誤衍，今删。」秦雖大勝於長平，三年然後決，秦將白起攻趙三年，坑其卒四十萬衆於長平，故曰「大勝」也。士民倦，糧食。○畢沅曰：「此二字下脱一字。」當此時也，兩周全，其北存。魏舉陶削衛，地方六百，○孫鏘鳴曰：「『兩周全』，謂東、西周未亡也。『其北存』三字未詳，疑有誤文。『舉陶削衛』者，史記梁哀王八年伐衛，拔列城二。舉陶事無考。」○陶鴻慶曰：「上文言秦雖大勝，而士倦食盡，此文則言魏王之勢尚足自保，不當以兩周發端。疑『兩周全其北』五字本在『舉陶削衛』下，『存』字衍文。其文云『魏舉陶削衛，兩周全其北』，言兩周在大梁之北爲之障塞也。」○維遹案：孫説是。「其北存」，猶云梁北尚存。史記魏世家，安釐王十一年，無忌謂「異日者，秦在河西，晉國去梁千里，有河山以闌之，有周、韓以間之，從鄉林軍以至于今，秦七攻魏，五入囿中，又長驅梁北，東至陶、衛之郊」，可互證此文。**有之勢是，**有之勢是，有是之勢。○陳昌齊曰：「當作『有之是勢』，與十二紀『行之是令』同一句法。」○陶鴻慶曰：「『有之勢是』，當作『有之是勢』，（注誤同。）與他篇『行之是令』、『行之是術』、『行之此論』句例並同。高注釋之云『有是之勢』，是其所見本不誤。」**而入大蚤，**入秦大蚤。**奚待於魏敬之説也？**言何必待魏敬之説乃不入秦邪〔一〕。**夫未可以入而入，其患有將可以入而不入，**○畢沅曰：「舊本作『夫未可以入而入，其患有將可以入而入，其患有將可以入而不入』，衍正文九字，又於兩『將』字下俱注『將大』二字，殊謬。『其患有將可以入而不入』，本是一句。有與又同。誘豈不諳文義而以兩『將』字爲句乎？今削去。」**入與不入之時，不可不熟論也。**論，辯也。

應言

〔一〕「邪」，原作「也」，據諸子集成本改。

八曰：今有羿、蠭蒙、繁弱於此而〔一〕無弦，則必不能中也。羿，夏之諸侯，有窮之君也，善射，百發百中。蠭蒙，羿弟子也，亦能百中。繁弱，良弓所出地也，因以爲弓名。○畢沅曰：「孫宣公音孟子『逢蒙』作『逢蒙』，音薄江反，似未攷乎此。」○梁履繩曰：「漢書、文選上林賦『彎蕃弱』，文穎曰：『夏后氏良弓名。』善曰：『左傳「分魯公以封父之繁弱」。蕃、繁古通。』案封父疑夏時諸侯，明堂位有『封父龜』。」中非獨弦也，而弦爲弓中之具也。○俞樾曰：「『弓』字衍文也。無弦則必不能中，故弦爲中之具。今衍『弓』字，則文不成義矣。」夫立功名亦有具，不得其具，賢雖過湯、武，則勞而無功矣。湯嘗約於郼薄矣，「薄」或作「亳」。武王嘗窮於畢裎矣，畢裎，畢豐。○畢沅曰：「裎與程同。孫宣公孟子音義：『裎音程，亦作程。』注『畢裎，畢豐』，蓋以豐即程也。畢、豐皆在咸陽。案周書大匡解『維周王宅程三年』，孔晁注云：『程，地名，在岐州左右，後以爲國，初王季之子文王因焉，而遭饑饉，乃徙豐焉。』是豐、程不得爲一地。雍録云：『豐在鄠縣，程在咸陽北。』案孟子云：『文王卒於畢郢。』文王墓在今西安府咸寧縣。畢裎疑當即畢郢。」伊尹嘗居於庖厨矣，○王念孫曰：「『居』疑當作『凥』。」太公嘗隱於釣魚矣，賢非衰也，智非愚也，皆無其具也。故凡立功名，雖賢必有其具然後可成。

宓子賤治亶父，恐魯君之聽讒人而令己不得行其術也，子賤，孔子弟子宓不齊。○畢沅曰：「『讒』舊本作『説』，訛，今改正。」將辭而行，請近吏二人於魯君，○畢沅曰：「家語屈節解『吏』字作『史』。下

〔一〕四部叢刊本「而」下有注「一作向」。

文『邑吏皆朝』竝同。」與之俱至於亶父。邑吏皆朝，宓子賤令吏二人書。吏方將書，宓子賤從旁時掣搖其肘。吏書之不善，則宓子賤爲之怒。吏甚患之，辭而請歸。宓子賤曰：「子之書甚不善，子勉歸矣。」勉猶趣也。二吏歸報於君，報魯君也。曰：「宓子不可爲書。」君曰：「何故？」吏對曰：「宓子使臣書，而時掣搖臣之肘，書惡而有甚怒，○維遹案：有讀爲又。家語襲此文作「又」。吏皆笑宓子，吏，邑吏也。此臣所以辭而去也。」魯君太息而歎曰：「宓子以此諫寡人之不肖也。寡人之亂子，而令宓子不得行其術，必數有之矣。○陶鴻慶曰：「『亂子』當作『亂宓子』。」○維遹案：陶説是。呂覽纂正有「宓」字。家語作「寡人亂宓子之政」，此省「之政」二字，亦通。微二人，寡人幾過。」遂發所愛，發，遣。而令之亶父，告宓子曰：「自今以來，亶父非寡人之有也，子之有也。有便於亶父者，子決爲之矣。五歲而言其要。」要，約最簿書。宓子敬諾，乃得行其術於亶父。三年，巫馬旗短褐衣弊裘而往觀化於亶父，○維遹案：巫馬旗，張本「旗」作「期」，與察賢篇、古今人表合。又案：淮南覽冥篇「短褐不完」，高注：「褐，毛布，如今馬衣。」墨子非樂上「萬人不可衣短褐」，孫詒讓云：「『短褐』即『裋褐』之借字。荀子大略篇作『豎褐』。豎與短、裋聲同。」見夜漁者，得則舍之。巫馬旗問焉，曰：「漁爲得也，今子得而舍之，何也？」對曰：「宓子不欲人之取小魚也。古者魚不尺不升于俎。宓子體聖人之化，爲盡類也，故不欲人取小魚。所舍者，小魚也。」巫馬旗歸，告孔子曰：「宓子之德至矣。使民闇行，闇，夜。若有嚴刑於旁。敢問宓子何以至於此？」孔子曰：「丘嘗與之言曰：『誠乎此者刑乎彼。』施至誠於近以化之，使刑行於遠。○梁玉繩曰：「淮南道應作『誠於此者刑於彼』。水經泗水注作『誠彼形此』。形、刑古通，然與注義別矣。」○陶鴻慶曰：「刑與形同。猶言誠中而形外也。高注讀刑爲本字，非。」○維遹案：吕覽纂「刑」正作「形」。宓子必行此術於亶父也。」夫宓子之得行此術也，魯君後得之也。魯君後得之者，宓子先有其備也。先有其備，豈遽必哉？○王引之曰：「詎與豈同義，故或以『豈詎』連文，或言『豈遽』，其義一而已矣。」此魯君之賢也。三月嬰兒，軒冕在前，弗知欲也，斧鉞在後，弗知惡也，慈母之愛諭焉，誠也。故誠有誠乃合於情，精有精乃通於天。○陶鴻慶曰：「兩『有』字皆讀爲又。『情』亦當爲『精』，上下文正相承。文子精誠篇云：『其所以能行者，精誠也。』又云：『故精誠内形，氣動於天。』可證此文之義。」乃通於天，水○畢沅曰：「五字疑誤衍。」○陳昌齊曰：「五字似尚可解。或『乃』字『水』字係誤衍耳。」○吳汝綸曰：「下『乃通於天』非重文也，乃讀爲能。『水』字屬下爲句。畢衍此五字，非。」○維遹案：吳説是。李本、凌本亦以「水」字屬下爲句。木石之性皆可動也，又況於有血氣者乎？故凡説與治之務莫若誠。以誠説則信著之，以誠治則化行之。聽言哀者不若見其哭也，聽言怒者不若見其鬭也，説與治不誠，其動人心不神。動，感。神，化。言不誠不能行其化也。

具備

呂氏春秋集釋卷第十九

榮成許維遹學

呂氏春秋訓解　高氏

離俗覽第七　高義　上德　用民　適威　爲欲　貴信　舉難

一曰：世之所不足者，理義也；人能蹈之者少，故曰不足。所有餘者，妄苟也。妄作苟爲，不尊理義，君子少，小人多，故有餘也。民之情，貴所不足，賤所有餘。所不足者，理與義也，故貴之。所有餘者，妄與苟也，故賤之。故布衣人臣之行，潔白清廉中繩，愈窮愈榮。繩，正也。行如此者，益窮困益有榮名。○陶鴻慶曰：「高注云：『繩，正也。』下文『所不足也』，注云：『所潔白中正，若周時伯夷，衛之弘演。』『潔白中正』即此文之『潔白中繩』，（高蓋讀中如字。）是其所見本無『清廉』二字。疑是高氏爲『潔白』二字作注而亂入正文者。」雖死，天下愈高之，所不足也。高，貴也。所潔白中正，若周時伯夷，衛之弘演，身雖死亡，天下聞之而益貴。然而以理義斲削，神農、黄帝猶有可非，微獨舜、湯！微亦非也。舜有卑父之謗，湯有放弑之事，然以通義斲削，神農、黄帝之行猶有可苛者，非獨舜與湯也。言雖聖不能無闕，況賢者乎！○畢沅曰：「注『卑父之謗』，見下舉難篇及淮南氾論訓。」○維遹案：注「猶有可苛者」，張本「苛」字作「非」。飛兔、要褭，古之駿馬也，材猶有短。飛兔、要褭，皆馬名也，日行萬里，馳若兔之飛，因以爲名也。材猶有短，力有所不足。褭字讀如曲撓之撓也。○維遹案：「要褭」或作「騕褭」，開元占經馬占引應劭漢書注作「騕褭」。「要褭」之名，本取叠韻，故他籍作「要裊」。後漢書張衡傳云：「斥西施而弗御兮，羈要裊以服箱。」章注引吕覽亦作「要裊」。故以繩墨取木，則宮室不成矣。正材難得，故宮室不成也。

舜讓其友石户之農，石户之農曰：「棬棬乎后之爲人也，○畢沅曰：「『棬棬』，莊子讓王篇作『捲捲』，釋文云：『音權，郭音眷，用力貌。』」葆力之士也。」以舜之德爲未至也，於是乎夫負妻戴攜子○畢沅曰：「『戴』，舊本作『妻』，訛，今依莊子改正。」以入於海，去之終身不反。舜又讓其友北人無擇，○俞樾曰：「廣韻二十五德『北』字注：『古有北人無擇。』則『北人』是複姓。古今人表作北人亡擇。」北人無擇曰：「異哉后之爲人也，居於甽畝之中，而游入於堯之門。不若是而已，已，止也。又欲以其辱行漫我，我羞之。」漫，汙也。而自投於蒼領之淵。投猶沈也。「蒼領」或作「青令」。○畢沅曰：「莊子作『清泠』，淮南齊俗訓亦同。」○維遹案：「蒼領」與「清泠」同。中山經亦作「清泠」。莊子釋文引此經云：「在江南。一云在江南郡西鄂山下。」所引蓋郭注之文也。薛綜注東京賦亦云：「清泠，水名，在南陽鄂山下。」與莊子釋文同。湯將伐桀，因卞隨而謀，卞隨辭曰：「非吾事也。」湯曰：「孰可？」卞隨曰：「吾不知也。」湯又因務光而謀，○畢沅曰：「莊子作『瞀光』，荀子成相篇作『牟光』。」務光曰：「非吾事也。」湯曰：「孰可？」務光曰：「吾不知也。」湯曰：「伊尹何如？」務光曰：「彊力忍詢，詢，辱也。○畢沅曰：

「莊子『詢』作『垢』。」吾不知其他也。」湯遂與伊尹謀夏伐桀，○畢沅曰：「莊子無『夏』字。」○松皋圓曰：「當作『謀伐夏桀』，文殺次耳。」克之。以讓卞隨，卞隨辭曰：「后之伐桀也，謀乎我，必以我爲賊也。勝桀而讓我，必以我爲貪也。吾生乎亂世，而無道之人再來詢我，吾不忍數聞也。」乃自投於潁水而死。以湯伐桀，故謂之無道之人也。以受湯之讓爲貪辱也。不忍聞之，故投水而死。潁出於潁川陽城西山中也。○畢沅曰：「梁仲子云：『水經潁水注引云：「卞隨恥受湯讓，自投此水而死。」張顯逸民傳、嵇叔夜高士傳竝言投洞水而死，未知其孰是也。』案莊子作『椆水』，釋文云：『本又作「桐水」，司馬本作「洞水」。』」○馬叙倫曰：「朱謀㙔云：『潁、洞古字通，故禮「潁衣」一作「絅」，是其例也。椆、桐二字皆誤。』」湯又讓於務光曰：「智者謀之，圖之也。武者遂之，遂，成也。○舊校云：「『武』一作『賢』。」仁者居之，居，處也。古之道也。吾子胡不位之？請相吾子。」胡，何。何不位天子之位也。言己請爲吾子爲相。○畢沅曰：「『位之』，莊子作『立乎』。」又曰：「注下『爲』字疑衍。」○俞樾曰：「『之』字衍文也。高注曰『何不位天子之位也』，則所據本正作『胡不位』。」務光辭曰：「廢上，非義也。上，天子，謂桀。廢之，非禮義也。殺民，非仁也。戰伐殺民，非仁心。人犯其難，我享其利，非廉也。吾聞之，非其義不受其利，無道之世不踐其土，況於尊我乎？吾不忍久見也。」乃負石而沈於募水。募，水名也，音千伯之伯。○畢沅曰：「募無伯音，疑『蓦』之訛。莊子作『廬水』，司馬本作『盧水』。」故如石户之農、北人無擇、卞隨、務光者，其視天下若六合之外，人之所不能察；察，見也。其視富貴也，苟可得已，則必不之賴。不之賴，不賴之也。賴，利也，一曰善也。高節厲行，獨樂其意，而物莫之害；不欲於物，故物無能害。不漫於利，不牽於埶，漫，汙。牽，拘也。而羞居濁世，惟此四士者之節。四士，謂石户之農，北人無擇，卞隨，務光。羞居亂世，皆遠引而去，或自投而死。此四人，介之大者。若夫舜、湯，則苞裹覆容，緣不得已而動，因時而爲，以愛利爲本，以萬民爲義。譬之若釣者，魚有小大，餌有宜適，羽有動靜。羽，釣浮也。

齊、晉相與戰，平阿之餘子亡戟得矛，失戟得矛，心不平。平阿，齊邑也。餘子，官氏也。與晉人戰，亡其所執戟，而得晉人之矛也。○劉先生曰：「注『失戟得矛，心不平』，與下文『却而去，不自快』注『失戟得矛，心不自安』相複，且『平阿，齊邑也。餘子，官氏也』二語不得在『失戟得矛，心不平』句下，疑下文之注誤竄入此句下也。」却而去，不自快，失戟得矛，心不自安。○畢沅曰：「舊校云：『「却」一作「退」。』案御覽三百五十三作『退而不自快』。」謂路之人曰：「亡戟得矛，可以歸乎？」路之人曰：「戟亦兵也，矛亦兵也，亡兵得兵，何爲不可以歸？」去行，心猶不自快，遇高唐之孤叔無孫，當其馬前曰：「今者戰，亡戟得矛，可以歸乎？」高唐，齊邑也。孤，孤特，位尊。叔，姓。無孫，名。守高唐之大夫也。餘子當其馬前而問之。叔無孫曰：「矛非戟也，戟非矛也，亡戟得矛，豈亢責也哉？」亢，當也。平阿之餘子曰：「嘻！還反戰，趨尚及之。」遂戰而死。叔無孫曰：「吾聞之，君子濟人於患，必離其難。」濟，入也。疾驅而從之，亦死而不反。反，還也。令此將衆，亦必不北矣。北，走也。令此處人主之旁，亦必死義矣。今死矣而無大功，其任小故也。任小者，不知大也。今焉知天下之無平阿餘子與叔無孫也？故人主之欲得廉士者，不可不務求。

齊莊公之時，莊公，名光，頃公之孫，靈公之子，景公之兄。有士曰賓卑聚，夢有壯子，白縞之冠，丹績之袧，袧，纓也。○畢沅曰：「『績』疑『繢』。」東布之衣，新素履，墨劍室，從而叱之，唾其面。惕然而寤，徒夢也，寤，覺。徒，但。○維遹案：「東布」亦見達鬱篇。左閔二年傳云「衛文公大布之衣」，杜注：「大布，麤布。」墨子兼愛下、淮南齊俗篇皆有「大布之衣」語。此作「東布」，其義未詳。終夜坐不自快。明日，召其友而告之曰：「吾少好勇，年六十而無所挫辱。今夜辱，吾將索其形，期得之則可，不得將死之。」每朝與其友俱立乎衢，三日不得，却而自歿。○舊校云：「『却』一作『退』。」○王念孫曰：「歿之言刎也。」○俞樾曰：「『歿』當爲『刎』。一切經音義引字略曰：『斷首曰刎。』又曰：『刎，古文歾同。』荀子彊國篇『是猶欲壽而歾頸也』，楊倞注曰：『歾當爲刎。』蓋古無『刎』字，古人每借『歾』爲『刎』。此又作『歿』者，歿即歾之或作體也。高義篇『歿頭乎王庭』，『歿』亦當爲『刎』。」謂此當務則未也，雖然，其心之不辱也，有可以加乎！加，上也。

離俗覽

二曰：君子之自行也，○舊校云：「『自』一作『爲』。」動必緣義，行必誠義，所行誠義也。俗雖謂之窮，通也。通，達也。行不誠義，動不緣義，俗雖謂之通，窮也。然則君子之窮通，有異乎俗者也。故當功以受賞，當罪以受罰。賞不當，雖與之必辭。辭，不敢受也。罰誠當，雖赦之不外。不敢遠也。度之於國，必利長久。長久之於主，必宜内反於心不慙然後動。○畢沅曰：「舊本『反』作『及』，孫據李善注文選崔子玉座右銘所引改。」○維遹案：李本「及」作「反」。

孔子見齊景公，景公，名杵臼，莊公光之弟，靈公環之子。景公致廩丘以爲養，孔子辭不受，入謂弟子曰：「吾聞君子當功以受禄。○松皋圓曰：「家語六本解、説苑立節篇『入』作『出』，是。」今説景公，景公未之行而賜之廩丘，其不知丘亦甚矣。」令弟子趣駕，辭而行。行，去也。孔子，布衣也，官在魯司寇，爲魯定公之司寇。萬乘難與比行，三王之佐不顯焉，取舍不苟也夫。○舊校云：「一作『不苟且也』。」

子墨子游公上過於越，公上過，子墨子弟子也。○畢沅曰：「墨子魯問篇作『公尚過』。」公上過語墨子之義，義，道。越王説之，○蘇時學曰：「越王當爲句踐之後。」謂公上過曰：「子之師苟肯至越，苟，誠也。請以故吴之地陰江之浦書社三百以封夫子。」社，二十五家也。三百社，七千五百家。公上過往復於子墨子，復，白也。子墨子曰：「子之觀越王也，能聽吾言、用吾道乎？」公上過曰：「殆未能也。」殆，近也。墨子曰：「不唯越王不知翟之意，雖子亦不知翟之意。若越王聽吾言、用吾道，翟度身而衣，量腹而食，○維遹案：舊校云：「『量』一作『裹』。」墨子亦作「量」字。比於賓萌，未敢求仕。賓，客也。萌，民也。○梁玉繩曰：「稱客民爲賓萌，頗新。」越王不聽吾言，不用吾道，雖全越以與我，吾無所用之。無用越爲之也。越王不聽吾言，不用吾道，而受其國，○舊校云：「『受』一作『愛』。」是以義翟也，義翟何必越，雖於中國亦可。」○畢沅曰：「墨子作『是我以義糶也。鈞之糶，亦於中國耳，何必於越哉！』此兩『翟』字訛。『糶』字無攷，當是『耀』字之誤。」○洪頤煊曰：「『翟』、『糶』皆『耀』字之譌。謂是我以義炫耀於人，何必越。」○維遹案：畢說是。爾雅釋詁「糶，賣也。」凡人不可不熟論。秦之野人，以小利之故，弟兄相獄，親戚相忍。今可得其國，恐虧其義而辭之，可謂能守行矣，其與秦之野人相去亦遠矣。

荆人與吴人將戰，荆師寡，吴師衆。荆將軍子囊曰：「我與吴人戰，必敗。敗王師，辱王名，虧壤土，忠臣不忍爲也。」不復於王而遁。復，白也。遁，走也。至於郊，使人復於王曰：「臣請死。」王曰：「將軍之遁也，以其爲利也。今誠利，將軍何死？」子囊曰：「遁者無罪，則後世之爲王臣者，○畢沅曰：「舊本缺『臣』字，今據說苑立節篇補。渚宮舊事作『則後之爲將者』。此處『者將』二字若乙轉，可不添『臣』字。」○陳昌齊曰：「舊本無『臣』字，不必補。『者將』二字倒誤。」將皆依不利之名而效臣遁，若是則荆國終爲天下撓。」撓，弱也。遂伏劍而死。王曰：「請成將軍之義。」○畢沅曰：「『之』字從渚宮舊事補。此脱在下句，下句可無『之』字。」乃爲之桐棺三寸，加斧鑕其上。○畢沅曰：「梁仲子云：『案此即左傳襄十四年楚子囊還自伐吴卒之事。檢傳上文言伐吴之役，爲吴所敗，未能全師而還。呂覽大與傳違。蓋子囊之死，適當旋師之時，遂相傳異說。夫見可知難，軍之善政，子囊何至自討？王亦何至忍與子玉、子反同誅？殆不可信。」人主之患，存而不知所以存，亡而不知所以亡，此存亡之所以數至也。郼、岐之廣也，郼，湯所居也。岐，武王所居也。萬國之順也，從此生矣。順，從。○舊校云：「『生』一作『至』。」荆之爲四十二世矣，○王念孫曰：「『爲』下當有『荆』字。」○孫鏘鳴曰：「『爲』下疑脱『國』字或『荆』字。」嘗有乾谿、白公之亂矣，靈王作乾谿之臺，百姓愁怨，公子棄疾弑之而立，是爲平王。白公勝，平王太子建之子也，出犇鄭，鄭人殺之〔一〕，勝請令尹子西、司馬子旗伐鄭復讎，許而未行。晉人伐鄭，子西、子旗率師救鄭，勝怒，殺令尹子西、司馬子旗。故曰「乾谿、白公之亂」也。○畢沅曰：「注舊本『殺之』作『殺報』，訛，今改正，并補『勝請』二字。」○諸以敦曰：「此指楚靈王自縊乾谿也。注云『靈王作乾谿之臺，百姓愁怨』，不引左氏而引公羊，非作書之意。」嘗有鄭襄、州侯之避矣，鄭襄、州侯事晉而伐楚，楚人避之也。○王念孫曰：「『襄』當作『褎』。避讀爲辟，謂淫辟也。舊本呂覽無注，此注乃後人妄加。」○維遹案：王説是。鄭褎、州侯助楚王淫辟事，見楚策四。而今猶爲萬乘之大國，○維遹案：姜本「今」上無「而」字。其時有臣如子囊與！子囊之節，非獨厲一世之人臣也。言子囊之忠，雖百世猶不可忘，故曰「非獨厲一世之人臣」。

荆昭王之時，有士焉曰石渚，○畢沅曰：「韓詩外傳二、新序節士篇、史記循吏傳皆作『石奢』，渚宫舊事與此同。」○維遹案：書鈔三十七引亦作「石奢」，漢書古今人表同。其爲人也公直無私，王使爲政。昭王，

〔一〕史記作「白公父建亡在鄭，鄭殺之，白公亡走吴」。

楚平王棄疾之子熊軫。道有殺人者，○畢沅曰：「『道』舊作『廷』，新序同，皆誤也。今從外傳、史記作『道』，方與下『追之』及『反立於廷』相合。」石渚追之，則其父也。○維遹案：則猶乃也。書鈔三十七引作「乃」。還車而反，立於廷曰：「殺人者，僕之父也。以父行法，不忍。不忍行刑於父，孝也。阿有罪，廢國法，不可。阿，私也。失法伏罪，人臣之義也。」於是乎伏斧鑕，請死於王。免父殺身，忠孝之義。王曰：「追而不及，豈必伏罪哉？子復事矣。」事，職事也。石渚曰：「不私其親，不可謂孝子。事君枉法，不可謂忠臣。君令赦之，○畢沅曰：「舊校云：『「君令」一作「令吏」。』案渚宮舊事作『令吏捨之』。」○劉師培曰：「書鈔三十七引『忠臣』作『竭忠』。」上之惠也。不敢廢法，臣之行也。」不去斧鑕，歿頭乎王廷。○維遹案：渚宮舊事引作「遂不去斧鑕，刎頸於王廷」。韓詩外傳二、新序節士篇亦作「刎頸」。歿、刎義同，說見離俗覽。正法枉必死，父犯法而不忍，王赦之而不肯，石渚之爲人臣也，可謂忠且孝矣。

高義

三曰：爲天下及國，爲，治也。莫如以德，莫如行義。以德以義，不賞而民勸，勸，善也。不罰而邪止，此神農、黃帝之政也。以德以義，則四海之大，江河之水，不能亢矣；○陶鴻慶曰：「『水』當爲『永』字之誤，與下『太華之高，會稽之險』文例並同。」太華之高，西岳也。會稽之險，山名，在吴郡。不能障矣；障，防也。闔廬之教，孫、吴之兵，不能當矣。孫、吴，吴起、孫武也。吴王闔廬之將也，兵法五千言是也。**故古之王者，德迴乎天地，**迴，通。○王念孫曰：「『迴』亦『迵』之誤，世人多見『迴』，少見『迵』，故『迵』誤爲『迴』矣。」**澹乎四海，**澹，之也。○畢沅曰：「注疑未是。劉本作『泊也』，亦是妄改。或是『安也』，與『憺』義同。」○王念孫曰：「注『之』字疑是『足』字之誤。」○俞樾曰：「高注曰『澹，之也』，『之』乃『足』字之誤。古書每以『澹』爲贍足之『贍』，漢書食貨志、司馬遷傳、東方朔傳、趙充國傳師古注竝曰：『澹，古贍字。』是其證也。畢校本謂澹、憺義同，疑是『安也』之誤，非是。」**東西南北極日月之所燭，天覆地載，愛惡不臧，**臧，匱也。○維遹案：「惡」，畢本作「思」。畢沅云：「『思』舊作『惡』。校云：『惡』一作『思』，今從舊校改。臧之訓匱，未知何出。」陳昌齊云：「『臧』疑作『減』，減與匱義近。」案：畢、陳説未審。舊本不誤，今改正。愛惡不臧，猶云愛惡而不匿藏，其義與上下文亦相應。注「匱」字乃「匿」之形譌。「臧」爲「藏」之本字，經傳多通用。重言篇注「匿，藏」，則臧亦可訓匿，是其例證。**虚素以公，**素，質也。惡其質以奉公，王之實也。○畢沅曰：「注『惡』疑當作『虚』，『王』疑當作『正』。」**小民皆之。**皆公己也。○畢沅曰：「『己』亦疑是『正』之誤。」○維遹案：畢説是。然正文「之」字亦爲「正」之譌。之、正二字隸書形似。言在上者能虚其質以奉公正，則小民自皆公正也。老子曰：「我好静而民自正。」即其義也。**其之敵而不知其所以然，此之謂順天。**○維遹案：「其」下「之」字，「之」猶「與」也。敵與適古通。適，往也。此言小民與王偕往而不知其所以然也。若如字，則與全篇之意違矣。**教變容改俗而莫得其所受之，**得猶知也。**此之謂順情。**情，性也。順其天性也。**故古之人身隱而功著，形息而名彰，**身没於前，名明於後世。**説通而化奮，利行乎天下，**利民之化，行滿天下。**而民不識，**識，知也。堯時民不知堯德，以季世視之則覩也。**豈必以嚴罰厚賞哉？嚴罰厚賞，此衰世之政也。**

三苗不服，禹請攻之，三苗，遠國，在豫章之彭蠡也。舜曰：「以德可也。」行德三年而三苗服。○畢沅曰：「孫云：『李善注文選王元長曲水詩序「行德」作「修德」。』」孔子聞之曰：「通乎德之情，則孟門、太行不爲險矣。孟門，太行之險也。太行塞在河内野王之北上黨關也。○畢沅曰：「注『之險也』疑是『皆險也』。」故曰：德之速，疾乎以郵傳命。」○孫志祖曰：「王厚齋謂『此可以證孟子引孔子之言』。」○梁履繩曰：「鹽鐵論論勇『德之召遠，疾於馳傳重驛』，亦本之。」周明堂，金在其後，有以見先德後武也。作樂金鎛在後，故曰「先德後武」。舜其猶此乎？○舊校云：「『此』一作『上』。」其臧武通於周矣。

晉獻公爲麗姬遠太子，太子申生居曲沃，○沈欽韓曰：「水經注：『涑水又西南逕左邑縣故城南，故曲沃也。』一統志：『左邑故城，今絳州聞喜縣治。』按續志注：『曲沃在聞喜縣東北數里。』」公子重耳居蒲，○沈欽韓曰：「一統志：『故蒲城，今大名府長垣縣治。』」公子夷吾居屈。麗姬謂太子曰：「往昔君夢見姜氏。」太子祠而膳於公，姜氏，申生母也。膳，胙之也。○畢沅曰：「注『之』字疑衍。」○王念孫曰：「昔與夕同。」麗姬易之。易猶毒也。○畢沅曰：「梁仲子疑是易以毒也。汪本改作『置也』，義不足。」公將嘗膳，姬曰：「所由遠，請使人嘗之。」太子自曲沃歸膳，故曰「所由遠」。姬施酖於酒，寘毒於肉，故先使人嘗之。嘗人人死，食狗狗死，○維遹案：「狗」字姜本、張本作「犬」，殆據左僖四年傳改。故誅太子。太子不肯自釋，釋，理也。曰：「君非麗姬，居不安，食不甘。」遂以劍死。○畢沅曰：傳云：『縊於新城。』」○梁玉繩曰：「匠誨云：『内、外傳皆言申生自縊，獨穀梁言刎脰而死。此言劍死，殆用穀梁説。』」公子夷吾自屈奔梁。公子重耳自蒲奔翟。去翟過衛，衛文公無禮焉。文公名燬，宣公庶子頑烝宣姜而生之。無禮，不禮重耳也。過五鹿如齊，○維遹案：左僖二十三年傳杜注：「五鹿，衛地。」今衛縣西北有地名五鹿，陽平元城縣東亦有五鹿。沈欽韓云：「元城之五鹿，當是沙鹿地誤。」引水經注爲證。其説是也。齊桓公死。去齊之曹，曹共公視其駢脅，使袒而捕池魚。共公名襄，昭公之子。○畢沅曰：「此與淮南人間訓同。黄氏日抄云：『恐無此理。』」○洪亮吉曰：「説文：『骿，并脅也。』晉文公骿脅，論衡作『比脇』，金樓子作『胼脇』，並同。今左傳本作『駢』，駢、骿古字一也。然駢脅亦非曰其相，大抵多力者合榦居多，故史記商君傳趙良謂鞅曰：『多力而駢脅者參乘。』是矣。」去曹過宋，宋襄公加禮焉。襄公名兹父，桓公御説之子。之鄭，鄭文公不敬，文公名捷，鄭厲公之子。被瞻諫〔一〕曰：「臣聞賢主不窮窮。○馬叙倫曰：「下『窮』字借爲『終』。莊子在宥篇『躬身求之，乃今也得』，躬身即終身也，此終、窮可通之證。」今晉公子之從者，皆賢者也。君不禮也，不如殺之。」鄭君不聽。去鄭之荆，荆成王慢焉。慢，易，不敬也。傳曰：「及楚，楚子饗之曰：『公子若反晉國，則何以報不穀？』對曰：『子女玉帛則君有之，羽毛齒革則君地生焉，其波及晉國者，君之餘也，其何以報君？』曰：『雖然，則何以報我？』對曰：『若以君之靈得反晉國，晉、楚治兵，遇于中原，其避君三舍。若不獲命，其左執鞭弭，右屬櫜鞬，以與君周還。』子玉請殺之，楚子曰：『晉公子廉而儉，文而有禮。其從者肅而寬，忠而能力。晉侯無親，外内惡之。吾聞姬姓，唐叔之後，其後衰者也。其將由晉公子重耳乎？天將興之，誰能廢之？違天必有大咎。』乃送諸秦。」推此言之，不得爲慢之也。○畢沅曰：「注

〔一〕四部叢刊本「諫」下有注「一作曰」。

本左傳。『雖然』下『則』字衍。『廉而儉』，傳作『廣而儉』，無『重耳』二字。」去荆之秦，秦繆公入之。入，晉納也。○畢沅曰：「注當云『納之晉也』。」○維遹案：注當作「入猶納也」。「猶」字爛脱爲「酉」，「酉」與「晉」形近，故譌爲「晉」字。後無義篇注「入猶納也」，是其切證。晉既定，興師攻鄭，求被瞻。被瞻謂鄭君曰：「不若以臣與之。」鄭君曰：「此孤之過也。」被瞻曰：「殺臣以免國，臣願之。」被瞻入晉軍，文公將烹之。被瞻據鑊而呼曰：「三軍之士皆聽瞻也，自今以來，無有忠於其君，忠於其君者將烹。」文公謝焉。罷師，歸之於鄭。且被瞻忠於其君而君免於晉患也，行義於鄭而見説於文公也，故義之爲利博矣。博，大也。

墨者鉅子孟勝，善荆之陽城君，鉅子、孟勝，二人學墨道者也，爲陽城君所善。○畢沅曰：「莊子天下釋文引向秀云：『墨家號其道理成者爲鉅子，若儒家之碩儒。』此注非。下云『我將屬鉅子於宋之田襄子』，亦以名歸之，而使其弟子皆從之受學也。」陽城君令守於國，毀璜以爲符，約曰：「符合聽之。」荆王薨，羣臣攻吴起，兵於喪所，陽城君與焉，荆罪之。陽城君走，荆收其國。孟勝曰：「受人之國，與之有符，今不見符，而力不能禁，不能死，不可。」○陶鴻慶曰：「『與之有符』，『有』字當在『不能死』上，讀爲又。」其弟子徐弱諫孟勝曰：「死而有益陽城君，死之可矣。無益也，而絶墨者於世，不可。」孟勝曰：「不然。吾於陽城君也，非師則友也，非友則臣也，不死，自今以來，求嚴師必不於墨者矣，求賢友必不於墨者矣，求良臣必不於墨者矣。死之，所以行墨者之義，而繼其業者也。義，道。繼，續也。我將屬鉅子於宋之田襄子，我，謂孟勝也。屬，託也。○孫詒讓曰：「田襄子言行無攷。説苑尊賢篇有衛君問田讓語，疑即田襄子。」田襄子，賢者也，何患墨者之絶世也！」田襄子，亦墨者也。徐弱曰：「若夫子之言，弱請先死以除路。」還殁頭前於孟勝。因使二人傳鉅子於田襄子。二人，孟勝之弟子也。傳，送也。○維遹案：此文猶云還殁頭於孟勝前，孟勝因使二人傳鉅子於田襄子。呂文辭例倒略，往往類此。校者若强改文從義順，失之遠矣。孟勝死，弟子死之者百八十。三人以致令於田襄子，○畢沅曰：「句上當有『二人』二字。以猶已也。」○吳闓生曰：「畢説非也。上文『百八十』爲句，『三人』下屬，『三』乃『二』之誤耳。○維遹案：淮南泰族篇云：「墨子服役百八十人，皆可使赴火蹈刃，死不旋踵，化之所致也。」與吳説合。欲反死孟勝於荆。田襄子止之曰：「孟子已傳鉅子於我矣，當聽。」○維遹案：「當聽」，畢本作「不聽」。畢沅云：「舊本作『當聽』，非，今改正。」松皋圓云：「此田襄子諭二人之辭也。言我既受鉅子之號，則二人亦屬我門下，須從我言，無反死耳。畢校臆斷，改作『不聽』，可謂妄矣。」案：松説是。今改從舊本。遂反死之。反死孟勝於荆。墨者以爲不聽鉅子不察，○孫鏘鳴曰：「『墨者以爲』十字，疑有誤文。」○維遹案：察猶知也。謂墨者以爲不聽鉅子之言，是爲不知墨者之義也。於義亦通。嚴罰厚賞不足以致此。今世之言治，多以嚴罰厚賞，此上世之若客也。○畢沅曰：「義未詳。」○梁履繩曰：「『上世』即上文神農、黄帝之時，『不賞而民勸，不罰而邪止』也。『若客』疑即使民如借之義。」○維遹案：「若客」疑爲「苛察」，形似之誤。謂上世言治，雖不重賞罰，而民自趨於正，故上文云神農、黄帝之時，「不賞而民勸，不罰而邪止」也。今世言治，雖重賞罰，而政反趨於亂，故上文云「嚴罰厚賞，此衰世之政也」。然則今世之言治，多以嚴罰厚賞，即上世所謂苛察者也。細繹全篇文義自明矣。莊子天下篇云「君子不爲苛察」，淮南道應篇云「其爲政也，以苛爲察」，竝其義。梁説不可從。

上德

四曰：凡用民，太上以義，其次以賞罰。其義則不足死，賞罰則不足去就，若是而能用其民者，古今無有。民無常用也，無常不用也，唯得其道爲可。可用也。闔廬之用兵也不過三萬，闔廬，吳王光也。吳起之用兵也不過五萬。吳起，衛人，爲楚將。萬乘之國，其爲三萬五萬尚多。今外之則不可以拒敵，内之則不可以守國，其民非不可用也，不得所以用之也。不得所以用之，○畢沅曰：「孫云：『御覽二百七十一『守國』作『守固』。兩『用之』下皆有『術』字，然案下文似不當有。」國雖大，勢雖便，卒無衆，何益？不知用之，何益於不能以尅敵也。古者多有天下而亡者矣，其民不爲用也。自古以來，有天下者多，而多無遺。民不爲之用，故滅亡。用民之論，不可不熟。劍不徒斷，車不自行，或使之也。夫種麥而得麥，種稷而得稷，人不怪也。用民亦有種，不審其種，而祈民之用，惑莫大焉。祈，求。

當禹之時，天下萬國，至於湯而三千餘國，○吳先生曰：「周書殷祝解：『湯放桀而復薄，三千諸侯大會。』與此説同。又公羊説云：『殷三千諸侯。』蓋本於此。」今無存者矣，皆不能用其民也。民之不用，賞罰不充也。當賞不賞，當罰不罰，則民不懷不威，故不爲之用也。○維遹案：「充」下疑脱「實」字。下文「賞罰皆有充實」，即承此而言。湯、武因夏、商之民也，得所以用之也。管、商亦因齊、秦之民也，得所以用之也。管，管仲。商，商鞅。民之用也有故，故，事也。○維遹案：故，所以也。言用民之道，必有其所以也。下文「用民有紀有綱」，即其義。高訓故爲事，失之。得其故，民無所不用。用民有紀有綱，壹引其紀，萬目皆起，壹引其綱，萬目皆張。爲民紀綱者何也？欲也惡也。何欲何惡？欲榮利，惡辱害。辱害所以爲罰充也，榮利所以爲賞實也。賞罰皆有充實，則民無不用矣。無不可用也。闔廬試其民於五湖，劍皆加於肩，地流血幾不可止；試，用，習肄之也。句踐試其民於寢宮，○畢沅曰：「舊作『寢官』，劉本作『寢宮』。案劉勰新論閲武篇正作『寢宮』，今從劉本。○維遹案：張本亦作『寢宮』。御覽二百七十九引同。民爭入水火，○畢沅曰：「韓非内儲説上：『越王將復吴而試其教，燔臺而鼓之，使民赴火者，賞在火也，臨江而鼓之，使人赴水者，賞在水也。』即此事。」死者千餘矣，遽擊金而却之，却猶止也。○畢沅曰：「舊校云：『「却」一作「退」。』案：新論正作『退』。」○維遹案：御覽引「却」亦作「退」。賞罰有充也。○松皋圓曰：「『充』下當有『實』字。」○鹽田曰：「淵鑑『講武』條引作『賞罰有充實也』。」莫邪不爲勇者興懼者變，莫邪，良劍也。不爲勇者利、怯者鈍也。○王念孫曰：「『興』當爲『與』。莫邪不爲勇者與懼者變，言不爲勇者變而大利，不爲怯者變而大鈍也。」○維遹案：王説是。元刻本舊校云：「『興』一作『與』。」勇者以工，懼者以拙，能與不能也。○陶鴻慶曰：「此爲能用其民者設譬。『能與不能也』，疑當作『能用與不能用也』，奪兩『用』字，則義不明。」夙沙之民，自攻其君，而歸神農。夙沙，大庭氏之末世也。其君無道，故自攻之。神農，炎帝。○梁玉繩曰：「淮南道應作『宿沙』，古字通。逸周書史記解作『質沙』。」密須之民，自縛其主，而與文王。詩云：「密人不共，敢距大邦。」此之謂也。○沈欽韓曰：「方輿紀要：『陰密城在涇州靈臺縣西五十里，志云：古之密國也。』」湯、武非徒能用其民也，又能用非己之民。能用非己之民，國雖小，卒雖少〔一〕，功名猶可立。立，成也。古昔多由布衣定一世者矣，終一人之身爲世。○徐時棟曰：「上言神農、文王、湯、武，下言三代，是一世者，天下也。注誤。」○陶鴻慶曰：「一世猶言天下。下篇云：『舜，布衣而有天下。』與此文異而義同。高注失之。」皆能用非其有也。用非其有之心，不可察之本。本，始也。○畢沅曰：「似當云『不可不察之本』，少一『不』字。」三代之道無二，以信爲管。管，准法。

宋人有取道者，其馬不進，倒而投之㶉水。倒，殺。投，棄之。○畢沅曰：「梁仲子云：『水經淮水注引作「投之雞水」。』」○王念孫曰：「倒與殺義不相近，『倒』當爲『剄』。説文曰：『剄，刑也。』故高訓爲殺。今本作『倒』者，俗書『剄』字作『𠝤』，形與『到』相似，『剄』譌爲『到』，（史記韓世家『不如出兵以到之』，『剄』譌作『到』，是其例。）後人又加人旁耳。羣書治要引此作『剄而投之谿水』，論衡非韓篇云『宋人有御馬者，不進，剄而棄之於溝中』，此皆其明證

〔一〕四部叢刊本「少」下有注「一作年雖少」。

矣。」又曰：「水經淮水注云：『鷄水出雞坡，呂氏春秋曰：「宋人有取道者，其馬不進，投之雞水。」是也。』據此，則雞爲水名。然論衡言『到而棄之溝中』，溝與谿同類，則作谿者是也。此直爲殺而投之谿中耳，非謂水名也。谿、雞形近而譌。酈氏因以爲汝南思善之雞水，誤矣。『谿』或作『溪』，『雞』或作『鷄』，今本作『瀏』，則又『溪』、『鷄』二字之合譌也。」○茆泮林曰：「御覽引正文『倒』作『到』，引注『到，殺』。今本『倒』恐『到』之譌。」又復取道，其馬不進，又倒而投之瀏水。如此者三。雖造父之所以威馬，不過此矣。不得造父之道，而徒得其威，無益於御。無益於不知御之道。人主之不肖者，有似於此。不得其道，而徒多其威。威愈多，民愈不用。民不爲之用。亡國之主，多以多威使其民矣。○王念孫曰：「治要無下『多』字。」故威不可無有，而不足專恃。譬之若鹽之於味，凡鹽之用，有所託也，不適則敗託而不可食。○孫先生曰：「『敗託』當作『敗所託』。此緊承上句而言。治要引有『所』字。」威亦然，○王念孫曰：「治要引『然』下有『矣』字。」必有所託，然後可行。行之也。惡乎託？託於愛利。○王念孫曰：「治要有注云：『愛則利民。』」愛利之心諭，威乃可行。威太甚則愛利之心息，愛利之心息而徒疾行威，身必咎矣〔一〕，此殷、夏之所以絶也。君，利勢也，次官也。處次官，執利勢，不可而不察於此。○俞樾曰：「『次官』二字，義不可通，疑當作『大官』。蓋『大』誤作『欠』，因誤作『次』矣。貴公篇曰：『夫相，大官也。處大官者不欲小察。』

〔一〕四部叢刊本「矣」下有注「咎一作見」。

可以爲證。」○劉師培曰：「『次』爲『羡』之捝。」○維遹案：俞說義勝。夫不禁而禁者，其唯深見此論邪！

用民

五曰：先王之使其民，若御良馬，輕任新節，節，節也。○畢沅曰：「注疑『節，飾也』。或是『節，節其力也』。」○維遹案：「新節」當作「執節」，注「節，節也」當作「節，策也」，皆因形近而誤。淮南主術篇謂「造父之御，執節于掌握之間」，注：「節，策也。」是其證。畢說非是。欲走不得，故致千里。善用其民者亦然。民日夜祈用而不可得，祈，求也。若得爲上用，民之走之也，若決積水於千仞之谿，七尺曰仞。其誰能當之？周書曰：「民善之則畜也，不善則讎也。」周書，周公所作。畜，好。有讎而衆，不若無有。厲王，天子也，厲王名胡。諡法：「殺戮不辜曰厲。」周夷王之子，宣王之父。有讎而衆，故流于彘，禍及子孫，流，放也。彘，地名，今河東永安是也。微召公虎而絶無後嗣。微，無也。虎臣宣王。詩云：「王命召虎，式辟四方，徹我疆土。」此之謂也。○畢沅曰：「趙云：『此注大繆。』周本紀云：『厲王太子靜匿召公家，國人圍之，召公以己子代太子，太子得免，是爲宣王。』是也。『虎臣宣王』，似當作『虎，宣王臣』。」今世之人主，多欲衆之，○畢沅曰：「似當作『多欲民衆』。」○維遹案：「多欲衆之」，之指民言，雖不改字亦通。而不知善，此多其讎也。不善則不有，不得有其位。○畢沅曰：「注『位』當作『衆』。下同。」○陶鴻慶曰：「『不善則不有』，『善』乃『若』字之誤，『則』字衍文，本云『此多其讎也，不若不有』。上文云：『周書曰：「民善之則畜也，不善則讎也。」有讎而衆，不若無有。』」

是其證矣。『善』字隸書或作『善』，與『若』相似，故『若』誤爲『善』，後人又加『則』字以成文耳。高注云：『不得有其位。』是其所據本已誤。」有必緣其心愛之謂也。緣其仁心，故曰「心愛之謂也」。○畢沅曰：「似當作『故曰愛之謂也』」。」有其形，不可謂有之。形，體也。不可謂有天下之位也。舜，布衣而有天下。桀，天子也，而不得息，由此生矣。息，安也。不得安其位，由此多其讎生矣。有無之論，不可不熟。熟猶知。湯、武通於此論，故功名立。立猶見也。

古之君民者，仁義以治之，愛利以安之，忠信以導之，導猶先也。務除其災，思致其福。○維遹案：治要、御覽引「致」上竝無「思」字。故民之於上也，若璽之於塗也，抑之以方則方，抑之以圜則圜；○維遹案：璽之沿革，郝懿行證俗文論之甚詳，謂其璽封之者曰泥，濡之者曰塗，引西京雜記及此文爲證。案塗即封泥。今驗此物，其制爲土凷，面有印文，背有版痕及繩跡，其色或青或紫，其填於印齒中者則爲正方，其施於無印齒之簡牘者則爲圓形。高無注者，緣漢時此物通行易明，故不煩解。淮南齊俗篇云「若璽之抑埴，正與之正，側與之側」，許注云：「埴，泥也。」若五種之於地也，必應其類，而蕃息於百倍，此五帝三王之所以無敵也。無能敵之也。身已終矣，而後世化之如神，從其化有如神也。其人事審也。其所施行，皆可爲人法式，故曰審也。

魏武侯之居中山也，○畢沅曰：「韓詩外傳十、新序雜事五俱作魏文侯。」○梁玉繩曰：「淮南道應亦作武侯。」○維遹案：攻中山爲文侯之事，樂成篇、魏策、史記魏世家皆有明文。外傳、新序作文侯是也。淮南蓋沿此而誤，不足爲據。問於李克曰：「吴之所以亡者何也？」武侯，文侯之子也。樂羊伐中山得中山，故武侯居之也。○維遹案：漢志儒家李克七篇，注云：「子夏弟子，爲魏文侯相。」據期賢篇、魏世家，文侯亦師子夏。其書隋、唐志不著録，佚已久，馬國翰有輯本一卷。李克對曰：「驟戰而驟勝。」驟，數也。武侯曰：「驟戰而驟勝，國家之福也。○維遹案：韓詩外傳、新序竝無「家」字。其獨以亡，何故？」○陳昌齊曰：「『其』當作『吴』。」○維遹案：淮南、韓詩外傳、新序同。其即指吴言。對曰：「驟戰則民罷，驟勝則主驕。以驕主使罷民，然而國不亡者，天下少矣。驕則恣，恣則極物。極盡可欲之物。罷則怨，怨則極慮。極其巧欺不臣之慮。上下俱極，吴之亡猶晚，猶，尚。此夫差之所以自歿於干隧也。」爲越所破，自剄於干隧。東野稷以御見莊公，進退中繩，○舊校云：「『退』一作『却』。」下同。左右旋中規。東野，姓。稷其名。莊公曰：「善。」以爲造父不過也。過猶勝也。使之鉤百而少及焉。不達也。○孫鏘鳴曰：「莊子達生篇作『使之鉤百而返』，釋文：『司馬云：「稷自矜其能，圓而驅之，如鉤復迹，百反而不知止。」』」○章炳麟曰：「百即今阡陌之陌字。鉤陌，謂般旋陌上一周也。」顔闔入見，見，謁也。莊公曰：「子遇東野稷乎？」對曰：「然。臣遇之。按魯世家，莊公，桓公之子同也。顔闔在春秋後，蓋魯穆公時人也，在莊公後十二世矣。若實莊公，顔闔爲妄矣。若實顔闔，莊公爲妄矣。由此觀之，咸陽市門之金，固得載而歸也。○畢沅曰：「梁伯子云：『東野稷事，此本於莊子達生篇，釋文曰：「李云魯莊公。」或云顔闔不與魯莊公同時，當是衛莊公。』」余攷莊子人間世言「顔闔將傅衛靈公太子」，讓王言「魯君致幣顔闔」，李云「魯哀公」，亦見本書貴生篇，又莊子列禦寇篇言「魯哀公問顔闔」，則此爲衛莊公是也。而荀子哀公篇、韓詩外傳二、新序雜事五、家語顔回篇皆云「魯定公問顔回，東野之御」，蓋傳聞異辭耳。高氏未加詳考，誤以爲魯莊公，訾吕子妄説，思載咸陽市門之金而歸，何其陋也。又荀、韓、新序、人表、家語「稷」字竝作「畢」。』」其馬必敗。」○維遹案：治要引「必」作「將」，與莊子達生篇、荀子哀公問篇合。莊公召顔闔而問之曰：「子何以知其敗也？」顔闔對曰：「夫進退中繩，左右旋中規，造父之御，無以過焉。鄉臣遇之，猶求其馬，臣是以知其敗也。」○維遹案：治要引「東野」下有「稷」字，當據補。善當自求於心，而反求於御馬速疾，故知其敗也。○畢沅曰：「此注非是。『猶求其馬』，即下所云『極』是也。」故亂國之使其民，○維遹案：莊子則陽篇「之」字下有「君」字。淮南齊俗篇、文子下德篇有「法」字。不論人之性，不反人之情，煩爲教而過不識，過，責。識，知。數爲令而非不從，令不可從，而非人不從之也。巨爲危而罪不敢，不敢登其危者而罪之也。○維遹案：莊子作「大爲難而罪不敢」，文異而義同。重爲任而罰不勝。不能勝其所任者而罪之也。○維遹案：莊子、淮南、文子文竝與此同。惟治要引吕文「罰」作「罪」，又引注「罪」作「罰」，亦通。民進則欲其賞，退〔一〕則畏其罪。知其能力之不足也，則以爲繼矣。以爲繼知，則上又從而罪之，罪之，罪其爲也。○畢沅曰：「『則以爲繼矣，以爲繼知』，疑當作『則

〔一〕四部叢刊本「退」下有注「一作知」。

難以爲繼矣，難以爲繼』，脱兩『難』字。下『知』字衍。」○陳昌齊曰：「二『爲』字疑當作『僞』。『知』字衍。注『爲』字亦當作『僞』。」○洪頤煊曰：「『繼』當是『㡭』字之譌。『㡭』古『絶』字。下『知』字當在下句『以爲繼』上。言知能力之不足，則自以爲絶矣。知以爲絶，則上又從而罪之。義亦得通。」○俞樾曰：「畢謂下『知』字衍，是也。謂脱兩『難』字，非也。爲當讀作僞，古字通用。『知其能力之不足也，則以僞繼矣。以僞繼，則上又從而罪之』，文義甚明。莊子則陽篇亦有此文，大略相同，正作『民知力竭，則以僞繼之』，可證明此文之義。」○陶鴻慶曰：「爲與僞同。『則以爲繼矣』，當作『則以爲繼之矣』。『以爲繼知』，『知』亦『之』字之誤。莊子則陽篇正作『民智力竭，則以僞繼之』，是其證也。畢校非是。」○維遹案：陳、俞説近是。惟下「知」字不衍，疑「知」爲「矣」字之壞。呂氏文例往往類此。治要雖截引此文，「爲」竝作「僞」，注同。**是以罪召罪，**召，致也。**上下之相讎也，由是起矣。故禮煩則不莊，業煩則無功，**○舊校云：「一作『准』。」○維遹案：治要引「煩」作「衆」。**令苛則不聽，禁多則不行。**設禁而不禁，爲不行也。**桀、紂之禁，不可勝數，故民因而身爲戮，**○畢沅曰：舊校云：「『因』一作『用』。」案當是『困』字。」○孫先生曰：「『故民因而身爲戮』，本作『故民不用而身爲戮』。舊校作『用』者，蓋脱『不』字，今本又轉誤爲『因』，故文不可説。治要引正作『故民不用而身爲戮』。畢校非。」**極也，不能用威適。**適，宜也。○陳昌齊曰：「『不能用威適宜也』，據文義當爲『極也』句下之注。原本誤以『不能用威適』爲正文，而以『宜也』爲注，遂多出『適』字。」陶鴻慶説同。**子陽極也好嚴，**○陳昌齊曰：「『極也』二字因上文而誤衍。」俞樾、陶鴻慶説同。**有過而折弓者，恐必死，遂應猘狗而弑子陽，極也。**子陽，鄭君也，一曰鄭相也。好嚴猛，於罪刑無所赦。家人有折弓者，恐誅，因國人有逐猘〔一〕狗之擾而殺子陽，極於刑之故也。周鼎有竊，曲狀甚長，上下皆曲，以見極之敗也。未聞。○舊校云：「『竊』一作『窮』。」○孫鏘鳴曰：「竊，未詳何物。『有』必是『著』之誤。詳見慎勢篇。」

適威

六曰：使民無欲，上雖賢，猶不能用。民無欲，不爲物動，雖有賢君，不能得用之也。夫無欲者，其視爲天子也與爲輿隸同，輿，衆也。其視有天下也與無立錐之地同，同，等也。其視爲彭祖也與爲殤子同。彭祖，殷賢大夫也，蓋壽七百餘歲。九歲以下爲下殤，七歲以下爲無服殤。○吳先生曰：「喪服傳：『年十九至十六爲長殤，十五至十二爲中殤，十一至八歲爲下殤，不滿八歲以下爲無服之殤。』計殤皆以十二箇月爲一歲，注當云『十一歲以下爲下殤』，即生世一百三十二箇月者爲下殤。如入一百三十三箇月之限，則爲中殤矣。今注作『九歲以下』，誤。」又曰：「殤有三等，注不言上殤中殤，而以下殤釋殤子者，蓋十九將冠，十五爲志學之年，皆有成人之端，故不數也。」天子至貴也，天下至富也，彭祖至壽也，誠無欲則是三者不足以勸。勸，樂也。輿隸至賤也，無立錐之地至貧也，殤子至夭也，誠無欲則是三者不足以禁。會有一欲，則北至大

〔一〕「猘」，原作「狡」，據諸子集成本改。

夏，南至北户，西至三危，東至扶木，不敢亂矣；亂猶難也。○畢沅曰：「錢詹事云：『扶木即蟠木。古音扶如酺，聲轉爲蟠。漢書天文志「奢爲扶」，鄭氏云：「扶當爲蟠。」』」犯白刃，冒流矢，趣水火，○舊校云：「『趣』一作『赴』。」不敢却也；却猶止也。晨寤興，務耕疾庸，𣟂𣟂，古耕字。○畢沅曰：「上既云『務耕疾庸』，則𣟂必非耕字。又似屬下句，闕疑可也。」○梁玉繩曰：「廣雅『𦔳，耕也』，音弋。五音集韻作『穓』，疑與『𣟂』是一字。然上下必有脱文。」○維遹案：王念孫校本改注「𣟂，古耜字」。爲煩辱，不敢休矣。故人之欲多者，其可得用亦多；人之欲少者，其得用亦少；○孫鏘鳴云：「以上句例之，『得』上脱一『可』字。」○孫先生曰：「御覽六百二十五引『得』上有『可』字。」無欲者，不可得用也。人之欲雖多，而上無以令之，人雖得其欲，人猶不可用也。○孫先生曰：「『用』上當有『得』字，上下文竝作『得用』，此不應獨異，蓋誤脱。」令人得欲之道，不可不審矣。

善爲上者，能令人得欲無窮，故人之可得用亦無窮也。○維遹案：御覽引作「能令人欲無窮，故人亦可得用而無窮」。蠻夷反舌殊俗異習之國，反舌，夷語，與中國相反，故曰「反舌」也。其衣服冠帶，宫室居處，舟車器械，聲色滋味皆異，其爲欲使一也。一，同也。三王不能革，不能革而功成者，順其天也。天，身也。桀、紂不能離，不能離而國亡者，逆其天也。逆而不知其逆也，湛於俗也，久湛而不去則若性。性異非性，不可不熟。○孫鏘鳴曰：「『異』疑『與』。」○陶鴻慶曰：「『異』當爲『與』字之誤。」不聞道者，何以去非性哉？無以去非性，則欲未嘗正矣。欲不正，以治身則天，以治國則亡。故古之聖王，審順其天而以行欲，則民無不令矣，○維遹案：令謂聽從也。令、聆古今字，廣雅釋詁：「聆，從也。」功無不立矣。聖王執一，四夷皆至者，其此之謂也。執一者，至貴也。至貴者無敵。聖王託於無敵，故民命敵焉。○陳昌齊曰：「下『敵』字當作『繫』。淮南齊俗訓云『聖人託於無敵，故民命繫焉』，語蓋本此。」

羣狗相與居，皆靜無爭。投以炙雞，則相與爭矣，炙雞，狗所欲之，故鬬爭之。○畢沅曰：「注兩『之』字皆衍。」○丁聲樹曰：「正文及注『炙雞』皆當爲『雞炙』。炙與跖通。用衆篇高注云：『跖，雞足踵。』説文：『跖，足下也。』漢書賈誼傳字作『⿰足炙』，从炙聲。本味篇『貛貛之炙』，王念孫云『炙讀爲雞跖之跖』，是也。」或折其骨，或絶其筋，爭術存也。爭術存，因爭。不爭之術存，因不爭。取爭之術而相與爭，萬國無一。○孫鏘鳴曰：「上『爭』字上當有『不』字。」○陶鴻慶曰：「『而相與爭』，當作『而不爭』，涉上文『則相與爭矣』而誤。」凡治國，令其民爭行義也。亂國，令其民爭爲不義也。彊國，令其民爭樂用也。弱國，令其民爭競不用也。夫爭行義、樂用，與爭爲不義、競不用，此其爲禍福也，天不能覆，地不能載。言其大也。

晉文公伐原，原，晉邑。文公復國，原不從，故伐之。今河内軹縣北原城是也。與士期七日，七日而原不下，下，降。○畢沅曰：「僖廿五年左氏傳、淮南道應訓俱作『三日』，韓非外儲説左上作『十日』，新序雜事四作『五日』。」命去之。謀士言曰：「原將下矣。」○王念孫曰：「『謀士』當爲『諜出』，字形相似而誤。（『諜』旁『世』

字，唐人避諱作『廿』，遂與『諜』相似而誤。漢書藝文志『大歲諜日晷二十九卷』，今本『諜』誤作『謀』。史記夏本紀『稱以出』，大戴禮五帝德篇譌作『稱以上士』，墨子號令篇『若贖出親戚所知罪人者，以令許之』，又云『出候無過十里』，『出』字竝譌作『士』。荀子大略篇『君子聽律習容而後士』，『士』亦『出』之譌。）僖二十五年左傳及晉語正作『諜出』，蓋諜者入城探知其情，出而告晉侯也。」師吏請待之。○孫先生曰：「左僖二十五年傳作『軍吏曰：「請待之。」』有『曰』字。」公曰：「信，國之寶也。得原失寶，吾不爲也。」○維遹案：左傳、韓非、新序「得原失寶」竝作「得原失信」。遂去之。明年，復伐之，○畢沅曰：「與左傳、韓非不合。」與士期必得原然後反，原人聞之乃下。衛人聞之，以文公之信爲至矣，乃歸文公。故曰「攻原得衛」者，此之謂也。文公非不欲得原也，以不信得原，不若勿得也，必誠信以得之，歸之者非獨衛也。文公可謂知求欲矣。

爲欲

七曰：凡人主必信。信而又信，誰人不親？誰猶何也。故周書曰：「允哉允哉！」以言非信，則百事不滿也，周書，逸書也。滿猶成。故信之爲功大矣。信立，則虛言可以賞矣。虛言可以賞，則六合之内皆爲己府矣。信之所及，盡制之矣。制之而不用，人之有也。人之有，他人之有也。制之而用之，己之有也。己有之，則天地之物畢爲用矣。畢，盡也。人主有見此論者，其王不久矣。人臣有知此論者，可以爲王者佐矣。

天行不信，不能成歲。地行〔一〕不信，草木不大。不信，氣節陰陽皆不交，故不成歲也。春之德風，風不信，其華不盛，華不盛則果實不生。在木曰實。在地曰蓏。夏之德暑，暑不信，其土不肥，土不肥則長遂不精。遂，成也。秋之德雨，雨不信，其穀不堅，穀不堅則五種不成。堅，好。成，熟也。冬之德寒，寒不信，其地不剛，地不剛則凍閉不開。不開，氣不通也。○俞樾曰：「冬之德寒，則凍閉不開，固其所也，何以反是不信之故？此說殊不可通。孟冬紀曰：『孟冬行春令，則凍閉不密。』疑此文『開』字亦『密』字之誤。高注曰：『不開，氣不通也。』其所據本已誤。」○孫詒讓曰：「俞校是也。但『開』、『密』形不相近，不宜致誤。疑『開』當爲『閟』，即『密』之叚字，『閟』又譌『開』耳。（閟、密聲類同。）」天地之大，四時之化，而猶不能以不信成物，又況乎人事？乎，於也。君臣不信，則百姓誹謗，社稷不寧。處官不信，則少不畏長，貴賤相輕。賞罰不信，則民易犯法，不可使令。易，輕也。交友不信，則離散鬱怨，不能相親。親，比也。百工不信，則器械苦僞，○維遹案：周禮「辨其苦良」，鄭注：「苦讀如盬。盬，麤也。」詩四牡篇「王事靡盬」，毛傳：「盬，不堅固也。」丹漆染色不貞。貞，正也。○孫鏘鳴曰：「以上皆四字爲句，有韻之文。『染色』二字當是注文，轉寫者誤入正文耳。」夫可與爲始，可與爲終，可與尊通，可與卑窮者，其唯信乎！信而又信，重襲於身，乃通於天。以此治人，則膏雨甘露降矣，寒暑四時當矣。當猶應也。

〔一〕四部叢刊本「行」下有注「一作安」。

齊桓公伐魯，魯人不敢輕戰，去魯國五十里而封之，魯請比關内侯以聽，○畢沅曰：「梁仲子云：『關内侯，秦爵也。劉昭注續漢書百官志引劉劭爵制曰：「秦都山西，以關内爲王畿，故曰關内侯。」然則齊安得有關内侯乎？管子大匡篇載此事云：「魯不敢戰，去國五十里而爲之關，魯請比於關内，以從于齊。」據此，疑「侯」字衍。』盧云：『案曹沫事出於戰國之人所撰造，事既不實，辭亦鄙誕不經，但以耳目所見，施之上世，而不知其有不合也。』」○梁玉繩曰：「春秋之初，安得有關内侯？恐亦未必以後之爵制施於上世。案戰國魏策『竇屢關内侯』，鮑注云：『侯於關内耳，此時未爲爵。』然則關内者，郊關之内也，故管子小匡言『魯、邢請爲關内之侯』。或謂『侯』當作『候』。秦策：『黄歇曰：「韓必爲關中之候。」』魏亦關内，候，言比於候吏。」○俞正燮曰：「蓋戰國時，大臣實封稱君，如孟嘗、昌國、安陵、龍陽、平原、信陵等，皆通名關内侯。所謂關者，凡國皆有關。燕策：『蒙嘉云：「願舉國爲内臣，比諸侯之列，給貢賦，比郡縣。」』是魯比關内侯之義，其地固不能遷也。」○維遹案：俞説是。關内侯爲戰國通制，墨子號令篇亦有此名。漢書百官公卿表專指秦制言，恐非。**桓公許之。曹翽謂魯莊公曰：**○畢沅曰：「曹翽，左傳作曹劌，公羊、國策、史記竝作曹沫。」**「君寧死而又死乎？其寧生而又生乎？」莊公曰：「何謂也？」曹翽曰：「聽臣之言，國必廣大，身必安樂，是生而又生也。不聽臣之言，國必滅亡，身必危辱，是死而又死也。」莊公曰：「請從。」於是明日將盟，莊公與曹翽皆懷劍至於壇上。莊公左搏桓公，右抽劍以自承，**承，佐也。○畢沅曰：「梁仲子云：『注非也。左氏昭廿一年傳「子皮承宜僚以劍」，哀十六年傳「承之以劍」，杜云：「拔劍指其喉。」蓋曹翽以劍自向，故下云「戮於君前」，即以頸血湔衣之意。』」○諸以敦曰：

「繹上下文，乃莊公自劫也，與他書言曹子劫桓公異。梁仲子校云『曹翽以劍自向』，非。」曰：「魯國去境數百里，今去境五十里，亦無生矣。鈞其死也，戮於君前。」鈞，等也。戮亦死也。管仲、鮑叔進，曹翽按劍當兩陛之間曰：「且二君將改圖，毋或進者。」莊公曰：「封於汶則可，不則請死。」管仲曰：「以地衛君，非以君衛地，君其許之。」乃遂封於汶南，與之盟。歸而欲勿予。管仲曰：「不可。人特劫君而不盟，君不知，不可謂智。○畢沅曰：「御覽四百三十作『人將劫君而不知，不可謂智』。此『不盟君』三字賸。」○馬叙倫曰：「此文當作『人將劫君盟而不知』，傳寫譌衍『不』、『君』二字，『而』字又譌乙於『盟』字上。或『盟』字涉上文『與之盟』衍。」臨難而不能勿聽，不可謂勇。許之而不予，不可謂信。不智不勇不信，有此三者，不可以立功名。予之，雖亡地亦得信。以四百里之地見信於天下，君猶得也。」莊公，仇也；曹翽，賊也，信於仇賊，又況於非仇賊者乎？公羊傳曰：「莊公升壇，曹子手劍而從之，請復汶陽之田。管子曰：『君許之。』桓公曰：『諾。』曹子請盟。桓公下，與之盟。要盟可犯，而桓公不欺，曹子可讎，而桓公不怨。桓公之信著乎天下，自柯之盟始焉。」此之謂也。夫九合之而合，壹匡之而聽，從此生矣。管仲可謂能因物矣。以辱爲榮，以窮爲通，雖失乎前，可謂後得之矣，物固不可全也。○孫鏘鳴曰：「此句於上文不相繫屬，當是下篇之首句。後文『物豈可全哉』，又云『先王知物之不可全也』，正與起句相應。」○俞樾曰：「『物固不可全也』六字與上文不屬，疑此篇之文止於『可謂後得之矣』，言管仲失乎前而得乎後，其意已足。『物固不可全也』，乃下舉難篇之起句，當云『物固不可全也，以全舉人固難，物之情也。人傷堯以不慈之名，舜以卑父之號，禹以貪位之意，湯、武以放弒之謀，五伯以侵奪之事。由此觀之，物豈可全哉？』『物豈可全』正與『物不可全』相應，傳寫者誤繫於上篇之尾耳。」

貴信

八曰：以全舉人固難，物之情也。物，事。事難全也。人傷堯以不慈之名，舜以卑父之號，禹以貪位之意，湯、武以放弒之謀，五伯以侵奪之事。傷，毁也。由此觀之，物豈可全哉？故君子責人則以人，○畢沅曰：「梁仲子云：『此即以衆人望人之意。』」○俞樾曰：「下『人』字當讀作仁。『責人則以仁』，與下文『自責則以義』正相對。」自責則以義。責人以人則易足，易足則得人。自責以義則難爲非，難爲非則行飾，飾讀曰勑。勑，正也。故任天地而有餘。德饒也。不肖者則不然，責人則以義，自責則以人。責人以義則難瞻，○維遹案：「則難瞻」，「則」字原作「責」，陳昌齊云：「『責』字當作『則』。」陶鴻慶說同。末云：「與下文『自責以人則易爲，易爲則行苟』文例同。」案：許本、姜本、張本、李本竝作「則」，今據改正。難瞻則失親。難瞻則恐，恐則離叛，故失所親也。○畢沅曰：「梁仲子云：『「瞻」疑當作「贍」。』」○劉師培曰：「『恐』亦『怨』字之訛。」自責以人則易爲，易爲則行苟，苟且，不從禮義也。故天下之大而不容也，身取危，國取亡焉，此桀、紂、幽、厲之行也。尺之木必有節目，寸之玉必有瑕瓋。○畢沅曰：「管子水地篇云『夫玉瑕適皆見，精也』，注云：『瑕適，玉病也。』今此加玉旁，乃俗作，字書不載。」○維遹案：畢說是。惟適當讀爲謫。謫與瑕義同，老子曰：「善言無瑕謫。」是也。**先王知務之不可全也，**〇畢沅曰：「『不可全』，舊本『全』上衍一『不』字，今删。」〇維遹案：李本作「不可必全也」，别本作「不」者，聲誤也。**故擇務〔一〕而貴取一也。**一，分。〇陶鴻慶曰：「『擇務』下當有『博』字，下文云『擇者，欲其博也』，是其證。如今本則文義不完。『貴取』二字，疑當倒乙，『擇務博』、『取貴一』，相對成文，謂所擇者廣，而所取者約也。下文云『且人固難全，權而用其長者』，即此義。」

季孫氏劫公家，孔子欲諭術則見外，季孫氏，武子，季文子子也。劫奪公家政事而自專之也。孔子欲以道而見遠外。〇畢沅曰：「舊校云：『「諭」一作「論」。』案注誤，當云『桓子，季平子子也』。末疑有文脱，似當云『孔子欲以道術諭之而慮見遠外也』。」〇梁玉繩曰：「淮南説山有此語，注：『魯大夫季桓子斯，一曰康子肥，脅定公而專其政。』與此注異。」**於是受養而便説，**孔子受其養，而季氏便之。〇畢沅曰：「注非也。受其養則不見遠外，於以諭道術則便矣。」**魯國以訾。**訾，毁也。毁孔子也。**孔子曰：「龍食乎清而游乎清，螭食乎清而游乎濁，魚食乎濁而游乎濁。**螭，龍之别也。**今丘上不及龍，下不若魚，丘其螭邪？」夫欲立功者，豈得中繩哉？救溺者濡，追逃者趨。**趨，走也。

魏文侯弟曰季成，友曰翟璜。〇畢沅曰：「亦作『黄』。」**文侯欲相之而未能决，以問李克。**〇維遹案：「李克」原作「季充」，畢沅云：「乃『李克』也，因形近而訛。」案李本、凌本正作「李克」，適威篇、史記魏世家、韓

〔一〕「務」，原作「物」，據諸子集成本改。

詩外傳二、説苑臣術篇竝同，今據改正。李克對曰：「君欲置相，置，立。則問樂騰與王孫苟端孰賢？」孰，誰。○畢沅曰：「新序四『樂騰』作『樂商』，下同。」文侯曰：「善。」以王孫苟端爲不肖，翟璜進之。以樂騰爲賢，季成進之，○畢沅曰：「『爲不肖』，舊本作『而不肖』，『賢』作『貴』，今竝從新序改正。」故相季成。凡聽於主，言人不可不慎。季成，弟也；翟璜，友也，而猶不能知，何由知樂騰與王孫苟端哉？疏賤者知，親習者不知，理無自然。自然而斷相過，○俞樾曰：「『理無自然』下奪『理無』二字，蓋言疏賤者知，而親習者不知，此理之所無由然也。理之所無由然，而以之斷其孰爲相，則過矣。今奪二字，文義未足。」○陶鴻慶曰：「『自然而斷相過』，涉上句衍『自』字。本作『然而斷相過』，言如是而斷其孰可爲相則過也。」○維遹案：俞説是。李克之對文侯也亦過。過，長也。論語曰：「過猶不及。」言俱不得其適。雖皆過，譬之若金之與木，金雖柔猶堅於木。

孟嘗君問於白圭曰：「魏文侯名過桓公，而功不及五伯，何也？」孟嘗君，齊公子田嬰之子田文也。白圭，周人。問文侯功何以不及五伯也。白圭對曰：「文侯師子夏，友田子方，敬段干木，此名之所以過桓公也。卜相曰：『成與璜孰可？』此功之所以不及五伯也。卜，擇也。成，季成。璜，翟璜也。相也者，百官之長也。擇者，欲其博也。今擇而不去二人，與用其讎亦遠矣。且師友也者，公可也。戚愛也者，私安也。以私勝公，衰國之政也。然而名號顯榮者，三士羽翼之也。」羽翼，佐之。○畢沅曰：「舊本脱『翼』字，今據李善注文選王子淵四子講德論補。新序四作『三士翊之也』。

注『羽翼』舊倒，選注枚叔七發引作『羽翼，佐也』。」

甯戚欲干齊桓公，○黄生曰：「淮南子作『甯越』，乃知『戚』當作『戉』，即古『鉞』字，以音相近，故借爲『越』。『戚』字則後傳寫之譌也。」○維遹案：黄説非。淮南道應篇「甯越」爲「甯戚」之譌，當據此訂正。高注氾論篇謂「甯戚商歌以干桓公，事在道應訓」，足證高所見本亦作「甯戚」。攷甯戚與甯越爲二人。博志篇謂甯越爲周威公之師。漢志儒家有甯越一篇，顔注即本吕覽。擊牛角而歌以干齊桓公者爲甯戚，直諫篇及楚辭離騷篇皆有明文，晏子春秋問篇、淮南繆稱篇亦述其事。**窮困無以自進，於是爲商旅將任車以至齊，**任亦將也。○畢沅曰：「注非是，與下『辟任車』不可通。淮南道應訓注云：『任，載也。詩曰：「我任我輦。」』此則是已。」**暮宿於郭門之外。桓公郊迎客，夜開門，辟任車，爝火甚盛，從者甚衆。甯戚飯牛居車下，望桓公而悲，擊牛角疾歌。**歌碩鼠也。其詩曰「碩鼠碩鼠，無食我黍，三歲貫女，莫我肯顧，逝將去女，適彼樂土，樂土樂土，爰得我所。碩鼠碩鼠，無食我麥，三歲貫女，莫我肯得，逝將去女，適彼樂國，樂國樂國，爰得我直。碩鼠碩鼠，無食我苗，三歲貫女，莫我肯逃，逝將去女，適彼樂郊，樂郊樂郊，誰之永號」者是也。○畢沅曰：「孫云：『後漢書馬融傳注引説苑曰：「甯戚飯牛於康衢，擊車輻而歌碩鼠。」與此正合。』梁仲子云：『今説苑善説篇云：「甯戚飯牛康衢，擊車輻而歌顧見，桓公得之霸也。」以上下文義求之，「顧見」當是「碩鼠」之訛。』盧云：『案史記鄒陽傳集解引應劭曰：「齊桓公夜出迎客，而甯戚疾擊其牛角商歌曰：『南山矸，白石爛，生不遭堯與舜禪，短布單衣適至骭，從昏飯牛薄夜半，長夜曼曼何時旦。』」此歌出三齊記。藝文類聚又載一篇云：「滄浪之水白石粲，中有鯉魚長尺半，敝布單衣裁至骭，清朝飯牛至夜半，黄犢上坂且休息，吾將捨汝相齊國。」李善注文選成公子安嘯賦又載一篇云：「出東門兮厲石班，上有松柏兮清且蘭，麤布衣兮緼縷，時不遇兮堯、舜主，牛兮努力食細草，大臣在爾側，吾當與爾適楚國。」三歌真贋雖不可知，合之亦自成章法。仁和陳嗣倩云：「疾商歌，殆非一歌也。」今故具録之，以備參攷焉。』」〇梁玉繩曰：「『白石』三歌，後書蔡邕傳注、孟子『舜發畎畝』章疏、洪興祖離騷補注、郭茂倩樂府亦有之。馮惟納詩紀引蜩笑外藁云：『此歌不類春秋時人語，蓋後世所僞，高誘未之見也。』」〇蔡雲曰：「列女傳甯戚商歌曰：『浩浩乎白水。』蓋歌白水之詩『浩浩白水，鯈鯈者魚』。（管子作『育育者魚』。）其歌未畢，故管仲待婧語始解。或是詩當管仲時已缺佚耶？」桓公聞之，撫其僕之手曰：「異哉！之歌者，非常人也。」〇畢沅曰：「新序五『之』作『此』。」命後車載之。桓公反，至，從者以請。請所置。桓公賜之衣冠，將見之。甯戚見，説桓公以治境内。明日復見，説桓公以爲天下。爲，治。桓公大説，將任之。任，用也。羣臣爭之曰：「客，衛人也。衛之去齊不遠，君不若使人問之，而固賢者也，〇畢沅曰：「而與如同。」用之未晚也。」桓公曰：「不然。問之，患其有小惡，以人之小惡，亡人之大美，此人主之所以失天下之士也已。」凡聽必有以矣。今聽而不復問，合其所以也。且人固難全，權而用其長者。當舉也，〇畢沅曰：「新序作『當此舉也』。」〇維遹案：淮南道應篇作「當是舉也」。此疑誤脱一字。桓公得之矣。

舉難

呂氏春秋集釋卷第二十

榮成許維遹學

恃君覽第八　長利　知分　召類　達鬱　行論　驕恣　觀表

呂氏春秋訓解　高氏

一曰：凡人之性，爪牙不足以自守衛，衛，扞也。肌膚不足以扞寒暑，扞，禦也。筋骨不足以從利辟害，從，隨也。勇敢不足以却猛禁悍，禁，止也。然且猶裁萬物，制禽獸，服狡蟲，狡蟲，蟲之狡害者。寒暑燥溼弗能害，古人知爲之備。不唯先有其備，而以羣聚邪。羣之可聚也，相與利之也。利之出於羣也，君道立也，衆之所奉戴，故道立。故君道立則利出於羣，羣，衆也。而人備可完矣。

昔太古嘗無君矣，太古，上古。兩儀之始，未有君臣之制。其民聚生羣處，知母不知父，無親戚兄弟夫妻男女之別，無上下長幼之道，無進退揖讓之禮，無衣服履帶宮室畜積之便，無器械舟車城郭險阻之備，此無君之患，上苟所無者，無以化下，故以無君爲患。故君臣之義不可不明也。明，知也。自上世以來，天下亡國多矣，而君道不廢者，天下之利也。君施慶賞威刑以正之，故天下之利也。○陶鴻慶曰：「『天下之利也』，當作『天下利之也』。上文云：『羣之可聚也，相與利之也。利之出於羣也，君道立也。』此文正與相應。高注『之利』亦當作『利之』。」○維遹案：陶説是。御覽六百二十引正作「利之」。**故廢其非君，而立其行君道者。**行，奉也。**君道何如？利而物利章。**熊虎爲旗。章，明識也。○俞樾曰：「『章』字衍文。『物』當爲『勿』。尚書立政篇『時則勿有間之』，論衡譴告篇作『時則物有間之』。莊子天道篇『中心物愷』，釋文曰：『物本亦作勿。』是古字本通也。『君道何如？利而勿利』，言君人之道宜何如乎？務在利民而勿以自利而已。貴公篇曰：『伯禽將行，請所以治魯，周公曰：「利而勿利也。」』此可爲證。下文曰：『德衰世亂，然後天子利天下，國君利國，官長利官，此國之所以遞興遞廢也，亂難之所以時作也。』然則君道以利而勿利爲貴，正呂氏此篇之旨矣。」○維遹案：俞説是。據注，「章」字非衍文。意謂利民而勿自利以爲標識。注引「熊虎爲旗」，乃助解「章」字，見仲夏紀注。

非濱之東，朝鮮樂浪之縣，箕子所封，濱於東海也。○畢沅曰：「『非』疑當作『北』，猶言北海之東也。」**夷、穢之鄉，**東方曰夷。穢，夷國名。**大解、陵魚、其、鹿野、摇山、揚島、大人之居，多無君。**東方之夷，無有君長。○呂〔一〕調陽曰：「『其』當作『共』，今處州。周書曰『共人玄貝』是也。」**揚、漢之南，**揚州，漢水南。**百越之際，**越有百種。**敝凱諸、夫風、餘靡之地，縛婁、陽禺、驩兜之國，多無君。**皆南越之夷無君者。○孫詒讓曰：「周書王會篇『伊尹獻令云正東符婁』，疑即此縛婁。縛從專聲，符從付聲，古音近字通。」**氐、羌、呼唐、**

〔一〕「呂」，原作「吴」，形近而誤，今改。

離水之西，僰人、野人、僰讀如匍匐之匐。篇笮之川，舟人、送龍、突人之鄉，多無君。西方之戎無君者。先言氐、羌，後言突人，自近及遠也。鴈門之北，鷹隼、所鷙、須窺之國，饕餮、窮奇之地，叔逆之所，儋耳之居，多無君。北方狄無君者也。孔子曰：「夷、狄之有君，不如諸夏之亡。」故曰「多無君」也。此四方之無君者也。其民麋鹿禽獸，不知禮義，無長幼之別，如麋鹿禽獸也。少者使長，長者畏壯，有力者賢，賢，豪者也。暴傲者尊，日夜相殘，無時休息，以盡其類。類，種也。聖人深見此患也，故爲天下長慮慮，計也。莫如置天子也，置，立也。爲一國長慮莫如置君也。置君非以阿君也，阿猶私爲也。置天子非以阿天子也，置官長非以阿官長也。德衰世亂，然後天子利天下，幼奉長，卑事尊，彊不得陵弱，衆不得暴寡，以此利之。○畢沅曰：「盧云：『注非是。利天下，言以天下爲己利也。古之聖王有天下而不與，後世則以天下爲己利，故有興有廢，而亂難時作。如此方與〔一〕下文意相承接。』」國君利國，官長利官，此國所以遞興遞廢也，亂難之所以時作也。不得常施，時盜作耳。○維遹案：「國」下脱「之」字。貴直篇「此觸子之所以去之也，達子之所以死之也」，句法正同。故忠臣廉士，內之則諫其君之過也，諫，止也。○維遹案：注疑作「諫，正也」。周禮地官有「司諫」，鄭注：「諫猶正，以道正人行。」外之則死人臣之義也。義重於身。

〔一〕「與」，原作「如」，據諸子集成本改。

豫讓欲殺趙襄子，欲爲智伯殺趙襄子也，已説在上篇。滅鬚去眉，自刑以變其容，爲乞人而往乞於其妻之所。其妻曰：「狀貌無似吾夫者，其音何類吾夫之甚也？」又吞炭以變其音。其友謂之曰：「子之所道甚難而無功。○畢沅曰：「所道猶言所由。趙策無『所』字。」○王念孫曰：「道，行也。」謂子有志則然矣，謂子智則不然。○俞樾曰：「下『然』字衍文。『不』讀爲否。則然、則否相對爲文。後人不知『不』爲『否』之叚字，故又加『然』字耳。」戰國策正作『謂子智則否』。」以子之材而索事襄子，索，求也。○維遹案：李本「材」作「才」。張本、宋邦乂本與今本同。襄子必近子，子得近而行所欲，此甚易而功必成。」豫讓笑而應之曰：「是先知報後知也，爲故君賊新君矣，大亂君臣之義者無此，失吾所爲爲之矣。○畢沅曰：「趙策作『是爲先知報後知，爲故君賊新君，大亂君臣之義者無此矣』，無『失吾所爲爲之』六字。兩本皆可通。『無此』猶言『無如此』。吳師道疑其有缺字，非也。」凡吾所爲爲此者，所以明君臣之義也，非從易也。」

柱厲叔事莒敖公，莒，子國也。敖公，謚。公，君也。○畢沅曰：「此與列子説符篇同。説苑立節篇作『莒穆公有臣曰朱厲附』。」自以爲不知，而去居於海上，柱厲叔自以不爲敖公之所知，而遠去居於海上也。夏日則食菱芡，菱，芰也。芡，雞頭也，一名鴈頭，生水中。○維遹案：揚子方言云：「青、徐、淮、泗之間謂之芡，南楚、江、湘之間謂之雞頭，或謂之鴈頭，或謂之烏頭。」高注淮南説山篇：「雞頭，水中芡，幽州謂之鴈頭。」古今注：「芡葉似荷而大，葉上蹙皺如沸，實芒刺，其中如米，可以度飢。」蜀本圖經云：「生水中，葉大如荷，皺而有刺，華子如拳大，形似雞頭，實若石榴，皮青黑，肉白如菱米。」冬日則食橡栗。橡，皁斗也，其狀似栗。莒敖公有難，杜厲叔辭其友而往死之。往死敖公之難也。其友曰：「子自以爲不知故去，今又往死之，是知與不知無異別也。」言叔爲不見知於敖公而舍之去，今復往死其難，是與見知、不見知無別異也。杜厲叔曰：「不然。自以爲不知故去。今死而弗往死，是果知我也。今不死其難，是爲使敖公果知我爲不良臣也。吾將死之，以醜後世人主之不知其臣者也，醜，愧也。唯明君能知忠臣耳，敖公弗及也。死其難，可以使後世不知良臣之君慙於不知人也。所以激君人者之行，而厲人主之節也。激，發也。所以發起君人之行。厲，高也。人君務在知人，知人則哲，所以厲人主之志節也。○畢沅曰：「『人主』，御覽六百二十一作『人臣』，非是。下云『行激節厲，忠臣幸於得察』，則『節厲』正指人主言。」行激節厲，忠臣幸於得察，察，知也。忠臣察則君道固矣。」臣見知則盡忠以衛上，故君道安固不危殆也。

恃君覽

二曰：天下之士也者，慮天下之長利，而固處之以身若也。○孫鏘鳴曰：「伯成子高禁後世之亂，而身辭諸侯。周公不欲子孫之長爲無道，而不受險固之封。戎夷有利人之心，而必死見義。此皆以身處天下之長利者也。處，居也。若猶然也。」○陶鴻慶曰：「『身』當爲『自』字之誤。『自若』即自然。『固處之以自若』者，安處之以自然也。知分篇云：『命也者，不知所以然而然者也，人事智巧以舉錯者不得與焉。故命也者，就之未得，去之未失。國士知其若此也，故以義爲之決而安處之。』可證此文之義。」○維遹案：孫説義長。王念孫校本改「若」爲「者」。利雖倍於今，而不便於後，弗爲也。爲，施也。安雖長久，而以私其子孫，弗行也。私，利也。由此觀之，陳無宇之可醜亦重矣，陳無宇，齊大夫，陳須無之子桓子也。醜，謂其貪也。與鮑文子俱伐欒、高氏，戰于稷，欒、高氏敗。又敗於莊，國人追之。又敗於鹿門，欒施、高彊出奔。陳、鮑分其室，是其貪禄也。其與伯成子高、周公旦、戎夷也形雖同，取舍之殊，豈不遠哉？伯成子高辭諸侯而耕。周公旦股肱周室，輔翼成王，而致太平。戎夷，齊之仁人也。陳無宇雖身形與之同，然其行貪欲，相去絶遠也。

堯治天下，伯成子高立爲諸侯。堯授舜，舜授禹，伯成子高辭諸侯而耕。禹往見之，則耕在野。禹趨就下風而問曰：「堯理天下，吾子立爲諸侯，○劉先生曰：「『理』當爲『治』。作理者，疑唐人避諱改之也。莊子天地篇、新序節士篇竝作『堯治天下』。上文『堯治天下，伯成子高立爲諸侯』，此不得獨作『理』也。」今至於我而辭之，故何也？」○畢沅曰：「莊子天地篇作『其故何也』。」伯成子高曰：「當堯之時，未賞而民勸，未罰而民畏，民不知怨，不知説，愉愉其如赤子。今賞罰甚數，而民爭利且不服，德自此衰，利自此作，作，起也。○畢沅曰：「莊子作『刑自此立』，新序節士篇作『刑自此繁』。」後世之亂自此始。始，首也。夫子盍行乎，無慮吾農事。」盍，何不也。行，去也。慮猶亂也。○畢沅曰：「莊子作『無落吾事』。慮、落聲相近。」○李賡芸曰：「漢書雋不疑傳『每行縣録囚徒』，師古曰：『省録之，知情狀有冤滯不，今云慮囚。』案慮與録一聲之轉。莊子天地篇『無落吾事』，呂氏春秋長利篇作『無慮吾農事』，落亦轉慮也。今京師人讀録如慮。漢書百官表『諸侯王金璽盭綬〔一〕』，如淳曰：『盭音戾，緑〔二〕也。』蓋亦與聲相近耳。」協而櫌，遂不顧。協，和悦也。櫌，覆種也。顧，視也。○劉師培曰：「『協』即莊子天地篇之『悒悒』。協又訓和。」夫爲諸侯，名顯榮，實佚樂，繼嗣皆得其澤，伯成子高不待問而知之，○陶鴻慶曰：「『伯成子高』四字當在『爲諸侯』上，今本誤脱在下，則文不可曉。」然而辭爲諸侯者，以禁後世之亂也。以止後世爭榮之亂也。

辛寬見魯繆公曰：○梁玉繩曰：「『辛寬』，説苑至公作『辛櫟』。」「臣而今而後知吾先君周公之不若太公望封之知也。○陳昌齊曰：「『不若太公望』下不得有『封』字，當是因下句而誤衍。」孫鏘鳴、俞樾説同。昔者，太公望封於營丘，之渚海阻山高，險固之地也，○畢沅曰：「孫云：『李善注文選司馬相如子虚賦引辛寬曰：「太公望封於營丘，渚海阻山。」無「之」字「高」字。「渚」屬下讀，是。營丘恐不得言渚也。』梁仲子云：『賦云「齊東陼鉅海」，注引此，則「渚」當爲「陼」。』盧云：『案韋昭注越語云：「水邊曰陼。」此正言邊海耳。「山高」疑本是一「嵩」字誤分。爾雅：「山大而高，嵩，中嶽。」蓋依此名，爾雅本非專爲中嶽作釋，故齊亦可言嵩。餘當從選注。』」是故地日廣，子孫彌隆。廣，大也。隆，盛也。吾先君周公封於魯，無山林谿谷之險，諸侯四面以達，達，通也。是故地日削，子孫彌殺。」削，小也。殺，衰也。辛寬出。南宫括入見，○梁玉繩曰：「説苑作

〔一〕「綬」，原作「緩」，據漢書改。
〔二〕「緑」，原作「録」，據漢書注改。

南宫邊子，人表無『子』字。」公曰：「今者，寬也非周公，其辭若是也。」南宫括對曰：「寬，少者，弗識也。少，小也。不知也。君獨不聞成王之定成周之説乎？其辭曰：『惟余一人，營居於成周。惟余一人，有善易得而見也，有不善易得而誅也。』言恃德不恃險也。故曰善者得之，不善者失之，古之道也。得之者若湯、武也，失之者若桀、紂，故曰「古之道也」。夫賢者豈欲其子孫之阻山林之險以長爲無道哉？小人哉，寬也！今使燕爵爲鴻鵠鳳皇慮，則必不得矣。燕爵諭辛寬也。言寬亦不能爲賢者慮也。其所求者，瓦之間隙，屋之翳蔚也，燕爵志小而近也。與一舉則有千里之志，德不盛、義不大則不至其郊。爲聖德之君至其郊也。○孫鏘鳴曰：「『不至其郊』下文義未完，恐有脱文。」愚庳之民，其爲賢者慮，亦猶此也。固妄誹訾，豈不悲哉！」亦如燕爵爲鴻鵠鳳皇慮，何時能得？既不得，又妄誹謗訾毁之，故曰「豈不悲哉」，痛傷之也。

戎夷違齊如魯，天大寒而後門，違，去。去齊至魯也。後門，日夕門已閉也。○梁玉繩曰：「人表作『視夷』，師古謂：『即式夷，見呂氏春秋。』今本呂作『戎』。廣韻注戎、式皆姓，而古式字叶音試，與視聲近，則作『戎』譌也。」與弟子一人宿於郭外，寒愈甚，謂其弟子曰：「子與我衣，我活也。我與子衣，子活也。我國士也，爲天下惜死。惜，愛也。○維遹案：書鈔、意林引「惜」下竝無「死」字。子不肖人也，不足愛也。愛亦惜也。子與我子之衣。」○維遹案：書鈔引作「子與我衣」，與上文一律，於文較順。弟子曰：「夫不肖人也，又惡能與國士之衣哉？」惡，安也。不肖人亦自愛其死，安能與國士之衣哉！○王念孫曰：「水經泗水注引此作『惡能與國士并衣哉』。」**戎夷太息歎曰：「嗟乎！道其不濟夫。」**死之，道其不濟也。○維遹案：類聚五及書鈔引「戎夷太息歎曰」，竝作「戎夷笑曰」，亦無「嗟乎」二字。**解衣與弟子，夜半而死，弟子遂活。謂戎夷其能必定一世，則未之識。**識，知也。**若夫欲利人之心，不可以加矣。**加，上也。**達乎分仁愛之心識也，**○陳昌齊曰：「『識』當作『誠』。」○孫鏘鳴曰：「疑當作『達乎生死之分，仁愛之心誠也』，文脱三字，『誠』誤爲『識』。」**故能以必死見其義。**誘以戎夷不義之義耳。欲求弟子之衣以惜其死，是不義也。弟子拒之以不肖人惡能與國士之衣，計不能兩生，窮乃解衣，是不義之義也。淮南記曰：「楚有賣其母者，而謂其買者曰：『此母老矣，幸善食之。』」不亦不義也。○畢沅曰：「注末『也』字當與『邪』同，猶言此豈可謂之義。所引淮南記見説山訓。」○吳先生曰：「注末當作『亦不義之義也』。賣母不義，謂買母者善食其母，爲不義之義，與戎夷事略相當，故注引以爲證。亦者，亦戎夷也。如依誤本，則不義之事傳記所載多矣，何必取賣母爲説邪？畢校讀也爲邪，失之遠矣。」

長利

三曰：達士者，達乎死生之分。君子死義，不求苟生，不義而生，弗爲也，故曰「達乎死生之分」。淮南記曰：「左手據天下之圖，右手刎其喉，愚夫弗爲，生貴於天下也。」死君親之難者，則當視死如歸，蓋義重於身也，此之謂達於死生之分者也。**達乎死生之分，則利害存亡弗能惑矣。**不爲利存而遂苟生，不爲害亡而辭死，故曰利害存亡弗能惑移也。**故晏子與崔杼盟而不變其義；**崔子盟，國人曰：「所不與崔、慶者不祥。」晏子仰天歎曰：

「嬰所不惟忠於君利社稷者是與。」故曰「不變其義」。○畢沅曰：「舊本注多訛，今從許本參以左傳改正。『是與』下左傳有『有如上帝』四字。」延陵季子，吳人願以爲王而不肯；季子，吳壽夢子札也，不肯爲王，去之延陵，不入吳國，故曰延陵季子也。○畢沅曰：「注『子札』舊本作『孫子』，訛，今改正。」孫叔敖三爲令尹而不喜，叔敖，薳賈伯盈之子。三去令尹而不憂，令尹，楚卿也。論語曰「令尹子文」，不云叔敖。皆有所達也。達於高位疾顛，厚味腊毒者也。有所達則物弗能惑。惑，動也。

荆有次非者，得寶劍于干遂，干遂，吳邑。○畢沅曰：「『次非』，漢書宣帝紀注如淳引作『茲非』，後漢書馬融蔡邕等傳注及北堂書鈔百三十七竝引作『佽飛』，李善注文選郭景純江賦作『佽非』，唯楊倞注荀子勸學篇所引同。『干遂』，如淳作『干將』，楊倞作『于越』。」○梁玉繩曰：「淮南道應作『佽非』，後漢書馬融傳作『茲飛』，水經江水三注、馬融蔡邕傳注、江賦注、北堂書鈔竝作『佽飛』，與邕釋誨同。別本荀注亦作『佽飛』，惟博物志作『次非』，以爲是荆軻之字也。」還反涉江，涉，度也。至於中流，有兩蛟夾繞其船。魚滿二千斤爲蛟。○畢沅曰：「淮南注作『二千五百斤』。」次非謂舟人曰：「子嘗見兩蛟繞船能兩活者乎？」○王念孫曰：「下『兩』字疑衍。淮南作『嘗有如此而得活者乎』，御覽四百三十七作『子嘗見兩蛟繞船而活者乎』。」○俞樾曰：「『兩活』無義，『兩』疑『而』字之誤，本在『能』字之上，其文曰『子嘗見兩蛟繞船而能活者乎』。『兩』、『而』形似，又涉上文『兩蛟』字而誤，後人因移之『能』字之下耳。」船人曰：「未之見也。」次非攘臂袪衣拔寶劍曰：「此江中之腐肉朽骨也。棄劍以全己，余奚愛焉！」於是赴江刺蛟，赴，入也。○陳昌齊曰：「淮南道應訓作『此江中之腐肉朽骨，棄劍而已』，當据改。蓋次非惟視骨肉與劍皆爲腐朽廢棄之物，故赴江刺蛟而無所憚。若作『棄劍以全已』，則亦棄之而已，何必赴江哉。」○孫鏘鳴曰：「腐肉朽骨，謂蛟之必死也。兩蛟夾船，欲得劍也。次非謂此不過江中之腐肉朽骨耳，棄劍與之，求以自全，非余所欲也，故赴江刺殺之。」○維遹案：孫説是。**殺之而復上船，**○維遹案：書鈔一百二十二引「復」作「後」。**舟中之人皆得活。荆王聞之，仕之執圭。**周禮：「侯執信圭。」楚以次非勇武而侯之。○孫先生曰：「書鈔一百二十二又一百三十七、類聚七十一又九十六、御覽三百四十四又九百三十引『之』竝作『以』。淮南子道應篇作『爵爲執珪』。」○維遹案：文選郭景純江賦注引「之」亦作「以」。**孔子聞之曰：「夫善哉！不以腐肉朽骨而棄劍者，其次非之謂乎？」**○陳昌齊曰：「据淮南，『善哉』當作『善載』，『不以』、『而』三字衍。」○維遹案：陳説非是。淮南本誤，俞樾已據此訂正。

禹南省，方濟乎江，黄龍負舟，舟中之人五色無主。○孫鏘鳴曰：「謂懼而色變，蒼黄失措之狀。」**禹仰視天而歎曰：**○孫先生曰：「『歎』當作『笑』。蓋『歎』或作『咲』，『笑』或作『咲』，故『笑』誤爲『歎』。此顯禹從容之狀，無取於歎也。御覽八十二又九百三十九引竝作『笑』。淮南子精神篇作『禹乃熙笑而稱曰』。」**「吾受命於天，竭力以養人。生，性也；死，命也，余何憂於龍焉！」**憂，懼也。**龍俛耳低尾而逝。**逝，去也。○維遹案：事類賦二十八引「低尾」作「曳尾」，竹書紀年注同。**則禹達乎死生之分、利害之經也。**經，道。**凡人物者，陰陽之化也，陰陽者，造乎天而成者也。天固有衰嗛廢伏，有盛盈蚠息，**○畢沅曰：「『蚠』，梁仲子疑『坌』。案賈誼書『坌冒楚棘』，一作『蚠』。」○孫鏘鳴曰：「蚠、坌通，猶墳起也。息，生也。」**人亦**

有困窮屈匱，有充實達遂，達，通。遂，成。此皆天之容物理也，而不得不然之數也。古聖人不以感私傷神，感念私邪，傷神性也。俞然而以待耳。俞，安。

晏子與崔杼盟，其辭曰：「不與崔氏而與公孫氏者，受其不祥。」公孫氏，齊羣公子之子，故曰「公孫氏」。公黨之〔一〕不與崔杼同者也，故曰「不祥」也。晏子俛而飲血，仰而呼天曰：「不與公孫氏而與崔氏者，受此不祥。」反其盟也。崔杼不説，直兵造胷，句兵鉤頸，直，矛也。句，戟也。謂晏子曰：「子變子言，變，更。則齊國吾與子共之。子不變子言，則今是已。」已，竟也。言今竟子。○畢沅曰：「注『竟』，舊本作『競』，誤。杼欲置晏子於死，則是終竟之，今俗間惡詈人語尚有相似者。」○陶鴻慶曰：「高注殊不成辭，畢校從之，非也。『已』通作『矣』，語詞耳。『今』指上『直兵造胷，句兵鉤頸』而言。王氏經傳釋詞云：『今，指事之詞也。』是也。」○維遹案：陶説是。新序義勇篇「白公勝怨楚逐其父，將弒惠王及子西，欲得易甲陳士勒兵以示易甲曰：『與我，無患不富貴。不吾與，則此是也。』」此云「則今是已」，即彼云「則此是也」。晏子曰：「崔子，子獨不爲夫詩乎？詩曰：『莫莫葛藟，延于條枚，凱弟君子，求福不回。』詩大雅旱麓之卒章。莫莫，葛藟之貌。延蔓于條枚之上，得其性也。樂易之君子，求福不以邪道，順於天性，以正直受大福。○畢沅曰：「『延于條枚』，此韓詩，見外傳二，後漢書黄琬傳注同。『豈弟』作『凱弟』，禮記表記同。注『旱麓』，李本作『干麓』。」嬰且可以回而

〔一〕「之」，原作「也」，據四部叢刊本改。

求福乎？子惟之矣。」惟，宜也。○畢沅曰：「梁仲子云：『當訓爲思。』」○俞樾曰：「高注曰『惟，宜也』。義不可通。吕氏原文當作『子推之矣』。晏子春秋雜上篇曰：『嬰且可以回而求福乎？曲刃鉤之，直兵推之，嬰不革矣。』吕氏此文蓋即本晏子春秋而省其詞。『子推之矣』，即所謂『直兵推之』。晏子謂持直兵者曰『子推之矣』，正見其勇於死義。若謂崔子曰『子惟之矣』，轉失當時語氣矣。『推』與『惟』形似，因而致誤耳。」○維遹案：俞説是。崔杼曰：「此賢者，不可殺也。」罷兵而去。晏子援綏而乘，○畢沅曰：「『援』，舊多作『授』，汪本作『受』。案意林作『援』，今從之。」其僕將馳，晏子撫其僕之手○畢沅曰：「『撫』，舊本作『無良』，訛。案晏子雜上及韓詩外傳二俱作『撫』，新序義勇篇作『拊』，俱無『良』字，今據删正。」曰：「安之，毋失節。疾不必生，徐不必死。鹿生於山而命懸於廚，今嬰之命有所懸矣！」晏子可謂知命矣。命也者，不知所以然而然者也，人事智巧以舉錯者不得與焉。故命也者，就之未得，去之未失。蹈義就死，未必死也，故曰「就之未得」。苟從不義，以去死求生，未必生，故曰「去之未失」也。國士知其若此也，故以義爲之決而安處之。處，居也。

白圭問於鄒公子夏后啟曰：「夏后啓，鄒公子之名。○梁玉繩曰：「鄒公子之名甚奇。齊武帝時，小史名皇太子，亦此類。」踐繩之節，四上之志，三晉之事，此天下之豪英。踐繩之節，正直也。四上，謂君也。卿大夫士與君爲四，四者之中，君處其上，故曰「四上之志」。晉之三卿，韓、魏、趙氏，皆以豪英之才專制晉國，三分之爲諸侯，卒皆稱王，故曰「三晉之事，此天下之豪英」。萬人爲英，百人爲豪。○俞樾曰：「高説『四上』，義甚迂迴，且下文所言，亦非君之志也。『四上』疑當作『匹士』，皆字之誤耳。禮記禮器篇『匹士太牢而祭謂之攘』，此『匹士』二字之證。下文云：『爲之，天下弗能禁矣。釋之，天下弗能使矣。』又云：『生不足以使之，則利曷足以使之矣。死不足以禁之，則害曷足以禁之矣。』正所謂匹夫不可奪志者。然則『四上』爲『匹士』之誤無疑也。」以處於晉而迭聞晉事，未嘗聞踐繩之節、四上之志，處，居。居於晉，數聞三晉之事。○畢沅曰：「舊校云：『迭一作亟。』今案注，作『亟』爲是。」願得而聞之。」願聞踐繩之節、四上之志也。夏后啟曰：「鄙人也，焉足以問？」言不足問。白圭曰：「願公子之毋讓也。」夏后啟曰：「以爲可爲，故爲之。爲之，天下弗能禁矣。禁，止也。以爲不可爲，故釋之。釋之，天下弗能使矣。」釋，舍。白圭曰：「利弗能使乎？威弗能禁乎？」夏后啟曰：「生不足以使之，則利曷足以使之矣？生重利輕。言令必生猶不可使也，但以所利諭之，何足以使之？死不足以禁之，則害曷足以禁之矣？」死重害輕也。言爲義者，雖死爲之，故曰「不足以禁之」。死且猶弗禁，何況害也，何足以禁之也？白圭無以應。夏后啟辭而出。出，去。凡使賢不肖異，使賢以義，使不肖以利，故曰「異」也。使不肖以賞罰，言賞必生，罰必死，不肖者喜生惡死，則可使矣。使賢以義。賢者不畏義死，不好不義生，唯義之所在，死生一也。故賢主之使其下也必義，審賞罰，○維遹案：治要引作「必以義，必審賞罰」，較今本爲優。「必以義」者，指上文「使賢以義」而言。「必審賞罰」者，與「使不肖以賞罰」相應。然後賢不肖盡爲用矣。盡可得使爲己用也。

知分

四曰：類同相召，召，致也。○陳昌齊曰：「『同』當爲『固』。」○維遹案：陳説非。説見前應同篇。氣同則合，合，會也。聲比則應，應，和也。故鼓宮而宮應，鼓大宮，小宮應。鼓角而角動，擊大角，小角動。以龍致雨，以形逐影。龍，水物也，故致雨。影出於形，形行日中則影隨之，故曰「以形逐影」。禍福之所自來，衆人以爲命焉，不知其所由。○陳昌齊曰：「前應同篇作『衆人以爲命，安知其所』，注云：『不知其所由也。』此以雨、影、所爲韻，不當於『所』下著『由』，疑『不』字『由』字皆因前注而衍。」○王念孫曰：「『焉不知其所由』，本作『焉知其所』。其『不知其所由』五字，乃是高注，非正文也。今本作『焉不知其所由』者，正文脱去『知其所』三字，而注內『不知其所由』五字又誤入正文耳。此以雨、影、所爲韻，（景字古音在養部，養部之音多與語部相通，故景與雨、所爲韻。樂記『和正以廣』與旅、鼓、武、雅、語、古、下爲韻。淮南原道篇『翺翔忽區之上』與下、野、與、後爲韻。繫辭傳『易之序也』，虞翻本『序』作『象』。考工記『陶瓬』，鄭司農云：『瓬讀爲甫始之甫。』皆其例也。）若『所』下有『由』字，則失其韻矣。前應同篇曰『故以龍致雨，以形逐景，師之所處，必生棘楚，禍福之所自來，衆人以爲命，安知其所』，高注云：『凡人以爲天命，不知其所由也。』是其明證矣。」故國亂非獨亂，有必召寇。召，致。○畢沅曰：「有讀曰又。」獨亂未必亡也，召寇則無以存矣。

凡兵之用也，用於利，用於義。傳曰：「利，義之和也。」攻亂則服，服則攻者利。得其利。攻亂則義，義則攻者榮。得榮名也。榮且利，中主猶且爲之，有況於賢主乎？○畢沅曰：「有讀曰又。」故割地寶器戈劍卑辭屈服不足以止攻，唯治爲足。足以止人攻。治則爲利者不攻矣，爲利動者，不來攻己。爲名者不伐矣。爲武移者，不來伐己。凡人之攻伐也，非爲利則固爲名也。名實不得，國雖彊大，則無爲攻矣。無名實之國雖彊大，則無爲往攻之矣。傳曰：「取亂侮亡。」此是也。○吴先生曰：「文意謂不得名實，國雖强大，有戰勝攻取之具，亦不欲妄攻人國也。注文『無名實之國雖强大』，文意不了，疑有捝誤。」兵所自來者久矣。堯戰於丹水之浦，以服南蠻。丹水在南陽。浦，岸也，一曰崖也。○畢沅曰：「梁仲子云：『水經丹水注引作「堯有丹水之戰，以服南蠻。」』」舜却苗民，更易其俗。苗民，有苗也。却猶止。更，改。禹攻曹魏、屈驁、有扈，以行其教。春秋傳曰：「啓伐有扈。」言屈驁，不知出何書也。○畢沅曰：「路史國名紀：『夏后攻曹魏、屈驁，吕覽云：「啓。」潛夫論：「曹，姜姓。」詹伯曰：「祖自夏，以稷、魏、駘爲吾西土。」盟會圖云：「嬴姓。隰之吉鄉北有古屈城，北屈也。」』舊本『禹攻曹魏』下有小注『攻伐』二字，此殊可省，且其離句，亦非也。」○孫志祖曰：「本書竝不云啓，路史不知何据。」○梁玉繩曰：「莊子人間世『禹攻有扈』，此與之同。説苑政理亦言之。疑禹先有伐扈事也。」○梁履繩曰：「莊子：『堯攻叢枝、胥敖。』『屈驁』與『胥驁』相似，恐有譌錯。」○馬叙倫曰：「莊子齊物論云：『堯問於舜曰：「我欲伐宗膾、胥敖。」』朱亦芹云：『胥敖切爲苗。』孫詒讓云：『胥爲骨譌，骨敖即屈驁。』朱、孫説是。竹書：『堯七十六年，司空伐曹魏之戎。』」三王以上，固皆用兵也。亂則用，治則止。治而攻之，不祥莫大焉。亂而弗討，害民莫長焉。此治亂之化也，化，變也。文武之所由起也。文者愛之徵也，武者惡之表也。愛惡循義，文武有常，聖人之元也。元，實。譬之若寒暑之序，時至而事生之。聖人不能爲時，而能以事適時，事適於時者其功大。事之適得其時，則無不成，故功大。

士尹池爲荆使於宋，司城子罕觴之。司城，司空，卿官。宋武公名司空，故改爲司城。觴，爵飲尹池酒也。○畢沅曰：「『士尹池』，御覽四百十九引作『工尹他』。新序刺奢篇與此同。」○維遹案：文選張景陽雜詩注引作「士尹陁」。池、他、陁聲同字通。南家之牆，犨於前而不直；犨猶出。曲出子罕堂前也。○洪頤煊云：「『犨』當作『讎』。漢書灌夫傳晉灼注：『讎，當也。』」○王引之曰：「犨之爲出，古無此訓。新序刺奢篇『犨』作『擁』。疑『擁』字隸作『𢹂』，因誤爲『犨』也。」劉師培説與王同。西家之潦，徑其宮而不止，西家地高，潦東流經子罕之宮而不禁。○畢沅曰：「『徑』，新序、御覽作『經』。舊校云：『一作「注」。』孫云：『李善注文選張景陽雜詩引作「注於庭下而不止」。』」士尹池問其故。問不直牆、不止潦之故。司城子罕曰：「南家，工人也，爲鞔者也。鞔，履也。作履之工也。一曰：鞔，靷也。作車靷之工也。○畢沅曰：「『者也』，舊本作『百也』，訛，今改正。説文云：『鞔，履空也。』徐曰：『履殼。』」○段玉裁曰：「空、腔古今字。履腔如今人言鞵幫也。高不云履空者，渾言之也。三蒼：『鞔，覆也。』考工記注『飾車，謂革鞔輿也』。此鞔引伸之，凡鞔皆如綴幫於底。」吾將徙之，其父曰：『吾恃爲鞔以食三世矣。作鞔以共食。今徙之，是宋國之求鞔者不知吾處也，吾將不食。鞔不售，無以自食。願相國之憂吾不食也。』爲是故，吾弗徙也。西家高，吾宮庳，潦之經吾宮也利，故弗禁也。」士尹池歸荆，荆王適興兵而攻宋，士尹池諫於荆王曰：「宋不可攻也。其主賢，主，君。其相仁。相，子罕。賢者能得民，得民歡心。仁者能用人。人爲之用也。荆國攻之，其無功而爲天下笑乎！」故釋宋而攻鄭。孔子聞之曰：「夫脩之於廟堂之上，而折衝乎千里之外者，其

司城子罕之謂乎？」衝車所以衝突敵之軍，能陷破之也。有道之國，不可攻伐，使欲攻己者折還其衝車於千里之外，不敢來也。**宋在三大萬乘之間，**南有楚，北有晉，東有齊，故曰「三大萬乘之間」也。**子罕之時，無所相侵，邊境四益，**四境不侵削則爲益。**相平公、元公、景公以終其身，其唯仁且節與？**節，儉也。**故仁節之爲功大矣。**按春秋，子罕殺宋昭公，不但相三君以終身。○畢沅曰：「梁伯子云：『春秋時，子罕是樂喜，乃宋賢臣，柰何以爲殺君乎？戰國時，宋亦有昭公，其時亦有子罕，逐君擅政，如韓非子、韓詩外傳、淮南、説苑諸書所説耳。』」○梁玉繩曰：「初校殊略，今補之云：高注謬甚。春秋時子罕是樂喜，爲宋賢臣，孔子贊其仁節，柰何誣以殺君乎？宋有二昭公，一在魯文時，一在戰國時，先後與樂喜不涉。史記李斯上二世書、韓子二柄、外儲右下、説疑、忠孝等篇、韓詩外傳七、淮南道應、説苑君道皆云子罕逐君擅政。蓋子罕之後，以字爲氏，世爲司城，如鄭罕氏之常掌國政，故鄒陽書言子罕與墨翟竝時。且諸書但言宋君，高氏以昭公實之，何所據也？（韓詩外傳六有昭公出亡事。）**故明堂茅茨蒿柱，土階三等，以見節儉。**等，級也。茅可覆屋。蒿非柱任也，雖云儉節，實所未聞。○畢沅曰：「大戴盛德篇〔一〕云：『周時德澤洽和，蒿茂大，以爲宮柱，名蒿宮也。』」

趙簡子將襲衛，使史默往睹之，睹，視。○畢沅曰：「御覽四百二引作『瞶之』，注：『瞶，視也，音貴。』案：睹，見也，疑非視義。」○王念孫曰：「『睹』疑『瞶』之譌，御覽引高注『音貴』，疑『音責』之譌。玉篇：『瞶，居畏切。

〔一〕「盛德篇」，當爲「明堂篇」。

倉頡篇云：「極視也。」』」期以一月，六月而後反。反，還也。趙簡子曰：「何其久也？」史默曰：「謀利而得害，猶弗察也？察，知。今蘧伯玉爲相，史鰌佐焉，伯玉，衛大夫蘧莊子無咎之子瑗，謚曰成子。史鰌亦衛之大夫，字子魚。論語云：「直哉，史魚。」○梁玉繩曰：「蘧、史不與趙簡子同時，伯玉亦未爲相，記事之譌爾。淮南主術亦誤襲之。諸子書往往有此乖剌。」孔子爲客，子貢使令於君前，甚聽。君從其言。易曰：『涣其羣，元吉。』涣者，賢也。羣者，衆也。元者，吉之始也。『涣其羣，元吉』者，其佐多賢也。」謂孔子、子貢之客也。吴公子札適衛，説蘧瑗、史鰌、公子荆、公叔發、公子翬曰：「衛多君子，未有患也。」故曰「其佐多賢也」。○畢沅曰：「左傳『蘧瑗』下有『史狗』，陸德明作『史朝』，此公子翬疑是『鼂』之訛，即『朝』也。但公子朝通於宣姜，懼而作亂，不得爲賢。」○梁玉繩曰：「左襄二十九注『史狗，史朝之子文子』，故釋文云『史朝如字』，非以史狗爲史朝也。」又曰：「『翬』字必『鼂』之譌。公子朝作亂在後，不得以難季札。又文選東征賦注引傳『公子朝』上有『謂』字，甚精，恐是今本左傳脱之。」趙簡子按兵而不動。凡謀者，疑也。疑則從義斷事，從義斷事則謀不虧，謀不虧則名實從之。既有美名，又有其實，故曰「名實從之」。賢主之舉也，豈必旗僨將斃而乃知勝敗哉？察其理而得失榮辱定矣。故三代之所貴，無若賢也。若，如也。

召類

五曰：凡人三百六十節，九竅五藏六府，肌膚欲其比也，比猶致也。○畢沅曰：「謂密緻。」血脈欲其通也，通，利。筋骨欲其固也，固，堅。心志欲其和也，和，調也。精氣欲其行也，精氣以行血脈，榮衛三百六十節，故曰欲其行也。若此則病無所居，而惡無由生矣。○維遹案：類纂引「居」作「留」，與下文相應。病之留，惡之生也，精氣鬱也。鬱，滯，不通也。○維遹案：治要引「生」下無「也」字。故水鬱則爲污，水淺不流曰污。樹鬱則爲蠹，蠹，蝎，木中之蟲也。草鬱則爲蕢。蕢，穢。○畢沅曰：「梁仲子云：『續漢書郡國志三注引爾雅「木立死曰菑」，又引此「草鬱即爲菑」。疑「蕢」本是「葘」字，即「菑」也，因形近而訛。』」○王念孫曰：「治要亦作『菑』，注同。淮南本經篇『菑榛穢』，注：『茂草曰菑。』」國亦有鬱，主德不通，○維遹案：「主德」原作「生德」，畢沅云：「『生德』疑『主德』。」案：畢説是，今改從姜本、張本、李本。治要引同。民欲不達，此國之鬱也。國鬱處久，則百惡竝起，而萬災叢至矣。叢，聚也。○王念孫曰：「治要『國鬱』作『國之鬱』，『至』作『生』。」上下之相忍也，由此出矣。出，生也。故聖王之貴豪士與忠臣也，○孫先生曰：「治要引作『故聖人貴豪士與忠臣也』。」爲其敢直言而決鬱塞也。

周厲王虐民，國人皆謗。謗，怨。召公以告曰：「民不堪命矣。」王使衛巫監謗者，召公，周大夫召公奭也。監，視。○畢沅曰：「召公奭未必至厲王時尚在。據韋昭注周語，以爲召康公之後穆公虎也。」得則殺之。國莫敢言，道路以目。以目相視而已，不敢失言。○維遹案：周語「國」下有「人」字。王喜，以告召公曰：「吾能弭謗矣。」弭，止也。召公曰：「是障之也，非弭之也。障，防。防民之口，甚於防川，川壅而潰，敗人必多。夫民猶是也，是故治川者決之使導，治民者宣之使言。是故天子聽政，使公卿列士正諫，好學博聞獻詩，矇箴師誦，目不見曰矇。師，瞽師。詩云：「矇叟奏功。」○畢沅曰：「周語云：『使公卿至於列士獻詩，瞽獻曲，史獻書，師箴，瞍賦，矇誦，百工諫。』注引詩與今毛詩異。案：詩釋文云：『瞍，依字作叟。』又案：史記屈原傳集解亦引作『奏功』。」庶人傳語，庶人，無官者，不得見王，故傳語，因人以通。近臣盡規，規，諫。○維遹案：盡與進通，列子書「進」多作「盡」。親戚補察，而後王斟酌焉。斟酌，取其善而行。是以下無遺善，善皆達王所。上無過舉。過，失。今王塞下之口，而遂上之過，恐爲社稷憂。」王弗聽也。三年，國人流王於彘。流，放也。彘，河東永安是也。此鬱之敗也。鬱者，不陽也。周鼎著鼠，令馬履之，爲其不陽也。不陽者，亡國之俗也。○梁玉繩曰：「此事未聞。」○維遹案：論衡物勢篇云：「子亦水也，其禽鼠也。午亦火也，其禽馬也。火爲水所害，故馬食鼠屎而腹脹。」據此，鼠屬陰，馬屬陽。馬履鼠，即以陽制陰，故曰「爲其不陽也」。應同篇云：「文王曰：『火氣勝，火氣勝。』故其色尚赤，其事則火，代火者必將水。」據此，周以火德王。水尅火，是代周者以水德王，故曰「不陽者，亡國之俗也」。

管仲觴桓公，日暮矣，桓公樂之而徵燭。觴，饗也。徵，求也。○畢沅曰：「『日暮』舊作『曰暮』，訛，今改正。」○維遹案：姜本、張本、李本正作「日暮」。管仲曰：「臣卜其晝，未卜其夜。君可以出矣。」出，罷。○梁玉繩曰：「此左傳陳敬仲之言，而云管仲，蓋因同謚敬仲而誤傳之。」公不說，曰：「仲父年老矣，寡人與仲父爲樂將幾之？○畢沅曰：「疑是『幾何』。」○王念孫曰：「『幾之』，『之』疑當讀爲『時』，古字時與之通。」○俞樾曰：「幾與既通，周易歸妹六五、中孚六四『月幾望』，釋文竝曰：『荀本幾作既。』既之言終也。『將既之』者，將終之也。畢氏疑是『幾何』，非是。」請夜之。」以夜繼晝。管仲曰：「君過矣。夫厚於味者薄於德，沈於樂者反於憂。○孫先生曰：「『德』疑當作『行』，草書形近之譌。管子中匡篇作『沈於樂者洽於憂，厚於味者薄於行』，御覽五百六十五引子思子曰『繁於樂者重於憂，厚於味者薄於行』，竝其證。」壯而怠則失時，怠，懈。老而解則無名。無善終之名。○畢沅曰：「注舊本作『之始』，訛。」○維遹案：解與懈古字通，張本作「懈」。臣乃今將爲君勉之，勉，勵。勵君使不沈於夜樂。若何其沈於酒也？」管仲可謂能立行矣。凡行之墮也於樂，墮，壞。酣樂。今樂而益飭；飭，正也。○王念孫曰：「正文兩『樂』字疑本作『酣』，後人依注改之也。」行之壞也於貴，貴則驕。今主欲留而不許。伸志行理，貴樂弗爲變，以事其主，此桓公之所以霸也。管仲不與桓公燭，不留桓公夜樂，所以能致桓公於霸也。○畢沅曰：「梁伯子云：『管子中匡篇所載略同。又説苑反質篇以爲景公、晏子事，恐皆由左傳而附會耳』。」

列精子高聽行乎齊湣王，列精子高，六國時賢人也。聽行，其德行見敬於齊王也。湣王，宣王之子。○維遹案：御覽三百八十二引「聽」作「德」，非是。善衣東布衣，白縞冠，顙推之履，特會朝雨袪步堂下，謂其侍者曰：「我何若？」顙推之履，弊履也。袪步，舉衣而步也。列精子高自謂其從者曰：「我好醜如何也？」○畢沅曰：「鄭注禮記深衣曰：『善衣，朝祭之服也。』然則顙推之履必非弊履可知。列精子高方且自矜其容以問侍者，惡有著〔一〕弊履者乎？高不能注，不若闕諸。」○梁玉繩曰：「顙推，蓋履之名狀，非弊履也。」○陳昌齊曰：「此數

〔一〕「著」，原脱，據諸子集成本補。

語殊不可曉，疑『善』爲『當』之訛，『特』爲『將』之訛，『雨』爲『而』之訛也。」○維遹案：「善衣東布衣」，當作「著東布衣」。「著」隸書作「着」，與「善」形近，故譌爲「善」，後人遂在「善」下增一「衣」字，以足其義。御覽引正作「著布衣」，省「東」字。「東布衣」亦見離俗篇。「會朝」猶言天黎明，詩大明篇「會朝清明」，馬瑞辰釋會朝爲黎明是也。「雨」爲「而」誤，當從陳校。據文義，列精子高蓋爲當時賢士，見敬於齊王，未必是其臣吏，故「會朝」不得解作朝見之朝，其所服之衣冠履亦然。墨子兼愛下云：「晉國之士，大布之衣，練帛之冠，且苴之履。」此云「顙推之履」，即彼云「且苴之履」。高訓弊履，殆亦指粗惡言。其名狀謂顙推，亦通。下文謂「窺於井，粲然惡丈夫狀」，知其衣冠履及袪步皆爲醜狀，而侍者竟阿其姣麗。畢氏因侍者之言，以爲列精子高自矜其容，失之遠矣。**侍者曰：「公姣且麗。」**姣、麗，皆好貌也。○畢沅曰：「孫云：『李善注文選陸士衡日出東南隅行「高臺多妖麗」，引此「姣」作「妖」。』」**列精子高因步而窺於井，粲然惡丈夫之狀也，**臨井自照，見不好，故曰「惡丈夫之狀也」。○維遹案：御覽引「步」作「出」。**喟然歎曰：「侍者爲吾聽行於齊王也，夫何阿哉？**阿，曲媚也。列精子高言侍者以我爲齊王所聽而敬，謂我美麗，不言惡，故曰阿我也。○畢沅曰：「注『以我』，舊本缺『以』字，今補。」**又況於所聽行〔一〕乎萬乘之主。人之阿之亦甚矣，**萬乘之主，謂齊王。從者且猶阿我〔二〕，而云美且麗也，人之阿齊王，齊王實不良，而言其良，甚於己

〔一〕「行」，原脫，據諸子集成本補。

〔二〕「我」，四部叢刊本作「也」。

侍者之言也。○畢沅曰：「此又影合鄒忌修事。」而無所鏡，其殘亡無日矣。言齊王無所用自見其殘暴也，亡無期日矣。孰當可而鏡？孰能鏡照。○維遹案：注「能」字，許本、張本、姜本作「誰」。今本「能」字釋正文「可而」，亦通。其唯士乎？獨士履禮蹈正，不阿於俗，而能鏡之也。人皆知説鏡之明己也，而惡士之明己也。鏡明見人之醜，而人不椎鏡破之，而抆以玄錫，摩以白旃，是説鏡之明己也。士有明己者，陳己之短，欲令改之，以除其病，而不德之，反欲殺之，是惡士之明己也。○畢沅曰：「注『醜』舊作『首』，又『改』作『長』，皆訛，今案文義改正。」○梁玉繩曰：「注『抆以玄錫，摩以白旃』二句，出淮南修務，『抆』作『粉』。」鏡之明己也功細，細，小。士之明己也功大，正己之服，而以匡君致治，安定社稷，故功之大也。得其細，失其大，不知類耳。」類，事。

趙簡子曰：「厥也愛我，鐸也不愛我。厥，趙厥，趙簡子家臣也。鐸，尹鐸，亦家臣也。傳曰：「季孫之愛我，疾疹也。孟孫之惡我，藥石也。美疹不如惡石。」此之謂也。○畢沅曰：「梁仲子云：『説苑臣術篇作尹綽、赦厥。此注云趙厥，未知所本。又「疹」，左傳作「疢」。』」○俞樾曰：「説苑『尹綽』當爲『尹鐸』，聲之誤也。至『趙厥』當從説苑作『赦厥』，注『趙』字蓋涉下『趙簡子』之文而誤。」○維遹案：治要引末句作「鐸也不我愛也」。厥之諫我也，必於無人之所；所，處也。鐸之諫我也，喜質我於人中，質，正。必使我醜。」醜，惡。○畢沅曰：「醜當訓恥。」尹鐸對曰：「厥也愛君之醜也，愛，惜。而不愛君之過也。過，明也。○畢沅曰：「過當訓失。」鐸也愛君之過也，而不愛君之醜也。臣嘗聞相人於師，敦顏而土色者忍醜。敦，厚也。土色，黃色也。土爲四時五行之主，多所戴受，故能辱忍醜也，謂簡子之色也。○畢沅曰：「注『戴受』疑是『載受』，別本『受』作

『愛』，今從許本作『受』。」不質君於人中，恐君之不變也。」變，改。此簡子之賢也。人主賢，則人臣之言刻。刻，盡。簡子不賢，鐸也卒不居趙地，居，處。有況乎在簡子之側哉！側猶在左右也。○維遹案：有讀爲又。呂覽纂作「又」。

達鬱

六曰：人主之行與布衣異，布衣，匹夫。勢不便，時不利，事讎以求存。讎，周也。○舊校云：「『存』一作『全』。」○維遹案：注「周」字當是「周」之形誤。集韻：「讐，古文作周。」詳義賞篇。執民之命，執民之命，重任也，不得以快志爲故。故，事也。○松皋圓曰：「『執民之命』，疑衍一句。」故布衣行此指於國，不容鄉曲。指猶志。布衣之人行此志於國，不能自容於鄉曲。○陶鴻慶曰：「『布衣』上『故』字不當有。上文言人主事讎求存，執民之命，此言布衣若行此指則不容鄉曲矣，正見人主之行與布衣異也。今本衍『故』字，涉上句『不得以快志爲故』之文而誤重耳。」堯以天下讓舜，讓猶予也。鮌爲諸侯，怒於堯曰：「得天之道者爲帝，得地之道者爲三公。今我得地之道，而不以我爲三公。」以堯爲失論，論猶理也。欲得三公，怒甚猛獸，○王念孫曰：「論衡率性篇作『怒其猛獸』，當從之。」欲以爲亂。比獸之角能以爲城，以爲城池之固。舉其尾能以爲旌，以爲旌旗之表也。○孫鏘鳴曰：「以獸之怒喻鮌之怒，比猶比爾干之比。」○俞樾曰：「兩『能』

皆當讀爲而。」召之不來，仿佯於野以患帝。舜於是殛之於羽山，副之以吴刀。羽山，東極之山也。書云：「鮌乃殛死。」先殛後死也。○畢沅曰：「副當讀如『爲天子削瓜者副之』之副。梁仲子云：『海内經郭注引啓筮「副」作「剖」。』」○維遹案：副與疈同。説文：「副，判也。」疈爲籀文。周禮大宗伯「以疈辜祭四方百物」，鄭注：「疈，疈牲胸也。疈而磔之。」禹不敢怨而反事之，官爲司空，禹，鮌子也。不敢怨舜，而還事舜，治水土者也。○畢沅曰：「注『者』字衍。」以通水潦，顔色黎黑，步不相過，竅氣不通，以中帝心。中猶得。○維遹案：「以通水潦」，荀子非相篇楊注引作「通水濬川」。

昔者，紂爲無道，殺梅伯而醢之，殺鬼侯而脯之，以禮諸侯於廟。肉醬爲醢。肉熟爲脯。梅伯、鬼侯皆紂之諸侯也。梅伯説鬼侯之女美，令紂取之，紂聽妲己之譖，曰以爲不好，故醢梅伯，脯鬼侯，以其脯燕諸侯於廟中。○畢沅曰：「注『曰』字疑是『因』。」○王念孫曰：「注『肉熟』當作『肉乾』，蓋『乾』訛爲『孰』，『孰』又訛爲『熟』也。」文王流涕而咨之。咨，嗟，歎辭。紂恐其畔，欲殺文王而滅周。○維遹案：李本、凌本「畔」作「叛」，義同。文王曰：「父雖無道，子敢不事父乎？君雖不惠，臣敢不事君乎？孰王而可畔也？」紂乃赦之。天下聞之，以文王爲畏上而哀下也。詩曰：「惟此文王，小心翼翼，昭事上帝，聿懷多福。」詩大雅大明之三章。言文王小心翼翼然敬慎，明於事上，不敢攜貳，所以得衆福也。

齊攻宋，燕王使張魁將燕兵以從焉，齊王殺之。燕王聞之，泣數行而下，召有司而告之曰：「余興事而齊殺我使，請令舉兵以攻齊也。」○畢沅曰：「『請令』疑當作『請今』。」○維遹案：畢説是。驕恣篇云：「寡人請今止之。」今與即義同。使受命矣。凡繇進見，爭之曰：「賢主故願爲臣，○維遹案：「賢主」原作「賢王」，今改從李本，與下文「今王非賢主也」一律。今王非賢主也，願辭不爲臣。」辭，去也。昭王曰：「是何也？」對曰：「松下亂，先君以不安，棄羣臣也。王苦痛之而事齊者，力不足也。昭王，燕王子噲之子。先君，謂子噲也。松下，地名也。齊伐燕，子噲與松下戰，爲齊所獲，故曰棄羣臣也。王苦傷之而奉事齊者，蓋力不足以伐齊。○王念孫曰：「正文『松下』下〔一〕脱一『之』字。注『子噲與松下戰』，當作『子噲與戰松下』。」今魁死而王攻齊，是視魁而賢於先君。」王曰：「諾。」從凡繇諫也。「請王止兵。」請王出令止兵也。王曰：「然則若何？」凡繇對曰：「請王縞素辟舍於郊，遣使於齊，客而謝焉，曰：『此盡寡人之罪也。大王賢主也，豈盡殺諸侯之使者哉！然而燕之使者獨死，此弊邑之擇人不謹也，願得變更請罪。』」更，改更也。使者行至齊，行，還也。○孫鏘鳴曰：「此燕所遣之使至齊也。行訓還，何邪？」齊王方大飲，左右官實，御者甚衆，因令使者進報。使其使者進報燕使之至也。○王念孫曰：「『實』疑『寮』之譌。」○維遹案：王説非是。左宣十二年傳云：「在軍無日不討軍實而申儆之。」官實與軍實同比。軍實指士卒言，官實指寮屬言。高下注「官實，官長也」，義亦未賅。使者報，言燕王之甚恐懼而請罪也。畢，又復之，以矜左右官實。説燕王謂伏罪，訖，又復使説之，以自矜大於左右官實官長也，使聞知

〔一〕「下」，原脱，據正文補。

也。〇王念孫曰：「注『謂』字當作『請』。」因乃發小使以反令燕王復舍。小使，微者也。反燕王使復舍也。此濟上之所以敗，此齊所以爲燕軍所敗於濟上也。齊國以虛也。七十城，微田單固幾不反。虛，弱也。燕昭王使樂毅伐齊，得七十餘城，事未訖，使騎劫代之，田單率即墨市民擊騎劫軍，盡破之，悉反其城，故曰「無田單幾不反」矣。〇畢沅曰：「『不反』舊作『不及』，注末作『幾不及免矣』，兩『及』字皆當作『反』，又『免』字衍，今并刪正。」〇孫鏘鳴曰：「虛、墟同。」〇維遹案：據高注釋虛爲弱，齊國以虛也」，當作「齊國之所以虛也」。分職篇云：「此功名之所以傷，國家之所以敗。」辭例同此。若從孫説，當以「齊國以虛也七十城」爲句，以與已同。湣王以大齊驕而殘，田單以即墨城而立功。湣王驕暴，淖齒殺之，擢其筋，懸之東廟，故曰「而殘」也。田單以即墨市民大破燕軍，故曰「而立功」也。詩曰：「將欲毀之，必重累之。將欲踣之，必高舉之。」其此之謂乎？詩，逸詩也。累矣而不毀，舉矣而不踣，累之重，乃易毀也。踣，破也。舉之高，乃易破也。以喻湣王驕亂甚，乃易破也。燕軍攻高亦易破，使田單序其名也。〇畢沅曰：「據注，踣當讀剖，與舉爲韻。『序其名』，『序』字必誤，疑是『成其名』。」其唯有道者乎！有道者，能滿而不溢，高而不危，故曰「其唯有道者乎」也。

楚莊王使文無畏於齊，過於宋，不先假道。莊王，楚穆王商臣之子，恭王之父也。無畏申周，楚大夫也，使如齊，不假道於宋也。〇畢沅曰：「申周即申舟，古字通。」還反，華元言於宋昭公曰：「往不假道，來不假道，是以宋爲野鄙也。昭公，宋成公王臣之子杵臼。往來不假道，欲以宋爲鄙邑。楚之會田也，故鞭君之僕於孟諸，言往日與楚會田於孟諸，無畏撻宋公之僕。請誅之。」乃殺文無畏於揚梁之隄。〇畢沅曰：「梁仲子云：『案：揚梁，宋地，見左氏襄十二年傳。又水經注：「涣水又東逕楊亭北，即春秋楊梁也。」近水，故有隄防。楊、揚古通用。』『隄』，李本作『腹』。」莊王方削袂，聞之曰：「嘻！」嘻，怒貌也。○畢沅曰：「孔太史廣森經學卮言曰：『削，裁也。投袂，投其所削之袂也。左氏宣十四年傳文未備，杜氏遂以投爲振，壹若拂袖之義，誤已。』」投袂而起，履及諸庭，傳曰「履及於經皇」也。劍及諸門，傳曰：「劍及寢門。」車及之蒲疏之市，○畢沅曰：「蒲疏左傳作『蒲胥』，二字通。」○維遹案：及者，追及之也。謂莊王興師之速，急遽而走，未納履，未帶劍，未乘車。履人奉履，追及于庭。劍人進劍，追及于門。車人駕車，追及於蒲疏之市。（説略本梁履繩左通補釋。）遂舍於郊，邑外曰郊。興師圍宋九月。圍宋在魯宣公十四年。宋人易子而食之，析骨而爨之。宋公肉袒執犧，犧牲也。委服告病，病，困。曰：「大國若宥圖之，唯命是聽。」莊王曰：「情矣宋公之言也。」○舊校云：「『情』一作『殆』。」○劉先生曰：「作『情』者是也。情、誠古通用。『情矣宋公之言』，猶『誠矣宋公之言』也。」乃爲却四十里，○畢沅曰：「左傳作『三十里』。」而舍於盧門之闔，盧門，宋城門。闔，扉也。所以爲成而歸也。成，平。凡事之本在人主，○畢沅曰：「舊此下有『之患〔一〕』二字，乃因下文而衍，今删。」人主之患，在先事而簡人，簡人則事窮矣。今人臣死而不當，親帥士民以討其故，討，伐也。可謂不簡人矣。宋公服以病告而還師，還，反也。○維遹案：「服」上疑脱一「委」字。此承上「委服告病」言，似不可省。

〔一〕「之患」，原作「患之」，據諸子集成本乙。

可謂不窮矣。夫舍諸侯於漢陽水北曰陽。○畢沅曰：「『舍』疑『合』字誤。」而飲至者，其以義進退邪？叛而討之，以義進也。服而舍之，以義退也。彊不足以成此也。傳曰：「彊而不義，其斃必速。」唯義以濟，故曰「彊不足以成」也。○畢沅曰：「注『斃』舊作『弊』，今據昭元年左氏傳改正。」

行論

七曰：亡國之主，必自驕，○孫先生曰：「治要引無『自』字，疑涉下文『自智』而衍。」必自智，必輕物。自謂有過人之智，故曰「輕物」。○劉師培曰：「治要引注作『自謂有過人之智，故輕物。物，人也。』以人釋物，後人刪『物人也』三字，則『必輕物』無注文，因於『故』下增『曰』字。」○孫先生曰：「此節『必驕、必自智、必輕物』三者平列，而意實一貫。驕則自以爲智，則輕事物，故下文申之曰：『驕則簡士，自智則專獨，輕物則無備』。高氏舍驕而言自智，誼既未晐，以輕物爲輕人，與簡士何異，又失呂氏之本旨矣。」自驕則簡士，簡，傲也。○維遹案：治要引注「簡，賤也」。今本作「傲」者，蓋後人昧簡有賤訓，遂妄改之。淮南俶真篇高注「簡，賤也」，是其切證。自智則專獨，不咨忠臣。輕物則無備。傳曰：「無備而官辦者，猶拾潘也。」此之謂也。○畢沅曰：「舊本無『辦者』二字，今從哀三年左傳文補。又『潘』，傳作『瀋』。」○維遹案：治要引注「官」下有「辦」字，「潘」作「瀋」，與左傳合。無備召禍，專獨位危，簡士壅塞。士不盡規，故壅塞無聞知。欲無壅塞必禮士，欲位無危必得衆，欲無召禍必完備。三者，人君之大經也。經，道也。○維遹案：「欲位無危」，據上下文例當作「欲無位危」，今本「位無」二字誤倒。

晉厲公侈淫，好聽讒人，欲盡去其大臣而立其左右。胥童謂厲公曰：「必先殺三郤。三郤，錡、犨、至也。族大多怨，去大族不偪。」不偪迫公室。公曰：「諾。」乃使長魚矯殺郤犨、郤錡、郤至于朝而陳其尸。於是厲公遊于匠麗氏，欒書、中行偃劫而幽之，欒書，武子也。中行偃，荀偃荀伯游獻子也。幽，囚也。○畢沅曰：「偃字伯游。」諸侯莫之救，百姓莫之哀，言厲公之惡。三月而殺之。人主之患，患在知能害人，而不知害人之不當而反自及也。不當，謂害賢近不肖。自及，死於匠麗氏。是何也？智短也。智短則不知化，不知化者舉自危。危，敗。

魏武侯謀事而當，攘臂疾言於庭曰：「大夫之慮，莫如寡人矣！」武侯，文侯之子也。疾言於庭，伐智自大也。立有間，再三言。言自多也。李悝趨進曰：○畢沅曰：「荀子堯問篇、新序雜事一李悝皆作吳起。」「昔者，楚莊王謀事而當，有大功，退朝而有憂色。左右曰：『王有大功，退朝而有憂色，敢問其說？』王曰：『仲虺有言，不穀說之。仲虺，湯左相也。不穀，自謂也。曰：「諸侯之德，能自爲取師者王，能自取友者存，其所擇而莫如己者亡。」擇，取也。孔子曰：「無友不如己者，過則勿憚改。」故曰取無如己者亡。○畢沅曰：「困學紀聞二引此，『取友』上亦有『爲』字。」○孫先生曰：「『取友者』下，當有脱文。荀子堯問篇作『諸侯自爲得師者王，得友者霸，得疑者存，自爲謀而莫己若者亡』。吳子圖國篇作『能得其師者王，能得其友者霸』。韓詩外傳六作『吾聞諸侯之德，能自取師者王，能自取友者霸，而與居不若其身者亡』。新序雜事一作『吾聞之，諸侯自擇師者王，自擇友者霸，足己而羣臣莫之若者亡』。所載微有異同，竝以王霸對舉。今書仲虺之誥作

『能自得師者王，謂人莫己若者亡』，蓋梅氏所刪節。細繹本書，『取友者』下當脱『霸』字。蓋王霸對舉，存亡對舉，意同荀子，而其文句自不必同，故『霸』下『存』上所脱之文，不可塙考矣。」今以不穀之不肖也，羣臣之謀又莫吾及也，我其亡乎！』今以不穀之名不肖，羣臣之謀又無如吾，無能相匡以濟道，故曰「我其亡乎」。○畢沅曰：「注『名』字似衍。」曰：『此霸王之所憂也，而君獨伐之，其可乎？』」霸王唯此之憂，憂不得友而自存也，而獨自務伐，言不可。○維遹案：注「務」字當作「矜」，形近而誤。武侯曰：「善。」人主之患也，不在於自少，而在於自多。自多則辭受，辭受，當受言而不受。辭受則原竭。不受謀臣之言而自謀之，則謀慮之言竭盡也。○畢沅曰：「盧云：『原，水之原也。川仰浦而後大，君受言而後聖，原豈可竭乎？』」李悝可謂能諫其君矣，壹稱而令武侯益知君人之道。

齊宣王爲大室，○畢沅曰：「『大』舊作『太』，今從新序刺奢篇校改。」大益百畝，○畢沅曰：「『益』，新序作『蓋』，下同。御覽一百七十四同。」堂上三百户。以齊之大，具之三年而未能成。宣王，齊威王之子，孟子所見易釁鐘之牛者也。成，立也。羣臣莫敢諫王。莫，無。春居問於宣王曰：○畢沅曰：「『春居』，新序作『香居』。」○梁玉繩曰：「作『香』者非也。困學紀聞五謂即書大傳之春子。大傳名衛。觀春居諫宣王爲大室，知孟子巨室之論，指見在事，非虚喻也。」「荆王釋先王之禮樂而樂爲輕，語曰：「君子不重則不威。」而反自樂，何以爲賢也？○畢沅曰：「注『反自』，舊本倒，今乙正。」敢問荆國爲有主乎？」王曰：「爲無主。」爲無賢主。「賢臣以千數而莫敢諫，敢問荆國爲有臣乎？」王曰：「爲無臣。」爲無賢臣。「今王爲大室，其大益百畝，堂上三百户。以齊國之大，具之三年而弗能成。羣臣莫敢諫，敢問王爲有臣乎？」王曰：「爲無臣。」○畢沅曰：「『臣』字舊本缺，從新序補。」春居曰：「臣請辟矣。」趨而出。出，去也。王曰：「春子！春子反！何諫寡人之晚也？寡人請今止之。」遽召掌書曰：「書之：○畢沅曰：「『掌』，新序作『尚』。尚，主也。」寡人不肖，而好爲大室，春子止寡人。」箴諫不可不熟。莫敢諫若，非弗欲也。○王念孫曰：「『若』，疑當爲『者』。」○俞樾曰：「此當作『莫敢諫者，非弗欲也』。言羣臣莫敢諫者，非不欲諫，乃未得進言之道耳，故下文曰：『春居之所以欲之與人同，其所以入之與人異。』今本『者』作『若』，以形似致誤耳。」春居之所以欲之與人同，其所以入之與人異。宣王微春居，幾爲天下笑矣。微，無。幾，近。由是論之，失國之主，多如宣王，然患在乎無春居。故忠臣之諫者，亦從入之，不可不慎，此得失之本也。本，原也。趙簡子沈鸞徼於河，○畢沅曰：「説苑君道篇作欒激，水經河水四注同。」曰：「吾嘗好聲色矣，而鸞徼致之。吾嘗好宮室臺榭矣，而鸞徼爲之。吾嘗好良馬善御矣，而鸞徼來之。○畢沅曰：「説苑『來』作『求』。」今吾好士六年矣，而鸞徼未嘗進一人也，是長吾過而絀善也。」所得者皆過，所不進者乃善，故曰「長吾過而絀善也」。○畢沅曰：「説苑作『而黜吾善也』。」○陶鴻慶曰：「『絀善』，當作『絀吾善』，與『長吾過』相對成文。善指好士言之。説苑君道篇正作『進吾過而黜吾善也』。」○孫先生曰：「治要引『善』上有『吾』字，注同，疑今本誤脱。」故若簡子者，能厚以理督責於其臣矣。○畢沅曰：「『厚』，舊本作『後』，今從水經注四引改正。」○維遹案：治要引無「後」字。以理督責於其臣，則人主可與爲善，而不可與爲非；可與爲直，而不可與爲枉，此三代之盛教。○維遹案：治要引句末有「也」字。

驕恣

八曰：凡論人心，觀事傳，○孫鏘鳴曰：「傳猶迹也，謂已行之事也。必己篇『萬物之情，人倫之傳』，義亦同。彼注訓傳爲轉，未明。」不可不熟，不可不深。天爲高矣，而日月星辰雲氣雨露未嘗休也。休，止也。○畢沅曰：「『休也』，舊本作『休矣』，今從意林作也。」地爲大矣，而水泉草木毛羽裸鱗未嘗息也。毛蟲，虎狼之屬也。羽蟲，鳳皇鴻鵠鶴鶩之屬也。裸蟲，麟麟麋鹿牛羊之屬也，蹄角裸見，皆爲裸蟲。鱗蟲，蛇鱗之屬。凡居於天地之間、六合之内者，其務爲相安利也？夫爲相害危者不可勝數。○陶鴻慶曰：「『其務爲相安利也』，也讀爲邪。言外若相安利，而内實相害危也。」人事皆然。事隨心，心隨欲。欲無度者，其心無度。心無度者，則其所爲不可知矣。人之心隱匿難見，淵深難測，測猶知也。故聖人於事志焉。○孫鏘鳴曰：「謂於事先觀其志。」聖人之所以過人以先知，先知必審徵表，徵，應。表，異。一曰奇表。無徵表而欲先知，堯、舜與衆人同等。聖人以徵表爲異也。徵雖易，表雖難，聖人則不可以飄矣，飄，疾也。必翔而後集，故不可以疾也。衆人則無道至焉。徵無表以道以至先也。○吴先生曰：「衆人不能審徵表，故不能先知。此注似當作『無徵表之道以至先知也』，今本譌亂不可讀。」無道至則以爲神，以爲幸。無表之道，能過絶於人以先知者，則以爲有神有幸。非神非幸，其數不得不然。言非有神、非有幸者必須表，故曰「其數不得不然」。邱成子、吴起近之矣。○舊校云：「『近』一作『有』。」

邱成子爲魯聘於晉，過衛，邱成子，魯大夫也，邱敬子國之子，邱青孫也。適晉，道經衛。○畢沅曰：「梁仲子云：『外傳魯語上注「國」作「同」。』」右宰穀臣止而觴之，陳樂而不樂，酒酣而送之以璧，右宰穀臣，衛大夫也。以璧送邱成子。○畢沅曰：「李善注文選劉孝標廣絶交論『穀臣』作『轂臣』。」顧反，過而弗辭，反，還也。自晉還，過衛，不辭右宰穀臣。其僕曰：「嚮者，右宰穀臣之觴吾子也甚歡，嚮，曩也。甚，厚也。○維遹案：「吾子」二字原重，陳昌齊云：「誤重『吾子』二字。」陶鴻慶説同。末云：「甚歡，指右宰言，不指邱成子言。下文「邱成子曰：『夫止而觴我，與我歡也。』」是其證。案：元刻本不重，今據删。今侯渫過而弗辭？」侯，何也。重過爲渫過。何爲不辭右宰。邱成子曰：「夫止而觴我，與我歡也。陳樂而不樂，告我憂也。酒酣而送我以璧，○畢沅曰：「舊本作『送之我以璧』，孔叢子陳士義篇及廣絶交論注皆無『之』字，今據删。」寄之我也。若由是觀之，衛其有亂乎？」倍衛三十里，○畢沅曰：「孔叢、選注『倍』皆作『背』。」○維遹案：類聚八十四引「倍」作「背」，古字通用。聞甯喜之難作，右宰穀臣死之。甯喜，衛大夫甯惠子殖之子悼子也。惠子與孫林父共逐獻公出之。惠子疾，臨終謂悼子曰：「吾得罪於君，名載諸侯之策。君入則掩之。若能掩之，則吾子也。」悼子許諾。魯襄二十六年，殺衛侯剽而納獻公，故曰「甯喜之難作」也。還車而臨，三舉而歸。臨，哭也。右宰息如是者三，故曰「三舉」。○畢沅曰：「注『右宰息』三字有訛脱，疑當作『右宰一哭一息』。」○孫詒讓曰：「畢校非也。息謂右宰穀之子息。（戰國策趙策云：『左師觸讋曰：「賤息舒祺。」』）言喪主與成子泣三舉哭也。無誤挩。」至，使人迎其妻子，隔宅而異之，○畢沅曰：「孔叢『異』作『居』」。○維遹案：類聚八十四引「異」亦作「居」，然「異」非誤文。淮南泰族篇有「割宅而異之」語。分禄而食之，其子長而反其璧。反，還也。孔子聞之曰：「夫智可以微謀，仁可以託財者，○畢沅曰：「孔叢作『仁可與託孤，廉可與寄財者』。」其郈成子之謂乎！」郈成子之觀右宰穀臣也，深矣妙矣，不觀其事而觀其志，可謂能觀人矣。

吴起治西河之外，吴起，衛人，仕於魏文侯，爲治西河。○畢沅曰：「注舊本作『魏侯』，今補『文』字。」王錯譖之於魏武侯，武侯使人召之。吴起至於岸門，止車而休，望西河，泣數行而下。○維遹案：長見篇無「休」字。文選丘希範與陳伯之書注引「休」作「立」，於義爲長。其僕謂之曰：「竊觀公之志，視舍天下若舍屣。屣，弊履。○畢沅曰：「前長見篇已載此事，兩『舍』字皆作『釋』。」今去西河而泣，何也？」吴起雪泣而應之，雪，拭也。曰：「子弗識也。君誠知我，而使我畢能，畢，盡。秦必可亡，而西河可以王。可以立王政也。今君聽讒人之議，而不知我，西河之爲秦也不久矣，言西河畔魏入於秦也。魏國從此削矣。」削，弱也。吴起果去魏入荆，而西河畢入秦，魏日以削，秦日益大。此吴起之所以先見而泣也。

古之善相馬者，寒風是相口齒，○畢沅曰：「『寒風，淮南齊俗訓作『韓風』。又『是』字，朱本作『氏』。案：寒、韓，是、氏古皆通用。」○維遹案：事類賦二十一引無「是」字。麻朝相頰，子女厲相目，衛忌相髭，許

鄗相𦙶，𦙶，後竅也。𦙶字讀如窮穹之穹。○畢沅曰：「『𦙶』乃『尻』之俗體，玉篇『苦刀切』，此音讀未詳。」○梁玉繩曰：「當作『讀如穹高之高』，字形相似而誤。」○吳先生曰：「𦙶字從九聲，在侯部，對轉東則讀如穹。『营藭』之『营』，字亦作『鞠』，是其明比。」**投伐褐相胷脅，**○梁玉繩曰：「『投伐』疑是複姓。」○蔡雲曰：「『投』，姓。漢有投調。複姓則有投壺氏。『投伐』未聞。」**管青相膹肳，**○畢沅曰：「李善注文選張景陽七命作『脣吻』，御覽八百九十六同。」**陳悲相股脚，秦牙相前，贊君相後。**○畢沅曰：「『贊』，御覽作『賁』。」**凡此十人者，皆天下之良工也。若趙之王良，秦之伯樂、九方堙，尤盡其妙矣。**○畢沅曰：「以上十七字，舊本無，據七命注補。孫云：『又見七發及薦禰衡表、與吴季重書注，無九方堙。』」**其所以相者不同，**以，用。**見馬之一徵也，**徵，驗也。**而知節之高卑，足之滑易，材之堅脆，能之長短。非獨相馬然也，人亦有徵，事與國皆有徵。聖人上知千歲，下知千歲，非意之也，蓋有自云也。緑圖幡薄，從此生矣。**幡亦薄也，鍛作鐵物，言薄令薄也。○畢沅曰：「語未詳。當出緯書。注亦欠明。『言薄』或是『言幡』。梁仲子云：『淮南俶真訓有「洛出丹書，河出緑圖」語。』」○梁玉繩曰：「『緑』疑同『絡』。『幡』疑作『轓』。薄，簾也。淮南覽冥述聖王瑞應云『席羅圖，黄雲絡』，注：『羅列圖籍，以爲席蓐。一説羅圖車上席。』（後説是。）絡謂車之垂絡。黄雲之氣絡其車。蓋此言瑞圖羅絡於轓薄也。高注非。」○孫詒讓曰：「此注難通。『薄令薄』，當作『搏令薄』。言以金鐵爲椎，搏擊之令薄。爾雅釋器云：『鉼金謂之鈑。』薄即金版之類。」

觀表

吕氏春秋集釋卷第二十一

榮成許維遹學

吕氏春秋訓解　高氏

開春論第一　察賢　期賢　審爲　愛類　貴卒

一曰：開春始雷則蟄蟲動矣，動，蘇也。時雨降則草木育矣，育，長也。飲食居處適則九竅百節千脈皆通利矣。通利，不壅閉，無疾病矣。王者厚其德，積衆善，而鳳皇聖人皆來至矣。雄曰鳳，雌曰皇，三代來至門庭，周室至於山澤。詩云：「鳳皇鳴矣，于彼高岡。」此之謂也。聖人皆來至，謂堯得夔、龍、稷、契，舜得益，湯得伊尹，武丁得傅説之屬是也。共伯和修其行，好賢仁，而海内皆以來爲稽矣。共，國。伯，爵。夏時諸侯也。以好賢仁而人歸之，皆以來附爲稽遲也。○畢沅曰：「竹書紀年厲王十二年奔彘，十三年共伯和攝行天子事，至二十六年宣王立，共伯和遂歸國。誘時竹書未出，故説此多訛。」○俞樾曰：「『以』、『爲』二字衍文也。『而海内皆來稽矣』，與上文『而鳳皇聖人皆來至矣』文法一律。稽之言同也。詩玄鳥篇正義引尚書緯曰『曰若稽古帝堯』，稽，同也。鄭注堯典亦曰：『稽，同也。』是稽有同義，故韓子主道篇曰：『保吾所以往而稽同之。』禮記儒行篇『古人與稽』，鄭注曰：『稽猶合也。』合亦同也。『海内皆來稽』，言海内皆來同也。因衍『以』、『爲』二字，高注乃曰『皆以來附爲稽遲』，失之矣。」周厲之難，天子曠絶，難，厲王流于彘也。周無天子十一年，故曰曠絶也。○梁玉繩曰：「史記共和攝政十四年。」而天下皆來謂矣。謂天子也。○洪頤煊曰：「釋詁：『謂，勤也。』」○孫鏘鳴曰：「謂諸侯皆請共伯爲天子也。莊子讓王篇『共伯得乎共首』，注引司馬説本此。」○劉師培曰：「高注『謂天子也』，則高本『謂』作『謁』。」○維遹案：孫、劉説近是。注「謂」字元刻本、張本作「請」，則正文「謂」字非「請」即「謁」矣。以此言物之相應也，故曰行也成也。善説者亦然，言盡理而得失利害定矣，豈爲一人言哉！善説者，大言天下之事，得其分理，愛之不助，憎之不枉，故曰「豈爲一人言哉」。

魏惠王死，葬有日矣。孟子所見梁惠王也。秦伐魏，魏徙都大梁。梁在陳留浚儀西大梁城是也。○松皋圓曰：「注『在』上衍一『梁』字。」天大雨雪，至於牛目。羣臣多諫於太子者曰：「雪甚如此而行葬，民必甚疾之，○畢沅曰：「戰國魏策作『甚病之』。」官費又恐不給。給，足也。請弛期更日。」更，改也。太子曰：「爲人子者，以民勞與官費用之故，而不行先王之葬，不義也。子勿復言。」羣臣皆莫敢諫，而以告犀首。犀首，魏人公孫衍也。佩五國相印，能合從連横，號爲犀首。犀首曰：「吾末〔一〕有以言之。末猶無也。是其唯惠公乎？請告惠公。」言唯惠公能諫之也。惠公，惠王相惠施也。惠公曰：「諾。」駕而見太子曰：「葬有日矣？」太子曰：「然。」惠公曰：「昔王季歷葬於渦山

〔一〕「末」，四部叢刊本作「未」。注同。

之尾，欒水齧其墓，○畢沅曰：「梁仲子云：『魏策作「楚山之尾」，論衡死僞篇作「滑山之尾」，初學記十四引作「渦水之尾」。』欒從水，舊本訛從木。吳師道國策注：『姚宏云：「欒音鸞，說文云漏流也，一曰漬也。」』」見棺之前和。棺題曰和。○畢沅曰：「『題』舊本作『頭』，據李善注文選謝惠連祭古冢文所引改。說文云：『題，頟也。』」○章炳麟曰：「今浙江猶謂棺之前端曰前和頭，音如華。淮南謂題字於棺前端曰題和，音如壺。」○維遹案：祭古冢文爲謝惠連作，畢引作謝靈運，今改。文王曰：「譆！先君必欲一見羣臣百姓也，天故使欒水見之。」見猶出也。○畢沅曰：「『天』，國策、論衡皆作『夫』。又『欒水』，初學記引作『明水』，國策注同。」○王念孫曰：「『天』，當從戰國策作『夫』。『夫故使欒水見之』，謂先君使之，非謂天使之也。下文云『先王必欲少留而撫社稷安黔首也，故使雨雪甚』，是其明證。」○俞樾曰：「『天』，當從國策、論衡作『夫』，屬上句讀。」於是出而爲之張朝，○維遹案：魏策「張」下有「於」字。百姓皆見之，三日而後更葬，此文王之義也。今葬有日矣，而雪甚，及牛目，難以行，太子爲及日之故，得無嫌於欲亟葬乎？願太子易日。先王必欲少留而撫社稷安黔首也，故使雨雪甚。○畢沅曰：「國策無『雨』字。」因弛期而更爲日，此文王之義也。若此而不爲，意者羞法文王也？」太子曰：「甚善。敬弛期，更擇葬日。」惠子不徒行說也，○維遹案：魏策「行」下有「其」字。又令魏太子未葬其先君，而因有說文王之義。○畢沅曰：「『因有』當作『有因』，有與又同。國策作『又因』。」說文王之義以示天下，豈小功也哉！」

韓氏城新城，期十五日而成。韓氏本都弘農宜陽，其後都潁川陽翟。新城，今河南新城是也，故戎蠻子之國也。段喬爲司空。有一縣後二日，段喬執其吏而囚之。囚者之子走告封人子高曰：「唯先生能活臣父之死，子高，賢者也。封人，田大夫，職在封疆，故謂之封人。周禮亦有封人之官。傳曰「潁考叔爲潁谷封人」也。願委之先生。」封人子高曰：「諾。」乃見段喬，自扶而上城。封人子高左右望曰：「美哉城乎！一大功矣。子必有厚賞矣。自古及今，功若此其大也，而能無有罪戮者，未嘗有也。」封人子高出，出，去也。段喬使人夜解其吏之束縛也而出之。故曰：封人子高爲之言也，而匿己之爲而爲也。段喬聽而行之也，匿己之行而行也。説之行若此其精也。封人子高可謂善説矣。○陶鴻慶曰：「『封人子高爲之言也』四句，當有舛誤，元文本云『封人子高爲之而言也，匿己之爲而言也。段喬聽之而行也，匿己之聽而行也』。兩『爲』字皆去聲，讀相爲之爲。言子高之言若無所爲，段喬之行若不緣於聽，乃見行説之精。如今本則文義難通矣。」

叔嚮之弟羊舌虎善欒盈，欒盈，晉大夫，欒書之孫，欒黶之子懷子也。欒盈有罪於晉，晉誅羊舌虎，叔嚮爲之奴而朡。奴，戮也。律坐父兄没入爲奴。周禮曰：「其奴，男子入于罪隸。」此之謂也。朡，繫也。○畢沅曰：「字書無『朡』字，疑是『朘』，縮朒〔一〕之意也。」○朱駿聲曰：「『艘』誤作『朡』。」○吴先生曰：「書序『遂伐三朡』，字從舟，㚇聲。此『朡』字之見於經者。説文：『㚇，斂足也。』周禮注：『稯，束也。』是㚇聲之字本有繫縛之義，此文

〔一〕「朒」，原作「肉」，據諸子集成本改。

假『膄』字爲之。高訓爲繫，正與許、鄭合。畢校失之。」○維遹案：吴先生説是。史記司馬相如傳「蹋以艘路兮」，漢書作「膄」，張揖云：「膄，箸也。」箸與繫義亦相近。祈奚曰：「吾聞小人得位，不爭不祥。當諫君退之，故不爭不祥也。君子在憂，不救不祥。」憂，阨也。當諫君免之，故不救不祥也。乃往見范宣子而説也，祈奚，高梁伯之子祈黄羊也。爲范宣子説叔嚮也。范宣子，范文子之子丐也。○畢沅曰：「『丐』乃『匄』之或體。」曰：「聞善爲國者，賞不過而刑不慢。賞過則懼及淫人，刑慢則懼及君子。與其不幸而過，寧過而賞淫人，毋過而刑君子。故堯之刑也殛鯀於虞而用禹，殛，誅也。於舜用禹。禹，鯀之子也。○松皋圓曰：「『於虞』二字衍，左傳無。或云『虞，羽音訛』。」○維遹案：據注當以「故堯之刑也殛鯀」爲句。左僖卅三年傳云「舜之罪也殛鯀，其舉也興禹」，句法同此。攷鯀之死，傳聞異辭。書舜典篇云「殛鯀於羽山」，本書行論篇云「舜於是殛鯀於羽山」，王逸注楚辭離騷篇言「堯使鯀治洪水，婞很自用，不順堯命，乃殛之羽山」。韋昭注周語下略同。周之刑也戮管、蔡而相周公。管叔，周公弟，蔡叔其兄也。二人流言，欲亂周室，而戮之。周公相成王而尹天下也。○畢沅曰：「注以蔡叔爲周公兄，誤。説已見察微篇。」不慢刑也。」宣子乃命吏出叔嚮。救人之患者，行危苦，不避煩辱，猶不能免。今祈奚論先王之德，而叔嚮得免焉。學豈可以已哉！類多若此。

開春論

二曰：今有良醫於此，治十人而起九人，所以求之萬也。以術之良，故人多求之也。故賢者之致功名也，比〔一〕乎良醫，而君人者不知疾求，豈不過哉！人皆知求良醫以治病，人君不知求賢臣以治國，故曰「豈不過哉」。今夫塞者，○畢沅曰：「『塞』，舊本作『寒』。趙云：『當作「塞」。』今從之。『塞』亦作『簺』，先代切，説文云：『行棊相塞也。』」勇力、時日、卜筮、禱祠無事焉，善者必勝。立功名亦然，要在得賢。要，約也。魏文侯師卜子夏，友田子方，禮段干木，禮，式其閭也。國治身逸。逸，不勞也。天下之賢主，豈必苦形愁慮哉？執其要而已矣。要，謂師賢友明，敬有德而已也。○維遹案：愁讀若揫。揫，聚也。苦形、揫慮相對成誼。説詳察微篇。雪霜雨露時，則萬物育矣，育，成也。人民修矣，疾病妖厲去矣。妖，怪。厲，惡。去猶除也。故曰「堯之容若委衣裘」，以言少事也。

宓子賤治單父，子賤，孔子弟子宓不齊也。○畢沅曰：「孫云：『李善注文選潘正叔贈河陽詩「宓」作「虙」。』今案：『虙』字是。虙羲字作此。」彈鳴琴，身不下堂而單父治。巫馬期以星出，以星入，日夜不居，以身親之，而單父亦治。巫馬期問其故於宓子，宓子曰：「我之謂任人，子之謂任力。任力者故勞，任人者故逸。」○畢沅曰：「説苑政理篇兩『故』字作『固』，古通用。」○維遹案：文選潘正叔贈河陽詩注引兩「故」字亦作「固」。宓子則君子矣，逸四肢，全耳目，平心氣，而百官以治義矣，任其數而已矣。數，術也。○陶鴻慶曰：「説苑政理篇無『義矣』二字。義當讀爲宜，義、宜聲義皆通。」巫馬期則不然，弊生

〔一〕「比」，四部叢刊本作「必」。

事精，〇畢沅曰：「説苑作『弊性事情』。」〇俞樾曰：「當從説苑。爾雅釋詁『事，勤也。勤，勞也。』然則事亦猶勞也。言弊其性、勞其情也。生與性，精與情，古字竝通。」勞手足，煩教詔，雖治猶未至也。

察賢

三曰：今夫爚蟬者，務在乎明其火，振其樹而已。火不明，雖振其樹，何益？雖振樹，蟬飛去，不能得之，故曰「何益」也。〇維遹案：淮南説山篇「爚」作「燿」，聲同字通。荀子致仕篇作「耀」，郝懿行云：「『耀』，俗『燿』字。燿者，照也。燿蟬者，火必明而後蟬投焉，蟬以陽明爲趨也。」明火不獨在乎火，在於闇。闇，冥無所見。火乃光耳，故曰「在於闇」也。〇孫先生曰：「上『火』字衍，類聚八十八、御覽九百五十二、事類賦三十引竝無上『火』字。」當今之時世闇甚矣，人主有能明其德者，天下之士，其歸之也，若蟬之走明火也。走，趨也。〇畢沅曰：「孫云：『李善注文選干令升晉紀總論引作「赴明火」，御覽九百五十二亦同。』」凡國不徒安，名不徒顯，必得賢士。傳曰：「不有君子，其能國乎？」故曰「必得賢士」。

趙簡子晝居，喟然太息曰：「異哉！吾欲伐衛十年矣，而衛不伐。」不伐，不果伐也。侍者曰：「以趙之大，而伐衛之細，君若不欲則可也。君若欲之，請令伐之。」〇畢沅曰：「『令』疑『今』。」簡子曰：「不如而言也。而，汝。衛有士十人於吾所，於猶在也。吾乃且伐之，十人者其言不義也，〇俞樾曰：「『其言』，當作『言其』。『十人者言其不義也』，謂言伐衛之不義。『其』即指伐衛之事而言。」

而我伐之，是我爲不義也。」故簡子之時，衛以十人者按趙之兵，按，止也。歿簡子之身。衛可謂知用人矣，遊十士而國家得安。簡子可謂好從諫矣，聽十士而無侵小奪弱之名。

魏文侯過段干木之閭而軾之，閭，里也。周禮二十五家爲閭。軾，伏軾也。禮，國君軾馬尾。兵車不軾，尚威武也。○梁玉繩曰：「文選魏都賦注引此文異。」其僕曰：「君胡爲軾？」曰：「此非段干木之閭歟？段干木蓋賢者也，吾安敢不軾？且吾聞段干木未嘗肯以己易寡人也，謂以己之德易寡人之處不肯也。吾安敢驕之？驕慢之也。段干木光乎德，寡人光乎地。○畢沅曰：「孫云：『李善注左太沖魏都賦「地」作「勢」。』」○劉先生曰：「光、廣古通用。『光乎德』、『光乎地』，即廣乎德、廣乎地也。」段干木富乎義，寡人富乎財。」其僕曰：「然則君何不相之？」何不以段干木爲輔相也。於是君請相之，段干木不肯受，則君乃致禄百萬，而時往館之。時往詣其館也。於是國人皆喜，相與誦之曰：「吾君好正，段干木之敬。吾君好忠，段干木之隆。」隆，高也。○王念孫曰：「『段干木』下兩『之』字，之，是也。」居無幾何，秦興兵欲攻〔一〕魏，司馬唐諫秦君曰：○畢沅曰：「古今人表有司馬庾，與魏文侯相接。淮南正作『庾』，注云：『秦大夫。或作「唐」。』」○梁玉繩曰：「新序五作『唐且』，誤加『且』字。魏都賦注作『司馬康』，亦誤。攷戰國魏策、史魏世家，『康』亦作『庚』，在秦昭、魏襄之世，乃别一人。」「段干木，賢者也，而魏禮之，天

〔一〕「攻」，原作「功」，據諸子集成本改。

下莫不聞，無乃不可加兵乎！」○畢沅曰：「選注『兵乎』二字倒。」秦君以爲然，乃按兵輟不敢攻之。輟，止也。○畢沅曰：「『敢』字疑衍。」○維遹案：敢即攻字之譌衍。御覽三百二十七引無「敢」字。新序雜事五、淮南修務篇同。魏文侯可謂善用兵矣。嘗聞君子之用兵，○維遹案：御覽引「兵」下有「也」字，與下文「野人之用兵也」文例正同。莫見其形，其功已成，其此之謂也？野人之用兵也，鼓聲則似雷，號呼則動地，塵氣充天，流矢如雨，扶傷輿死，○畢沅曰：「死與尸同。」履腸涉血，無罪之民其死者量於澤矣，量猶滿也。而國之存亡、主之死生猶不可知也，其離仁義亦遠矣。

期賢

四曰：身者，所爲也；天下者，所以爲也，審所以爲而輕重得矣。身所重，天下所輕也。得猶知也。○陶鴻慶曰：「『爲』字皆當讀去聲。（下文『則不知所爲矣』，注云：『爲讀相爲之爲。』當在此。）『審所以爲而輕重得矣』，當作『審所爲而輕重得矣』。所爲者重，所以爲者輕，此當舉其重者言之。下文兩言『不知所爲』，即承此。」今有人於此，斷首以易冠，殺身以易衣，世必惑之。惑，怪也。是何也？冠所以飾首也，衣所以飾身也，殺所飾，要所以飾，則不知所爲矣。爲謂相爲之爲。○畢沅曰：「注『謂』疑『讀』。」○孫先生曰：「御覽引『要』上有『而』字，疑今本誤脱。」世之走利，有似於此。危身傷生刈頸斷頭以徇利，則亦不知所爲也。

太王亶父居邠，狄人攻之，太王亶父，公祖之子，王季之父，文王之祖，號曰古公。詩曰：「古公亶父，來朝走馬，率西水滸，至于岐下。」避狄難也。狄人，獫狁，今之匈奴也。○畢沅曰：「注『公祖』，史記本紀作『公叔祖類』，索隱引皇甫謐云：『公祖，一名祖紺諸盩，字叔類，號曰太公也。』舊本脱『詩曰古公』四字，今補。」**事以皮帛而不受，事以珠玉而不肯。**○畢沅曰：「莊子讓王篇『皮帛』句下有『事之以犬馬而不受』一句，此『肯』字亦作『受』。淮南道應訓云：『事之以皮帛珠玉而弗受。』則『犬馬』句可不增。詩大雅緜正義云：『毛傳言「不得免焉」，書傳略説云「每與之不止」，吕氏春秋云「不受」。』據此則此『肯』字定誤。」**狄人之所求者，地也。**○畢沅曰：「淮南句上有『曰』字，此亦可不增。」○王念孫曰：「大雅緜釋文引『地』上有『土』字，莊子亦有。」**太王亶父曰：「與人之兄居而殺其弟，與人之父處而殺其子，吾不忍爲也。**言忍爭〔一〕土地，與狄人戰鬭，殺人之子弟也。○維遹案：禮記哀公問疏引「忍」下無「爲」字，與莊子讓王篇合。**皆勉處矣，爲吾臣與狄人臣奚以異？**勉，務。處，居也。教邠人務安居，爲臣等耳，故曰「奚以異」。○畢沅曰：「莊子云：『子皆勉居矣。』則此疑亦當有『子』字。」**且吾聞之，不以所以養害所養。」杖策而去，**所以養者，土地也。所養者，謂〔二〕民人也。策，箠也〔三〕。○維遹案：禮記哀公問疏引「不以」下有「其」字，淮南同。又「杖策而去」，疏引作「乃策杖而去」，莊子作「因杖策而去」。淮南與今本吕

〔一〕「爭」，原作「事」，據諸子集成本改。四部叢刊本作「事」。

〔二〕「謂」，原脱，據諸子集成本補。

〔三〕「策，箠也」，原脱，據諸子集成本補。

文同。民相連而從之，遂成國於岐山之下。連，結也。民相與結檐隨之衆多，復成爲國也。岐山在右扶風美陽之北，其下有周地，周家因之以爲天下號也。○俞樾曰：「高注『連』字未得其義。連當讀爲輦。周官鄉師注曰：『故書「輦」作「連」。鄭司農曰：「連讀爲輦。」』又巾車職曰『連車組輓』，釋文曰：『「連」本亦作「輦」。』是連、輦古通用。管子海王篇『行服連軺輂者』，亦叚連爲輦。『相連而從之』者，言相輦而從之也。人挽車爲輦。莊十二年左傳『以乘車輦其母』，又襄十年傳『輦重如役』，皆是。莊子讓王篇亦載此事，司馬彪曰：『連讀曰輦。』得之矣。」太王亶父可謂能尊生矣。尊，重也。能尊生，雖貴富不以養傷身，○維遹案：莊子「雖」上有「者」字。雖貧賤不以利累形。今受其先人之爵禄，則必重失之；生之所自來者久矣，而輕失之，豈不惑哉！言今人重失其先人之爵禄，爭土地而失其生命，故曰「豈不惑哉」。

韓、魏相與爭侵地。子華子見昭釐侯，昭釐侯有憂色。子華子，體道人也。昭釐侯，謚也，韓武子五世之孫哀侯之子也。○畢沅曰：「昭釐已説見任數篇。此『五世』當作『六世』，『哀侯』當作『懿侯』也。」○維遹案：注「釐」下「侯」字原作「復」，改從張本。子華子曰：「今使天下書銘於君之前，書之曰：『左手攫之則右手廢，右手攫之則左手廢，然而攫之必有天下。』○維遹案：「必」上莊子有「者」字。君將攫之乎？亡其不與？」○畢沅曰：「音否歟。」○維遹案：亡其，轉語之詞。亡與忘同。趙策云：「不識三國之憎秦而愛懷邪？忘其憎懷而愛秦邪？」亦作「亡將」，論衡定賢篇云：「不知壽王不得治東都之術邪？亡將東都適當復亂，而壽王之治偶逢其時？」後人多以「抑」字爲之。昭釐侯曰：「寡人不攫也。」子華子曰：「甚善。自是觀之，兩臂重於天下也，身又重於兩臂。韓之輕於天下遠，今之所爭者，其輕於韓又遠，遠猶多也。君固愁身傷生以憂之戚不得也？」戚，近也。○畢沅曰：「舊本『戚』作『臧』。案：臧不當訓近，莊子讓王篇作『戚』，此應不異。」○王念孫曰：「『之』字衍，莊子無。也與邪同。」○孫鏘鳴曰：「固，顧通。也讀曰邪。不得，謂不得侵地也。」昭釐侯曰：「善。教寡人者衆矣，未嘗得聞此言也。」子華子可謂知輕重矣。知輕重，故論不過。過，失也。

中山公子牟謂詹子曰：「身在江海之上，心居乎魏闕之下，奈何？」子牟，魏公子也，作書四篇。魏伐得中山，公以邑子牟，因曰中山公子牟也。詹子，古得道者也。身在江海之上，言志放也。魏闕，心下巨闕也。心下巨闕，言神内守也。一説：魏闕，象魏也。懸教象之法，浹日而收之，魏魏高大，故曰魏闕。言身雖在江河之上，心存王室，故在天子門闕之下也。○畢沅曰：「後一説得本意。」○維遹案：漢志道家有公子牟四篇，與高注合。其書隋、唐志皆不著録，佚已久，馬國翰有輯本一卷。詹子曰：「重生。重生則輕利。」言不以利傷生也。中山公子牟曰：「雖知之，猶不能自勝也。」言人雖知重生當輕利，猶不能自勝其情欲也。詹子曰：「不能自勝則縱之，神無惡乎？言人不能自勝其情欲則放之，放之神無所憎惡，言當寧神以保性也。○畢沅曰：「『縱之』下當再疊『縱之』二字。文子下德篇、淮南道應訓俱疊作『從之從之』，又下『不縱』作『不從』。又『惡乎』淮南作『怨乎』，文子作『則神無所害也』。」不能自勝而强不縱者，此之謂重傷。重傷之人，無壽類矣！」言人不能自勝其情欲而不放之，則重傷其神也。神傷則夭殞札瘥，故曰「無壽類」也。重讀復重之重。○畢沅曰：「此『重』不當讀平聲，當從莊子釋文音直用反。」○俞樾曰：「『重傷』猶再傷也。不能自勝則已傷矣，又强制之而不使縱，是再傷也，故曰『此之謂重傷』。高注曰『重讀復重之重』，是也。釋文音直用反，非是。」○章炳麟曰：「壽借疇字，言殃及子孫。漢人多作『嚋類』，嚋亦疇字。子孫相繼，稱疇人、疇官。」

審爲

五曰：「仁於他物，不仁於人，不得爲仁。不仁於他物，獨仁於人，猶若爲仁。仁也者，仁乎其類者也。故仁人之於民也，可以便之，無不行也。便，利也。行，爲也。神農之教曰：神農，炎帝也。「士有當年而不耕者，則天下或受其饑矣。當其丁壯之年，故不耕植則穀不豐，故有受其饑者也。○王念孫曰：「丁、當語之轉，當年猶丁年耳。注謂當其丁壯之年，失之。鴻烈齊俗篇作『丈夫丁壯而不耕，天下有受其饑者』。管子輕重丁篇『男女當壯』，輕重戊篇作『丁壯』。」女有當年而不績者，則天下或受其寒矣。」詩云：「不績其麻，市也婆娑。」衣服不供，有受其寒者。○畢沅曰：「舊本作『不績其麻布也』，誤。案：當全引詩文，今補正。」故身親耕，妻親績，身，神農之身也。所以見致民利也。賢人之不遠海内之路，而時往來乎王公之朝，非以要利也，要，徼也。以民爲務故也。以利民爲務。人主有能以民爲務者，則天下歸之矣。王也者，非必堅甲利兵選卒練士也，非必隳人之城郭，殺人之士民也。上世之王者衆矣，而事皆不同。其當世之急、憂民之利、除民之害同。同，等也。

公輸般爲高雲梯，欲以攻宋。公輸，魯般之號也，在楚爲楚王設攻宋之具也。墨子聞之，自魯往，裂裳裹足，日夜不休，十日十夜而至於郢，郢，楚都也。見荆王曰：「臣北方之鄙人也，鄙，小也。聞大王將攻宋，信有之乎？」王曰：「然。」墨子曰：「必得宋乃攻之乎？亡其不得宋且不義猶攻之乎？」猶，尚也。王曰：「必不得宋，○舊校云：「『必』一作『既』。」且有不義，則曷爲攻之。」○維遹案：有讀爲又。墨子曰：「甚善。臣以宋必不可得。」臣以爲攻宋必不可得也。王曰：「公輸般，天下之巧工也，已爲攻宋之械矣。」械，器也。墨子曰：「請令公輸般試攻之，臣請試守之。」於是公輸般設攻宋之械，墨子設守宋之備。公輸般九攻之，○畢沅曰：「舊本此句無『公輸般』三字，今據御覽三百二十所引補。」墨子九却之，不能入，入猶下也。故荆輟不攻宋。墨子能以術禦荆免宋之難者，此之謂也。

聖王通士不出於利民者無有。言皆欲利民也。昔上古龍門未開，吕梁未發，龍門，河之阨，在左馮翊夏陽之北。吕梁，在彭城吕縣，大石在水中，禹決而通之，號曰吕梁。發，通也。○俞正燮曰：「列子黄帝篇記孔子觀吕梁事，説符篇云：『孔子自衛反魯，息駕河梁而觀焉。』實是一事。莊子達生篇河梁即孔子所觀，釋文引司馬彪云：『河水有石絶處也。今西河離石西有此懸絶，世謂之黄梁。』吕氏春秋愛類篇『吕梁未發』，淮南本經訓『吕梁未發』，注並云『在彭城』。按四書所説，是兩吕梁。莊、列之文合在彭城，吕氏、淮南吕梁確離石，古注乃互錯。水經注於泗水引孔子事，河水引吕文及司馬説，真爲通矣。」河出孟門，大溢逆流，昔龍門、吕梁未通，河水稸積，其深乃出於孟門山之上，大溢逆流，無有涯畔也。無有丘陵沃衍平原高阜盡皆滅之，滅，没也。名曰鴻水。鴻，大也。禹於是疏河決江，爲彭蠡之障，彭蠡澤在豫章。障，防也。○畢沅曰：「黄氏日抄云：『此於地里不合。』盧云：『此「爲彭蠡之障」不必承上爲文，且亦不必連下「乾東土」也。』」乾東土，所活者千八百國，乾，燥也。禹致羣臣於會稽，執玉帛者萬國，此曰「千八百」者，但謂被水災之國耳。言使民得居燥土不溺死，故曰活之也。此禹之功也。功，治水之功也。勤勞爲民，無若乎禹者矣。事功曰勞。其治水鑿龍門，辟伊闕，決江疏河，其勤苦無如禹者也。

匡章謂惠子曰：「公之學去尊，今又王齊王，何其到也？」去尊，棄尊位也。今王事齊王，居其尊位，謂惠子言行何其到逆相違背也。○畢沅曰：「古『倒』字皆作『到』。」○蘇時學曰：「魏惠成王後元年，齊、魏會於徐州，始相王也。時惠施相魏，則齊之王必魏令惠施致之，故匡章以此語詰之，謂其言行顛倒也。舊注以『王齊王』爲『王事〔一〕齊王居其尊位』，殊謬。」○徐時棟曰：「正文、注語皆不可解，蓋『尊』字是『爭』字之譌。惠子常言去兵，至此復言能使齊王王天下。匡章以爲去兵則不能與天下爭矣，何以王天下？故謂惠子曰『子之學去爭』也，今又曰『王齊王』，何其説之倒逆也。上『王』字去聲。下文明白如此，吾説確不可易也。」惠子曰：「今有人於此，欲必擊其愛子之頭，石可以代之。」愛子，所愛之子也。舍愛子頭而擊石也，故曰石可以代子也。匡章曰：「公取之代乎？其不與？」言公取石以代子頭乎？其不與邪？○蘇時學曰：「不與即否歟，轉詰之詞也。舊注似誤作如

〔一〕「事」，原脱，據注補。

字。」○劉師培曰：「不與猶言否歟。高蓋以邪釋與，『邪』上『與』字碻屬後人誤增。」「施取代之。子頭所重也，石所輕也，擊其所輕，以免其所重，豈不可哉！」言其可也。○畢沅曰：「施，惠子名。此段乃惠子語。」○孫鏘鳴曰：「『公取代之乎？其不與也？』（今誤作『施』。）仍是惠子語，直接『石可以代之』句，不當有『匡章曰』三字。也讀曰邪，注文可證。今作『施』，字近誤也。『取代之』至『豈不可哉』六句，乃匡章語，上文『匡章曰』三字，當移在『取代之』上。不知『施』爲『也』字之誤，遂以『施』爲惠子名，屬下爲句，謂此段乃惠子語，誤矣。」○陶鴻慶曰：「惠子以石代頭之説，本意未明，必待匡章之問而始畢其辭，殊爲無謂。『匡章』二字蓋衍文，『曰』字當在『施取代之』句上，其文云：『今有人於此，欲必擊其愛子之頭，石可以代之，公取之代乎？（『之代』當作『代之』，與上下文相應。）其不與？曰：施取代之，子頭所重也，石所輕也，擊其所輕以免其所重，豈不可哉？』自『今有人於此』至『豈不可哉』，皆惠子語。蓋先設問而復自決之，故中間重出『曰』字，古書多有此例。後人不深考，移『曰』字於前，而以爲匡章之言，非吕氏元文也。」匡章曰：「齊王之所以用兵而不休，攻擊人而不止者，其故何也？」爲何等故也。惠子曰：「大者可以王，其次可以霸也。○孫鏘鳴曰：「『齊王之所以用兵而不休』至『何爲不爲』九句，皆惠子語，『匡章』二字當作『惠子』，『大者可以王，其次可以霸也』當直接『其故何也』下。蓋自設爲問答之辭，不當有『惠子曰』三字，乃衍文也。」今可以王齊王，而壽黔首之命，免民之死，是以石代愛子頭也，何爲不爲？言何爲不用兵也。○蘇時學曰：「惠子意，言齊王所以用兵而不休者，亦欲成霸王之名耳，今以王之虚名奉之，而可以免民之死，是亦以石代子頭之説也，何爲不可乎？舊注大謬。」民寒則欲火，暑則欲冰，燥則欲溼，溼則欲燥。

寒暑燥溼相反，其於利民一也。利民豈一道哉？當其時而已矣！」冬寒欲温，夏暑欲涼，故曰「當其時而已矣」。

愛類

六曰：力貴突，智貴卒。○畢沅曰：「音倉卒之卒。」得之同則遬爲上，勝之同則溼爲下。溼猶遲久之也。○畢沅曰：「荀子修身篇『卑濕重遲』，作『濕』字爲是，音他合切。」所爲貴驥者，爲其一日千里也，貴其疾也。旬日取之，與駑駘同。十日爲旬。駑駘十日亦至千里，故曰「與駑駘同」也。所爲貴鏃矢者，爲其應聲而至，鏃矢輕利也。小曰鏃矢，大曰篇矢。○梁玉繩曰：「淮南兵略『疾如錐矢』，注：『錐，金族箭羽之矢也。』史蘇秦傳索隱引作『錐』字。」○馬叙倫曰：「説文：『鏃，利也。』高蓋據此。然周禮司弓矢有鍭矢，無鏃矢。鍭者，説文云：『金鍭翦羽謂之鍭。』此『鏃』當作『鍭』，形近而譌。莊子天下篇『鏃矢之疾，而有不行不止之時』，『鏃』亦『鍭』之譌。以莊義亦可證此『鏃』當爲『鍭』。」終日而至，則與無至同。射三百步，終一日乃至，是爲與無所至同也。○舊校云：「『無至』一作『無矢』。」

吳起謂荆王曰：「荆所有餘者地也，所不足者民也。今君王以所不足益所有餘，臣不得而爲也？」臣無所得爲君計耳。○孫鏘鳴曰：「也讀曰邪。」言以不足益有餘，非人臣得爲之事邪？」於是令貴人往實廣虛之地，皆甚苦之。貴人，貴臣也。皆不欲往實廣虛之地，苦病之也。○王念孫曰：「廣讀曰曠。」荆王死，貴人皆來，尸在堂上，貴人相與射吴起。吴起號呼曰：「吾示子，吾用兵也？」○孫鏘鳴曰：「『示』字未詳，或『禦』字爛脱其半。言吾欲禦子，吾將用兵邪？謂不必用兵也。也字亦讀曰邪。」拔矢而走，伏尸插矢而疾言曰：「羣臣亂王，吴起死矣！」吴起拔人所射之矢，以插王尸，因言曰「羣臣謂王爲亂，而射王尸」，欲令羣臣被誅，以自爲報也。且荆國之法，麗兵於王尸者，盡加重罪，逮三族。吴起之智，可謂捷矣。捷，疾也。言發謀以報其讎之速疾也。

齊襄公即位，憎公孫無知，收其禄。齊襄公，莊公購之孫，僖公禄父之子諸兒也。公孫無知，僖公之弟夷仲年之子，故曰孫，於襄公爲從弟。無知不説，殺襄公。公子糾走魯，公子小白奔莒。既而國殺無知，未有君，公孫無知自立爲君，故國人殺之，未有其君也。○孫先生曰：「據注似『國』下脱『人』字。」公子糾與公子小白皆歸，俱至，争先入公家。公家，公之朝也。管仲扜弓射公子小白，中鉤。鉤，帶鉤也。鮑叔御，公子小白僵。御猶使也。僵猶偃也。○維遹案：此文當從「御」字絶句，「御」下宜有「令」字。下文「鮑叔因疾驅先入」，則鮑叔爲車御，明矣。下文「鮑叔之智應射而令公子小〔一〕白僵也」，即承此言。高釋御爲使，是其所據本已奪「令」字。管子以爲小白死，告公子糾曰：「安之。公子小白已死矣。」鮑叔因疾驅先

〔一〕「小」，原脱，今補。

入，故公子小白得以爲君。鮑叔之智應射而令公子小白僵也，其智若鏃矢也。鏃矢，言其捷疾也。○王念孫曰：「『應射』上似衍『智』字。」

周武君使人刺伶悝於東周，伶悝僵，周武君，西周之君。伶悝，東周之臣也。僵，斃也。○畢沅曰：「此『僵』與上小白佯死之『僵』一也，上訓偃，此不當又訓斃，似當刪去。」令其子速哭曰：「以誰刺我父也？」刺者聞，以爲死也。刺者聞伶悝已死，因報西周武君曰「伶悝已死矣」。周以爲不信，因厚罪之。罪所使刺伶悝者也。

趙氏攻中山，中山之人多力者曰吾丘鴆，○畢沅曰：「『吾丘』即『虞丘』，漢書吾丘壽王，説苑作『虞丘』。『鴆』當即『䭾』之或體。集韻音戎用切，從䌛得聲，未必然也。」孫云：「『御覽三百十三又三百五十六竝作「鳩」。』」衣鐵甲、操鐵杖以戰，而所擊無不碎，所衝無不陷，以車投車，以人投人也，幾至將所而後死。將，趙氏之將也。近至其將所然後死，言吾丘鴆力有餘也。

貴卒

呂氏春秋集釋卷第二十二

榮成許維遹學

慎行論第二　無義　疑似　壹行　求人　察傳

呂氏春秋訓解　高氏

一曰：行不可不孰。不孰，如赴深谿，雖悔無及。孰猶思也。有水曰澗，無水曰谿。不可不思，行仁如入深谿，不可使滿而平也。雖悔行不純淑，陷入刑辟，無所復及也。○吳先生曰：「不思而行，動必有悔。如赴深谿，猶駟不及舌之意耳。注云『行仁如入深谿，不可使滿而平』，似用堯、舜猶病之義以釋此文，可謂迂而無當矣。」君子計行慮義。慮，度也。度義而後行之也。小人計行其利，乃不利。傳曰：「蘊利生孽。」故曰「乃不利」也。○陶鴻慶曰：「『其利』二字屬上爲句。『其』借爲『期』。易繫辭『死其將至』，陸氏釋文云：『其一作期。』是其例也。『小人計行期利』與『君子計行慮義』文正相對。」有知不利之利者，則可與言理矣。理，道也。

荊平王有臣曰費無忌，○畢沅曰：「宋邦乂本從左傳作『極』，各本俱作『忌』，與史記、吳越春秋同。」害太子建，欲去之。平王，楚恭王之子棄疾也。王爲建取妻於秦而美，美，好也。無忌勸王奪。奪，取也。王已奪之，而疏太子。疏，遠也。無忌說王曰：「晉之霸也，近於諸夏，而荊僻也，僻，遠也。故不能與爭。爭霸也。不若大城城父而置太子焉，以求北方，城父，楚北境之邑，今屬沛國。北方，宋、鄭、魯、衛也。王收南方，是得天下也。」南方，謂吳、越也。王說，使太子居于城父。居一年，乃惡之曰：○孫先生曰：「惡當讀爲謳。說文：『謳，相毀也。』」「建與連尹將以方城外反。」連尹，伍奢，子胥之父也。方城，楚之阨塞也。反，叛也。王曰：「已爲我子矣，又尚奚求？」子，太子也。對曰：「以妻事怨。且自以爲猶宋也，猶，如也。○畢沅曰：「左傳作『猶宋、鄭也』。」齊、晉又輔之，輔，助也。將以害荆，其事已集矣。」集，合也。王信之，使執連尹。執，因也。太子建出犇。出犇鄭也。左尹郄宛，國人說之，無忌又欲殺之，謂令尹子常曰：「郄宛欲飲令尹酒。」子常，名囊瓦，令尹子臺之孫。郄尹，光唐之子也。宛，字也。○畢沅曰：「注光唐無攷。高或據世本爲說。宛字子惡，注『也』字訛。」○維遹案：注「子臺」原作「子囊」，今改從元刻本、許本、姜本。又謂郄宛曰：「令尹欲飲酒於子之家。」郄宛曰：「我，賤人也，不足以辱令尹。令尹必來辱，辱，屈辱也。我且何以給待之？」無忌曰：「令尹好甲兵，甲，鎧也。兵，戟也。子出而寘之門，寘，置也。令尹至，必觀之，已，因以爲酬。」酬，報也。詩云：「獻酬交錯。」此之謂也。○畢沅曰：「古者燕飲，於酬之時皆有物，以致勸侑之意，故曰因以爲酬。注『報也』，舊訛作『執也』，今據詩彤弓傳改正。」○維遹案：姜本、張本正作「酬，報」也。及饗日，惟門左右而寘甲兵焉。○畢沅曰：「左氏昭廿七年傳作『帷諸門左』。梁仲子云：『惟、帷形聲俱相近，古多通借。左氏定六年釋文：「小惟子，本又作帷。」莊子漁父釋文：「緇帷，本或作惟。」』」無忌因謂令尹曰：「吾幾禍令尹。郄宛將殺令尹，甲在門矣。」令尹使人視之，信，信有甲也。遂攻郤宛，殺之。國人大怨，動作者莫不非令尹。非，呰也。○畢沅曰：「『動作者』，左傳作『進胙者』。」○梁玉繩曰：「『胙』即古文『作』字。進胙猶動作也。杜注以『國中祭祀』解之，非。」○王念孫曰：「『動作』二字，於義無取，疑胙、作古字通。本作『進胙』，而後人妄改之也。」○孫先生曰：「非當讀爲誹。説文：『誹，謗也。』左昭二十七年傳作『莫不謗令尹』，故下文云『殺衆不辜，以興大謗』。高注非也。」沈尹戌謂令尹曰：「夫無忌，荆之讒人也，沈尹戌，莊王之孫，沈諸梁葉公子高之父也。○畢沅曰：「『戌』，左傳作『戌』，莊王之曾孫也。」亡夫太子建，○畢沅曰：「『夫』，衍字。案昭廿七年左氏傳作『喪太子建』。」殺連尹奢，屏王之耳目，屏，蔽也。今令尹又用之，殺衆不辜，以興大謗，患幾及令尹。」幾，近也。令尹子常曰：「是吾罪也，敢不良圖。」乃殺費無忌，盡滅其族，以説其國。動而不論其義，知害人而不知人害己也，以滅其族，費無忌之謂乎！以讒邪害人，人以公正害之，故族滅也。

崔杼與慶封謀殺齊莊公，莊公死，更立景公，崔杼相之。莊公名光，靈公之子也。景公名杵臼，莊公之弟也。慶封又欲殺崔杼而代之相，於是㧻崔杼之子，令之爭後。崔杼之子相與私鬨，鬨，鬪也。鬨讀近鴻，緩氣言之。○畢沅曰：「㧻與椓同。左氏哀十七年傳『太子又使椓〔一〕之。』舊訓訴，於此不切，義當與嗾同，今人言挑撥，意頗近之。『鬨』，舊本門内作卷，字書無此字。廣韻一送『鬨』字下云：『兵鬪也，又下降切，俗

〔一〕「椓」，原作「椽」，據左傳改。

作闟。』集韻、類篇皆同。韻會『闟』依説文从門，謂廣韻『今與門户字同』之説爲非，今『闟』字亦從之。」崔杼往見慶封而告之。慶封謂崔杼曰：「且留，吾將興甲以殺之。」因令盧滿嫳興甲以誅之，○畢沅曰：「盧滿嫳，左傳作『盧蒲嫳』。蒲、滿二字形近，古書多互出。『嫳』，舊本作『嫳』，譌，今改正。」盡殺崔杼之妻子及枝屬，燒其室屋，報崔杼曰：「吾已誅之矣。」崔杼歸無歸，因而自絞也。絞，經也。慶封相景公，景公苦之。慶封出獵，景公與陳無宇、公孫竈、公孫蠆誅封。無宇，陳須無之子桓子也。公孫竈，惠公之孫，公子欒堅之子子雅也。蠆，惠公之孫，公子高祈之子子尾也。與共誅慶封也。○畢沅曰：「堅，子欒名。祈，子高名。舊本『子雅』作『子射』，譌，今改正。」慶封以其屬鬭，不勝，走如魯。齊人以爲讓，責讓魯爲其受慶封。又去魯而如吴，王予之朱方。朱方，吴邑，以封慶封也。○畢沅曰：「『吴』字當重。」荆靈王聞之，率諸侯以攻吴，圍朱方，拔之，靈王，恭王庶子圍也。覆取之曰拔。得慶封，負之斧質，以徇於諸侯軍，○維遹案：質與鑕同，高義篇作「鑕」。因令其呼之曰：「毋或如齊慶封，弑其君而弱其孤，以亡其大夫。」乃殺之。亡其大夫，謂崔杼强而死。○畢沅曰：「『以亡』，左氏昭四年傳作『以盟』。」○劉師培曰：「亡即左傳『盟大夫』之盟，亡、盟音轉。」黄帝之貴而死，黄帝得道仙而可貴，然終歸於死。堯、舜之賢而死，孟賁之勇而死，人固皆死。若慶封者，可謂重死矣，○畢沅曰：「死而又死，謂之重死。」身爲僇，支屬不可以見，行忮之故也。忮，惡也。○王念孫曰：「『見』當爲『完』，隸書『完』作『宂』，與『見』相似。」凡亂人之動也，其始相助，後必相惡。爲義者則不然，始而相與，久而相信，卒而相親，後世以爲法程。程，度也。

慎行論

二曰：先王之於論也極之矣，極，盡也。故義者百事之始也，始，首也。萬利之本也，本，原也。傳曰：「利，義之和也。」故曰「利之本也」。中智之所不及也。不能及知之也。不及則不知，不知趨利。○畢沅曰：「似當作『不知則趨利』，脱一『則』字。」趨利固不可必也，公孫鞅、鄭平、續經、公孫竭是已。公孫鞅，商鞅也。鄭平，秦臣也。續經，趙人也。公孫竭，亦秦之臣也。竝下自解。以義動則無曠事矣。曠，廢也。人臣與人臣謀爲姦，猶或與之，○陶鴻慶曰：「『與人臣謀爲姦』，本作『與人謀爲姦』，下『臣』字涉上而衍。」又況乎人主與其臣謀爲義，其孰不與者？非獨其臣也，天下皆且與之。

公孫鞅之於秦，非父兄也，非有故也，以能用也，欲堙之責，非攻無以，堙，塞也。鞅欲報塞相秦之責，非攻伐無以塞責。於是爲秦將而攻魏。魏使公子卬將而當之。當，應也。公孫鞅之居魏也，固善公子卬，使人謂公子卬曰：「凡所爲游而欲貴者，以公子之故也。今秦令鞅將，魏令公子當之，豈且忍相與戰哉？公子言之公子之主，鞅請亦言之主，而皆罷軍。」於是將歸矣，使人謂公子曰：「歸未有時相見，言歸相見無有時也。願與公子坐而相去別也。」公子曰：「諾。」魏吏爭之曰：「不可。」公子不聽，遂相與坐。公孫鞅因伏卒與車騎以取公子卬。秦孝公薨，惠王立，以此疑公孫鞅之行，欲加罪焉。公孫鞅以其私屬與母歸魏。襄庛〔一〕不受，曰：「以君之反公子卬也，吾無道知君。」故士自行不可不審也。惠王殺鞅，車裂之，何得以其私族與母歸魏而不見受乎？公子卬家何以不取而殺之？鞅執公子卬，有罪於魏。推此言之，復歸魏妄矣。戰國策曰：「鞅欲歸魏。秦人曰：『商君之法急，不得出也。』惠王得而車裂之。」襄庛，魏人也。○畢沅曰：「襄庛即穰庛。竹書紀年，梁惠成王二十八年『穰庛帥師及鄭孔夜戰于梁赫』。本或作『疵』者，訛。」○梁玉繩曰：「史商君傳亦言鞅亡魏，弗受，復入秦被誅，不得以爲妄也。」

鄭平於秦王臣也，其於應侯交也，欺交反主，爲利故也。方其爲秦將也，天下所貴之無不以者，重也。重以得之，輕必失之。去秦將，入趙、魏，天下所賤之無不以也，所可羞無不以也。行方可賤可羞，而無秦將之重，不窮奚待！待，恃也。

趙急求李欬，李言續經與之俱如衛，抵公孫與，公孫與見而與入。抵，主也。入猶納也。○畢沅曰：「史記張耳傳『去抵父客』，索隱云：『抵，歸也。』此訓最愜。廣雅則云『至也』。」○維遹案：注「主」字當爲「至」，形近而譌。許本正作「至」。續經因告衛吏使捕之，捕李欬也。續經以仕趙五大夫，五大夫，爵也。○維遹案：漢書百官表，秦爵九「五大夫」，師古注：「大夫之尊也。」案「五大夫」見墨子號令篇、趙策、魏策、楚策，蓋戰

〔一〕「襄庛」，原作「庛襄」，據諸子集成本乙。

國通制，非秦所創立也。人莫與同朝，賤續經之行也。子孫不可以交友。人不交友之也。公孫竭與陰君之事，而反告之樗里相國，樗里疾也。以仕秦五大夫，功非不大也，然而不得入三都，三都，趙、衛、魏也。又況乎無此其功而有行乎？無有交友受寄託之功，而有其相輸告之行也。○畢沅曰：「正文『其』字，疑當在『有』字下。」

無義

三曰：使人大迷惑者，必物之相似也。○維遹案：治要、文選陸士衡樂府十七首注引「似」下竝有「者」字，疑脱。玉人之所患，患石之似玉者。相劍者之所患，患劍之似吴干者。吴干，吴之干將者也。賢主之所患，患人之博聞辯言而似通者。通，達也。亡國之主似智，亡國之臣似忠。相似之物，此愚者之所大惑，而聖人之所加慮也，慮則知之也。○維遹案：治要引注「慮」作「思」。故墨子見歧道而哭之。爲其可以南可以北，言乖别也。○梁玉繩曰：「楊子哭逵路，見淮南説林。北山移文所謂『慟朱公之哭』。（選注引淮南作『岐路』。）此與賈誼新書審微竝作墨子，恐因泣絲事而誤。」○陳昌齊曰：「淮南説林訓云：『楊子見逵路而哭之，爲其可以南可以北。墨子見練絲而泣之，爲其可以黄可以黑。』此『墨子』下當是脱『見練絲而泣之，爲其可以黄可以黑。楊子』十六字，而又以『爲其可以南可以北』八字混入注内，當据增正。本書當染篇亦有『墨子見染素絲者〔一〕而歎』之語。」○維遹案：梁、陳説是。又注「乖」字，姜本、張本作「無」，當從之。**周宅酆、鎬近戎人，**○孫先生曰：「書鈔百二十一引『戎人』作『犬戎』。」**與諸侯約，爲高葆禱於王路，**○畢沅曰：「御覽三百三十八『葆』作『堡』，無下四字。」○俞樾曰：「禱字不可通，當讀爲壔。説文土部：『壔，保也。』連言之則曰『保壔』，九章算術『今有方垛壔』是也。『垛壔』即『保壔』之異文。此作『葆禱』者，或古文叚借，或聲近而誤也。王路者，大路也。廣雅釋詁：『王，大也。』如大父母稱王父母，鮪大者謂之王鮪，皆其例也。『爲高葆禱於王路』，猶云爲高垛壔於大路。御覽引此文『葆』作『堡』，蓋易以今字，無下四字，則由不達而臆删之。」○孫先生曰：「此文不當有『禱』字。『葆』即月令『四鄙入保』之『保』。置鼓其上，以聞遠近，無取於禱也。此蓋因注以壔訓葆，（説文：『壔，保也，高土也。』）混入正文，又誤爲『禱』，故不可説耳。書鈔一百二十一兩引此文，竝無『禱』字。」**置鼓其上，遠近相聞，即戎寇至，傳鼓相告，諸侯之兵皆至，救天子。戎寇當至，**○畢沅曰：「『當至』，別本作『當至』，今從元本。御覽三百九十一作『戎嘗寇周』。」○陳昌齊曰：「『當至』，別本作『嘗至』，是也。」○維遹案：當讀爲嘗，同聲叚借。孟子萬章篇「是時孔子當阨」，説苑至公篇引作「嘗阨」，史記西南夷傳「嘗擊南越者八校尉」，漢書「嘗」作「當」，竝其例證。**幽王擊鼓，諸侯之兵皆至，褒姒大説喜之。**○畢沅曰：「御覽作『大説而笑』。」○維遹案：事類賦十九引與御覽同。**幽王欲褒姒之笑也，因數擊鼓，諸侯之兵數至而無寇。至於後戎寇**

〔一〕「染」、「者」，原脱，據當染篇補。

真至，幽王擊鼓，諸侯兵不至，幽王之身乃死於麗山之下，爲天下笑。〇畢沅曰：「舊本無『幽王擊鼓，諸侯兵不至』九字，『之身』倒作『身之』，今竝從御覽補正。」〇維遹案：事類賦引下「諸侯」上有「而」字。此夫以無寇失真寇者也。賢者有小惡以致大惡。惡積足以滅身，故曰「以致大惡」。褒姒之敗，乃令幽王好小說以致大滅，詩云「赫赫宗周，褒姒滅之」也。〇梁玉繩曰：「注『滅』，詩作『烕』，釋文云：『本或作滅』，故左氏昭元年傳及列女傳七竝引作『滅』。」故形骸相離，三公九卿出走。此褒姒之所用死，而平王所以東徙也；平王，幽王之太子宜臼也。東徙於洛邑，今河南縣也。秦襄、晉文之所以勞王勞而賜地也。秦襄公，秦仲之孫，莊公之子也。幽王爲犬戎所敗，平王東徙，襄公將兵救周有功，受周故地酆、鎬，列爲諸侯。晉文侯仇，穆侯之子也。傳曰：「平王東遷，晉、鄭焉依。」此之謂也。〇畢沅曰：「『焉依』，舊誤倒，今從左氏隱六年傳乙正。」〇王念孫曰：「下『勞』字衍文也。勞王猶勤王也。」

梁北有黎丘部，有奇鬼焉，〇畢沅曰：「孫云：『章懷注後漢書張衡傳「部」引作「鄉」。』」〇維遹案：文選思玄賦注引作「梁國之北，地名黎丘，有奇鬼焉」。喜効人之子姪昆弟之狀。〇畢沅曰：「孫云：『李善注文選張平子思玄賦「喜」引作「善」。』案子姪之稱，始見於此。」〇王引之曰：「『善効人之子姪昆弟之狀』，（舊本『善』譌作『喜』，文選思玄賦注引此作『善』，今據改。）太平御覽神鬼部三引此『子姪』作『子姓姪』，文選思玄賦注引作『子姪』。古者唯女子謂昆弟之子爲姪，男子則否。『子姪』本作『子姓』，『姓』與『姪』草書相似，故『姓』譌爲『姪』。漢書田蚡傳『跪起如子姓』，（師古曰：『姓，生也，言同子禮，若己所生。』）史記譌作『子姪』，是其證也。御覽作『子姓姪』者，後人據誤本呂氏春秋旁記『姪』字，而傳寫者因誤合之。文選注作『子姪』，則後人據誤本改之耳。古者謂子孫曰姓，或曰子姓。特牲饋食禮曰『子姓兄弟，如主人之服』，鄭注曰：『所祭者之子孫。言子姓者，子之所生。』曲禮曰『納女於天子曰備百姓』，鄭注曰：『姓之言生也。天子皇后以下百二十人，廣子姓也。』玉藻曰『縞冠元武，子姓之冠也』，注曰：『謂父有喪服，子爲之不純吉也。』喪大記曰『卿大夫父兄子姓立于東方』，注曰：『子姓，謂衆子孫也。姓之言生也。』楚語曰：『帥其子姓，從其時享。』（韋注曰：『姓，同姓也。』非是。下文曰『比爾兄弟親戚』，乃始言同姓耳。）越語曰：『凡我父兄昆弟及國子姓。』（韋注曰：『國子姓年在衆子同姓之列者。』亦非是。）列子說符篇曰：『秦穆公謂伯樂曰：「子之年長矣，子姓有可使求馬者乎？」伯樂對曰：「臣之子皆下才也。」』韓子八經篇曰：『亂之所生者六也，主母、后姬、子姓、弟兄、大臣、顯賢。』史記外戚世家曰：『既驩合矣，或不能成子姓。』」宋翔鳳說同。

邑丈人有之市而醉歸者，黎丘之鬼効其子之狀，扶而道苦之。丈人歸，酒醒而誚其子，誚，讓。○維遹案：御覽八百八十三引「誚」作「譙」，聲義俱同。曰：「吾爲汝父也，豈謂不慈哉？○畢沅曰：「御覽八百八十三『謂』作『爲』。」我醉，汝道苦我，何故？」其子泣而觸地曰：「孽矣！無此事也。○維遹案：御覽引「泣」作「伏」。昔也往責於東邑人，可問也。」其父信之，曰：「譆！是必夫奇鬼也，我固嘗聞之矣。」明日端復飲於市，○維遹案：端，專故也。韓非飾邪篇「豎穀陽之進酒也，非以端惡」，注：「端，故也。」是其義。御覽引呂文無「端」字，乃不解其義而妄删之。欲遇而刺殺之。明旦之市而醉，其真子恐其父之不能反也，反，還也。遂逝迎之。逝，往也。丈人望其真子，○畢沅曰：「選注作『丈人望見之』。」拔劍而刺之。丈人智惑於似其子者，而殺其真子。○畢沅曰：「『其真子』，舊本作『於真子』，今從選注改正。」夫惑於似士者，而失於真士，此黎丘丈人之智也。疑似之迹，不可不察，○維遹案：「迹」，張本作「間」，文選陸士衡樂府十七首注引作「道」。察之必於其人也。舜爲御，堯爲左，禹爲右，入於澤而問牧童，入於水而問漁師，奚故也？其知之審也。夫孿子之相似者，其母常識之，知之審也。○梁玉繩曰：「據戰國韓策、淮南修務『人子』當作『孿子』。」○維遹案：各本均作「人子」，故梁說如是，未知畢所據何本。

疑似

四曰：先王所惡，無惡於不可知，○孫鏘鳴曰：「不可知，謂無信也。此篇名『壹行』者，專壹其行，所謂信也。」不可知則君臣、父子、兄弟、朋友、夫妻之際敗矣。十際皆敗，亂莫大焉。凡人倫以十際爲安者也，釋十際則與麋鹿虎狼無以異，多勇者則爲制耳矣。不可知則知無安君、無樂親矣，○陳昌齊曰：「『則』字下衍『知』字。」○俞樾曰：「下『知』字衍文。『不可知則無安君、無樂親矣』，不當於『則』下更出『知』字。上文曰『不可知則君臣父子兄弟朋友夫妻之際敗矣』，是其例也。」無榮兄、無親友、無尊夫矣。

强大未必王也，而王必强大。王者之所藉以成也何？藉其威與其利。非强大則其威不威，其利不利。其威不威則不足以禁也，禁，止也。其利不利則不足以勸也，勸，進也。故賢主必使其威利無敵，故以禁則必止，以勸則必爲。爲，治也。威利敵，而憂苦民、行可知者王。

威利無敵，而以行不知者亡。無仁義之行見知，故亡也。○俞樾曰：「『威利敵』當作『威利無敵』。上云『故賢主必使其威利無敵，故以禁則必止，以勸則必爲』，此承上文而言，不當云『威利敵』也。蓋同是威利無敵，而王與亡異，則以所行者有可知、有不可知耳。今奪『無』字，義不可通。」又曰：「『以行不知者亡』，當作『以行不可知者亡』。『可知』、『不可知』相對爲文。下云『小弱而不可知，則强大疑之』，即承此而言。本篇『不可知』之文凡七見，無作『不知』者。」小弱而不可知，則强大疑之矣。小而不小，弱而不弱，故强國大國疑之也。○維遹案：「而」下疑脱一「行」字，上文「行可知者王」，「行不知者亡」，下文「故不可知之道，王者行之廢，强大行之危，小弱行之滅」，皆有「行」字，此不當獨省。注當云「小弱而行不可知之道，則强大者疑之」。人之情不能愛其所疑，小弱而大不愛則無以存。小國弱國而爲强大者，不爲大國所愛，則無以自存。○維遹案：注當云「小國弱國，不爲大國所愛，則無以自存」。高氏增「而爲强大者」五字，義反迂晦。故不可知之道，王者行之廢，廢，壞也。强大行之危，危，傾隕也。小弱行之滅。滅，破亡也。

今行者見大樹，必解衣縣冠倚劍而寢其下。大樹非人之情親知交也，而安之若此者，信也。大樹不欺詐人，故信之。○李寶洤曰：「寢大樹之下，必受其芘蔭，此人所共信者。注誤。」陵上巨木，人以爲期，易知故也。巨木，人所同見也，期會其下，蔭休之也，故曰「易知故也」。○李寶洤曰：「陵上巨木，高而易見，故以其地爲期會。」又況於士乎？士義可知故也，則期爲必矣。聚人復期會於其所而咨諏之。○陳昌齊曰：「『故也』二字，當是因上文而誤衍。」○俞樾説同。末云：「此言士之義茍可知，則必爲人所期會矣。不當有『故也』

二字。」○陶鴻慶曰：「俞氏云『故也』二字衍，是也。『期爲』當作『爲期』，承上文『陵上巨木，人以爲期』而言，謂爲人所期會也。」○吴先生曰：「注『聚人』當作『衆人』，形近致譌。」又況彊大之國？彊大之國誠可知，則其王不難矣。孟子曰：「以齊王猶反手也。」故曰「不難矣」。

人之所乘船者，爲其能浮而不能沈也。○陶鴻慶曰：「『所』下當有『以』字，與下文『世之所以賢君子者』文法一律。」世之所以賢君子者，爲其能行義而不能行邪辟也。

孔子卜，得賁。孔子曰：「不吉。」賁，色不純也。詩云：「鶉之賁賁。」○畢沅曰：「詩作『奔奔』。賁與奔古通用。左傳僖五年、襄廿七年、禮記表記皆作『賁賁』。」○李賡芸曰：「賁卦之賁，今皆讀作彼義切，釋文：『賁，李軌府瓫反，傅氏云「賁，古斑字」，王肅符文反。』案：份、頒等字與斑音同，而皆從分聲。分轉音如斑，斑轉音如賁，然則賁卦賁字亦可讀博昆切也。吕覽壹行篇高注：『賁，色不純也。』説苑反質篇載此事，則曰『賁非正色也，白當白，黑當黑』，較吕覽文尤明顯。蓋賁固色之不一者，故亦讀爲斑，所謂斑駁是也。『斑』説文作『辬』，从文，辡聲。」子貢曰：○梁玉繩曰：「説苑反質作『子張』。」「夫賁亦好矣，何謂不吉乎？」孔子曰：「夫白而白，黑而黑，夫賁又何好乎？」○王念孫曰：「而猶則也。」故賢者所惡於物，無惡於無處。惡物之無目，惡其無處可名之也。○俞樾曰：「王氏引之經義述聞曰：『處之爲居爲止，常訓也。而又爲審度爲辨察，書傳具有其義。』所引證凡七事。王説是也。此文云『無惡於無處』者，謂無惡於無辨也。篇首『先王所惡，無惡於不可知』，即其義也。高注未得其旨。」

夫天下之所以惡，莫惡於不可知也。○陶鴻慶曰：「『所以惡』當作『所惡』。上文云『先王所惡，無惡於不可知』，又云『故賢者所惡於物，無惡於無處』，皆其證。」夫不可知，盜不與期，賊〔一〕不與謀。盜賊大姦也，而猶所得匹偶，○畢沅曰：「『所得』二字疑倒。」陳昌齊説同。又況於欲成大功乎？夫欲成大功，令天下皆輕勸而助之，勸，進也。必之士可知。

壹行

五曰：身定，國安，天下治，必賢人。身者，國之本也。詹子曰：「未聞身亂而國治者也。」故曰身定國安而治，須賢人也。○維遹案：注當作「故曰身定國安而天下治」，今本脱「天下」二字。古之有天下也者，七十一聖。觀於春秋，自魯隱公以至哀公十有二世，其所以得之，所以失之，其術一也。得賢人，國無不安，名無不榮；失賢人，國無不危，名無不辱。先王之索賢人無不以也，以，用也。極卑極賤，極遠極勞。虞用宫之奇、吴用伍子胥之言，此二國者，雖至於今存可也，則是國可壽也。有能益人之壽者，則人莫不願之。○舊校云：「『願』一作『事』。」今壽國有道，而君人者而不求，過矣。

堯傳天下於舜，禮之諸侯，妻以二女，臣以十子，身請北面朝之，至卑也。舜，布衣也，故曰

〔一〕四部叢刊本「賊」下有注「一作賤」。

「至卑」。**伊尹，庖厨之臣也；傅説，殷之胥靡也，**胥靡，刑罪之名也。○牟庭曰：「孟子稱傅説版築。版築，今之瓦工也。胥靡當讀爲須眉，古字假借。蓋古者人有刑罪則髡而役作之，無刑罪而役作者其須眉完，因而版築之人名爲胥靡。莊子庚桑楚篇曰：『胥靡登高而不懼。』言版築之人習慣升高，遺死生而不懼。今瓦工能登屋騎危是也。據此，知胥靡亦瓦工之名也。韓非云『傅説轉鬻』者，謂胥靡非役作於官，而自以版築之事轉次鬻力於人者也。辨證諸書，知傅説古之瓦工也。」**皆上相天子，至賤也。禹東至榑木之地，日出、九津、青羌之野，**榑木，大木也。津，崖也。淮南記曰：「日出陽谷。」青羌，東方之野也。○畢沅曰：「榑木即扶木。爲欲篇『東至扶木』。」○郝懿行曰：「榑木即扶桑，但不當讀木爲桑。扶桑見海外東經。」○維遹案：孫志祖謂「古木字有桑音」，故郝説如是。**攢樹之所，捪天之山，**山高至天也。○畢沅曰：「捪音民，撫也。疑亦與『捫』同音義。」**鳥谷、青丘之鄉，黑齒之國；**東方其人齒黑，因曰黑齒之國也。○維遹案：青丘、黑齒二國，見海外東經。**南至交阯、孫樸、續樠之國，丹粟、漆樹、沸水、漂漂、九陽之山，**南方積陽，陽數極於九，故曰九陽之山也。**羽人、裸民之處，不死之鄉；**羽人，鳥喙，背上有羽翼。裸民，不衣衣裳也。鄉亦國也。○維遹案：羽人、不死二國，見海外南經。**西至三危之國，巫山之下，飲露、吸氣之民，積金之山，**飲露吸氣，養形人也。西方剛氣所在，故曰「積金之山」也。**其〔一〕肱、一臂、三面之鄉；北至人正之國，夏海之窮，衡山之上，**今正，北極之國也。夏海，大冥也。北方純陰，故曰大冥之中處。衡山者，北極之山也。○畢沅曰：「『其肱』疑即海外西經之奇肱，所謂一臂三目者是也。

〔一〕「其」，四部叢刊本作「共」。

注首『令正』與正文『人正』，不知孰是。又『之中處』疑是『之窮處』，或三字是衍文。」○諸以敦曰：「攷淮南時則訓『令正之谷』，御覽引作『令止』，竝引注云：『令止，丁令，北海胡地。』尚書大傳政作『丁令』，則『人』、『令』二字皆『令』之譌脱。『正』與『止』未詳。」○陳昌齊曰：「淮南時則訓作『令正』，注云：『令正，丁令，北海胡地。』」○俞樾曰：「『人正』、『令正』皆誤字也，當作『令正』。淮南子時則篇作『北至令正之谷』是也。」又曰：「『夏海』當作『夏晦』，故高注曰：『夏海，大冥也。』淮南子正作『夏晦』，高注曰：『夏，大也。晦，冥也。』與此正同。『海』字雖亦有晦義，然使正文是『海』字，則高氏以夏海爲地名足矣，何必定訓爲大冥乎？」**犬戎之國，夸父之野，禺彊之所，積水、積石之山，不有懈墯，**犬戎，西戎之别也。夸父，獸名也。禺彊，天神也。之所，處也。積水，謂海也。積石，山名也。經營行之，不懈墯休息也。○畢沅曰：「郭璞注海外北經云：『夸父者，蓋神人之名也。』經云：『北方禺彊，人面鳥身，珥兩青蛇，踐兩赤蛇。』」○維遹案：「積水」，許本、李本無，元刻本、張本有。**憂其黔首，顏色黎黑，竅藏不通，步不相過，**罷也。**以求賢人，欲盡地利，至勞也。**地利，嘉穀也。至，大也。事功曰勞。**得陶、化益、真窺、横革、之交五人佐禹，**○畢沅曰：「王厚齋云：『荀子成相曰：「禹得益、皋陶、横革、直成爲輔。」此陶即皋陶也，化益即伯益也，真窺即直成也。「真」與「直」字相類，横革名同，唯之交未詳。』盧云：『案：「窺」或本是「𥨎」字，與「成」音近。』」○梁玉繩曰：「『之交』疑『支父』之譌，即莊子讓王、本書貴生、尊師所稱子州支父也。」李慈銘説同。**故功績銘乎金石，**金，鍾鼎也。石，豐碑也。**著於盤盂。**盤盂之器，皆銘其功。

昔者堯朝許由於沛澤之中，曰：「十日出而焦火不息，不亦勞乎？○畢沅曰：「梁仲子云：

『莊子逍遥遊「焦火」作「爝火」，釋文云：「本亦作燋，音爵。」此「焦」下已從火，則不必更加火旁。」』夫子爲天子，而天下已治矣，夫子，謂許由也。請屬天下於夫子。」○孫鏘鳴曰：「此文疑有脱誤，莊子作『夫子立而天下治，而吾猶尸之，吾自視缺然，請致天下』，文義較明。」許由辭曰：「爲天下之不治與？而既已治矣。自爲與？啁噍巢於林，不過一枝；自爲，爲己也。與，即也。啁噍，小鳥也。巢，蔟也。偃，息也。啁音超。○畢沅曰：「『啁噍』，莊子作『鷦鷯』。注『與即也』，疑誤。兩『與』字皆語辭。又『偃息也』衍。『啁音超』亦非高注。」○孫鏘鳴曰：「言以天下爲己之利歟？則何不觀之啁噍偃鼠也？」偃鼠飲於河，不過滿腹。歸已君乎！滿腹，不求餘也。歸，終也。○劉師培曰：「『歸已』即莊子逍遥游之『歸休』。已爲終詞。」惡用天下？」惡，安也。遂之箕山之下，潁水之陽，耕而食，箕山在潁川陽城之西。水北曰陽也。終身無經天下之色。經，横理也。○吴先生曰：「『横理』不辭，疑當作『經猶理也』，傳寫之譌。」故賢主之於賢者也，物莫之妨，不以物故，妨害賢者。戚愛習故，戚，親也。○孫鏘鳴曰：「習，近習。故，故舊也。」不以害之，故賢者聚焉。賢者所聚，天地不壞，鬼神不害，人事不謀，人不以姦邪謀之也。此五常之本事也。○松皋圓曰：「『五常』初見。或云『五帝』，訛。」

皋子衆疑取國，召南宫虔、孔伯産，而衆口止。皋子，賢者也。其取國，告虔、産，口乃止。虔、産，其徒之賢者也。其事不與許由相連也。皋子衆疑許由欲取國也。○畢沅曰：「此注上下異説。『其取國』上當有『衆疑』二字。末云『皋子衆疑許由欲取國也』，或當有『一云』二字。以衆爲皋子之名，然於『衆口止』仍難强通。」○維遹案：皋子即睪子，皋、睪聲同字通。列女傳「睪子生五歲而贊禹」，曹大家注：「皋陶之子伯益也。」餘當闕疑。

晉人欲攻鄭，令叔嚮聘焉，視其有人與無人。視其有無賢人也。子產爲之詩曰：「子惠思我，褰裳涉洧。子不我思，豈無他士？」○梁玉繩曰：「褰裳之詩，豈子產所作乎？蓋爲之歌耳。○王念孫曰：「左傳昭十六年，鄭六卿餞韓宣子於郊，子大叔賦褰裳，宣子曰：『起在此，敢勤子至於他人乎？』此云叔向與子產，傳之者異也。」叔嚮歸曰：「鄭有人，子產在焉，不可攻也。秦、荆近，其詩有異心，不可攻也。」鄭近秦與荆也。其詩云「子不我思，豈無他人」，將事秦、荆，故曰「有異心，不可攻也」。晉人乃輟攻鄭。輟，止也。孔子曰：「詩云：『無競惟人。』子產一稱而鄭國免。」詩大雅抑之二章也。「無競惟人，四方其訓之」，無競，競也。國之强，惟在得人，故曰鄭國免其難也。

求人

六曰：夫得言不可以不察，○王念孫曰：「『得』疑當作『傳』。」○陶鴻慶曰：「『得』當爲『傳』字之誤，即本篇命名之旨。」數傳而白爲黑，黑爲白，故狗似玃，玃似母猴，母猴似人。人之與狗則遠矣，玃，猳玃，獸名也。此愚者之所以大過也。聞而審則爲福矣，聞而不審，不若無聞矣。齊桓公聞管子於鮑叔，楚莊聞孫叔敖於沈尹筮，審之也，故國霸諸侯也。鮑叔牙説管仲於桓公，沈尹筮説叔敖於莊王，察其賢明審也。○吴闓生曰：「『侯』下脱『服』字。」吴王聞越王句踐於太宰嚭，智伯聞趙襄子於張武，不審也，故國亡身死也。太宰嚭，吴王夫差臣也。張武，智伯臣也。不審句踐、襄子之智能，故越攻吴，吴王夫差死於干遂，智伯圍趙襄子於晉陽，襄子與韓、魏通謀，殺智伯於高梁之東，故曰「國亡身死也」。

凡聞言必熟論，其於人必驗之以理。驗，效也。理，道理也。魯哀公問於孔子曰：「樂正夔一足，信乎？」孔子曰：「昔者舜欲以樂傳教於天下，乃令重黎舉夔於草莽之中而進之，舜以爲樂正。樂官之正也。夔於是正六律，和五聲，以通八風，而天下大服。六律，六氣之律。陽爲律，陰爲吕，合十二也。五聲，五行之聲，宫、商、角、徵、羽也。八風，八卦之風也。通和陰陽，故天下大服也。○畢沅曰：「『和五聲』，風俗通正失篇引作『和均五聲』，李善注文選馬季長長笛賦亦有『均』字。」重黎又欲益求人，益求如夔者也。舜曰：『夫樂，天地之精也，得失之節也，故唯聖人爲能和，樂之本也。夔能和之，以平天下。和，調也。○維遹案：「樂」上「和」字，當更增一「和」字，文義乃順。若夔者，一而足矣。』故曰夔一足，非一足也。」宋之丁氏，家無井而出溉汲，常一人居外。及其家穿井，○孫先生曰：「此文疑當作『及自穿井』，『家』字涉上文而衍，『其』乃『自』字之誤。御覽一百八十九引作『及自穿井』，風俗通正失篇同。」○維遹案：宋丁〔一〕氏穿井事，與子華子問鼎篇略同。告人曰：「吾穿井得一人。」有聞而傳之者曰：

〔一〕「丁」，原脱，據正文補。

「丁氏穿井得一人。」國人道之，聞之於宋君，宋君令人問之於丁氏，丁氏對曰：「得一人之使，非得一人於井中也。」求能之若此，〇畢沅曰：「孫疑是『求聞若此』。」不若無聞也。無聞則不妄言也。

子夏之晉，過衛，子夏，孔子弟子卜商也。有讀史記者曰：「晉師三豕涉河。」〇畢沅曰：「意林作『渡河』。」〇梁玉繩曰：「史記之名始此。」子夏曰：「非也，是己亥也。夫『己』與『三』相近，『豕』與『亥』相似。」〇畢沅曰：「『己』，古文作『己』。『亥』，古文作『𢁒』。」〇王紹蘭曰：「畢說本說文。據隸續魏三體石經左傳遺字，『己』，古文作『己』，是古文左氏春秋魏時猶及見之。『己』亦作『己』，與許稱古文正合。又說文豕部『𢁒』，古文『亥』，亥部『𢁒』，古文亥爲豕，與豕同』，是古文𢁒與古文𢁒形甚相近，故『己亥』譌爲『三豕』。然則衛人所讀誤本史記，爲古文春秋也。」至於晉而問之，則曰「晉師己亥涉河」也。辭多類非而是，多類是而非。是非之經，不可不分，經，理也。分，明也。此聖人之所慎也。然則何以慎？緣物之情及人之情以爲所聞，則得之矣。物之所不得然者，推之以人情，則夔不得一足，穿地作井不得一人，明矣，故曰「以爲所聞得之矣」。

察傳

呂氏春秋集釋卷第二十三

榮成許維遹學

貴直論第三　直諫　知化　過理　壅塞　原亂

呂氏春秋訓解　高氏

一曰：賢主所貴莫如士。所以貴士，爲其直言也。言直則枉者見矣。觀玉之白，別漆之黑也，故曰「枉者見矣」。○維遹案：注原脱「曰」字，今據張本增。人主之患，欲聞枉而惡直言，是障其源而欲其水也，障，塞也。○畢沅曰：「孫云：『御覽四百二十八作「是障水源而欲其流也」。』」水奚自至？奚，何也。自，從也。是賤其所欲而貴其所惡也，所欲奚自來？所欲，欲聞己枉也。貴其所惡，惡聞直言，則己枉何從來至？淮南記曰：「塞其耳而欲聞五音，掩其目而欲督青黃，不可得也。」此之謂也。○孫先生曰：「注語疑有錯誤。治要引作『所欲，欲聞己枉。所惡，惡聞直言也。直言何從來至』，誼較明晰。」

能意見齊宣王，宣王曰：「寡人聞子好直，有之乎？」能，姓也。意，名也，齊士也。宣王，威王之子也。○梁玉繩曰：「能姓甚僻。自知有魏將鑽荼，當賞〔一〕有秦大夫菌改，亦僅見。」對曰：「意惡能直？意聞好直之士，家不處亂國，身不見污君。身今得見王，○王念孫曰：「『身今』二字，治要作『今身』，當乙正。」而家宅乎齊，意惡能直？」宅，居也。惡，安也。宣王怒曰：「野士也！」言鄙野之士也。將罪之。能意曰：「臣少而好事，長而行之，王胡不能與野士乎？將以彰其所好耶？」與猶用也。彰，明也。上有明君，下乃有直臣，王胡爲不能用意之好直也？○陶鴻慶曰：「『好事』二字無義，『事』當作『爭』，爭讀爲諍。好爭，言好直諫也。高注云云，疑其所見本正作『好爭』。作『事』者，以形似而誤。」○吳先生曰：「『少而好事』，『事』疑當爲『直』，以上下文義證之可知。」王乃舍之。舍，不誅也。能意者，使謹乎論於主之側，亦必不阿主。阿，曲也。○王念孫曰：「『能意』上治要有『若』字，當據補。」不阿主之所得豈少哉！○孫先生曰：「治要引重『主』字，是也。『不阿主』爲句，緊承上句『亦必不阿主』言之，脱去『主』字，合爲一句，失之遠矣。」此賢主之所求，而不肖主之所惡也。惡，疾也。

狐援説齊湣王曰：「殷之鼎陳於周之廷，狐援，齊臣也。湣王，齊宣王之子也。殷紂滅亡，鼎遷於周，故陳其庭也。○畢沅曰：「狐援，齊策作『狐咺』，古今人表作『狐爰』。」其社蓋於周之屏，屏，障也。言周存殷社而屋其上，屏之以爲戒也。其干戚之音在人之游。干，楯。戚，斧。舞者所執以舞也。游，樂也。○維遹案：「人」

〔一〕「賞」，原作「貴」，今改。

上「在」字當作「充」，下文「充人之游」即承此而言，前後不應異。亡國之音不得至於廟，亡國之社不得見於天，亡國之器陳於廷，所以爲戒，戒懼滅亡。王必勉之。其無使齊之大呂陳之廷，大呂，齊之鐘律也。陳，列也。無使太公之社蓋之屏，太公，田常之孫田和也，始代呂氏爲齊侯，田氏宗之，號爲太公。無使齊音充人之游。」齊王不受。狐援湣王不受狐援之言。出而哭國三日，狐援哭也。○畢沅曰：「合兩注觀之，正文本無『狐援』二字。『三日』，困學紀聞考史引作『五日』，或筆誤。」○陳昌齊曰：「『狐援』二字當連『出』字爲句。」其辭曰：「先出也出，去也。衣絺紵，後出也滿囹圄。吾今見民之洋洋然東走而不知所處。」齊王問吏曰：「哭國之法若何？」吏曰：「斮。」斮，斬。王曰：「行法。」吏陳斧質於東閭，○維遹案：左襄十九年傳杜注：「東閭，齊東門。」不欲殺之，而欲去之。狐援聞而蹶往過之，蹶，顛蹶走往也。過猶見也。吏曰：「哭國之法斮。先生之老歟？昏歟？」昏，亂也。狐援曰：「曷爲昏哉！」於是乃言曰：「有人自南方來，鮒入而鯢居，鮒，小魚。鯢，大魚，魚之賊也，啖食小魚。而鯢居人國，喻爲人害。使人之朝爲草而國爲墟。墟，丘墟也。殷有比干，吴有子胥，齊有狐援。已不用若言，若言猶直言也。○吴先生曰：「『若』疑是代名詞。荀子王霸篇『亦可以察若言矣』，楊注：『若言，如此之言。』是也。高氏訓若爲直，似不相應。」又斮之東閭。每斮者以吾參夫二子者乎！」每猶當也。斮狐援者，比比干、子胥而三之也，故曰以參夫二子者。○維遹案：注「每猶當」，當之爲言將也，說見經傳釋詞。狐援非樂斮也，國已亂矣，上已悖矣，哀社稷與民人，故出若言。出若言非平論也，將以救敗也，固嫌於危。

固，必也。嫌猶近也。此觸子之所以去之也，達子之所以死之也。樂毅爲燕昭王將，伐齊，齊使觸子應之。齊湣王不禮觸子，觸子欲齊軍敗，觸子乘車而去，故曰「所以去之」。達子代觸子將，又爲燕敗，故曰「達子之所以死也」。○畢沅曰：「事見權勳篇。」

趙簡子攻衛附郭，自將兵。及戰，且遠立，附郭，近郭也。遠立，立於矢石所不及也。又居於犀蔽屏櫓之下，○畢沅曰：「孫云：『御覽三百五十一作「屏蔽犀櫓」。又三百十三亦作「犀櫓」。説文繫傳广部「庰」字引「趙簡子立於庰蔽之下」。蓋今本犀與屏互易也。』」○維遹案：孫説是。韓非難二篇載此事亦以「犀櫓」連文。説文：「櫓，大盾也。」釋名釋兵謂「盾，遯也，跪其後避刃以隱遯也」。以犀皮作之曰犀盾，以木作之曰木盾，皆因所用爲名也。然則彼稱「犀盾」，此云「犀櫓」，其比正同。鼓之而士不起。簡子投枹而歎曰：投，棄也。「嗚呼！士之遬弊一若此乎？」遬猶化也。一猶皆也。言士之變化弊惡皆如此乎。○吳汝綸曰：「一猶乃也。注誤。」○馬叙倫曰：「説文『遬』乃『速』之籀文也。弊借爲憊。易遯卦『有疾憊也』，釋文引王肅作『斃』，此敝聲、備聲通假之證。」行人燭過免胄橫戈而進曰：「亦有君不能耳，士何弊之有？」○畢沅曰：「舊本脱『士』字，今從御覽補，與下文合。」簡子艴然作色曰：「寡人之無使，而身自將是衆也，○畢沅曰：「『而』，舊訛『汝』，今從御覽改正。」子親謂寡人之無能，有説則可，無説則死。」對曰：「昔吾先君獻公即位五年，兼國十九，○畢沅曰：「韓非難二作『并國十七』。」○梁玉繩曰：「此虚言也。直諫篇『楚文王兼國三十九』，又説苑正諫『荆文王兼國三十』，竝妄。」用此士也。惠公即位二年，淫色暴慢，身好玉女，玉女，美女也。秦人襲我，遜去絳七十，○畢沅曰：「韓非作『秦人來侵，去絳十七里』。」○孫鏘鳴曰：「『遜』字疑衍。」○維遹案：「遜」字無緣致衍。廣雅釋詁：「遜，去也。」是古人行文，自有複詞。用此士也。隕於韓，爲秦所獲也。文公即位二年，底之以勇，○孫鏘鳴曰：「底、砥同。」故三年而士盡果敢，城濮之戰，五敗荆人，圍衛取曹，○維遹案：韓非難二篇「曹」作「鄴」。拔石社，○畢沅曰：「梁仲子云：『淮南齊俗訓：「殷人之禮，其社用石。」詳陳氏禮書九十二。』」○孫鏘鳴曰：「石社，地名。梁謂社用石，非。」定天子之位，天子，周襄王也，避子帶之亂，出居于鄭，文公納之，故曰「定天子之位」也。成尊名於天下，尊名，霸諸侯之名也。用此士也。亦有君不能耳，○維遹案：「耳」字原作「取」，畢沅云：「韓非作『耳』，御覽三百十三同。」案李本作「耳」，今據改正。士何弊之有！」簡子乃去犀蔽屏櫓而立於矢石之所及，矢，箭。石，砮也。及，至也。一鼓而士畢乘之。畢，盡也。乘，陵也。○畢沅曰：「『陵』，舊訛『後』，今案文義改。」簡子曰：「與吾得革車千乘也，不如聞行人燭過之一言。」行人燭過可謂能諫其君矣，戰鬭之上，○維遹案：上猶前也，時也。枹鼓方用，賞不加厚，罰不加重，一言而士皆樂爲其上死。燭過之諫，簡子能行。

貴直論

二曰：言極則怒，極，盡也。人能受逆耳之盡言者少，故怒之。怒則説者危，非賢者孰肯犯危？而非賢者也，將以要利矣。要，求也。○王念孫曰：「而讀爲如。」要利之人，犯危何益？故不肖主無賢者。無賢則不聞極言，不聞極言則姦人比周，百邪悉起，起，興也。若此則無以存矣。○孫鏘鳴曰：「『無』上當有『國』字。」凡國之存也，主之安也，必有以也。詩云：「何其久也，必有以也。」此之謂也。不知所以，雖存必亡，雖安必危，書曰：「於安思危。」此之謂也。○畢沅曰：「『於安思危』，周書程典解文。劉本作『居安思危』，出左氏襄十一年傳，魏絳亦引書以告晉悼公者。」所以不可不論也。論猶知也。

齊桓公、管仲、鮑叔、甯戚相與飲酒酣，酣，樂也。桓公謂鮑叔曰：「何不起爲壽？」○維遹案：漢書灌夫傳：「酒酣，蚡起爲壽。」王文彬云：「爲壽即大行酒也。」鮑叔奉杯而進曰：「使公毋忘出奔在於莒也。桓公遭公孫無知殺襄公之亂也，出奔莒。毋忘之者，欲令其在上不驕也。使管仲毋忘束縛而在於魯也。不死公子糾之難，出犇於魯。魯人束縛之，以歸於齊。使甯戚毋忘其飯牛而居於車下。」甯戚，衛人也。爲商旅，宿於齊郭門之外。桓公夜出郊迎客，甯戚於其車下飯牛，疾商歌。桓公知其賢，舉以爲大夫也。桓公避席再拜曰：「寡人與大夫能皆毋忘夫子之言，則齊國之社稷幸於不殆矣。」避席，下席也。殆，危也。當此時也，桓公可與言極言矣。可與言極言，故可與爲霸。

荆文王得茹黄之狗、宛路之矰，文王，荆武王之子。矰，弋射短矢。○畢沅曰：「説苑正諫篇『茹黄』作『如黄』，『宛路』作『箘簬』。御覽二百六亦作『如黄』。」以畋於雲夢，畋，獵也。雲夢，楚澤，在南郡華容也。三月不反。得丹之姬，○畢沅曰：「説苑『丹』作『舟』。」○維遹案：「丹」字渚宮舊事引作「丹望」，御覽二百六引作「丹陽」，下同。疑今本脱一字。淫，朞年不聽朝。淫，惑也。朝，政也。○維遹案：注「政」原作「正」，改從張本。畢沅云：「注似以政訓朝，不當作『正』。」葆申曰：「先王卜，以臣爲葆吉。葆，太葆，官也。申，名也。○畢沅曰：「説苑『葆』俱作『保』。淮南説山訓作『鮑申』，非。」○維遹案：御覽引「葆」作「保」，下同。今王得茹黄之狗、宛路之矰，畋三月不反。得丹之姬，淫，朞年不聽朝。王之罪當笞。」○維遹案：治要引「王」上有「今」字。王曰：「不穀免衣繦緥而齒於諸侯，繦，縷格繩。緥，小兒被也。齒，列也。○畢沅曰：「舊本『縷』訛『樓』，『被』訛『補』。案明理篇注云：『繦，縷格上繩也。』此少一『上』字。『縷』字、『被』字據改正。」○劉師培曰：「説苑正諫篇作『免於繦緥』，則故本『衣』作『於』。」○維遹案：劉説是。渚宮舊事及御覽引「免衣」竝作「免於」。又御覽引「侯」下有「矣」字。願請變更而無笞。」葆申曰：「臣承先王之令，不敢廢也。王不受笞，是廢先王之令也。臣寧抵罪於王，毋抵罪於先王。」王曰：「敬諾。」引席，王伏。○畢沅曰：「説苑作『乃席王，王伏』。」葆申束細荆五十，○畢沅曰：「説苑『荆』作『箭』。」跪而加之于背。如此者再，謂王：「起矣。」王曰：「有笞之名一也。」遂致之。遂痛致之。申曰：「臣聞君子恥之，小人痛之。○維遹案：治要、渚宮舊事引「申」上竝有「保」字，説苑同，疑脱。恥之不變，痛之何益！」葆申趣出，○畢沅曰：「説苑作『趨出』。」○維遹案：渚宮舊事引與説苑同，治要引作「起出」。自流於淵，請死罪。○維遹案：渚宮舊事引作「自流諸荆」，當從之。荆即指上細荆而言，謂自移諸荆而請死罪。考工記弓人「寒奠體則張不流」，鄭注：「流猶移也。」説苑作「欲自流，乃請罪於王」，義同。文王曰：「此不穀之過也。」○維遹案：渚宮舊事引「過」作「罪」。葆申何罪！」王乃變更，召葆申，殺茹黄之狗，析宛路之矰，○畢沅曰：「説苑『析』作

『折』，當從之。」○維遹案：治要、渚宫舊事、御覽引「析」竝作「折」。放丹之姬。後荆國兼國三十九。○畢沅曰：「說苑作『兼國三十』。」○孫先生曰：「治要引『後荆國』作『務治荆國』，類聚引無『九』字，竝與説苑正諫篇合。」○維遹案：渚宫舊事引作「務治國政，并國三十九焉」。令荆國廣大至於此者，葆申之力也，極言之功也。

直諫○梁玉繩曰：「各本作『真諫』，此依黄氏日抄改。」

三曰：夫以勇事人者，以死也。未死而言死，不論。詐言已死，不可爲人論説。○畢沅曰：「此注未明。事人以死，謂扞敵禦難而致死，死有益於人國也。未得死所，而徒以言死，其言又不用，是不論也。下『知之』指君言，下文甚明。注皆非。」○孫鏘鳴曰：「論猶察也。未死，自許能死，人不之察。」○俞樾曰：「『論』當作『諭』，字之誤也。言未死而言死，則人不諭也。不諭，謂不知也。」○維遹案：「論」字不誤。直諫篇注：「論猶知也。」且知字與下文義正一貫。以，雖知之，與勿知同。詩云：「既明且哲，以保其身。」傳曰：「生，好物也。死，惡物也。」好物，樂也。惡物，哀也。雖知以死事人，是爲樂可哀也，故與勿知同。勿，無也。○王念孫曰：「『以』下當有『死』字。以與已同。」○孫鏘鳴曰：「以、已同。及其已死，雖知其勇，無及矣。與勿知同。」○俞樾曰：「以讀爲已。已者，已然也，一字爲句。言已然之後，雖知之與勿知同矣。篇末曰『夫患未至則不可告也。患既至，雖知之，無及矣，故夫差之知慙於子胥也，不若勿知』，正其義也。高注未明。」凡智之貴也，貴知化也。人主之惑者則不然，不然，不知化也。化未至則不知，化已至，雖知之，與勿知一貫也。○劉先生曰：「『貫』疑當爲『實』，字之壞也。一實也，猶言無異也。古書多有，不煩覼縷。（過理篇：『亡國之主一貫。』此或後人依彼改之，而不知其不同也。）事有可以過者，○孫鏘鳴曰：「過，失誤也。」有不可以過者，而身死國亡則胡可以過，此賢主之所重，惑主之所輕也。所輕，國惡得不危？身惡得不困？危困之道，身死國亡，在於不先知化也。吳王夫差是也。夫差，吳王闔廬光之子也。夫差不知勝越，而爲越所滅也。子胥非不先知化也，諫而不聽，故吳爲丘墟，禍及闔廬。越王句踐報吳，滅其社稷，故爲丘墟也。宗廟破滅，不得血食，故曰「禍及闔廬也」。

吳王夫差將伐齊，子胥曰：「不可。夫齊之與吳也，習俗不同，言語不通，我得其地不能處，處，居也。得其民不得使。使，役也。○孫先生曰：「據上下〔一〕文校之，下『得』字當作『能』。」夫吳之與越也，接土鄰境，壤交通屬，屬，連也。○陶鴻慶曰：「『通』乃『道』字之誤。」習俗同，言語通，我得其地能處之，得其民能使之。越於我亦然。夫吳、越之勢不兩立。越之於吳也，譬若心腹之疾也，雖無作，其傷深而在內也。夫齊之於吳也，疥癬之病也，不苦其已也，○維遹案：至忠篇注「已猶愈也」。且其無傷也。今釋越而伐齊，譬之猶懼虎而刺猏，獸三歲曰猏也。雖勝之，其後患無央。」虎之患未能央。○畢沅曰：「央亦訓盡，後患不必指虎言。」太宰嚭曰：「不可。君王之令所以不行於上國者，齊、晉也。君王若伐齊而勝之，徙其兵以臨晉，晉必聽命矣。是君王一舉而

〔一〕「下」，原作「上」，形近而誤，今改。

服兩國也，君王之令必行於上國。」上國，中國也。夫差以爲然，不聽子胥之言，而用太宰嚭之謀。子胥曰：「天將亡吴矣，則使君王戰而勝。天將不亡吴矣，則使君王戰而不勝。」夫差不聽。子胥兩袪高蹶而出於廷，兩手舉衣而行。蹶，蹈也。傳曰：「魯人之皋，使我高蹈。」瞋怒貌。此之謂也。○畢沅曰：「此與舉趾高正相似。哀廿一年傳注：『高蹈，遠行也。』無瞋怒意。」曰：「嗟乎！吴朝必生荆棘矣。」嗟，歎辭也。子胥謂太宰嚭勸王伐齊，國必破亡，故朝生荆棘也。夫差興師伐齊，戰於艾陵，艾陵，齊地也。大敗齊師，反而誅子胥。子胥將死，曰：「與，吾安得一目以視越人之入吴也！」乃自殺。夫差乃取其身而流之江，傳曰：子胥自殺，吴王盛之鴟夷，投之江。故曰流。抉其目著之東門，曰：○梁玉繩曰：「莊子盜跖云：『子胥抉眼。』此與韓詩外傳七、賈子耳痺、楚辭九歎竝仍其説，然非事實，匡謬正俗辨之。」「女胡視越人之入我也！」居數年，越報吴，殘其國，絶其世，滅其社稷，夷其宗廟，夷，平也。夫差身爲擒。爲越所擒也。夫差將死，曰：「死者如有知也，吾何面以見子胥於地下！」乃爲幎以冒面而死。冒，覆也。慙見於子胥也。○維遹案：畢本作「以冒而死」。畢沅云：「『以冒而死』，舊本作『以冒面死』。案注云『冒，覆面也』，則正文不當有『面』字，今改正。」案：畢改非是。正文本作「乃爲幎以冒面而死」，注本作「冒，覆也」，蓋正文「而」字誤爲「面」，而錯入注内，今改正。知接篇「桓公蒙衣袂而絶乎壽宫」，注：「蒙，冒也。」管子小稱篇「桓公乃援素幭以裹首而絶」，事與此相類，文例亦同。小爾雅廣服：「大巾謂之幎。」幎與幭聲義俱近，幭謂帊幞也。方言「幡䘥謂之幭」，郭注：「即帊幞也。」廣雅釋器：「幭，幞也。」説文：「幭，蓋幭也。」帊幞可以覆面，故曰「爲幎以冒面而死」。**夫患未至則不可告也。患既至，雖知之，無及矣，故夫差之知慙於子胥也，不若勿知。**

知化

四曰：亡國之主一貫。一，道也。貫，同也。其所以亡之道同，同於不仁，且不知足也。**天時雖異，其事雖殊，所以亡同者，**○陶鴻慶曰：「『同者』二字當倒乙。」**樂不適也，樂不適則不可以存。**○孫鏘鳴曰：「不僭不濫、動中禮義之謂適。不適者反是。以不適爲樂，則事皆過理，故以『過理』名篇。」

糟丘酒池，肉圃爲格，格以銅爲之，布火其下，以人置上，人爛墮火而死，笑之以爲樂，故謂之「樂不適」也。○畢沅曰：「『炮格』各書俱訛作『炮烙』，得此可以正之。」○俞樾曰：「畢説本段氏玉裁，詢足訂向來傳寫之誤。惟炮格似有二義，荀子議兵篇『紂剖比干，囚箕子，爲炮格刑』，此則淫刑以逞之事，如高氏所説是也。韓非子喻老篇云『紂爲肉圃，設炮格，登糟丘，臨酒池』，則似爲飲食奢侈之事，蓋取肉置格上，炮而食之也。此云『肉圃爲格』，可知格即在肉圃中，其爲飲食事無疑矣。高注非是。説詳韓非子。」○馬叙倫曰：「此及下文所敘皆紂事，然此上略不及紂，於辭律無主格，蓋本作『紂爲糟丘酒池，肉圃炮格』，今有奪譌。韓非子喻老篇可證。」**雕柱而桔諸侯，不適也。**雕畫高柱，施桔槔於其端，舉諸侯而上下之，故曰「不適」。○俞樾曰：「此即後世鞦韆之戲所自始，高注正得其義，蓋此與上文『糟丘酒池，肉圃爲格』皆飲食遊戲之事。玉篇革部：「鞦韆，繩戲也。」」○孫詒讓曰：「注所説近於戲，古書別無所見，恐不可信。竊謂『桔』當爲『梏』，形近而誤。梏諸侯序紂之酷，雕柱序紂之侈，二事不相蒙〔一〕也。賈子新書君道篇云：『紂作梏數千，睨諸侯之不諂己者，杖而梏之。文王桎梏，囚于羑里。』此即梏諸侯之事。」○維遹案：雕當讀爲鑄，雕、鑄古同聲類。鑄亦有祝音，詳愼大篇。祝雕又爲雙聲叠均，故雕可借爲鑄。孫説「桔」爲「梏」誤，是也。惟「梏」當是「酷」之借字，此謂紂鑄柱而酷諸侯。淮南俶真篇載此事，有「鑄金柱」之語，蓋本此。高注望文生訓，遂與它書述此事者不合。**刑鬼侯之女而取其環，**聽妲己之譖，殺鬼侯之女以爲脯，而取其所服之環也。○畢沅曰：「『環』，舊本作『瓌』，訛，今改正。」**截涉者脛而視其髓，**以其涉水能寒也，故視其髓，欲知其與人有異不也。○畢沅曰：「注『能寒』，能讀曰耐。」**殺梅伯而遺文王其醢，不適也。**梅伯，紂之諸侯也，説鬼侯之女美好。紂受妲己之譖，以爲不好，故殺梅伯以爲醢。醢，肉醬也。以遺文王，故曰不適也。**文王貌受，以告諸侯。**貌受，心不受也，故曰「告諸侯」也。**作爲琁室，築爲頃宮，**琁室，以琁玉文飾其室也。頃宮，築作宮牆滿一頃田中，言博大也。○畢沅曰：「書傳多云桀作璇室，紂作傾宮。今舉屬之紂，以言其土木之侈，固不必細爲分別也。梁仲子云：『淮南本經訓注「琁」或作「旋」，言室施機關，可轉旋也。頃宮，此注作如字讀，它書俱作「傾」字。』」**剖孕婦而觀其化，**化，育也。視其胞裹。○黄生曰：「化字甚新，蓋指腹中未成形之胚胎也。按大戴記云：『男十六然後精通，然後其施行。女十四然後其化成。』又淮南子云：『衆雄而無雌，又何化之能造乎？』義並同此。」○畢沅曰：「注舊本作『胞裹』，『裹』當作『裹』，亦疑是『裹』字。」○

〔一〕「蒙」，原作「冢」，形近而誤，今改。

維遹案：畢後説是。淮南本經篇「剔孕婦」，高彼注「紂剔觀其胞裹」，足證此注舊本作「胞裹」。裹爲裏字形近之誤，畢改作「胞裏」，於義雖通，恐非高氏之舊。殺比干而視其心，不適也。比干，紂之諸父也。數諫紂之非，紂不能聽，故視其心，欲知其何以不與人同也。孔子聞之曰：「其竅通，則比干不死矣。聖人心達性通，紂性不仁，心不通，安於爲惡，殺比干，故孔子言其一竅通則比干不見殺也。夏、商之所以亡也。」桀殺關龍逢，紂殺比干，故曰此「夏、商之所以亡也」。○維遹案：「夏」上疑奪「此」字，高注云云，是正文本有「此」字明矣。用民篇云「此殷、夏之所以絶也」，句法正同。

晉靈公無道，從上彈人而觀其避丸也；靈公，襄公之子，文公之孫也。從高臺上引彈，觀其走而避丸，以爲樂也。○松臯圓曰：「『從』下觀注似脱『臺』字，當云『從臺上』。」○維遹案：松説是。左宣二年傳「從」下正有「臺」字。若今本則「上」字無著矣，當據補。使宰人臑熊蹯，不熟，○畢沅曰：「左氏宣二年傳作『宰夫胹熊蹯不熟』。」殺之；令婦人載而過朝以示威，不適也。趙盾驟諫而不聽，公惡之，乃使沮麛，盾，趙成子之子宣子也。○畢沅曰：「左傳『使鉏麑賊之』，今此『賊之』二字亦當有。或下文『見之』字誤，而又誤入下文耳。」沮麛見之，不忍賊，賊，殺也。曰：「不忘恭敬，民之主也。賊民之主，不忠。大夫稱主，因曰「民之主」也。棄君之命，不信。違命不信。一於此，不若死。」不忠不信，若行之，必有其一也。○畢沅曰：「正文『一』上，左傳有『有』字。」乃觸廷槐而死。觸，畜也。○畢沅曰：「『畜』疑『撞』字之誤。」

齊湣王亡居衛，湣王，宣王之子。謂公王丹曰：「我何如主也？」公王丹，湣王臣也。○畢沅曰：

「公王丹即公玉丹，古玉字作王，三畫勻。」王丹對曰：「王，賢主也。臣聞古人有辭天下而無恨色者，臣聞其聲，聲，名也。於王而見其實。所行之實。王名稱東帝，實辨天下。辨，治也。去國居衛，容貌充滿，顏色發揚，光明也。無重國之意。」言輕之也。王曰：「甚善。丹知寡人。寡人自去國居衛也，帶益三副矣。」「副」或作「倍」。度湣王之亡國宜也，但湎涎無憂恥辱，喜於公王丹巧佞之言，因云「丹知寡人」也。帶益三倍，苟活者肥，令腹大耳。○梁玉繩曰：「魯昭公居喪而三易衰，猶有童心也。齊湣王去國而三益帶，全無心肝也。苟活者肥，當亦是古語。」

宋王築爲蘗帝，鴟夷血高懸之，射著甲冑從下，血墜流地。宋王，康王也。「蘗」當作「巘」，「帝」當作「臺」。蘗與巘其音同，帝與臺字相似，因作蘗帝耳。詩云：「庶姜巘巘。」高長須也，言康王築爲臺。革囊之大者爲鴟夷，盛血於臺上高懸之，以象天。著甲冑，自下射之，血流墮地，與之名言中天神下其血也。○畢沅曰：「注『須』舊本作『類』，訛。『與之名言』四字，劉本作『謂之』二字。」○梁玉繩曰：「詩作『孽孽』，釋文云：『韓詩作「巘」。』」○陶鴻慶曰：「此文傳寫錯亂，幾不可讀。依高注當云：宋王築爲巘臺，鴟夷盛血，高懸之，著甲冑，從下射，血流墜地。」左右皆賀曰：「王之賢，過湯、武矣。湯、武勝人，今王勝天，賢不可以加矣。」加，上也。宋王大說，飲酒，室中有呼萬歲者，堂上盡應；堂上已應，堂下盡應；門外庭中聞之，莫敢不應，不適也。不僭不濫、動中禮義之謂適。今此畏無道，不敢不應耳，故曰「不適也」。

過理

五曰：亡國之主，不可以直言。不可以直言，則過無道聞，不可以直言諫正也，則其過成，以無道遠聞，人皆聞之。○畢沅曰：「過無道聞，言過無路以聞於主也。注非是。」○俞樾曰：「道之言由也，從也。過無道聞，言過無由聞，與『善無自至』義同。當賞篇曰：『民無道知天，民以四時寒暑日月星辰之行知天。』又曰：『人臣亦無道知主，人臣以賞罰爵禄之所加知主。』慎小篇曰：『輕小物則上無道知下，下無道知上。』凡言『無道』者，竝猶言無由也。高注失之。」而善無自至矣。無自至，則壅。自，從也。傳曰：「善進善，不善蔑由至矣。不善進不善，善亦蔑由至矣。」故曰「壅」。○畢沅曰：「注『傳曰』下文有脱，今據論人篇注增補。」

秦繆公時，戎彊大，秦繆公遺之女樂二八與良宰焉。戎王大喜，以其故，數飲食，日夜不休。左右有言秦寇之至者，因扜弓而射之。寇，兵也。扜，引也。○畢沅曰：「『扜』舊訛作『扞』，注同。案大荒南經『有人方扜弓射黄蛇，名曰蜮人』，郭璞注：『扜，挽也，音紆。』今據改正。扜亦音烏。」秦寇果至，戎王醉而卧於樽下，卒生縛而擒之。未擒則不可知，不知將見擒也。已擒則又不知，醉不自知也。○畢沅曰：「舊校云：一本作『既擒則無及矣』。李本『矣』作『也』。」雖善説者猶若此，何哉？言説無〔一〕如之何。

齊攻宋，齊湣王攻宋，滅之也。宋王使人候齊寇之所至。候，視也。使者還，曰：「齊寇近矣，國人恐矣。」左右皆謂宋王曰：「此所謂肉自生蟲者也。○畢沅曰：「『生』，舊本作『至』，訛，今改

〔一〕「無」，原作「爲」，據諸子集成本改。

正。」以宋之强，齊兵之弱，惡能如此！」言宋强盛，齊兵之弱，安能來至此也。宋王因怒而詘殺之。詘，枉也。無罪而殺之曰枉。又使人往視齊寇。使者報如前，宋王又怒詘殺之。如此者三。其後又使人往視，齊寇近矣，國人恐矣。使者遇其兄曰：「國危甚矣！若將安適？」適，之也。○陳昌齊曰：「『使者遇其兄』上，据文不得有『齊寇近矣，國人恐矣』八字，當是因上文而誤衍。」其弟曰：「爲王視齊寇，○畢沅曰：「『爲王』，舊本作『爲兄』，訛，今改正。」不意其近，而國人恐如此也。今又私患鄉之先視齊寇者，皆以寇之近也報而死。今也報其情死，以齊寇至之情實告宋王，必誅死也。不報其情又恐死，不以寇至之情報而設備，齊寇至，殺人，是又恐死。將若何？」其兄曰：「如報其情，有且先夫死者死，先夫亡者亡。」○畢沅曰：「有讀與又同。」於是報於王曰：「殊不知齊寇之所在，國人甚安。」王大喜，左右皆曰：「鄉之死者宜矣。」王多賜之金。寇至，王自投車上馳而走，此人得以富於他國。夫登山而視牛若羊，視羊若豚。牛之性不若羊，羊之性不若豚，性猶體也。若猶如也。所自視之勢過也，而因怒於牛羊之小也，此狂夫之大者。狂而以行賞罰，此戴氏之所以絶也。戴氏子罕，戴公子孫也，別爲樂氏。傳曰「宋之樂其與宋升降乎？」宋國衰，子罕後子孫亦衰，賞罰失中，故曰此「戴氏之所以絶也」。○舊校云：「『戴氏』，一本作『叔世』。」○蘇時學曰：「戴氏簒宋之説，則雜見於韓詩、淮南、説苑諸書，而莫不始於韓非子。韓非子曰『戴氏奪子氏於宋』，又曰『司城子罕取宋』。又曰『戴驩爲宋太宰，皇喜重於君，二人者爭事而相害也，皇喜遂殺宋君而奪之政』。韓非於此事固屢言之，而必與齊之田氏並言，明田氏與戴氏皆簒之臣也。而吕氏春秋於宋偃之亡，亦曰此戴氏所以絶也。不言子氏而獨言戴氏，則戰國之宋爲戴氏之宋，而非前日子氏之宋，固明甚。然韓非既言戴氏，又曰皇喜、曰子罕者何也？則戴其氏而喜其名，子罕乃其字也。凡名喜者，多字子罕，若鄭之公孫喜字子罕是也。而宋之名喜者，亦有兩子罕焉。春秋時有司城樂喜，字子罕，宋之賢臣也。戰國時有司城皇喜，亦字子罕，宋之篡臣也。之二人者，其名同，其字同，其官亦同。而樂、皇二族並出於戴，則其所自出又未嘗不同，而一爲賢臣，一爲篡臣，其行事又何不相同之甚耶？或曰：『戴氏之篡宋固然矣，然則其篡宋當以何時歟？』按紀年云『宋易城肝廢其君璧而自立』。璧者，宋桓侯，而易城肝殆即司城子罕歟？」〇俞樾曰：「此即上文齊滅宋之事，戴氏爲宋公族，孟子書有戴盈之、戴不勝，韓非子内儲説有戴驩爲宋太宰，蓋皆戴公之後，世執國柄，時人習見戴氏爲宋公族，遂相沿以宋爲戴氏，故曰『此戴氏之所以絶也』。乃結上文齊攻宋事，非别一事也。高注未達此旨。」

齊王欲以淳于髡傅太子，髡辭曰：「臣不肖，不足以當此大任也。王不若擇國之長者而使之。」齊王曰：「子無辭也，寡人豈責子之令太子必如寡人也哉！寡人固生而有之也。子爲寡人令太子如堯乎，其如舜也。」凡説之行也，道不智聽智，從自非受是也。〇畢沅曰：「道謂有道也。自字疑衍。」〇陳昌齊曰：「道當讀爲導，連下『不智聽智』爲句。」〇俞樾曰：「畢以『自』爲衍字，是也。以『道』爲有道，則失之。道者，由也。道不智聽智者，由不智聽智也。由不智聽智，從非受是，文義一律。言説之所以得行者，以人主能由不智而聽智，從非而受是也。『從』下衍『自』字者，從與自同義，疑一本作『從』，一本作『自』，而傳寫誤合之也。畢以『道』字屬上句讀，而釋爲有道，失其旨矣。」〇陶鴻慶曰：「俞氏解道爲由，是也。惟從畢校以『自』爲衍字，則恐未然。『自非』與『自是』義相反，人必自知其非，而後可以受是，故曰『從自非受是也』。下文云『今自以賢過於堯、舜，彼且胡可以開說哉』，又云『宣王之情，所用不過三石，而終身自以爲用九石，豈不悲哉』，正謂其不知自非耳。」今自以賢過於堯、舜，○舊校云：「『過』一作『遠』。」彼且胡可以開說哉！○維遹案：「開」字元刻本同，惟別本多作「聞」。說必不入，不聞存君。不納忠言之說，鮮不危亡，故曰「不聞存君」也。

齊宣王好射，好，喜也。說人之謂己能用彊弓也。示有力也。○畢沅曰：「『用』，舊作『則』，孫據御覽三百四十七改正。」○孫先生曰：「治要引亦作『用』，尹文子大通篇同。」其嘗所用不過三石，以示左右，左右皆試引之，中關而止，關，謂關弓。弦正半而止也。○惠棟曰：「鄉射禮『不貫不釋』，注云：『古文關。』案中關而止，即儀禮所謂不貫也。史記五子胥傳云『五胥貫弓執矢嚮使者』，注云：『烏還反。』司馬貞曰：『滿張。』一云：『貫謂上弦也。』」○維遹案：惠說是。治要引「關」作「開」，乃涉形近而誤，惟引注「正」字作「至」，於義爲長。皆曰：「此不下九石，非王其孰能用是！」言九石之弓獨王用之耳。宣王之情，情，實也。所用不過三石，而終身自以爲用九石，豈不悲哉！傷其自輕而不知其實。○畢沅曰：「注『自輕』疑『用輕』之誤。」○孫先生曰：「畢校非也。『輕』乃『誣』字形近之譌。宣王所用不過三石，三石實也，而終身自以爲九石，是自欺也，故注云然。治要引正作『誣』。」○維遹案：事類賦十三引「爲」下有「能」字。非直士其孰能不阿主？世之直士，其寡不勝衆，數也，數，道數也。故亂國之主，患存乎用三石爲九石也。力不足而自以爲有餘也。其功德，其治理，皆亦如之也。○孫先生曰：「治要引『存』作『在』。」

壅塞

六曰：亂必有弟，弟，次也。○畢沅曰：「『弟』，本一作『第』，今從汪本，乃古『第』字。」大亂五，小亂三，訂亂三，大亂五，謂晉國廢長立少，立而復殺之也。小亂三，謂殺里克之黨也。訂亂三，謂於朝欒盈以兵晝入于絳也。○畢沅曰：「『訂』字或音喧聲也，或云與訌同，義皆不當，注亦不明了。此似皆指驪姬之亂，安得忽及欒盈。又『於朝』上似尚有缺文。竊疑『訂』或是『討』字之訛。惠公殺里克，文公殺呂郤，是討亂三也。」○李寶洤曰：「此篇驟讀之似不可解，細求之自可能。大亂五者，里克殺夷齊一，殺卓子二，秦繆公率師納惠公三，秦、晉戰於韓原，秦獲惠公以歸，因之靈臺四，秦奉重耳入立，殺懷公於高梁五。小亂三者，即後文所謂三君死，蓋夷齊、卓子、懷公皆不當立，以及於難。以一身而言，則爲小亂。古書以一事解作兩層者甚多，不足異也。訂亂三者，『訂』或本『討』，或『罰』字失其半。此指晉文公而言，即後文所謂敗荆人於城濮，定襄王，釋宋出穀戍，是謂訂亂三。高注多訛脱，又言欒盈以兵入絳及以申生列於三君，皆謬甚。」故詩曰「毋過亂門」，所以遠之也。逸詩也。○畢沅曰：「左氏昭十九年傳，子産引作諺。」○梁玉繩曰：「左傳昭二十二及周語下竝引以爲人之言，不云詩也。」○桂馥曰：「古者謠諺皆謂之詩，其采於遒人者，如國風是也。未采者，傳聞里巷。凡周、秦諸書引詩不在四家編者，皆得之傳聞，故曰『逸詩』。或謂逸詩皆夫子所删，此淺學之臆説也。」慮福未及，慮禍之，所以皃之也。○畢沅曰：「『皃』疑『免』字之誤。」○陳昌齊曰：「『慮禍』下脱『過』字。淮南人間訓云『計福勿及，慮禍過之』，語本此。『皃』當作『免』。」○王念孫曰：「『禍』下舊本脱『過』字，當據淮南人間篇補。」又曰：「『皃』當爲『完』。完，全也，言所以全其身也。隸書『完』字作『宂』，因譌而爲『皃』。（黄庭經云『保守完堅身受慶』，又云『玉户金籥身完堅』，字竝作『皃』。）」○維遹案：陳、王二説均通。武王以武得之，以文持之，倒戈弛弓，示天下不用兵，所以守之也。

晉獻公立驪姬以爲夫人，以奚齊爲太子，里克率國人以攻殺之。殺奚齊也。荀息立其弟公子卓，已葬，里克又率國人攻殺之。復殺公子卓也。於是晉無君。公子夷吾重賂秦以地而求入，地，河外之城五。求入爲晉君也。秦繆公率師以納之，晉人立以爲君，是爲惠公。惠公既定於晉，背秦德而不予地。傳曰：「入而背秦賂。」此之謂也。秦繆公率師攻晉，晉惠公逆之，與秦人戰於韓原。○沈欽韓曰：「元和志同州韓城縣，春秋戰於韓原即此地。一統志：『韓原在同州韓城縣西南二十里。』方輿紀要：『或曰故韓原當在今河東。今山西芮縣河北城有韓亭，即秦、晉戰處。』」晉師大敗，秦獲惠公以歸，囚之於靈臺，十月乃與晉成，成，平也。歸惠公而質太子圉。太子圉逃歸也，惠公死，圉立爲君，是爲懷公。秦繆公怒其逃歸也，起奉公子重耳以攻懷公，殺之於高梁。高梁，晉地。○沈欽韓曰：「水經注：『汾水又南逕高梁故城西。』紀年：『晉出公十三年，智伯瑤城高梁。』一統志：『高梁城在平陽府臨汾縣東北。』」而立重耳，是爲文公。文公施舍，振廢滯，匡乏困，救災患，禁淫慝，薄賦斂，宥罪戾，宥，寬也。節器用，用民以時，敗荊人于城濮，荊人，成王。定襄王，周襄王辟子帶之難，出居于鄭，文公納之，故曰「定」也。釋宋，出穀戍，楚子圍宋，又使申公叔侯守齊之穀邑。晉文伐曹、衛，將平之。楚愛曹、衛，與晉俱成，解宋之圍，召穀戍而去之也。○王念孫曰：「『釋宋』下當有『圍』字。」○沈欽韓曰：「方輿紀要：『穀城，今東平州東阿縣治，亦曰小穀。』」外內皆服，外，諸侯。內，卿大夫也。皆服文公之德也。而後晉亂止。故獻公聽驪姬，近梁五、優施，殺太子申生，而大難隨之者五，三君死，一君虜，三君死，申生、奚齊、公子卓也。一君虜，惠公爲秦所執，囚之靈臺也。○畢沅曰：「謝云：『三君死，謂奚齊、卓子、懷公。注誤。』」大臣卿士之死者以百數，離咎二十年。自上世以來，亂未嘗一。而亂人之患也，皆曰一而已，此事慮不同情也。事慮〔一〕不同情者，心異也。故凡作亂之人，禍希不及身。希，鮮也。

原亂

〔一〕「慮」，原作「虜」，據諸子集成本改。

呂氏春秋集釋卷第二十四

榮成許維遹學

不苟論第四　贊能　自知　當賞　博志　貴當

呂氏春秋訓解　高氏

一曰：賢者之事也，雖貴不苟爲，雖欲尊貴，不苟爲也。不如禮曰「苟爲」也。雖聽不自阿，雖言見聽，當以忠正，不自阿媚以取容也。必中理然後動，非理不移也。必當義然後舉，非義不行也。此忠臣之行也。賢主之所説，説猶敬也。而不肖主之所不説，○畢沅曰：「舊作『而不肖主雖不肖其説』，乃因下文而訛，今改正。」非惡其聲也。人主雖不肖，其説忠臣之聲與賢主同，同，等也。行其實則與賢主有異。賢主能用忠臣之言，不肖主能刑殺之，故曰「有異」也。異，故其功名禍福亦異。賢主受大福，不肖主獲大禍，故曰「亦異」也。○陳昌齊曰：「『異』字當緣上句而衍。」異，故子胥見説於闔閭，而惡乎夫差；夫差惡子胥也。比干生而惡於商，商紂惡之也。死而見説乎周。周武王説其忠也。

武王至殷郊，係墮。○畢沅曰：「韓非外儲説左下云：『文王伐崇，至鳳黄虚，韈繫解，因自結。』一事而傳者異。」○梁玉繩曰：「韓子一爲文王，一爲晉文公。」五人御於前，莫肯之爲，○畢沅曰：「疑是『爲之係』，倒二字，脱一字。」〇鹽田曰：「唐類函作『莫爲之係』。」〇維遹案：書鈔四十九引作「莫肯爲之」，亦脱「係」字。曰：「吾所以事君者，非係也。」武王左釋白羽，右釋黃鉞，勉而自爲係。孔子聞之曰：「此五人者之所以爲王者佐也，不肖主之所弗安也。」故天子有不勝細民者，天下有不勝千乘者。天下，海内也。千乘，一國也。

秦繆公見戎由余，説而欲留之，由余不肯。繆公以告蹇叔，蹇叔曰：「君以告内史廖。」内史廖對曰：「戎人不達於五音與五味，君不若遺之。」繆公以女樂二八人與良宰遺之。宰，謂膳宰。〇畢沅曰：「『人』字疑衍。」孫先生曰：「畢校是也。壅塞篇云：『秦繆公時，戎彊大，秦繆公遺之女樂二八與良宰焉。』亦無『人』字，蓋即『八』字之譌衍。」戎王喜，迷惑大亂，飲酒晝夜不休。由余驟諫而不聽，因怒而歸繆公也。蹇叔非不能爲内史廖之所爲也，其義不行也。繆公能令人臣時立其正義，故雪殽之恥，而西至河雍也。雪，除也。

秦繆公相百里奚，以百里奚爲相也。晉使叔虎、〇畢沅曰：「梁仲子云：『叔虎即下文郤子虎，晉大夫郤芮之父郤豹也。見韋昭晉語注。』」齊使東郭蹇如秦，公孫枝請見之。公孫枝，秦大夫子桑也。公曰：「請見客，子之事歟？」對曰：「非也。」「相國使子乎？」相國，百里奚也。對曰：「不也。」公曰：「然則子事非子之事也。事，見客事也。〇畢沅曰：「上『子』字疑衍。」〇俞樾曰：「『子事非子之事』，言子所事者非子之事也。下文『今子爲非子之事』，是其證矣。畢氏疑上『子』字爲衍文，非是。」秦國僻陋戎夷，事服其任，人事其事，猶懼爲諸侯笑。今子爲非子之事，退，將論而罪。」而，汝也。公孫枝出，自敷於百里氏。○孫鏘鳴曰：「敷，陳也。自陳其事狀也。」百里奚請之，公曰：「此所聞於相國歟？枝無罪，奚請？有罪，奚請焉？」奚，何也。百里奚歸，辭公孫枝。公孫枝徙，自敷於街。○孫鏘鳴曰：「徙，自百里氏辭出也。街，市朝也。」百里奚令吏行其罪。定分官，此古人之所以爲法也。今繆公鄉之矣，其霸西戎，豈不宜哉！

晉文公將伐鄴，趙衰言所以勝鄴之術，文公用之，果勝。還，將行賞。衰曰：「君將賞其本乎？賞其末乎？賞其末則騎乘者存，賞其本則臣聞之郤子虎。」文公召郤子虎曰：「衰言所以勝鄴，鄴既勝，將賞之，曰：『蓋聞之於子虎，請賞子虎。』」○畢沅曰：「新序四、御覽六百三十三皆無兩『虎』字，是。」子虎曰：「言之易，行之難。臣言之者也。」公曰：「子無辭。」郤子虎不敢固辭，乃受矣。凡行賞欲其博也，博則多助。今虎非親言者也，而賞猶及之，此疏遠者之所以盡能竭智者也。晉文公亡久矣，歸而因大亂之餘猶能以霸，其由此歟？亡久，謂避驪姬之亂，在狄十二年，歷行諸侯五年，凡十七年。歸晉國，因大亂之後，能建霸功，皆由用此術也。

不苟論

二曰：賢者善人以人，中人以事，賢者以人，以人之德也。中人任人，以人之力也。○陶鴻慶曰：「『善人以人』，文不可通，疑本作『任人以善』。高注云『賢者任人，（今本誤作『以人』，依下文改正。）以人之德也。中人任人，以人之力也。不肖者任人，以人之財賄也。』明正文有『任人』二字。『以人之德』，正釋正文『以善』之義。」○維遹案：此文當作「賢者責人以仁」。善、責形近致誤。人、仁古字通用。注三「任」字，（陶校注是。）皆釋正文「責」字。「以人之德」，始釋「以仁」之義。類聚二十引作「賢者遺人以仁」，「遺」字亦爲「責」誤。舉難篇「君子責人則以人」，其比正同。淮南氾論篇「責人以人力」，與此中人以事義亦相合。蓋謂賢者任人，以人之仁德也，下文「舜得皋陶」、「湯得伊尹」、「文王得吕望」，是也。即鮑叔之進夷吾，沈尹莖之進孫叔敖，亦莫不然。**不肖者以財。**不肖者任人，以人之財賄也。傳曰：「政以賄成。」此之謂也。**得十良馬不若得一伯樂，**伯樂善得馬。得伯樂則得良馬，不但十也，故曰「不若得一伯樂」也。**得十良劍不若得一歐冶，**歐冶善爲劍工也。義與伯樂同。**得地千里不若得一聖人。**義與歐冶同。○畢沅曰：「孫云：『初學記十七賢類引作「不如得一賢士」。意林及御覽四百二皆作「賢人」。御覽八百九十六作「聖人」，當由後來傳本誤也。』」**舜得皋陶而舜受之，**受，用也。○畢沅曰：「注『受』字舊本作『授』，今案：『受之』即書所謂『俾予從欲以治也』，不當訓用。舜未授皋陶以天下，亦不當作『授』。」○陳昌齊曰：「据上下文義，正文『舜受』當作『堯授』，言舜得皋陶而堯授之天下，方與上文『得地千里，不若得一聖人』，下文『湯得伊尹而有夏民，文王得吕尚而服殷商』等語相連屬。」○陶鴻慶曰：「『而舜受之』，文不成義。畢校乃曲説也。竊疑此文當有舛誤，元文雖不可考，以下文推之，當是謂舜得皋陶而受堯禪，與下文『湯得伊尹而有夏民，文王得吕望而服殷商』文義一律。舜臣獨舉皋陶者，舉一以概其餘耳。」**湯得伊尹而有夏民，**有夏桀之民也，王天下也。**文王得吕望而服殷商。**殷紂之衆服從文王之德也。**夫得聖人，豈有里數哉！**言得其用多不可數也，故曰「豈有里數哉」。

管子束縛在魯。爲魯所束縛也。桓公欲相鮑叔，欲以鮑叔爲齊相也。鮑叔曰：「吾君欲霸王，則管夷吾在彼，彼，魯也。臣弗若也。」桓公曰：「夷吾，寡人之賊也，射我者也，不可。」傳曰：「乾時之役，申孫之矢，射于桓公，中鉤。」故曰「不可」。鮑叔曰：「夷吾爲其君射人者也。其君，公子糾也。君若得而臣之，則彼亦將爲君射人。」桓公不聽，不從鮑叔之言。强相鮑叔。固辭讓而相，固，必也。○畢沅曰：「『鮑叔』當重。『而相』二字衍文。」○陳昌齊曰：「『鮑叔』二字當重。『而相』疑是『夷吾』之訛。」○松皋圓曰：「『固辭讓』句，『而桓公果聽之』句。『相』字與『桓』字形似而衍耳。」○維遹案：松説義勝。桓公果聽之。於是乎使人告魯曰：「管夷吾，寡人之讎也，願得之而親加手焉。」言欲得管仲，親手自殺之以爲辭也。○維遹案：事類賦八引「願」下有「生」字，與管子小匡篇、大匡篇合。魯君許諾，乃使吏鞹其拳，鞹，革也，以革囊其手也。膠其目，盛之以鴟夷，置之車中。至齊境，境，界也。桓公使人以朝車迎之，祓以爟火，釁以犧猳焉，火所以祓除不祥也。周禮「司爟掌行火之政令」，故以爟火祓之也。殺牲以血塗之爲釁。小事不用大牲，故以猳豚也。傳曰：「鄭伯使卒出猳，行出犬雞。」此之謂也。爟讀如權衡。○畢沅曰：「『權衡』，舊本誤作『權字』，今依本味篇注改正。」○孫先生曰：「注『火所以祓除不祥也』，疑『火』上有『爟』字，而今本脱之。」生與之如國。如，至也。命有司除廟筵几而薦之，薦，進也。曰：「自孤之聞夷吾之言也，目益明，耳益聰，孤弗敢專，敢以告于先君。」告，白也。因顧而命管子曰：「夷吾佐予。」予，我也。管仲還走，再拜稽首，受令而出。出於廟也。管子治齊國，舉事有功，桓公必先賞鮑叔，曰：「使齊國得管子者，鮑叔也。」桓公可謂知行賞矣。凡行賞欲其本也，本則過無由生矣。過，失也。

孫叔敖、沈尹莖相與友。○畢沅曰：「『莖』當作『筮』，下同。」○維遹案：文選顏延年五君詠注、渚宮舊事引「莖」作「筮」，與察傳篇合。叔敖遊於郢三年，聲問不知，修行不聞。郢，楚都也。○舊校云：「『聲問』一作『聲晦』。」○維遹案：問、聞古通。渚宮舊事引作「聲聞」，與張本合。沈尹莖謂孫叔敖曰：「説義以聽，方術信行，能令人主上至於王，下至於霸，我不若子也。耦世接俗，○維遹案：選注及渚宮舊事引「耦」並作「偶」，義同。説義調均，以適主心，子不若我也。○王念孫曰：「三倉：『適，悦也。』」子何以不歸耕乎？吾將爲子游。」欲令孫叔敖隱也。○畢沅曰：「游，謂游揚也。」沈尹莖遊於郢五年，荆王欲以爲令尹，○維遹案：渚宮舊事引作「王悦之，欲以爲令尹」。沈尹莖辭曰：「期思之鄙人有孫叔敖者，聖人也，○畢沅曰：「梁仲子云：『左傳文十年杜注：「楚期思邑，今弋陽期思縣。」楊倞注荀子非相篇云：「鄙人，郊野之人也。」』」王必用之，臣不若也。」荆王於是使人以王輿迎叔敖，以爲令尹，十二年而莊王霸。此沈尹莖之力也，功無大乎進賢。

贊能

三曰：欲知平直，則必準繩。準，平。繩，直也。○畢沅曰：「李本『準』皆作『准』。」欲知方圓，則必規矩。規，圓。矩，方也。人主欲自知，則必直士。唯直士能正言也。故天子立輔弼，設師保，所以舉過也。舉猶正也。夫人故不能自知，人主猶其。○畢沅曰：「孫云：『御覽七十七作「夫人固不能自知，人主獨甚。」此「猶其」二字訛。』」○陳昌齊曰：「『猶其』當作『尤甚』，猶、尤音訛，其、甚形訛也。」存亡安危，勿求於外，言皆在己也。務在自知。

堯有欲諫之鼓，欲諫者擊其鼓也。○畢沅曰：「淮南主術訓作『堯置敢諫之鼓』。」○維遹案：「欲」字當據淮南作「敢」，注同。鄧析子轉辭篇亦作「敢」。舜有誹謗之木，書其過失以表木也。○畢沅曰：「注『以』字，淮南注作『於』。」湯有司過之士，司，主也。主，正也。正其過闕也。○維遹案：王念孫校本正文「過」字改作「直」，注文「主正」改作「直正」。案：王改是。淮南、鄧析子竝作「直」，是其明證。惟高注淮南「司直，官名」，據本書高序，先訓淮南，後解呂氏，此不言官名者，亦其慎耳。武王有戒慎之鞀，欲戒者搖其鞀鼓之。猶恐不能自知。猶尚恐己不能自知其過失也。今賢非堯、舜、湯、武也，而有掩蔽之道，奚繇自知哉！荊成、齊莊不自知而殺，荊成王爲公子商臣所殺，齊莊公爲崔杼所殺，皆不自知之咎也。吳王、智伯不自知而亡，吳王，夫差也。智伯，晉卿智襄子也。夫差爲越所破，死于干隧；智伯爲趙襄子所破，死于高粱之東，故曰「而亡」也。宋、中山不自知而滅，宋康王無道，爲齊所滅。中山亂男女之別，爲魏所滅也。○維遹案：據注，「宋」下當有「王」字或「康」字，方與上文「荊成、齊莊不自知而殺，吳王、智伯不自知而亡」辭例一律。宋王爲齊所滅，事見壅塞篇。晉惠公、趙括不自知而虜，惠公爲秦所虜。趙括以軍降，秦坑其兵四十萬於長平也。鑽荼、龐涓、太子申不自知而死，鑽荼、龐涓，魏惠王之將。申，魏惠王之太子也，與龐涓東伐齊，戰於馬陵，齊人盡殺之，故惠王謂孟子曰：「晉國，天下莫强焉，叟之所知也。及寡人身，東敗於齊，長子死。」此之謂也。**敗莫大於不自知。**莫，無也。○孫先生曰：「治要引『敗』上有『故』字，疑今本誤脱。」

范氏之亡也，范氏，晉卿范武子之後也。謂簡子率師逐范吉射也。一曰智伯伐范氏而滅之，故曰「亡也」。**百姓有得鍾者，**○維遹案：治要及文選任彦昇百辟勸進牋注引「得」下竝有「其」字，於義爲長。**欲負而走，則鍾大不可負，以椎毁之，鍾況然有音，**○畢沅曰：「李善注文選任彦昇百辟勸進牋『況然』作『怳然』，淮南説山訓作『鎗然有聲』。」○陳昌齊曰：「況然猶鍠然也。古兄、皇聲通。」○王念孫曰：「況然即鍠然。説文：『鍠，鐘聲也。』無逸曰：『無皇曰今日耽樂。』漢石經『皇』作『兄』，與此相類。」○俞樾曰：「況讀爲鍠。説文金部：『鍠，鐘聲也。』此作『況』者，古字通用。尚書秦誓篇『我皇多有之』，公羊傳作『況乎我多有之』，『況』之爲『鍠』，猶『況』之爲『皇』矣。」**恐人聞之而奪己也，**○維遹案：治要引「人」下有「之」字。下「惡人聞之」同。**遽揜其耳。**遽，疾也。**惡人聞之，可也；惡己自聞之，悖矣。爲人主而惡聞其過，非猶此也？**此自揜其耳也。○畢沅曰：「『非猶此也』，也與邪通用。選注作『亦猶此也』，則如字。」○孫先生曰：「治要引亦作『亦猶此也』。又引注作『此自揜其耳之類也』，有『之類』二字。」**惡人聞其過尚猶可。**

魏文侯燕飲，皆令諸大夫論己。○畢沅曰：「李善注文選孔文舉薦禰衡表引作『問諸大夫，寡人何如主也』。」**或言君之智也。**○畢沅曰：「孫云：『御覽六百二十二作「或言君仁，或言君義，或言君智」，疑此有脱文。』」**至於任座，任座曰：「君，不肖君也。得中山不以封君之弟，而以封君之子，是以知君之不肖也。」文侯不説，知於顏色。知猶見也。任座趨而出。次及翟黄，翟黄曰：「君，賢君也。臣聞其主賢者，其臣之言直。今者任座之言直，是以知君之賢也。」文侯喜曰：「可反歟？」歟，邪也。謂任座可反邪？翟黄對曰：「奚爲不可？臣聞忠臣畢其忠，畢，盡也。而不敢遠其死。座殆尚在於門。」殆猶必也。翟黄往視之，任座在於門。以君令召之，任座入，文侯下階而迎之，終座以爲上客。客，敬也。○松皋圓曰：「注『客』上宜有『上』字。」文侯微翟黄，則幾失忠臣矣。微，無也。幾，近也。上順乎主心以顯賢者，其唯翟黄乎。○畢沅曰：「新序一，前作翟黄語，後作任座語，與此互異。」

自知

四曰：民無道知天，民以四時寒暑日月星辰之行知天。以，用也。四時寒暑日月星辰之行當，則諸生有血氣之類皆爲得其處而安其産。産，生也。○畢沅曰：「日抄作『皆得其處』，無『爲』字。」人臣亦無道知主，人臣以賞罰爵禄之所加知主。加，施也。主之賞罰爵禄之所加者宜，宜猶當也。則親疏遠近賢不肖皆盡其力而以爲用矣。爲君用也。

晉文公反國，賞從亡者，而陶狐不與。賞不及之也。○畢沅曰：「梁仲子云：『陶狐，史記晉世家作「壺叔」，外傳三、説苑復恩篇作「陶叔狐」。』」左右曰：「君反國家，爵禄三出，而陶狐不與，敢問其說。」欲知之也。文公曰：「輔我以義，導我以禮者，吾以爲上賞。教我以善，彊我以賢者，吾以爲次賞。拂吾所欲，數舉吾過者，吾以爲末賞。三者所以賞有功之臣也。若賞唐國之勞徒，則陶狐將爲首矣。」唐國，晉國也。勤勞之徒，則陶狐也，故不與三賞中也。○畢沅曰：「注『故』字舊作『欲』，訛，今改正。」周内史興聞之曰：「晉公其霸乎！內史興，周大夫也，奉使來賜文公命聞之。○維遹案：說苑作「周内史叔興聞之曰：『文公其霸乎。』」昔者聖王先德而後力，晉公其當之矣。」當先德而後力也。

秦小主夫人用奄變，羣賢不說自匿，百姓鬱怨非上。小主，秦君也，秦厲公曾孫惠公之子也。夫人用奄變，爲惑亂也。○畢沅曰：「以史記秦本紀攷之，小主即出子也。」公子連亡在魏，聞之，欲入，因羣臣與民從鄭所之塞。公子連，一名元，秦厲公曾孫靈公之子也，於小主爲從父昆弟也。○畢沅曰：「公子連即獻公，於小主爲從祖昆弟。索隱云：『名師隰。』殆據世本。」○梁玉繩曰：「秦獻公亦謚元，故史索隱引〔一〕世本作元獻公，越絶稱元王，非別名爲元也。」右主然守塞，弗入，右主然，秦守塞吏也。弗内公子連也。曰：「臣有義，不兩主。○陶鴻慶曰：「『有』當爲『聞』字之誤。」公子勉去矣。」内公子連則兩主矣。勸之使疾去。公子連去，入翟，從焉氏塞，塞在安定。將之北翟。○畢沅曰：「注『將翟』二字疑衍。」○王念孫曰：「焉氏塞，蓋即在漢之

〔一〕「引」，原脱，據呂子校補補。

烏氏縣。烏氏即焉氏，故注云『塞在安定』。」菌改入之。菌改，亦守塞吏也。入之，内公子連也。○王念孫曰：「菌改，史記秦本紀謂之庶長改。」夫人聞之，大駭，小主夫人也。駭，驚也。令吏興卒，奉命曰：「寇在邊。」卒與吏其始發也，發，行也。皆曰：「往擊寇。」中道因變曰：「非擊寇也，迎主君也。」主君，謂公子連。公子連因與卒俱來，至雍，圍夫人，夫人自殺。雍，秦都也。公子連立，是爲獻公，怨右主然而將重罪之，怨其不入己也。德菌改而欲厚賞之。德其入己也。監突爭之曰：「不可。監突，秦大夫也。秦公子之在外者衆，衆，多也。若此則人臣爭入亡公子矣。此不便主。」如此則諸臣爭内亡公子。亡公子得入，則爭爲君，故於主不便也。獻公以爲然，故復右主然之罪，復，反也。反其罪，不復罪也。而賜菌改官大夫，官大夫，秦爵也。○俞樾曰：「高注曰：『復，反也。反其罪，不復罪也。』若然，獻公於右主然僅不治其罪，而於菌改則賜之官大夫之爵，未見其能用賞罰也。下文云：『凡賞非以愛之也，罰非以惡之也，用觀歸也。所歸善，雖惡之，賞。所歸不善，雖愛之，罰。』是獻公必賞右主然而罰菌改，於下文之義方合。疑右主然、菌改傳寫互易，呂氏原文本作『故復菌改之罪，而賜右主然官大夫』。復之言報也，見周官宰夫職注。復菌改之罪，即報菌改之罪。説文㚔部：『報，當罪人也。』即此文『復』字之義也。後人見上文皆先言右主然，後言菌改，遂互易之，以順上文之序。然正文言復而注文言不復，其義正相反，足知非呂氏之旨矣。且下云『賜守塞者人米二十石』，夫守塞者即助右主然守塞之人也，故承『賜右主然』句而言。若如今本作菌改，則菌改乃内獻公者，何有守塞之人乎？是故『賜守塞者』與『賜右主然』兩文必相接，其傳寫之誤易，更可見矣。」賜守塞者人米二十石。獻公可謂能用賞罰矣。凡賞非以愛之也，罰非以惡之也，用觀歸也。所歸善，雖惡之，賞。所歸不善，雖愛之，罰。傳曰：「善有章，雖賤，賞也。惡有釁，雖貴，罰也。」此之謂也。此先王之所以治亂安危也。亂者能治之也，危者能安之也。

當賞

五曰：先王有大務，去其害之者，故所欲以必得，所惡以必除，此功名之所以立也。立，成也。俗主則不然，有大務而不能去其害之者，此所以無能成也。夫去害務與不能去害務，此賢不肖之所以分也。分，別也。使獐疾走，馬弗及至，已而得者，其時顧也。反顧稽其行，故見得也。○孫志祖曰：「藝文類聚九十五引：『使麠疾走，馬弗及也，而得之者，時顧也。』」驥一日千里，車輕也；以重載則不能數里，任重也。任，載也。賢者之舉事也，不聞無功，言有功也。然而名不大立、利不及世者，愚不肖爲之任也。愚不肖人爲之任政事，故使其君賢名不立，福利不及後世子孫也。冬與夏不能兩刑，傳曰：「火中而寒暑退。」故曰「不能兩刑」。○畢沅曰：「刑猶成也。」草與稼不能兩成，新穀熟而陳穀虧，凡有角者無上齒，果實繁者木必庳，有覈曰果。物莫能兩大，故戴角者無上齒，果實繁者木爲之庳小也。○畢沅曰：「大戴禮易本命篇：『戴角者無上齒。』又戰國秦策引詩曰：『木實繁者披其枝。』亦是此義。」梁仲子云：『齒、庳爲韻。』」用智褊者無遂功，天之數也。遂，成也。○陶鴻慶曰：「『無遂功』當作『功無遂』。遂與上文虧、齒、庫爲韻。」故天子不處全，不處極，不處盈。全則必缺，極則必反，盈則必虧。先王知物之不可兩大，故擇務當而處之。

孔、墨、甯越皆布衣之士也，慮於天下，以爲無若先王之術者，孔子、墨翟也。甯越，中牟人也，知道術之士也。故日夜學之。有便於學者無不爲也，有不便於學者無肯爲也。蓋聞孔丘、墨翟，晝日諷誦習業，夜親見文王、周公旦而問焉。夜則夢見文王、周公而問其道也。論語曰：「吾衰久矣，吾不復夢見周公。」○畢沅曰：「『吾衰久矣』，尚是朱子以前讀法，宋本句讀亦如此。」○梁玉繩曰：「人但知孔子夢周公，不知夢文王，然則不僅于琴見文王矣。墨翟何人，亦能見文王、周公乎？恐語增非實。」用志如此其精也，精，微密也。何事而不達？何爲而不成？故曰：「精而熟之，鬼將告之。非鬼告之也，精而熟之也。」史曰：「日精所學致無鬼神。」故曰有鬼告之也。○王念孫曰：「注當作『史游曰：「積學所致無鬼神。」』此引急就篇語也。今本急就篇『無』作『非』，皇象本作『無』。」○維遹案：王説是。尊師篇注「學以致之無鬼神」，亦約用急就篇語。今有寶劍良馬於此，玩之不厭，視之無倦。寶行良道，一而弗復，○孫鏘鳴曰：「寶行，可寶之行。良道，善道也。上言『寶劍良馬』，故此言『寶行良道』。『一而弗復』，爲而輒止，不精熟也。」欲身之安也，名之章也，不亦難乎！甯越，中牟之鄙人也，苦耕稼之勞，謂其友曰：「何爲而可以免此苦也？」其友曰：「莫如學。學三十歲則可以達矣。」甯越曰：「請以十五歲。○畢沅曰：「『五』字舊本脱，據李善注文選韋宏嗣博弈論補。御覽六百十一同。」人將休，吾將不敢休；人將卧，吾將不敢卧。」○畢沅曰：「『吾』下兩『將』字皆疑衍。」○維遹案：世説新語政事篇注及御覽六百十一引「吾」下竝無「將」字。十五歲而周威公師之。威公，西周君也。師之者，以甯越爲師也。○維遹案：世説新語注引作「十五歲而爲周威公之師也」。矢之速也而不過二里止也，步之遲也而百舍不止也。今以甯越之材而久不止，其爲諸侯師，豈不宜哉！

養由基、尹儒，皆文藝之人也。○畢沅曰：「『尹儒』，一作『尹需』。『文藝』，本或作『六藝』，今從李本，與下篇合。」○梁玉繩曰：「淮南道應及文選魏都賦注引莊子作『尹需』。（困學紀聞采莊子逸篇作『儒』。）○俞樾曰：「明李瀚本『六藝』作『文藝』，畢刻從之，謂與下篇合，其實非也。養由基善射，尹儒善御，皆六藝之事，則作『六藝』爲是。下貴當篇曰：『故賢主之時見文藝之人也，非特具之而已也，所以就大務也。』『文藝』亦當作『六藝』，此承上善相人者而言，亦藝術事也。今作『文藝』者，字之誤耳。反據此以改上篇，謬矣。」荆廷嘗有神白猨，荆之善射者莫之能中。荆王請養由基射之，養由基矯弓操矢而往，未之射而括中之矣，發之則猨應矢而下，則養由基有先中中之者矣。幽通記曰：「養流睇而猨號。」此之謂也。○畢沅曰：「注『流』字舊作『由基』二字，訛，今改正。」○孫志祖曰：「藝文類聚引『荆王有神白猨，王自射之，則搏樹而嬉。使養由基射之，始調弓矯矢，未發，猨擁樹而號』。與此不同，疑誤以淮南説山爲吕也，然文亦小異。」尹儒學御三年而不得焉，苦痛之，痛，悼也。夜夢受秋駕於其師。明日往朝，其師望而謂之曰：○畢沅曰：「『望』上『師』字當重。」○陳昌齊曰：「『師』字不必重。當以『明日往朝』爲句，『其師望而謂之』爲句。此段亦見淮南道應訓。」○劉先生曰：「畢校是也。文選魏都賦注引莊子作『明日往朝其師，其師望而謂之曰』，王元長三日曲水詩序注引莊子亦重『師』字，皆其證也。」「吾非愛道也，恐子之未可與也。今日將教子以秋駕。」秋駕，御法也。尹儒反走，北面再拜曰：「今昔臣夢受之。」○維遹案：昔、夕古通。淮南道應篇作「夕」。先爲其師言所夢，所夢固秋駕已。上二士者，可謂能學矣，可謂無害之矣，此其所以觀後世已。二士，甯越、尹儒也。觀，示也。○維遹案：「上二士者」，王念孫校本改「上」爲「此」。案：務本篇云：「此二士者，皆近知本矣。」亦或「上」爲「之」誤，「之」、「上」篆形相似，愼勢篇云「之二臣者」，辭例均同。

博志○王念孫曰：「『博』當爲『摶』，與『專』同，謂專一其志也。篇内云『用志如此其精也，何事而不達，何事而不成』，是其明證矣。古書以摶爲專，傳寫者多誤作『博』，說見管子『博一純固』下。」

六曰：名號大顯，不可彊求，必繇其道。繇，用也。治物者，不於物，於人。治人者，不於事，於君。治，飭也。君，侯也。○陳昌齊曰：「『不於事』，淮南作『不於人』，是也。」治君者，不於君，於天子。治天子者，不於天子，於欲。欲，貪欲也。不貪欲則天子安樂也。治欲者，不於欲，於性。性者，萬物之本也，不可長，不可短，因其固然而然之，此天地之數也。窺赤肉而烏鵲聚，貍處堂而衆鼠散，窺，見也。散，走也。○維遹案：「烏」，原作「鳥」。王念孫校本改「鳥」爲「烏」。案：張本作「烏」，今據改正。衰絰陳而民知喪，竽瑟陳而民知樂，湯、武修其行而天下從，修其仁義之行，故天下順從之也。桀、紂慢其行而天下畔，慢，易也。豈待其言哉！君子審在己者而已矣。

荆有善相人者，所言無遺策，遺猶失也。聞於國。國人聞之也。○維遹案：御覽六百四引「國」上有「楚」字。莊王見而問焉，對曰：「臣非能相人也，能觀人之友也。觀布衣也，其友皆孝悌純謹畏令，如此者，其家必日益，益，富也。身必日榮矣，所謂吉人也。○維遹案：「矣」當作「此」。治要引「榮」作「安」，「矣」作「此」。韓詩外傳九、新序雜事五竝同。「此所謂吉人也」，與下文「此所謂吉臣也」、「此所謂吉主也」文同一例。觀事君者也，其友皆誠信有行好善，如此者，事君日益，官職日進，此所謂吉臣也。吉，善也。觀人主也，其朝臣多賢，左右多忠，主有失，皆交爭証諫，交，俱也。○畢沅曰：「外傳九、新序五〔一〕作『正諫』。案：証亦諫也，見説文。」○維遹案：治要「皆」作「敢」，「証」作「正」。如此者，國日安，主日尊，天下日服，服其德也。此所謂吉主也。臣非能相人也，能觀人之友也。」莊王善之，於是疾收士，○維遹案：御覽引「收」作「取」。日夜不懈，遂霸天下。故賢主之時見文藝之人也，非特具之而已也，所以就大務也。就，成也。夫事無大小，固相與通。田獵馳騁，弋射走狗，賢者非不爲也，爲之而智日得焉，不肖主爲之而智日惑焉。志曰：「驕惑之事，不亡奚待！」志，古記也。○王念孫曰：「之事，是事也。」

〔一〕「五」，原作「二」，據新序改。

齊人有好獵者，〇畢沅曰：「『齊人』，舊本或作『君』，或作『尹』，皆訛，今從日抄改正。孫云：『御覽八百三十二又九百五竝作「齊」字。』」曠日持久而不得獸，入則媿其家室，出則媿其知友州里。惟其所以不得之故，則狗惡也。欲得良狗，則家貧無以。無以買狗。於是還疾耕，疾耕則家富，家富則有以求良狗，狗良則數得獸矣，田獵之獲常過人矣。過猶多也。非獨獵也，百事也盡然。霸王有不先耕而成霸王者，古今無有。此賢者不肖之所以殊也。殊，異也。〇陳昌齊曰：「下『者』字當据別本刪。」賢不肖之所欲與人同，堯、桀、幽、厲皆然，所以爲之異。故賢主察之，以爲不可，弗爲；以爲可，故爲之，爲之必繇其道，物莫之能害，此功之所以相萬也。萬倍也。

貴當

呂氏春秋集釋卷第二十五

榮成許維遹學

呂氏春秋訓解　高氏

似順論第五　別類　有度　分職　處方　慎小

一曰：事多似倒而順，多似順而倒。倒，逆也。有知順之爲倒、倒之爲順者，則可與言化矣。化，道也。至長反短，至短反長，天之道也。夏至極長，過至則短，故曰「至長反短」。冬至極短，過至則長，故曰「至短反長」也。天道有盈縮之數，故曰「天之道也」。

荆莊王欲伐陳，莊王，楚穆王之子也。使人視之。使者曰：「陳不可伐也。」莊王曰：「何故？」對曰：「城郭高，溝洫深，蓄積多也。」寧國曰：「陳可伐也。寧國，楚臣。○畢沅曰：「説苑權謀篇『蓄積多』下云『其國寧也』。王曰：『陳可伐也』。後『莊王聽之』作『興兵伐之』。」夫陳，小國也，而蓄積多，賦斂重也，則民怨上矣。城郭高，溝洫深，則民力罷矣。興兵伐之，陳可取也。」莊王聽之，遂取陳焉。傳曰：「伐而言取，易也。」○畢沅曰：「注『傳曰』，舊作『陳曰』，訛，今改正。」

田成子之所以得有國至今者，有兄曰完子，仁且有勇。成子，田常也。有國，齊國也。○梁玉繩曰：「陳完爲田氏得國之祖，陳恒之兄安得與之同名？」○吴先生曰：「注文『有國，齊國也』不辭，當作『有國，有齊國也』，傳寫失之。」越人興師誅田成子曰：「奚故殺君而取國？」殺君，殺齊簡公而取其國也。田成子患之。完子請率士大夫以逆越師，請必戰，戰請必敗，敗請必死。田成子曰：「夫必與越戰可也。戰必敗，敗必死，寡人疑焉。」疑焉，不欲其死也。完子曰：「君之有國也，百姓怨上，賢良又有死之，臣蒙恥。○俞樾曰：「『又有死』三字衍文也。『賢良之臣蒙恥』，文義甚明。疑『有死』二字本在下文，其文云『今越人起師，臣與之戰，戰而敗，敗而有死，賢良盡死，不死者不敢入於國』，蓋『戰而敗，敗而有死』，即上文所謂『戰請必敗，敗請必死』也。有讀爲又。『敗而又死』，此謂完子自死也。完子爲將而死，則賢良莫敢不死。其或不死，亦必畏罪而不敢入國矣。所以不敢入國，正以主將先死之故。若無此句，但曰『戰而敗』，則賢良之死者固死矣，其不死者何不敢入之有？未足以盡國中之賢良也。『有死』二字羼入上文，因并『敗而』二字删去之矣。至『有死』即又死，又、有二字不當疊用，蓋讀者因此有字當讀作又，旁注又字，因而致衍耳。」以完觀之也，國已懼矣。今越人起師，臣與之戰，戰而敗，賢良盡死，不死者不敢入於國。君與諸孤處於國，以臣觀之，國必安矣。」完子行，田成子泣而遣之。夫死敗，人之所惡也，而反以爲安，豈一道哉！故人主之聽者與士之學者不可不博。聽博則達義，學博則達道也。

尹鐸爲晉陽下，有請於趙簡子。尹鐸者，趙簡子家臣也。晉陽，簡子邑。爲，治也。簡子曰：「往而夷夫壘。我將往，往而見壘，是見中行寅與范吉射也。」夷，平也。中行文子與范昭子專晉君權，伐趙簡子，圍之晉陽，所作壘壁培堙也。簡子不欲見之，故使尹鐸平除之也。○畢沅曰：「晉語九『壘』下有『培』字，觀此注似亦本有『培』字。又『是』字下舊本脱『見』字，據晉語補。」○維遹案：注「圍之晉陽」當作「圍晉陽」，「之」字當移在「所作」下，文義乃順。**鐸往而增之。**增益其壘壁令高大也。**簡子上之晉陽，望見壘而怒曰：「譆！鐸也欺我。」於是乃舍於郊，將使人誅鐸也。孫明進諫曰：「以臣私之，鐸可賞也。**孫明，簡子臣，孫無政郵良也。私，惟也。○畢沅曰「晉語郵無正字伯樂。左傳郵無恤亦名郵良，即王良也。此云孫明，當即孫陽。注云孫無政，亦見前。」**鐸之言固曰：『見樂則淫侈，見憂則諍治，此人之道也。**○王念孫曰：「諍當作竫。」**今君見壘念憂患，而況羣臣與民乎？夫便國而利於主，雖兼於罪，鐸爲之。**○畢沅曰：「舊注云：『兼或作謙。』疑亦校者之辭。謙字無義，或當爲『嫌』。」**夫順令以取容者，衆能之，而況鐸歟？』**容，説也。況鐸爲賢人也。**君其圖之。」**圖，議之也。**簡子曰：「微子之言，寡人幾過。」**過，失也。**於是乃以免難之賞賞尹鐸。人主太上喜怒必循理，**太上，上德之君。**其次不循理必數更，雖未至大賢，猶足以蓋濁世矣。**更，革也。變革不循危亡之迹，雖未至大賢，尚足以蓋濁世專欲之人也。**簡子當此。**簡子之行與此相值也。**世主之患，恥不知而矜自用，好愎過而惡聽諫，**鄙恥於不知，而矜大於自用，愎過惡諫，固敗是求，世主之大病也。○畢沅曰：「注舊本缺『求』字。案『固敗是求』，見左傳慶鄭語，此用其成文，今補。」**以至於危。恥無大乎危者。**危敗則滅亡，恥但慙辱耳，故無大於危者也。

似順論

二曰：知不知，上矣。過者之患，不知而自以爲知。物多類然而不然，故亡國僇民無已。夫草有莘有藟，〇畢沅曰：「御覽九百九十四『莘』作『華』，日抄作『萃』。」獨食之則殺人，合而食之則益壽。合藥而服，愈人病，故曰益人壽也。萬堇不殺。〇畢沅曰：「堇，烏頭也，毒藥，能殺人。萬堇則不能殺，未詳。」漆淖水淖，〇畢沅曰：「『水』下舊無『淖』字，今案文義補。」合兩淖則爲蹇，蹇，彊也。言水漆相得，則彊而堅也。溼之則爲乾。乾，燥也。金柔錫柔，合兩柔則爲剛，燔之則爲淖。火熾金流，故爲淖也。或溼而乾，或燔而淖，類固不必，可推知也。漆得溼而乾燥，金遇燔而流淖，皆非其類也，故曰不必可推知也。小方，大方之類也。〇孫鏘鳴曰：「小方大方未詳。或曰『方』與『犬』字篆形相似，疑『犬』之誤，故下言『小馬大馬之類』。」〇俞樾曰：「小方大方義不可通，『方』疑『犬』字之誤，因篆文相似而誤也。犬、馬義正一例。高氏無注，以犬不煩更釋也。若作『小方大方』，則不容無注矣。」〇孫詒讓曰：「此即墨子經説下『一方盡類』之義。」〇維遹案：孫詒讓説是。小馬，大馬之類也。小智，非大智之類也。大智知人所不知，見一隅則以三隅反，小智聞十裁通其一，故不可以爲類也。

魯人有公孫綽者，告人曰：「我能起死人。」淮南記曰王孫綽。〇畢沅曰：「見淮南覽冥訓。彼注云：『蓋周人。一曰衛人。王孫賈之後也。』」人問其故，對曰：「我固能治偏枯，〇畢沅曰：「舊校云：『治一作爲，爲亦治也。』」今吾倍所以爲偏枯之藥，則可以起死人矣。」物固有可以爲小，不可以爲大；可以爲半，不可以爲全者也。半謂偏枯，全謂死人也。〇畢沅曰：「梁仲子云：『小、大、半、全，乃概論物情。注太泥。」」相〔一〕劍者曰：「白所以爲堅也，黄所以爲牣也，○畢沅曰：「牣與韌、忍、刃、紉古皆通用。李善注王文憲集序引作『紉』。」黄〔二〕白雜則堅且牣，良劍也。」○維遹案：事類賦十三引「雜」作「兼」。難者曰：「白所以爲不牣也，黄所以爲不堅也，黄白雜則不堅且不牣也。又柔則錈，○畢沅曰：「字書無此字，當與『卷』同。」堅則折，劍折且錈，焉得爲利劍？」劍之情未革，而或以爲良，或以爲惡，説使之也。○維遹案：「使」下「之」字，事類賦引作「然」。故有以聰明聽説則妄説者止，無以聰明聽説則堯、桀無別矣。無聰明以聽説，不能知賢不肖，故堯、桀無有所別也。○陶鴻慶曰：「『有以聰明聽説』，『無以聰明聽説』，兩『以』字皆當在『聰明』二字之下。高注云云，是其所見本不誤。」○維遹案：王念孫校本兩「以」字皆乙在「聰明」二字之下，與陶説正合。此忠臣之所患也，患，憂也。○維遹案：「所」下疑有「以」字，方與下句一律。賢者之所以廢也。不見別白黑，故廢棄也。

義，小爲之則小有福，大爲之則大有福。於禍則不然，小有之不若其亡也。禍雖微小，積小成大，以危身亡國，故曰小有之不若無也。射招者欲其中小也，射獸者欲其中大也。物固不必，安

〔一〕四部叢刊本「相」下有注「一作持」。

〔二〕「黄」，原作「黑」，據諸子集成本改。

可推也？招，埻藝也。中小，謂剖微不失毫分，射之工也。射獸欲其中大者，得肉多，故以中爲工也。射則同也，中之大小異，故曰「物固不必，安可推也」。○陶鴻慶曰：「『物固不必』句絕。安猶於是也。安可推者，於是可推也。上文云『類固不必，可推知也』，文義與此相同。」

高陽應將爲室家，匠對曰：「未可也，木尚生，加塗其上，必將撓。高陽，宋邑，因以爲氏。應，名也。或作高魋，宋大夫也。家匠，家臣也。撓，弱曲也，故曰「未可也」。○畢沅曰：「梁仲子云：『淮南人間訓作高陽魋。廣韻陽字下引呂氏有辯士高陽魋，此注内脱一「陽」字。』」○梁玉繩曰：「家匠者，匠人也。韓子外儲左上作『虞慶爲屋』。」○沈濤曰：「如廣韻所引，則古本呂氏作『魋』不作『應』。淮南書即取諸呂氏，則『應』字乃傳寫之誤。高注當作『魋，名也。或作「向魋」，宋大夫也』。梁氏不知『高』爲『向』字之誤，轉謂脱一『陽』字，非也。淮南注亦云：『或曰高陽魋，宋大夫。』此蓋傳寫有脱。既稱或曰，則必有正解，彼注當與此注同。高氏疑高陽魋之即向魋，故存此二説。『向』其『高陽』之合聲歟？」○俞樾曰：「此當於『家』字絕句。書梓材篇『若作室家』，詩緜篇『俾立室家』，皆以『室家』連文。此云『將爲室家』，亦猶是也。高氏於『室』字絕句，云『家匠，家臣也』，失之。」○維遹案：沈、俞説是。疑「匠」下脱一「人」字，下文亦以「匠人」連文，前後不宜有異。韓非、淮南皆作「匠人」，不作「家匠」，是其證。注「家匠，家臣也」五字，因正文脱「人」字，校者遂以「家匠」連讀而妄加之，非高氏之舊也。以生爲室，今雖善，後將必敗。」家臣所謂，直於辭而合事實者也。高陽應曰：「緣子之言，則室不敗也。木益枯則勁，勁，彊也。塗益乾則輕，○王念孫曰：「據下文及淮南人間篇，此文當作『木枯則益勁，塗乾則益輕』。」以益勁任益輕則不敗。」此俛於辭，而後必敗，其言不合事實者也。○畢沅曰：「俛當是勉强之義。」匠人無辭而對，受令而爲之。室之始成也善，其後果敗。高陽應好小察，而不通乎大理也。

驥驁綠耳背日而西走，至乎夕則日在其前矣。日東行，天西旋。日行遲，天旋疾。及夕，日入於虞淵之北，驥不能及，故曰在前矣。○畢沅曰：「注説迂曲。」目固有不見也，智固有不知也，數固有不及也。不知其説所以然而然，聖人因而興制，不事心焉。

別類

三曰：賢主有度而聽，故不過。度，法也。有度而以聽，則不可欺矣，欺，誤也。不可惶矣，不可恐矣，不可喜矣。以凡人之知，不昏乎其所已知，而昏乎其所未知，昏，闇也。則人之易欺矣，可惶矣，可恐矣，可喜矣，知之不審也。

客有問季子曰：「奚以知舜之能也？」季子，户季子，堯時諸侯也。○王念孫曰：「淮南繆稱篇『昔東户季子之世』，高注：『東户季子，古之人君也。』此注『户』上脱『東』字。」○孫鏘鳴曰：「『奚』上當有『堯』字。」季子曰：「堯固已治天下矣，舜言治天下而合己之符，己，堯也。是以知其能也。」「若雖知之，奚道知其不爲私？」私，邪也。○畢沅曰：「此二句，客又問也。」季子曰：「諸能治天下者，固必通乎性命之情者，當無私矣。○陳昌齊曰：「『通乎性命之情』下，似當疊『通乎性命之情』六字，呂氏文例多如此。」○孫先生曰：「陳校是也。書鈔三十七引正重『通乎性命之情』六字。」夏不衣裘，非愛裘也，暖有餘也。○維遹案：「非愛裘也」，意林引作「非不愛裘也」。下文「非愛簍也」，「非」下亦有「不」字。冬不用簍，簍，扇也。○畢沅曰：「簍與箑同。」○維遹案：文選謝靈運遊南亭詩注引「簍」作「箑」。揚子方言：「扇自關而東謂之箑，自關而西謂之扇。」非愛簍也，清有餘也。清，寒。聖人之不爲私也，非愛費也，節乎己也。○畢沅曰：「『費』，舊本誤作『貴』。孫云：『重己篇云「非好儉而惡費也，節乎性也」，與此正相同。御覽四百二十九亦作「費」。』今改正。」節己，雖貪汙之心猶若止，又況乎聖人？許由非彊也，有所乎通也，通於無爲也。有所通則貪汙之利外矣。」外，棄也。○陳昌齊曰：「『利』當作『私』。」

孔、墨之弟子徒屬充滿天下，皆以仁義之術教導於天下，然而無所行。教者術猶不能行，又況乎所教？所教，謂孔、墨弟子之弟子也。是何也？仁義之術外也。夫以外勝內，匹夫徒步不能行，又況乎人主？人主，謂俗主，又不能行也。唯通乎性命之情，而仁義之術自行矣。

先王不能盡知，執一而萬物治。不能盡知萬物也，執守一道，而萬物治理矣。使人不能執一者，物感之也。感，惑也。故曰：通意之悖，解心之繆，去德之累，通道之塞。悖、繆、累、塞四者，所以爲人病也，唯執一者能解去道之塞，不壅閉也。貴富顯嚴名利六者，悖意者也。此六者，人情所欲也。孔子曰：「富與貴人之所欲也，不以其道，得之不居。」故曰悖意。悖，亂也。○畢沅曰：「古讀皆以『不以其道』爲句，此注亦當爾。論語『不處』，此作『不居』，論衡問孔、刺孟兩篇竝同。」容動色理氣意六者，繆心者也。此六者不節，所以惑人心者也。惡欲喜怒哀樂六者，累德者也。此六者不節，所以爲德累者也。智能去就取舍六者，塞道者也。此六者宜適難中，所以窒塞道，使不通者也。此四六者不蕩乎胷中則正，蕩，動也。此四六者皆得其適，不傾邪蕩動於胷臆之中，則正矣。詩云：「靜恭爾位，正直是與。」此之謂也。正則靜，靜則清明，清明則虛，虛則無爲而無不爲也。虛者，道也。道尚空虛，無爲而無不爲。人能行之，亦無不爲也。

有度

四曰：先王用非其有，如己有之，○畢沅曰：「孫云：『御覽六百二十作「如己之有」。案下文皆作「如己有之」，御覽非也。』」通乎君道者也。桀、紂有天下，非湯、武之有也，而湯、武有之，此之類也，故曰「通乎君道者也」。○吳先生曰：「『用非其有，如己有之』，即下文『能令智者謀，能令勇者怒』。注以有爲有天下，似失之。」夫君也者，處虛素服而無智，○王念孫曰：「『素服』疑當爲『服素』。」故能使衆智也；智反無能，故能使衆能也；能執無爲，故能使衆爲也。無智、無能、無爲，此君之所執也。君執一以爲化之也。○畢沅曰：「注『之』字疑衍。」人主之所惑者則不然，○王念孫曰：「『所』字疑因上句而衍。」○陶鴻慶曰：「『所』字不當有，涉上文『此君之所執也』而誤衍耳。高於下文注云：『若此者，雖舜之聖不能無壅塞，況惑主乎？』是其所見本不誤。」以其智彊智，以其能彊能，以其爲彊爲，此處人臣之職也。處人臣之職，而欲無壅塞，雖舜不能爲。若此者，雖舜之聖不能無壅塞，況惑主乎？

武王之佐五人，五人者，周公旦、召公奭、太公望、畢公高、蘇公忿生也。○梁玉繩曰：「淮南道應有此語，彼注以毛公易蘇公，與此異。」武王之於五人者之事無能也，然而世皆曰：「取天下者，武王也。」故武王取非其有，如己有之，通乎君道也。通乎君道，則能令智者謀矣，能令勇者怒矣，能令辯者語矣。夫馬者，伯樂相之，造父御之，伯樂善相馬，秦繆公臣也。造父，嬴姓，飛廉之子，善御，周穆王臣也。賢主乘之，一日千里，無御相之勞，而有其功，則知所乘矣。功，千里之功也，故曰知乘也。

今召客者，酒酣，召，請也。飲酒合樂爲酣。歌舞鼓瑟吹竽，明日不拜樂己者，拜，謝也。樂己者，謂倡優也。而拜主人，主人使之也。先王之立功名，有似於此，有似於主人使之者也。使衆能與衆賢，功名大立於世，不予佐之者，而予其主，其主使之也。○畢沅曰：「『其主』二字，舊本不重，今據困學紀聞十所引補。」譬之若爲宮室，必任巧匠，奚故？奚，何也。曰：「匠不巧則宮室不善。」○維遹案：治要引句末有「也」字。夫國，重物也，其不善也，豈特宮室哉！特猶直也。巧匠爲宮室，爲圓必以規，爲方必以矩，爲平直必以准繩。巧已就，就，成也。○畢沅曰：「李本作『准』，別本作『準』。」不知規矩繩墨，而賞匠巧。匠之宮室已成，○畢沅曰：「困學紀聞『賞匠巧』下有『也』字，又有『巧』字。盧云：『案「也」字當有。下「匠之」二字係衍文，當刪。』」○維遹案：盧説近是。惟「繩墨」當作「準繩」。「準繩」乃承上文。今作「繩墨」者，蓋後人習見繩墨，遂妄改之。治要引正作「不知規矩準繩，而賞巧匠。宮室已成」。不知巧匠，而皆曰：「善。此某君某王之宮室也。」此不可不察也。察猶知也。人主之不通主道者則不然，○維遹案：治要「通」下有「乎」字。此篇「通乎」連文，凡三見，疑脱。自爲人則不能，○畢沅曰：「『自爲人』，疑是『自爲之』。」○陶鴻慶曰：「『自爲人則不能』句當有脱誤，元文雖不可考，其意蓋謂『自爲則不得，爲人則不能』，即下文所謂『不能爲人，又不能自爲』，爲白公立案耳。『任賢者則惡之，與不肖者議之』二句，則對下文衛靈公聽宛春之事而反言以明之也。畢校疑『人』當作『之』，未碻。」○孫先生曰：「治要引正作『自爲之』，畢校是也。」任賢者則惡之，與不肖者議之，此功名之所以傷，傷，敗也。國家之所以危。危，亡也。棗，棘之有；裘，狐之有也。食棘之棗，衣狐之皮，○維遹案：事類賦二十六引「皮」作「裘」。先王固用非其有，而己有之。○陶鴻慶曰：「而讀爲如。篇首云『先王用非其有，如己有之』，文與此同。」湯、武一日而盡有夏、商之民，盡有夏、商之地，盡有夏、商之財，以其民安而天下莫敢之危，○畢沅曰：「『敢之』二字似當乙轉。」○維遹案：治要引正作「莫敢危之」。以其地封而天下莫敢不説，以其財賞而天下皆競，競，進也。○孫先生曰：「治要引『競』下有『勸』字，又引注云『勸，進也』，與今本異。」無費乎郼與岐周，而天下稱大仁，稱大義，通乎用非其有。通，達也。○維遹案：治要引句末有「也」字。

白公勝得荆國，殺令尹子西、司馬子期而得荆國也。不能以其府庫分人。七日，石乞曰：「患至矣。石乞，白公臣也。不能分人則焚之，毋令人以害我。」白公又不能。不能焚之也。九日，葉公入，乃發太府之貨予衆，葉公，楚葉縣大夫沈諸梁子高也。○劉先生曰：「『予衆』上敚『以』字，與下句句法不一律。淮南子道應篇正作『以予衆』，當據增。」出高庫之兵以賦民，賦，予也。因攻之。十有九日，而白公死。

國非其有也而欲有之，可謂至貪矣。不能爲人，又不能自爲，可謂至愚矣。譬白公之嗇，若梟之愛其子也。梟愛養其子，子長而食其母也。白公愛荆國之財而殺其身也。○孫鏘鳴曰：「『譬』疑在『若』字上。」

衛靈公天寒鑿池，靈公，襄公之子。宛春諫曰：「天寒起役，恐傷民。」傷，病也。公曰：「天寒乎？」○維遹案：治要及類聚二十四引「乎」下竝有「哉」字。宛春曰：「公衣狐裘，○維遹案：白帖四及書鈔引「衣」上「公」字竝作「君」，新序刺奢篇同，當從之。坐熊席，陬隅有竈，○畢沅曰：「新序刺奢篇『陬隅』作『隩隅』。」是以不寒。今民衣弊不補，履決不組。○畢沅曰：「新序作『苴』。」○維遹案：白帖四、類聚五引「組」作「苴」，與新序同。「組」字是。苴亦爲組之借字。君則不寒矣，民則寒矣。」公曰：「善。」令罷役。左右以諫曰：「君鑿池，不知天之寒也，而春也知之。以春之知之也而令罷之，福將歸於春也，○畢沅曰：「新序『福』作『德』，御覽三十四同。」而怨將歸於君。」公曰：「不然。夫春也，魯國之匹夫也，而我舉之，舉，用也。夫民未有見焉，未見其德。今將令民以此見之。曰春也有善，於寡人有也，○畢沅曰：「『曰』，新序作『且』。」○維遹案：「且」字是。「善」下「於」字與如同。治要引正作「且春也有善，如寡人有也」。春之善非寡人之善歟？」靈公之論宛春，可謂知君道矣。君者固無任，而以職受任。工拙，下也；賞罰，法也，君奚事哉？若是則受賞者無德，而抵誅者無怨矣，人自反而已，此治之至也。抵，當也。

分職

五曰：凡爲治必先定分。君臣父子夫婦，君臣父子夫婦六者當位，則下不踰節而上不苟爲矣，少不悍辟而長不簡慢矣。悍，兇也。辟，邪也。簡，惰也。慢，易也。金木異任，水火殊事，陰陽不同，其爲民利一也。六者皆所以爲民用，故曰「爲民利一也」。故異所以安同也，同所以危異也。言同異更相成。同異之分，貴賤之別，長少之義，此先王之所慎，而治亂之紀也。聖人以治，亂人以亂，在所以由之也。

今夫射者儀毫而失牆，儀，望也。晞望毫毛之微，而不視堵牆之大，故能中也。畫者儀髮而易貌，畫者晞毫髮，寫人貌，儀之於象，不失其形，故曰「易貌」也。○孫鏘鳴曰：「注未明。文心雕龍附會篇引此二語，下言『鋭精細巧，必疏體統，似謹於小而忽於大之意。」○維遹案：孫説是。説文：「儀，度也。」度有慎義。易爲傷之借字。説文：「傷，輕也。」此謂畫者謹慎其髮而輕易其貌。淮南説林篇襲此文作「畫者謹毛而失貌，射者儀小而遺大」，語尤明。言審本也。射必能中，畫必象人，故曰「審本」。本不審，雖堯、舜不能以治。本，身。審，正也。身不正而欲治者，堯、舜且猶不能，況凡人乎？故凡亂也者，必始乎近而後及遠，必始乎本而後及末。近，喻小。遠，喻大也。爲亂之君，先小後大也。本謂身，末謂國也。詹何曰：「未聞身亂而國治也。」故曰「始乎本而後及末」。治亦然。未聞身治而國亂也，故曰「亦然」。故百里奚處乎虞而虞亡，處乎秦而秦霸；虞公貪璧馬之賂，不從其言，爲晉所滅，故亡也。秦繆公用其謀而兼西戎，故霸也。○梁玉繩曰：「不從宮之奇言耳。」孟子曰：「百里奚不諫。」向摯處乎商而商滅，處乎周而周王。向摯，紂之太史令也。紂不從其言而犇周，朞年而紂滅，周武王用其謀而王天下也。百里奚之處乎虞，智非愚也；○孫先生曰：「文選運命論注引『愚』作『遇』。遇與愚通。疑選注所引呂氏古本如此。」向摯之處乎商，典非惡也，無其本也。本謂虞、商之君。身不治，自取滅亡也。其處於秦也，智非加益也；其處於周也，典非加善也，有其本也。有其本，言秦、周之君身正而治也。其本也者，定分之謂也。言其爲君，治理分定，不悖惑也。

齊令章子將而與韓、魏攻荆，荆令唐蔑將而應之。應，擊也。○畢沅曰：「唐蔑，楚世家作唐昧。『應之』，舊作『拒之』。注『拒』一作『應』。梁仲子云：『水經沘水注引作「荆使唐蔑應之」。』則『應』字正是本文，今改正。」軍相當，六月而不戰，齊令周最趣章子急戰，其辭甚刻。趣，督也。刻亦急也。章子對周最曰：「殺之免之，殘其家，王能得此於臣。不可以戰而戰，可以戰而不戰，王不能得此於臣。」與荆人夾沘水而軍，○畢沅曰：「『沘』，舊作『泚』。梁仲子云：『舊本水經「泚水」，何氏焯改作「沘水」，注引此文。新校本從漢地理志改作「比水」，引此作「夾比而軍」。』」章子令人視水可絕者，荆人射之，水不可得近。近猶迫也。有芻水旁者，告齊候者，候，視也。曰：「水淺深易知。荆人所盛守，盡其淺者也；所簡守，皆其深者也。」候者載芻者與見章子，章子甚喜，因練卒以夜奄荆人之所盛守，果殺唐蔑。章子可謂知將分矣。

韓昭釐侯出弋，靷偏緩。弋，獵也。論語曰：「弋不射宿。」○維遹案：説文：「靷，所以引軸者也。」詩小戎疏：「靷者，以皮爲之，繫於陰板之上，令參馬引之。」昭釐侯居車上，謂其僕：「靷不偏緩乎？」其僕曰：「然。」至舍，昭釐侯射鳥，其右攝其一靷，適之。適猶等也。○孫鏘鳴曰：「攝，收也，結也。見莊子胠篋篇釋文。」昭釐侯已射，駕而歸。上車選間，選間猶選頃也。曰：「鄉者靷偏緩，今適，何也？」其右從後對曰：「今者臣適之。」昭釐侯至，詰車令，詰，讓也。各避舍。○畢沅曰：「句上似當有『與右』二字。」故擅爲妄意之道，雖當，賢主不由也。由，用也。今有人於此，擅矯行則免國家，利輕重則若衡石，爲方圜則若規矩，此則工矣巧矣，而不足法。巧而不足法者，以其不循規矩故也。○陶鴻慶曰：「『擅矯行則危國家』，蓋衍句也。此七字當是上文『故擅爲妄意之道，雖當，賢主不由也』二句之注。『免』當爲『危』。傳寫以上文之注羼入於此耳。」又曰：「『利』當爲『制』字之誤。『制輕重』與『爲方圓』義同。」法也者，衆之所同也，賢不肖之所以其力也。○畢沅曰：「『其力』疑當作『共力』。」謀出乎不可用，○舊校云：「一作『行』。」事出乎不可同，此爲先王之所舍也。舍而不爲也。

處方

○王念孫曰：「『方』字疑當作『分』，篇内『分』字凡四見。」

六曰：上尊下卑。卑則不得以小觀上。觀，視也。上，君也。尊則恣，恣則輕小物，小物，凡小事也。輕小物則上無道知下，下無道知上。上下不相知，則上非下，下怨上矣。人臣之情，不能爲所怨；不能爲之竭力盡節也。人主之情，不能愛所非，方非罪之，何能愛也？此上下大相失道也，故賢主謹小物以論好惡。好，善也。惡，惡也。○陶鴻慶曰：「『大』當爲『交』字之誤，『論』當爲『諭』字之誤。下文『吳起治西河，欲諭其信於民』，高注云：『諭，明也。』即其義。」〇維遹案：「論」字不誤，論亦訓明。尊師篇「説義必稱師以論道」，適音篇「故先王必託於音樂以論其教」，高並釋論爲明。**巨防容螻而漂邑殺人，**巨，大。防，隄也。如隄有孔穴容螻蛄，則潰漏竅決，至於漂没閭邑，溺殺人民也。**突洩一熛而焚宮燒積。**竈突煙洩出，則火濫炎上，燒人之宮室積委也。〇畢沅曰：「『突』亦作『堗』。廣雅：『竈窻謂之堗。』或謂『突』當作『穾』。案説文：『穾，深也，一曰竈突。』然則穾特竈突之一名。説文亦但云『一曰竈突』，不云『竈穾』，何得以『突』爲『穾』之誤？故今仍作『突』字。又『熛』，舊本訛作『煙』，今從日抄改正。」〇維遹案：一切經音義十四引「煙」亦作「熛」。注「煙」字亦當作「熛」。説文：「熛，火飛也，讀若摽。」**將失一令而軍破身死，**教令不當爲失。失令不從，士無先登之心，而懷北之志，故軍破敗，將見禽獲而身死也。**主過一言而國殘名辱，爲後世笑。**主過一言，猶將失一令，故國殘亡，惡名著聞，以自汙辱，乃爲後世之人所非笑也。

衛獻公戒孫林父、甯殖食。林父，孫文子也。甯殖，惠子也。〇維遹案：據文義，戒，約也。**鴻集于囿，虞人以告，**畜禽獸，大曰苑，小曰囿。虞人，主囿之官也。以告，以鴻告也。**公如囿射鴻。二子待君，日晏，公不來至。**晏，暮也。**來不釋皮冠而見二子，二子不説，逐獻公，立公子黚。**傳曰：「衛人立公孫剽，孫林父、甯殖相之。」此云立公子黚，復誤矣。案衛世家，公子黚乃靈公之子，太子蒯聵之弟也，是爲悼公，於獻公爲曾孫也，焉得立之乎？**衛莊公立，欲逐石圃，**莊公，靈公之子蒯聵也。石圃，衛卿石惡之子也。蒯聵在外，圃不欲納之，故立而逐之也。〇梁玉繩曰：「左襄二十八年傳『石惡出奔晉，衛人立其從子圃』，則『之子』當作『從子』。處素据疑似篇『子姪』之稱，欲改爲『姪』，未安。舊本作『石惡之名』，尤非。」**登臺以望，見戎州而問之曰：「是何**

爲者也？」侍者曰：「戎州也。」戎州，戎之邑也。莊公曰：「我姬姓也，戎人安敢居國？」使奪之宅，殘其州。晉人適攻衛，戎州人因與石圃殺莊公，立公子起。公子起，衛靈公子，莊公之弟也。此小物不審也。審，慎也。人之情，不蹷於山蹷，躓顛頓也。而蹷於垤。垤，蟻封也。蟻封卑小，人輕之，故躓顛也。

齊桓公即位，三年三言，而天下稱賢，羣臣皆説。去肉食之獸，去食粟之鳥，去絲罝之網。是三言也。

吴起治西河，欲諭其信於民，吴起，衛人也，爲魏武侯西河守。諭，明也。夜日置表於南門之外，置，立也。表，柱也。○吴闓生曰：「『夜日』謂前一日，猶次日爲旦日也。此蓋古語，它書少見。」令於邑中曰：「明日有人能僨南門之外表者，仕長大夫。」僨，僵也。長大夫，上大夫也。○畢沅曰：「『能』字舊本缺，孫據紀聞十補。御覽四百三十同。」○梁玉繩曰：「長大夫之稱，他書未見。」明日日晏矣，莫有僨表者。莫，無也。民相謂曰：「此必不信。」不信其有賞也。有一人曰：「試往僨表，不得賞而已，何傷？」言不敢必得其賞也。○畢沅曰：「『而已』，紀聞作『則已』。言縱不得賞，非有害也。注不得解。」○吴先生曰：「注『不敢必得賞』，釋本文『不得賞』句，謂不得賞而止矣，未必有害也。畢校以注爲不得解，非也。」往僨表，來謁吴起。謁，告也。吴起自見而出，仕之長大夫。夜日又復立表，又令於邑中如前。邑人守門爭表，表加植，不得所賞。如前，與前令同也。邑人貪賞，爭往僨表，表深植而不能僨，不得其所賞也。自是之後，民信吴起之賞罰。吴起賞罰不欺民，民信之也。賞罰信乎民，何事而不成，豈獨兵乎！言非獨信用兵以成功也，大信用賞罰以成事，故使秦人不敢東向犯盜西河也。○畢沅曰：「舊校云：『「豈獨兵乎」，一作「非獨兵也」』。案注『大』，劉本作『亦』。」

慎小

呂氏春秋集釋卷第二十六

榮成許維遹學

士容論第六　務大　上農　任地　辯土　審時

呂氏春秋訓解　高氏

一曰：士不偏不黨，柔而堅，虛而實。而，能也。其狀朖然不儇，若失其一。一謂道也。能柔堅虛實之士，其狀貌朖然舒大，不儇給巧僞爲之，畏失其道也。○劉先生曰：「莊子徐無鬼篇『若卹若失，若喪其一』，淮南子道應篇『若滅若失，若亡其一』，（高彼注以『若亡』絶句，『其一』屬下讀，非是。說詳王氏淮南子雜志。）與此文『若失其一』誼皆相類，蓋周、秦之恒言，謂其狀髣髴無定耳。高注『一謂道也』，其失也泥矣。」傲小物而志屬於大，傲，輕也。輕略叢脞翳薉之事，而志屬連於有大成功也。似無勇而未可恐，未可恐以非義之事也。狼，執固橫敢而不可辱害，狼，貪獸也，所搏執堅固。橫猶勇敢。之士若此者不可辱，亦不可害也。○畢沅曰：「注『猶』疑『獷』。」○王念孫曰：「高説非也。『狼』當爲『猲』，字之誤也。（隸書『狼』字作『狠』，形與『猲』相似。）『恐猲』二字連讀，猶今人言恐嚇也。（一切經音義一云：『或言「恐嚇」，或言「恐喝」，皆一義也。』）趙策曰『以秦權恐猲諸侯』，史記蘇秦傳作『恐愒』，索隱曰：『謂相恐脅也。』漢書王子侯表『葛魁侯戚坐縛家吏恐猲受賕，平城侯禮坐恐猲取雞』，王莽傳『各爲權勢，恐猲良民』，皆其證也。『似無勇而未可恐猲』爲句，『執固横敢而不可辱害』爲句，（論威篇云『深痛執固，不可摇蕩』。）二句相對爲文。若以『狼執固横敢』五字連讀，則文不成義矣。此段以大、猲、害、越、大、外、賴、世、揭、衛、厲、折十二字爲韻，若以『恐』字絶句，則失其韻矣。」又曰：「注『横猶勇敢』，『横』下脱『敢』字。『之士若此者』，『之士』二字誤倒，下注云：『士之如此者，使即南面之君位，亦處義而已，當據以乙正。」**臨患涉難而處義不越，**越，失也。**南面稱寡而不以侈大，**南面，君位也。孤寡，謙稱也。士之如此者，使即南面之君位，亦處義而已，不以奢侈廣大也。○畢沅曰：「注『位』字闕，今案文義補。」**今日君民而欲服海外，節物甚高而細利弗賴，**海外，四海之外。而欲服之，化廣大也。節物，事也。行事甚高，細小之利不恃賴之也。**耳目遺俗而可與定世，**耳目視聽，禮義是則，故能遺棄流俗，可與大定於一世也。**富貴弗就而貧賤弗揭，**輕富貴，甘貧賤。○畢沅曰：「揭，去也。宋玉九辯云：『車既駕兮揭而歸。』」**德行尊理而羞用巧衛，**尊重道理而行，羞以巧媚自榮衛也。○畢沅曰：「注『榮』疑『營』。」○王念孫曰：「衛猶慧也。」○俞樾曰：「『衛』當作『躗』，乃叚借字或壞字也。哀二十四年左傳『是躗言也』，正義引服虔曰：『躗，僞，不信也。』然則巧躗猶云巧僞。高注謂『羞以巧媚自榮衛』，非是。」**寬裕不訾而中心甚厲，**不訾，毁敗人也。甚厲，至高遠也。**難動以物而必不妄折，**不爲物動，唯義所在，不妄屈折也。**此國士之容也。**容猶法也。

齊有善相狗者，其鄰假以買取鼠之狗，假猶請也。請善相狗者，買取鼠之狗也。○畢沅曰：「舊校云：『一本作「其鄰借之買鼠狗」』。借猶請也。』今案御覽九百五作『其鄰藉之買鼠狗』，則當作『藉』字。」○吴先生曰：「借、藉音義同，假則音異而義同，皆可通。何由知作『藉』者定是邪？」**朞年乃得之，曰：「是良狗也。」其鄰**

畜之數年，而不取鼠，○維遹案：「而不取鼠」，事類賦二十三引作「不能取鼠」。以告相者。相者曰：「此良狗也，其志在獐麋豕鹿，不在鼠。欲其取鼠也則桎之。」其鄰桎其後足，桎，械也。著足曰桎，著手曰梏。狗乃取鼠。○舊校云：「一本作『狗則取鼠矣』。」夫驥驁之氣，鴻鵠之志，有諭乎人心者，誠也。人亦然，誠有之，則神應乎人矣，言豈足以諭之哉？此謂不言之言也。不言之言，以道化也。

客有見田駢者，田駢，齊人也，作道書二十五篇。被服中法，進退中度，趨翔閑雅，辭令遜敏。遜，順也。敏，材也。田駢聽之畢而辭之。辭，遣也。客出，田駢送之以目。以目送而視之也。弟子謂田駢曰：「客，士歟？」田駢曰：「殆乎非士也。殆，近也。今者客所弇斂，士所術施也。士所弇斂，客所術施也。○畢沅曰：「舊校云：『「術」皆當作「述」』。」今案：古亦通用。」○鹽田曰：「諸子品節引此下有『弇斂，謹慎。斂，束也。術施，恢大也，矜大也』。十五字注。」客殆乎非士也。」故火燭一隅，則室偏無光。燭，照也。偏，半也。骨節蚤成，空竅哭歷，身必不長。長，大也。○梁玉繩曰：「『哭』疑當作『突』。」衆無謀方，乞謹視見，多故不良。良，善也。○孫鏘鳴曰：「未詳。」志必不公，公，正也。不能立功。立，成也。好得惡予，國雖大，不爲王，好得，厚斂也。惡予，悋嗇也。多藏厚亡，故必不爲王。禍災日至。故君子之容，純乎其若鍾山之玉，桔乎其若陵上之木，純，美也。鍾山之玉，燔以爐炭，三日三夜，色澤不變。陵上之木鴻且大，皆天性也。君子天性純敏，故以此爲喻也。○孫鏘鳴曰：「『桔』當作『梏』。梏，直也，見爾雅。」○孫詒讓曰：「桔無鴻大之義，疑亦當作『梏』。爾雅釋詁云：『梏，直也。』上云『純乎其若鍾山之玉』，言其温純，此則言其峻直也。『梏』誤爲『桔』，與前過理篇同。」淳淳乎慎謹畏化而不肯自足，化，教也。常畏而奉之，不肯自足。其智思以事，必問詳而後行之也。乾乾乎取舍不悦而心甚素樸。乾乾，進不倦也。取舍不悦，常敬慎也。心甚素樸，精潔專一，情不散欲也。○王念孫曰：「『淳淳』、『乾乾』當互易。」○維遹案：「悦」，張本作「侻」，注同。悦、侻皆從兑得聲，與鋭義同。文選陸士衡五等論云「夫進取之情鋭」，李注：「鋭猶疾也。」與高注「取舍不悦，常敬慎也」義正相因。若解如字，則非其旨矣。又案：注「情不散欲」，當作「情欲不散也」，於義乃順。

唐尚敵年爲史，史，國史也。○梁玉繩曰：「黄氏日抄謂『年相若之名』，是也。抱朴子交際篇：『位顯名美，門齊年敵』。」○馬叙倫曰：「説文：『尉律，學僮年十七已上，始試諷籀書九千字，乃得爲史。』此雖漢法，蓋沿用周、秦矣。『唐尚敵年爲史』，敵借爲適，言其年適當爲史也。」其故人謂唐尚願之，故人者，唐尚知舊也。以唐尚明習天文宿度，審咎徵之應，故爲願之也。以謂唐尚。唐尚曰：「吾非不得爲史也，羞而不爲也。」其故人不信也。不信其羞爲史。及魏圍邯鄲，唐尚説惠王而解之圍，以與〔一〕伯陽，惠王，魏文侯之孫，武侯之子，孟子所見梁惠王也。解邯鄲圍也。以與伯陽，以伯陽邑資之也。其故人乃信其羞爲史也。居有間，其故人爲其兄請。請於唐尚，欲仕其兄。唐尚曰：「衛君死，吾將汝兄以代之。」其故人反興再拜而信之。夫可信而不信，不可信而信，此愚者之患也。可信，謂唐尚羞爲史。不可信，謂唐尚欲以其兄

〔一〕四部叢刊本「與」下有注「一作于」。

代衛君。衛君不可得也，而信爲可得，故曰不可信而信也。患者猶病也。○維遹案：「衛君」，姜本、李本作「魏君」，注同。張本、凌本與今本同。知人情不能自遺，以此爲君，雖有天下，何益？不能自遺亡其貪欲之情，必危亡也，故曰「雖有天下，何益」。故敗莫大於愚。愚之患在必自用，自用則戇陋之人從而賀之，有國若此，不若無有。古之與賢，從此生矣。古人傳位于賢，以子不肖，不可予也。非惡其子孫也，非徼而矜其名也，反其實也。徼，求也。矜，大也。以國予賢則興，子孫不肖，予其國必滅亡，故曰「反其實也」。

士容論

二曰：嘗試觀於上志，上志，古記也。○梁玉繩曰：「此段幾及百字與諭大篇同，蓋不韋集諸客爲之，失於檢照。高氏屢欲載咸陽之金，何以不糾之？三王之佐，其名無不榮者，榮，顯也。其實無不安者，功大故也。實猶終也。○李寶淦曰：「『實』與上句『名』字並舉。注非。」俗主之佐，其欲名實也與三王之佐同，同，等也。其名無不辱者，其實無不危者，無功故也。無大功故也。皆患其身不貴於其國也，而不患其主之不貴於天下也，此所以欲榮而逾辱也，逾，益也。欲安而逾危也。

孔子曰：「燕爵爭善處於一屋之下，母子相哺也，區區焉相樂也，區區，得志貌也。○畢沅曰：「『區區』當作『嘔嘔』，下同。前諭大篇作『姁姁』。」自以爲安矣。竈突決，上棟焚，○俞樾曰：「此本作『上焚棟』，傳寫誤倒。諭大篇作『竈突決，則火上焚棟』，是其證。」燕爵顔色不變，是何也？不知禍之將及之也，不亦愚乎！○畢沅曰：「『及之』，當作『及己』。」爲人臣而免於燕爵之智者寡矣。夫爲人臣者，進其爵禄富貴，父子兄弟相與比周於一國，區區焉相樂也，而以危其社稷，其爲竈突近矣，而終不知也，其與燕爵之智不異。故曰：『天下大亂，無有安國。一國盡亂，無有安家。一家盡亂，無有安身。』此之謂也。故細之安細，小也。必待大，大之安必待小。言相須也。○畢沅曰：「兩『待』字，前諭大篇俱作『恃』，下『贊』字亦作『恃』。」細大賤貴，交相爲贊，交，更也。贊，助也。然後皆得其所樂。」樂，願也。

薄疑説衛嗣君以王術，嗣君，衛平侯之子也，秦貶其號曰君。嗣君應之曰：「所有者，千乘也，願以受教。」衛君國之賦兵車千乘耳，王者萬乘，故願以受教也。○畢沅曰：「淮南道應訓『所有』上有『予』字。此注非是。願以受教者，願以千乘之國受教也。薄疑之對，以千鈞諭王術，一斤喻治國。言王術可爲，於治國乎何有？注皆不得本意。」薄疑對曰：「烏獲舉千鈞，又況一斤？」千鈞，三萬斤也。喻衛君之賢，爲王術，若烏獲之力以舉一斤，言其易也。○維遹案：「舉」字原作「奉」。畢沅云：「淮南『奉』作『舉』。」案：張本、姜本竝作「舉」，今改正。杜赫以安天下説周昭文君，杜赫，周人，杜伯之後也。周昭文君，周分爲二，東周之君也。昭文君謂杜赫曰：「願學所以安周。」以，用也。杜赫對曰：「臣之所言者不可，則不能安周矣。臣之所言者可，則周自安矣。」所言安行仁與義也。此所謂以弗安而安者也。當昭文君時，人不安行仁義，而仁義不行也。然仁義，必安之本也，故曰「以弗安而安者也」。○陶鴻慶曰：「此言杜赫不言安周而周自安耳。高注以爲時人不安行仁義，非。」

鄭君問於被瞻曰：「聞先生之義，不死君，不亡君，信有之乎？」鄭君，穆公也。被瞻事鄭文公，故穆公即位，問瞻所行之義信有乎。○維遹案：「信」下「有」字原作「不」，今從張本、姜本改正。被瞻對曰：「有之。夫言不聽，道不行，則固不事君也。若言聽道行，又何死亡哉？」言從賢臣之言，不死不亡也。故被瞻之不死亡也，賢乎其死亡者也。使君無道，臣不能正，乃死亡耳。被瞻言聽道行，不死不亡，故曰「賢乎死亡者也」。

昔有舜欲服海外而不成，既足以成帝矣。○王念孫曰：「『昔有』當爲『昔者』。」禹欲帝而不成，既足以王海內矣。湯、武欲繼禹而不成，既足以王通達矣。五伯欲繼湯、武而不成，既足以爲諸侯長矣。孔、墨欲行大道於世而不成，既足以成顯榮矣。夫大義之不成，既有成已，故務事大。○維遹案：諭大篇作「故務在事，事在大」，注：「事，爲也。」

務大

三曰：古先聖王之所以導其民者，先務於農。民農非徒爲地利也，貴其志也。民農則樸，樸則易用，易用則邊境安，主位尊。尊，重也。○畢沅曰：「次『易用』，舊本脱『用』字，據御覽七十七補。亢倉子農道篇作『易用則邊境安，安則主位尊』，又多『安則』二字。」民農則重，重則少私義，○畢沅曰：

「『重』，亢倉子作『童』，亦如大戴之王言篇與家語『童』、『重』互異也。○維遹案：御覽引「義」作「議」，下同。少私義則公法立，力專一。民農則其産復，○畢沅曰「御覽『復』作『厚』，亢倉子作『複』，下竝同。○俞樾曰：「兩『復』字竝當作『後』，字之誤也。後與厚古通用，釋名釋言語曰：『厚，後也。』莊子列禦寇篇注曰：『靜而怯乃厚其身耳。』釋文曰：『元嘉本厚作後。』是其證也。『民農則其産後』，言民農則其産厚也，其産厚故重徙矣。御覽兩『後』字竝作『厚』，正得其義。但字仍當作『後』，以仍古書叚借之舊。辯土篇曰：『必厚其靹。』又曰：『其靹而後之。』亦厚、後通用之證。」○維遹案：復字亦通。季冬紀「水澤復」，月令「復」作「腹」，鄭注：「腹，厚也。」茆泮林云：「復、腹義同。」是其例。其産復則重徙，重徙則死其〔一〕處處，居。而無二慮。民〔二〕舍本而事末則不令，令，善。○孫詒讓曰：「『不令』，謂不受令也。此三言『民舍本事末』之害，與上文三言『民農』之善，文反正相對。上云『民農則樸，樸則易用，易用則邊境安，主位尊』。彼農則易用，故此舍本事末則不受令，猶言不可用耳，不當訓令爲善也。亢倉子農道篇用此文作『人捨本而事末則不一令』，雖與呂子文意小異，而亦不釋令爲善，蓋唐人已知高説之未安而不從之矣。」不令則不可以守，不可以戰。戰，攻。民舍本而事末則其産約，其産約則輕遷徙，輕遷徙則國家有患皆有遠志，無有居心。居，安也。民舍本而事末則好智，好智則多詐，多詐則巧法令，巧讀如巧智之巧。○畢沅曰：「亢倉子有『巧法令則』四字在下句首。」以是爲非，以非爲是。

〔一〕「其」，原脱，據諸子集成本補。
〔二〕「民」，原脱，據諸子集成本補。

后稷曰：〇梁玉繩曰：「後任地亦引后稷之言，蓋上世農書也。古重農事，故以上農四篇終焉。」〇陳昌齊曰：「『曰』字衍。」「所以務耕織者，以爲本教也。」是故天子親率諸侯耕帝籍田，大夫士皆有功業，傳曰：「王耕一發，班三之，庶人終于千畝。」故曰「皆有功業」也。〇畢沅曰：「『皆有功業』，亢倉子作『第有功級』。注『一發』，周語作『一墢』，此作『發』，訛。韋昭注：『一墢，一耜之發也。』玩注意，似亢倉子本是。是故當時之務，農不見于國，當啓蟄耕農之務，農民不見于國都也。孟春紀曰：「王布農事，命田舍東郊。」故農民不得見于國也。以教民尊地產也。地產，嘉穀也。后妃率九嬪蠶於郊，桑於公田，是以春秋冬夏皆有麻枲絲繭之功，以力婦教也。力，任其力，效其功也。〇畢沅曰：「亢倉子作『勸人力婦教也』。」是故丈夫不織而衣，婦人不耕而食，男女貿功以長生，貿，易也。〇畢沅曰：「『以長生』，亢倉子作『資相爲業』。」此聖人之制也。制，法也。故敬時愛日，非老不休，休，止也。〇維遹案：亢倉子「敬愛時日」下有「將實課功」四字。非疾不息，非死不舍。舍，置也。

上田，夫食九人。下田，夫食五人。可以益，不可以損。損，減也。一人治之，十人食之，六畜皆在其中矣。此大任地之道也。故當時之務，不興土功，不作師徒，庶人不冠弁、弁，鹿皮冠。詩云：「冠弁如星。」〇畢沅曰：「冠弁不見詩攷，恐是字誤。」〇汪中曰：詩淇澳『會弁如星』，按文，高氏爲長。冠、會語之轉。」〇吴先生曰：「『庶人不冠弁』，蓋與玉藻『國家未遂則不充其服』同意，又與周禮閭師『凡庶民不蠶者不帛，不績者不衰』亦略相近。所云『冠弁』，散文通言之，非正指皮弁服，以庶人本不得服皮弁也。高云：『弁，鹿皮冠。』

蓋失之矣。注又引詩『冠弁如星』，『冠』當爲『會』，會弁乃能如星，冠弁如星，則文義皆不可說。畢疑文出逸詩亦非。」**娶妻、嫁女、享祀，不酒醴聚衆，**禮取婦之家三日不舉樂，嫁女之家三日不絕燭」，故不以酒醴聚衆也。○陶鴻慶曰：「據高注，正文『不』下當有『以』字。然此文之旨，言農人嫁娶、享祀但取成事，不以飲讌妨其農功耳。高注附會禮文，實非本旨。」○維遹案：注非。此謂庶人非冠弁、娶妻、嫁女、享祀不以酒醴聚衆，與下文句法正同。**農不上聞，不敢私籍於庸，**○孫詒讓曰：「『上聞』，謂賜爵也。前下賢篇説魏文侯『東勝齊於長城，虜齊侯獻諸天子，天子賞文侯以上聞』。（今本譌作『卿』，畢依史記樊噲傳如淳注引校正。）史記樊噲傳『賜上間爵』，集解如淳云：『「間」或作「聞」。』索隱本作『聞』，引張晏云：『得竟上聞。』晉灼云：『名通於天子也。』然則此農得上聞者，亦謂名通於官也。（商子來民篇云：『民上無通名，下無田宅。』無通名即不上聞也。）『不敢私籍於庸』，謂不得私養庸以代耕。」○維遹案：孫説是。養庸代耕之説，亦見韓非外儲説左上。**爲害於時也。然後制野禁，苟非同姓，**苟，誠也。**農不出御，**御妻也。○松皋圓曰：「『農』字誤，當作『男』。注『御』下欠『迎』字。」**女不外嫁，以安農也。**異姓之女，不出閭邑而嫁也。

野禁有五：地未辟易，不操麻，不出糞，出猶捐也。**齒年未長，不敢爲園囿，量力不足，不敢渠地而耕，**渠，溝也。**農不敢行**守其疆畝也。**賈，不敢爲異事，**異猶他也。○孫鏘鳴曰：「『賈』屬上讀。『行』字離句，似非。○俞樾曰：「此當以『農不敢行賈』爲句，言農恒爲農，不敢爲商也。行賈者，商也。僖三十二年左傳『鄭商人弦高』，杜注曰：『商，行賈也。』高氏以『農不敢行』爲句，而釋之曰『守其疆畝』，失之矣。『不敢爲異事』，亦以農。言，若如高注以賈言，則非所謂野禁也。」爲害於時也。然後制四時之禁：山不敢伐材下木，伐，斫也。澤人不敢灰僇，燒灰不以時多僇。○王念孫曰：「管子輕重己篇『毋戮大衍』。戮、僇古通。」繯網罝罦不敢出於門，罛罟不敢入於淵，罝，獸罟也。詩云：「肅肅兔罝。」罛，魚罟也。詩云：「施罛濊濊，鱣鮪發發。」○維遹案：注「魚」上「罛」字原作「罟」，涉上文而誤。爾雅釋器：「魚罟謂之罛。」詩衛風碩人篇「施罛濊濊」，毛傳云：「罛，魚罟。」此皆高注所本。張本正作「罛」，今據改正。澤非舟虞不敢緣名，爲害其時也。舟虞，主舟官。○李寶洤曰：「澤中非舟虞有事不敢藉以爲名。」

若民不力田，墨乃家畜，國家難治，三疑乃極，○畢沅曰：「義未詳。」○維遹案：疑讀爲擬，謂相比擬也，僭也。（説見慎勢篇。）下注：「三官，農、工、賈也。」此云「三疑」，或指三官相僭而言。下文「農攻粟，工攻器，賈攻貨」，是謂三官不相疑也。否則三疑乃極，於是民舍本而事末，「國家有患，皆有遠志」。（見上文。）故下文結之曰「是謂背本反則，失毀其國」。是謂背本反則，則，法也。失毀其國。凡民自七尺以上屬諸三官，三官，農、工、賈也。農攻粟，工攻器，賈攻貨。攻，治也。時事不共，是謂大凶。奪之以土功，是謂稽，不絕憂唯，必喪其粃。奪之以水事，是謂籥，喪以繼樂，繼，續也。四鄰來虛。○梁玉繩曰：「籥、喪二字未詳。」○俞樾曰：「『籥』字義不可通，疑當作『瀹』。莊子知北遊篇釋文：『瀹，潰也。』瀹即瀹之異文。『奪之以水事』正與潰義相應。蓋『瀹』變作『瀹』，又省作『蘥』，又誤作『籥』耳。『四鄰來虛』，當作『四鄰來虐』，亦字之誤。虐與瀹、樂爲韵，若作虛，則失其韵矣。」奪之以兵事，是謂厲，禍厲，摩也。因胥歲，不舉銍艾。○陶鴻慶曰：「高注殊誤。此當於『厲』字絶句，讀爲凶厲之厲。『禍』字屬下讀，以四字爲句，與上文一律。上文稽、唯、粃爲韻，龠、樂、虐爲韻，（『虐』字從俞校改。）此文厲、歲、艾爲韻也。」劉師培説同。**數奪民時，大饑乃來，野有寢耒，或談或歌，旦則有昏，喪粟甚多。皆知其末，莫知其本真。**不敏也。○畢沅曰：「三字疑亦正文。」○劉先生曰：「漢儒朴質，於所不知，皆直言『不敏』。淮南子天文篇注『鍾律上下相生，誘不敏也』，與此注正同。畢以爲正文，失之。」

上農

四曰：后稷曰：「子能以窐爲突乎？窐，容汙，下也。突，理出，豐高也。○陳昌齊曰：「注『容』當作『谷』，『理』當作『垤』。」○俞樾曰：「下文土、處爲韻，淫、風爲韻，堅、均爲韻，糠、彊爲韻，獨此二句無韻，疑『突』乃『穾』字之誤，穾與陰正爲韻。高注云云，是以窐爲突，猶以下爲高，然下文諸句竝不從相反取義，不必定如高氏之説。且諸句之意皆不甚可解，而韵則塙有可憑，『穾』字之誤，殆無疑也。」○孫詒讓曰：「陳云『容當作谷』，非也。『容』當爲『容』，形近而譌。一切經音義十云：『凹，蒼頡篇作容，烏交反，墊下也。』窐即墊下之義。」**子能藏其惡而揖之以陰乎？**陰猶潤澤也。**子能使吾士靖而甽浴士乎？**「士」當作「土」。○畢沅曰：「古士、土亦通用。」**子能使保溼安地而處乎？子能使雚夷毋淫乎？**淫，延生也。**子能使子之野盡爲泠風乎？**泠風，和風，所以成穀也。**子能使藁數節而莖堅乎？子能使穗大而堅均乎？**詩云：「實發實秀，實堅實好。」此之謂也。**子能使粟圜而薄糠乎？子能使米多沃而食之彊乎？無之若何？**

凡耕之大方：力者欲柔，柔者欲力。息者欲勞，勞者欲息。棘者欲肥，肥者欲棘。棘，羸瘠也。詩云：「棘人之欒欒。」言羸瘠也。土亦有瘠土。急者欲緩，緩者欲急。急者，謂彊壚剛土也，故欲緩。緩者，謂沙坱弱土也，故欲急。和二者之中，乃能殖穀。溼者欲燥，燥者欲溼。溼，謂下溼近汙泉，故欲燥。燥，謂高明暵乾，故欲溼。不燥不溼，取其中適，乃成黍稷也。上田棄畝，下田棄甽。五耕五耨，必審以盡。其深殖之度，陰土必得，大草不生，草，穢也。又無螟蜮。「蜮」，或作「螣」。食心曰螟，食葉曰蜮。兗州謂蜮爲螣，音相近也。○畢沅曰：「惠氏棟云：『「蜮」當爲「蟘」。』」今茲美禾，來茲美麥。茲，年也。是以六尺之耜，所以成畝也。其博八寸，所以成甽也。耜六尺，其刃廣八寸。古者以耜耕，廣六尺爲畝，三尺爲甽，遼西之人謂之埒也。○畢沅曰：「周禮：『廣尺深尺曰甽。』此云『三尺』，黄東發謂於正文不合。其言曰：『耜者，今之犂，廣六尺，旋轉以耕土，其塊彼此相向，亦廣六尺，而成一疄，此之謂畝。而百步爲畝，總畝之四圍總名。「其博八寸，所以成甽」者，犂頭之刃，逐塊隨刃而起，其長竟畝，其起而空之處與刃同其闊，此之謂甽。』案此所云，則與周禮相近。埒，字書無攷。」○梁玉繩曰：「注『三尺』，一本作『五尺』，竝非。玉海百七十六作『二尺』，是也。錢竹汀云：『一夫百畝，廣袤皆百步。一尺爲甽，則爲百畝；二尺爲甽，則爲五十畝；一尺四寸有奇爲甽，則爲七十畝，皆以一甽爲一晦也。疑孟子所言三代田制如此。』」○王念孫曰：「注當云：『古者以耜耕，六尺爲步，步百爲畝，廣尺爲甽。』」耨柄尺，此其度也。度，制也。其耨六寸，所以間稼也。耨，所以耘苗也，刃廣六寸，所以入苗間也。地可使肥，又可使棘。人肥必以澤，地耕熟則肥，肥即得穀多，不則瘠，瘠則得穀少，故曰「可使」也。人肥則顏色潤澤。○王念孫曰：「『人肥』之『肥』，疑當作『耕』。」○俞樾曰：「高注『人肥則顔色潤澤』，此大誤也。通篇皆言耕種事，不當此句獨言人之顔色。且此句與下文『人耨必以旱』正相對。然則澤者，雨澤也，非謂顔色潤澤也。『肥』疑『耜』字之誤。上文曰：『是以六尺之耜，所以成畝也。其博八寸，所以成甽也。耨柄尺，此其度也。其耨六寸，所以間稼也。』以耜、耨竝言，則此文『人耜必以澤』，『人耨必以旱』，亦承上而以耜、耨竝言可知矣。耜謂耕也，耨謂芸也。言耕宜雨，耘宜旱也。『耜』字從『目』，『肥』字從『卩』，篆文相似，又涉上文『地可使肥』而誤耳。」○劉先生曰：「『人肥必以澤，使苗堅而地隙』，與下文『人耨必以旱，使地肥而土緩』相對爲文，誼亦相類。肥謂糞田，非言人身之肥瘠也。高注望文生義，其失也迂矣。」**使苗堅而地隙。人耨必以旱，使地肥而土緩。**緩，柔也。

草端大月。大月，孟冬月也。○梁玉繩曰：「孟冬稱大月者，六陰俱升，大陰之月也。或謂秦以十月爲歲首，故云大月，殊非。此四篇疑是古農書，未必吕氏所撰。」○蔡雲曰：「陽大陰小，詳易泰卦。孟冬稱大，猶爾雅十月爲陽，純陰用事，嫌於無陽而名之。」**冬至後五旬七日，菖始生。**菖，菖蒲，水草也。冬至後五十七日而挺生。**菖者，百草之先生者也，於是始耕。**傳曰：「土發而耕。」此之謂也。**孟夏之昔，殺三葉而穫大麥。**昔，終也。三葉，薺、亭歷、菥蓂也。是月之季枯死，大麥熟而可穫。大麥，旋麥也。○畢沅曰：「初學記二十七引吕氏『孟夏之山百穀三葉而穫太麥』。」○王念孫曰：「昔猶夕也。尚書大傳云：『月之朝，月之中，月之夕。』鄭注：『上旬爲朝，中旬爲中，下旬爲夕。』莊七年穀梁傳云：『日入至於星出謂之昔。』楚辭大招注引詩：『樂酒今昔。』是昔與夕通。」又曰：「初學記『山百』二字即『昔』之訛，『穀』即『殺』之訛。」**日至，苦菜死而資生，**菜名也。○畢沅曰：「『資』疑即『薋』，蒺藜也。」○孫詒讓曰：「日至亦謂冬日至也。資與薺字通。（詩大雅楚茨、禮記玉藻鄭注『茨』作『薺』，楚辭離騷王注又作『資』，此『資』與『薋』字同。）即爾雅釋草『蒫薺實』之『薺』。詩邶風谷風篇『誰謂荼苦，其甘如薺』，亦即此也。故高云『菜名』。畢以『資』爲『薋』，得之，而謂即『蒺藜』則非。淮南子墬形訓云：『薺冬生，中夏死。』春秋繁露循天之道篇云：『薺以冬美，而荼以夏成。』（依凌曙本。）荼即苦菜，夏生而冬死。薋爲甘菜，夏死而冬生。二者正相反，故呂兼舉之。」**而樹麻與菽，**樹，種也。菽，豆也。○程瑶田曰：「伏生尚書大傳、淮南子、劉向説苑皆云『大火中種黍菽』，而呂氏春秋則云『日至樹麻與菽』。麻生於二三月，夏至後則刈牡麻矣。今云『日至樹麻』，其爲『樹麖』之譌無疑。禾屬而黏者黍，禾屬而不黏者麖，對文異，散文則通。」**此告民地寶盡死。凡草生藏日中出，狶首生而麥無葉，**凡草，庶草也。日中，春分也。衆草生而出也。狶首，草名也，至其生時，麥無葉，皆成熟也。○維遹案：爾雅釋草「茢薽豕首」，郭注：「江東呼豨首。」然則「狶首」即「豨首」，今藥中之天名精也。**而從事於蓄藏，**藏之於倉也。**此告民究也。**究，畢也。刈麥畢也。**五時見生而樹生，見死而穫死。**五時，五行生殺之時也。見生，謂春夏種稼而生也。見死，謂秋冬穫刈收死者也。○李寶淦曰：「五時，即春夏秋冬及中央土也。」**天下時，地生財，不與民謀。**天降四時，地出稼穡，自然之道也，故曰「不與民謀」。○維遹案：「下」字當作「有」，涉下文而誤。荀子天論篇「天有其時，地有其財，人有其治」，其比正同。高釋「下」爲降，知其所見本已誤。

有年瘞土，無年瘞土，祭土曰瘞。年，穀也。有穀祭土，報其功也。無穀祭土，禳其神也。○畢沅曰：「『禳』，舊作『讓』，訛，趙改正。」**無失民時，無使之治。**○劉師培曰：「『治』爲『怠』字之譌。」**下知貧富，利**

器皆時至而作，渴時而止，利用之器，有其時而爲之，無其時而止之。○王念孫曰：「渴，盡也。」是以老弱之力可盡起，○畢沅曰：「亢倉子作『可使盡起』。」其用日半，○維遹案：姜本、李本「日」作「曰」，誤。其功可使倍。一辟曰倍。○畢沅曰：「注『一辟』疑是『一倍』。」不知事者，時未至而逆之，時既往而慕之，慕，思也。當時而薄之，薄，輕也，言不重時也。「薄」或作「怠」。○吳先生曰：「逆、慕、薄、郄爲韻。注云『薄或作怠』，怠則非韻矣。疑此是後人校語誤入注文耳。」使其民而郄之。郄，逆之也。○李寶洤曰：「郄與隙同。史記張釋之傳：『雖錮南山猶有郄。』此當作曠闕之意解，謂不可盡民之力。」民既郄，乃以良時慕，此從事之下也。操事則苦，不知高下，民乃逾處。○孫詒讓曰：「逾當讀爲偷。禮記表記云：『君子莊敬日强，安肆日偷。』（墨子脩身篇云『故君子力事日彊，願欲日逾』，與表記文正相類，亦借逾爲偷，與此文可相證。）鄭注云：『偷，苟且也。』言民怠惰，苟且安處，不肯力作也。」種稑禾不爲稑，種重禾不爲重，晚種早熟爲稑，早種晚熟爲重。詩云：「黍稷重稑，稙穉菽麥。」此之謂也。是以粟少而失功。不當其時，故粟少也。食之少氣力，故曰「少而失功」也。

任地

五曰：凡耕之道，必始於壚，壚，埴壚地也。爲其寡澤而後枯；言土燥溼也。○畢沅曰：「注『燥涇』下疑當有一『均』字。」必厚其靹，厚，深也。○畢沅曰：「靹〔一〕，音義缺。」爲其唯厚而及；鋃者「鋃」或作「選」。莚之，堅者耕之，澤○畢沅曰：「梁仲子云：鋃疑即飶字。集韻飽或從缶。』音義並缺。」其靹而後之；○孫詒讓曰：「此文多譌體，不能盡通。以意求之，『厚』竝當爲『後』，高釋爲『深』，非也。『靹』當爲『韌』，廣雅釋詁云：『韌，弱也。』玉篇韋部云：『韌，韌耎也。』『唯』當讀爲雖。『及』當讀爲急。澤其靹而後之』之『澤』當讀爲釋。唯雖、及急、澤釋竝聲類同，古通用。蓋壚爲剛土，（說文土部云：『壚，黑剛土也。』）韌爲耎土，『必後其韌』與『必始於壚』文正相對，謂先耕剛土，後耕耎土，故承之云『釋其韌而後之』，即謂捨其耎土而後耕之也。（畢讀『澤』屬『耕之』爲句，誤。）堅與韌，文亦正相對。『鋃』當從集韻爲『飽』之異文。』爲其唯厚而及鋃』，言因韌土禾易長成，耕雖稍後於壚土，而禾成實甚急，可與壚土同時穫也。『莚』字未詳。」上田則被其處，下田則盡其汙。無與三盜任地。○李寶洤曰：「下文地竊、苗竊、草竊，是謂三盜。」夫四序參發，大甽小畝，爲青魚胠，苗若直獵，地竊之也；既種而無行，耕而不長，則苗相竊也；弗除則蕪，蕪，穢也。除之則虛，虛，動稼根。則草竊之也。故去此三盜者，而後粟可多也。

所謂今之耕也，營而無獲者，「獲」或作「種」。其蚤者先時，晚者不及時，寒暑不節，稼乃多菑實。其爲晦也，高而危則澤奪，陂則埒，見風則蹶，蹶，仆也。高培則拔，培，田側也。寒則雕，

〔一〕「靹」，原作「韌」，據諸子集成本改。

雕，不實也。**熱則脩**，脩，長也。○陳昌齊曰：「脩當讀如詩『暵其脩矣』之脩。注訓長，誤。」○俞樾曰：「詩中谷有蓷篇『暵其脩矣』，毛傳曰：『脩，且乾也。』釋名釋飲食曰：『脩，脩縮也，乾燥而縮也。』『熱則脩』者，言熱則乾縮也，正與『寒則雕』同義。」**一時而五六死，故不能爲來。**來，丕成也。○吴先生曰：「注『丕』當爲『不』，謂不成爲來耳。」**不俱生而俱死，虚稼先死，**虚，根不實。**衆盜乃竊。望之似有餘，就之則虚。**虚，不穎不栗。詩云「實穎實栗，有邰家室」也。○維遹案：今本詩生民篇「栗」下有「即」字。李賡芸云：「南宋小字本説文『邰』下引詩亦無『即』字。與此注所引正同。」**農夫知其田之易也，**易，治也。易讀如易綱之易也。○畢沅曰：「注『易綱』，梁仲子疑是『易疇』。」**不知其稼之疏而不適也。**疏，希也，不中適也。**知其田之際也，不知其稼居地之虚也。**虚，亦希也。○陳昌齊曰：「『際』字，据文義及韻，並當作『除』。」○王念孫曰：「『際』字於義無取，蓋『除』字之誤。上言『田之易』，此言『田之除』，易與除皆治也。曲禮『馳道不除』，鄭注曰：『除，治也。』且易、適爲韻，除、虚爲韻。若作『際』，則失其韻矣。」**不除則蕪，除之則虚，此事之傷也。**傷，敗也。**故晦欲廣以平，甽**〔一〕**欲小以深，**○畢沅曰：「孫云：『李善注文選王元長策秀才文『清甽泠風』，引此『深』作『清』。今案：『深』字是。亢倉子作『甽欲深以端』。」○梁玉繩曰：「文選王元長策秀才文注引此前後七句，亦以爲后稷語。」○王念孫曰：「平、清、生爲韻，則作『清』者是也。清讀如『下崝嶸而無地』之崝。崝，深也。作『清』者，古字假借耳。注内當有『清，深也』三字，今本正

〔一〕「甽」，原脱，據諸子集成本補。

文脱去『清』字，而注内『深』字又誤入正文。亢倉子作『端』，乃『浄』字之譌。」下得陰，陰，溼也。上得陽，陽，日也。然後咸生。咸，皆也。

稼欲生於塵而殖於堅者，殖，長也。○維遹案：亢倉子「塵」下有「土」字，「土」與「者」屬語韻。慎其種，勿使數，亦無使疏，於其施土，無使不足，土，壤也。亦無使有餘。餘猶多也。熟有耰也，耰，覆種也。必務其培。其耰也植，植者其生也必先。先猶速也。其施土也均，均者其生也必堅。堅，好也。是以晦廣以平，則不喪本本，根也。莖生於地者，五分之以地，分，別也。莖生有行故遫長，弱不相害故遫大。遫，疾也。○孫詒讓曰：「亢倉子作：『立苗有行，故速長。强弱不相害，故速大。』此『弱』上疑亦挩『强』字。」衡行必得，縱行必術，○俞樾曰：「術讀爲遂。春秋文十二年『秦伯使術來聘』，左、穀竝同，公羊作『遂』。禮記學記篇『術有序』，鄭注曰：『術當爲遂。』是術與遂古通用。『衡行必得，縱行必遂』，言衡縱皆必順其性也。」正其行，通其風，行，行列也。夬心中央，帥爲泠風。夬，決也。心於苗中央。帥，率也。嘯泠風以摇長之也。○夬或作使。○畢沅曰：「選注引作『夬必中央，帥爲泠風』。又引注云：『必於苗中央，師師然肅泠風以摇長也。』」苗其弱也欲孤，弱，小也。苗始生小時，欲得其孤特疏數適中則茂好也。其長也欲相與居，言相依植不偃仆。○畢沅曰：「舊本無『其』字。又注作『相依助不僵仆』，皆訛脱，今據齊民要術所引補正。亢倉子亦有『其』字。要術『居』作『俱』。今案亢倉作『居』，與此同。」其熟也欲相扶，扶相扶持，不可傷折也。○畢沅曰：「齊民要術作『相扶持，不傷折』，此亦衍二字。」是故三以爲族，乃多粟。族，聚也。○畢沅曰：「亢倉子作『稼乃多穀』。」

凡禾之患，不俱生而俱死。是以先生者美米，○孫先生曰：「御覽八百二十三引『美』作『爲』。」後生者爲粃。粃，不成粟也。是故其耨也，長其兄而去其弟。養大殺小。樹肥無使扶疏，樹墝不欲專生而族居。專，獨也。○俞樾曰：「高注於誼未得。專讀爲摶。史記秦始皇紀『摶心壹志』，索隱曰：『摶，古專字。』周易繫辭傳『其靜也專』，釋文曰：『專，陸作摶。』昭二十一年左傳『若琴瑟之專一』，釋文曰：『專，本作摶。』是專與摶古同字而通用。管子霸言篇『不摶不聽』，見本篇『夫摶國不在敦古』，尹注竝曰：『摶，聚也。』又內業篇『摶氣如神』，注曰：『摶謂結聚也。』然則『不欲專生』者，不欲聚生也，與『族居』同義。若訓專爲獨，則與族居義反矣。下文曰『墝而專居則多死』，蓋以『專生』、『族居』義同，故省文言『專居』。專居者，聚居也，猶族居也。如高注則不可通矣。」肥而扶疏則多粃，根扇迫也。○孫詒讓曰：「扇者，侵削之意。齊民要術云：『榆性扇地，其陰下五穀不植。』陶弘景周氏冥通記云：『年內多勞，扇削鬼神。』蓋漢、晉、六朝人常語。」墝而專居則多死。專，獨。不能自蔭潤其根，故多枯死也。不知稼者，其耨也去其兄而養其弟，殺其大者，養其小者也。○維遹案：亢倉子「稼」作「耨」，疑「耨」字是。不收其粟而收其粃，上下不安則禾多死。○畢沅曰：「舊本『粃』作『粗』，下『不』字脫，竝依亢倉子補正。」厚土則孽不通，壤深不能自達，故多孽死也。○吴先生曰：「『孽』即『甹枿』之『枿』。注『多孽死』當作『孽多死』。」○維遹案：王念孫校本改「通」爲「達」，與所著周秦諸子韻譜改同。案「達」與下文「發」屬祭韻。薄土則蕃轓而不發。○劉師培曰：「『轓』即『蕃』字訛衍，『而』亦『不』之訛衍。」壚埴冥色，剛土柔種，免耕殺匿，使農事得。○王念孫曰：「免讀爲勉。匿讀爲慝。」○孫詒讓曰：「當讀爲『勉耕殺慝』。免、勉，匿、慝，聲類竝同。說文無『慝』

字，古書多以『匿』爲之。管子明法篇云：『比周以相爲匿。』明法解『匿』作『慝』，是其證。禮記樂記鄭注云：『慝，穢也。』」

辯土〇維遹案：張本「辯」作「辨」。

六曰：凡農之道，厚之爲寶。斬木不時，不折折猶堅也。必穗。稼就而不穫，穫，得也。必遇天菑。菑，害也。夫稼爲之者人也，爲，治也。生之者地也，養之者天也。是以人稼之容足，耨之容耨，據之容手，謂根苗疏數之間也。〇畢沅曰：「亢倉子作『耨之容耰，耘之容手』。」此之謂耕道。

是以得時之禾，長稠長穗，大本而莖殺，「殺」或作「小」。〇本，根也。莖稍小，鼠尾桑條穀也。疏機而穗大，機，禾穗果蠃也。〇程瑤田曰：「禾采成實，離離若聚珠相聯貫者謂之機，與珠璣之璣同意。高注是也。」〇王筠曰：「機，吾鄉謂之馬。其疏密各有種族，秫分稀馬、密馬是也。」其粟圓而薄糠，圓，豐滿也。薄糠，言米大也。〇維遹案：說文繫傳引作「圓粒而薄糕」，校勘記云：「今呂覽作『粟圓而薄糠』，糠蓋糕之譌。」非。其米多沃而食之彊，彊，有勢力也。如此者不風。風，落也。〇維遹案：詩北山鄭箋：「風，放也。」風、放雙聲，放、落義近，此展轉相訓。釋名：「風，放，氣放散也。」先時者，莖葉帶芒以短衡，穗鉅而芳奪，秮米而不香。「奪」或作「奮」字〔一〕。〇洪頤煊曰：「字書無『秮』字，當是『秳』字之譌。說文：『秳，舂粟不潰也。』」〇俞樾曰：「高注非也。此

〔一〕「字」，原脫，據諸子集成本補。

當以作『奪』者爲是。『奪』者，『脱』之本字。説文隺部：『奪，手持隹失之也。』故引申之爲脱失字。後人借作『敓』，而本義晦矣。後漢書李膺傳：『豈可以漏奪名籍苟安而已。』漏奪即今言漏脱也。此文『芳』字當讀爲房。房者，柎也。山海經西山經『員葉而白柎』，郭注曰：『今江東呼草木子房爲柎。』是也。『穗鉅而房奪』，言穗雖大而其房必脱落也。因借『芳』爲『房』，而後人又昧於『奪』之本義，遂不得其解，而誤以爲芳薌奮發，致有作『奮』之本，不可從也。」**後時者，莖葉帶芒而末衡，**○畢沅曰：「舊校云：『末一作小。』案：亢倉子作『小莖』。」**穗閲而青零，**青零，未熟而先落。○畢沅曰：「『閲』，亢倉子作『鋭』。」○孫詒讓曰：「注蓋釋『青零』爲色尚青而先零落。亢倉子作『穗鋭多粃而青蘦』，（鋭、閲聲同字通。）亦同高義，然高説實非也。後文説麥云：『後時者，弱苗而穗蒼狼。』畢校云：『蒼狼，青色也。在竹曰蒼筤，在天曰倉浪，在水曰滄浪，字異而義皆同。』畢説甚塙。此青零即蒼狼。蓋禾麥後時，其穗皆青而不黄，爲病同也。青零、倉狼一聲之轉。」**多粃而不滿。**滿，成也。○維遹案：江有誥先秦韻讀改「滿」爲「盈」，是也。盈與零屬耕韻，殆避漢諱改耳。

得時之黍，芒莖而徼下，穗芒以長，○畢沅曰：「亢倉子『穗』下有『不』字。」**摶米而薄糠，**○俞樾曰：「摶之言圜也。考工記梓人『摶身而鴻』，廬人『刺兵摶』，弓人『紾而摶廉』，鄭注竝曰：『摶，圜也。』楚辭橘頌篇『圓果摶兮』，王注曰：『摶，圜也。楚人名圜爲摶。』然則『摶米而薄糠』，與上文『其粟圓而薄糠』文義正同。下文曰『大菽則圓，小菽則摶』，亦以圓、摶竝言。」**春之易，而食之不噮而香，**香，美也。噮讀如餲厭之餲。**如此者不飴。**○畢沅曰：「御覽八百四十二作『餲』。竊疑上注『讀如餲厭之餲』當在此句下。據御覽噮音北縣切，決不當讀餲也。」○維遹案：畢謂上注當在此句下，非。上注本作「噮讀如餶厭之餶」，餶、餲形近致譌。攷噮即餶之借字。説文：「餶，厭也。」

廣韻：「喂，甘而厭也。」集韻鐸韻引伊尹曰：「甘而不餶。」本味篇作「甘而不喂」。（原作〔一〕「噥」，誤，依玉篇引改正。）是喂、餶字同，俱有厭訓，故注云然。**先時者，大本而華。莖殺而不遂，**遂，長。**葉藁短穗。**〇畢沅曰：「『藁』，御覽作『高』。」〇維遹案：亢倉子「藁」作「膏」。**後時者，小莖而麻長，短穗而厚糠，小米鉗而不香。**小米故厚糠也。〇畢沅曰：「『米鉗』，御覽作『米令』，注云：『令，新也。』」

得時之稻，大本而莖葆，長稠疏機，穗如馬尾，大粒無芒，摶米而薄糠，舂之易，而食之香，如此者不益。益，息也。〇畢沅曰：「舊校云：『益一作蒜。』案：御覽八百三十九作『森』，注：『益，息也。』義亦難曉。」〇陳昌齊曰：「『益』當作『嗌』，籀文益作𦬁，舊校作蒜，御覽作森，皆形訛。王石臞亦云然。」〇俞樾曰：「『益』，疑當作『嗌』。方言曰：『嗌，噎也。秦、晉或曰嗌，又曰噎。』然則不嗌者，言食之不噎也。呂氏，秦人，故言秦耳。舊校云：『益一作蒜。』蒜者，𦬁之誤也。說文口部曰：『𦬁，籀文嗌字。』然則呂氏原文之作『嗌』，固無疑矣。」〇李慈銘曰：「『益』即『嗌』字。嗌、噎聲近相通。蒜、森皆𦬁之譌。𦬁，嗌之籀文也。說文：『嗌，咽也。籀文作𦬁，上象口，下象頸脈理也。』噎，飯窒也。嗢，咽也。』咽可訓嗢，即可通噎。詩王風『中心如噎』，毛傳：『噎憂不能息也。』噎憂二字連讀，噎憂同欭嚘。『噎憂不能息』者，謂欭嚘而气息不調也。此言食之不益者，謂食之气息通利，不致哽噎及欭嚘也。注云『息也』者，即包得噎、欭兩義，此高氏訓說之簡古處。漢書百官公卿表『𦬁作朕虞』，應劭曰：『𦬁，伯益也。』師古

〔一〕「作」，原作「在」，形近而誤，今改。

曰：『⿱廿林，益之古字。』彼假嗌之籀文⿱廿林爲益，此則假益爲嗌。而舊校云『一作⿱廿林』者，乃正字也。」先時者，本大而莖葉格對，對，等也。短稠短穗，多粃厚糠，薄米多芒。後時者，纖莖而不滋，厚糠多粃，庢辟米，不得恃辟，小也。「恃」或作「待」。○畢沅曰：「御覽無『庢』字，字書無攷。下作『辟米不大』，注止『辟小』二字，正文『得恃』及注『恃或作待』皆無。」○孫志祖曰：「『庢』，疑即下句『定』字之譌衍。」○陳昌齊曰：「『恃』當作『待』。」○王石臞以『不得待定熟』爲句。」○王念孫曰：「『不得恃』，舊本御覽引作『不得待』，今本作『不大』者，妄人改之也。竊謂『不得待定熟』五字當作一句讀，言後時之稻不得待成熟之時即卬天而死也。」定熟，卬天而死。得時之麻，必芒以長，疏節而色陽，○維遹案：御覽八百四十一引「必芒以長」作「必莖長」，「色陽」作「危陽」。小本而莖堅，厚枲以均，後熟多榮，日夜分復生，如此者不蝗。蝗蟲不食麻節也。○梁玉繩曰：「麻不說先時、後時，疑有缺脱。」

得時之菽，長莖而短足，其莢二七以爲族，多枝數節，競葉蕃實，二七，十四實也。○畢沅曰：「『莢』，舊訛作『美』，今從初學記、御覽改。下訛作『英』，亦併改。」大菽則圓，小菽則摶以芳，稱之重，食之息以香，如此者不蟲。蟲不齧其莢芒也。先時者，必長以蔓，浮葉疏節，小莢不實。後時者，短莖疏節，本虛不實。

得時之麥，稠長而頸黑，二七以爲行，而服薄䅵而赤色，○王筠曰：「禹貢『納秸服』，傳曰：『服稾役』。謂服力稾之役也。呂覽曰：『得時之麥，服薄䅵而赤色。』知服者䅵之別名，今呼禾葉之下半包其稾者爲蘆服，即此義也。」稱之重，食之致香以息，使人肌「肌」或作「肥」。澤且有力，○維遹案：御覽八百三十八引「肌」作「肥」。亢倉子同。惟御覽無「澤」字。如此者不蚼蛆。先時者，暑雨未至，「至」或作「上」。○維遹案：「至」字是。至與下文疾、節屬至韻。胕動蚼蛆而多疾，胕動，病心。胕讀如疛○畢沅曰：「洪氏亮吉漢魏音引此注云：『胕讀如疛。』案：胕如疛，音同，知胕、肘本一字也。今本『疛』作『痛』，誤，從舊本改正。亢倉『胕動』作『胕腫』。」○梁玉繩曰：「當是『痛』字，傳譌作『痛』。胕與肘不同音，未必是一字。」○王念孫曰：「『蚼蛆』二字疑因上文而衍。『胕』當作『肘』，注『病心』當乙轉。」其次羊以節。後時者，弱苗而穗蒼狼，○畢沅曰：「蒼狼，青色也。在竹曰『蒼筤』，在天曰『倉浪』，在水曰『滄浪』，字異而義皆同。」薄色而美芒。

是故得時之稼興，興，昌也。失時之稼約。約，青病也。○梁玉繩曰：「今俗所云『青腰』。」○張雲璈曰：「今米有青胥、白臍之名，米之病也。高注『約，青病也』，當即俗所云『青胥』，而青病字甚雅，約字亦奇。」莖相若，稱之，得時者重，粟之多。○陶鴻慶曰：「高注以『得時之稼興，失時之稼約』相對爲文，而釋之曰：『興，昌也。約，青（『青』疑『眚』字之誤。）病也。』然上文於得時、失時之異論之甚詳，此不煩更說，『興』當爲『與』字之誤。『約』字屬下讀之。『粟之多』三字乃高爲『重』字作注而羼入正文者。元文當云：『是故得時之稼與失時之稼約莖相若稱之，得時者重。』約，束也。說文：『稟，禾束也。』正此約字之義。謂束其莖而稱之，多寡均而輕重異也。與下文『量粟相若而舂之，得時者多米。量米相若而食之，得時者忍饑』文同一例。」量粟相若而舂之，得時者多米。量米相若而食之，○舊校云：「一作『以爲食』。」得時者忍饑。忍猶能也。能，耐也。是故得時之稼，其臭香，其味甘，其氣章，氣，力也。章，盛也。百日食之，「百日食之」者，食之百日也。耳目聰明，心意叡智，叡，明也。四衛變彊，四衛，四枝也。殈氣不入，身無苛殃。苛，病。殃，咎。黄帝曰：「四時之不正也，正五穀而已矣。」五穀正時，食之無病，故曰「正五穀而已」。

審時

呂氏春秋舊跋

右呂氏春秋總二十六卷，凡百六十篇。餘杭鏤本亡三十篇，而脱句漏字合三萬餘言。此本傳之，虧東牟王氏，今四明使君，元豐初，奉詔修書於資善堂，取大清樓所藏本校定。元祐壬申，余卧疾京師，喜得此書，每藥艾之間，手校之，自秋涉冬，朱黄始就，即爲一客挾之而去。後三年見歸，而頗有欲得色，余亦心許之。得官江夏，因募筆工録之竟，以手校本寄欲得者云。鏡湖遺老記。

呂氏春秋附攷

序説畢沅述，今重校補。

呂氏春秋序意：「維秦八年，歲在涒灘，高誘注：秦始皇即位八年。秋，甲子朔。朔之日，良人請問十二紀。文信侯曰：『嘗得學黄帝之所以誨顓頊矣，爰有大圜在上，大矩在下，汝能法之，爲民父母。蓋聞古之清世，是法天地。凡十二紀者，所以紀治亂存亡也，所以知壽夭吉凶也。上揆之天，下驗之地，中審之人，若此則是非可不可無所遁矣。天曰順，順維生。地曰固，固維寧。人曰信，信維聽。三者咸當，無爲而行。行也者，行其理也。行數，循其理，平其私。夫私視使目盲，私聽使耳聾，私慮使心狂。三者皆私設精畢沅曰：「疑『情』。」則智無由公，智不公則福日衰，災日隆，以日倪而西望知之。』」畢沅曰：「此呂氏十二紀原序，且其言近道，故以爲冠冕。

史記呂不韋列傳：「呂不韋者，陽翟大賈人也。太子政立爲王，尊呂〔一〕不韋爲相國，

〔一〕「呂」，原脱，據史記補。

號稱『仲父』。當是時，魏有信陵君，楚有春申君，趙有平原君，齊有孟嘗君，皆下士喜賓客以相傾。呂不韋以秦之彊，羞不如，亦招致士，厚遇之，至食客三千人。是時諸侯多辯士，如荀卿之徒，著書布天下。呂不韋乃使其客人人著所聞，集論以爲八覽、六論、十二紀，二十餘萬言，以爲備天地萬物古今之事，號曰呂氏春秋，布咸陽市門，懸千金其上，延諸侯游士賓客，有能增損一字者，予千金。」畢沅曰：「不韋著書之由，惟此最詳且確。太史公曰：『孔子之所謂聞者，其呂子乎。』真能灼見不韋本意。後之言呂氏春秋者多失之。」

十二諸侯年表：「呂不韋者，秦莊襄王相，亦上觀尚古，删拾春秋，集六國時事，以爲八覽、六論、十二紀，爲呂氏春秋。」

太史公自序：「不韋遷蜀，世傳呂覽。」正義曰：「即呂氏春秋。」

漢書司馬遷傳：「不韋遷蜀，世傳呂覽。」蘇林曰：「呂氏春秋篇名八覽、六論。」

漢書楚元王傳：「劉向曰：『秦相呂不韋集知略之士而造春秋，亦言薄葬之義，皆明於事情者也。』」案：畢本無，今補。

桓譚新論：「秦呂不韋請迎高妙，作呂氏春秋。書成，布之都市，懸置千金，以延示衆士，而莫能有變易者。乃其事約豔，體具而言微也。」文選楊德祖答臨淄侯牋注引。案：畢本無，今補。

鄭康成曰：「月令本呂氏春秋十二月紀之首章也，以禮家好事抄合之，後人因題之名曰禮記。」三禮目録。

又曰：「呂氏説月令而謂之春秋，事類相近焉。」禮運注。

蔡邕曰：「周書七十一篇，而月令第五十三。秦相呂不韋著書，取『月令』爲紀號。淮南王安亦取以爲第四篇，改名曰『時則』。故偏見之徒，或云月令呂不韋作，或云淮南，皆非也。」蔡中郎集。

司馬貞曰：「八覽者，有始、孝行、慎大、先識、審分、審應、離俗、時畢沅曰：「本書作『恃』。」君也。六論者，開春、慎行、貴直、不苟、以畢沅曰：「本書作『似』。」順、士容也。十二紀者，記十二月也，其書有孟春等紀，二十餘萬言，三十餘卷也。」史記索隱。畢沅曰：「漢志及隋、唐志皆二十六，此及子鈔與書録解題俱作三十，誤也。」

唐馬總曰：「呂不韋，始皇時相國，乃集儒士爲十二紀、八覽、六論，暴於咸陽市，有能增損一字與千金。無敢易者。」意林。

宋呂祖謙曰：「不韋春秋，成於始皇八年。有曰：維遹案：「有曰」疑爲「序意」或「序曰」之譌。『維秦八年，歲在涒灘，秋，甲子朔。朔之日，請問十二紀。此其書成之歲月也。」經義考引。案：畢本無，今補。

宋黄震曰：「呂氏春秋者，秦相呂不韋恥以貴顯，而不及荀卿子之徒著書布天下，使其賓客共著八覽、六論、十二紀，竊名春秋。高誘爲之訓解。淳熙五年冬，尚書韓彦直爲之序，謂士之傳於天下後世者，非徒以其書。夫子之聖，則書宜傳。孟子之亞聖，則書宜傳。過是而以書傳者，老聃以虚無傳，莊周以假寓傳，屈原以騷傳，荀卿以刑名傳，畢沅曰：「此句似有訛脱，或是『荀卿以性惡傳，韓非以刑名傳』。」司馬遷以史傳，揚雄以法言傳，班孟堅以續史遷傳。然槩之孔、孟，宜無傳，而皆得竝傳者，其人足與也。吕氏春秋言天地萬物之故，其書最爲近古，今獨無傳焉，豈不以吕不韋而因廢其書邪？愈久無傳，恐天下無有識此書者，於是序而傳之。栝蒼蔡伯尹又跋其書之後曰：『漢興，高堂生、后倉、二戴之徒取此書之十二紀爲月令，河間獻王與其客取其大樂、適音爲樂記，司馬遷多取其説爲世家、律曆書，孝武藏書以預九家之學，劉向集書以繫七略之數。今其書不得與諸子爭衡者，徒以不韋病也，然不知不韋固無與焉者也。』」黄氏日抄。

宋高似孫曰：「淮南王尚奇謀，募奇士，廬館一開，天下儁絶馳騁之流，無不雷奮雲集，蜂議横起，瓌詭作新，可謂一時傑出之作矣。及觀吕氏春秋，則淮南王書殆出於此者乎？不韋相秦，蓋始皇之政也。始皇不好士，不韋則徠英茂，聚畯豪，簪履充庭，至以千計。始皇甚惡書也，不韋乃極簡册，攻筆墨，采精録異，成一家言。吁！不韋何爲若此者也？不亦異乎！春秋之言曰：『十里之間，耳不能聞；帷牆之外，目不能見；三畝之間，心不能知，而欲東至開晤，南撫多鶤，西服壽靡，北懷儋耳，何以得哉！』畢沅曰：「語見任數篇，『開晤』作『開梧』，『多鶤』作『多顋』，意林所載作『開悟』、『多鶤』也。」此所以譏始皇也，始皇顧不察哉！不韋以此書暴之咸陽門曰：『有能損益一字者，與千金。』人卒無一敢易者。是亦愚黔之甚矣，秦之士其賤若此，可不哀哉！雖然，是不特人可愚也，雖始皇亦爲之愚矣。異時亡秦者，又皆屠沽負販，不一知書之人，嗚呼！」子略。維遹案：畢本此下有宋馬端臨曰一則，即通考所載晁氏曰一則，周中孚鄭堂讀書記已言其誤。案晁氏說見郡齋讀書志，此删去。

宋王應麟曰：「書目，是書凡百六十篇，以月紀爲首，故以『春秋』名書。十二紀篇首與月令同。」玉海。

元陳澔曰：「呂不韋相秦十餘年，此時已有必得天下之勢，故大集羣儒，損益先王之禮，而作此書，名曰春秋，將欲爲一代興王之典禮也，故其間亦多有未見與禮經合者。其後徙死，始皇并天下，李斯作相，盡廢先王之制，而呂氏春秋亦無用矣。然其書也，亦當時儒生學士有志者所爲，猶能彷彿古制，故記禮者有取焉。」禮記集說。

元鄭元祐序：「江南内附初，北方賢士大夫宦轍南邁者，往往嗜古籍學，考索研稽，惟恐弗逮。元祐恨生晚，無以參侍。諸大老若徐公子方父、暢公純父、劉公居敬父號節軒先生尚及，以諸生拜之於諸老先生坐席間。久之，金華胡汲仲先生講道虎林山之僧舍，踈簷古屋之下，中設一木榻，賓友終日相過從，其獲延致中坐，與先生劇談古今，南北士大夫不數人，而節軒先生則其一也。公踈秀而明潤，玉立而長身。時與先生論先秦古書，以爲秦自用商鞅，驅其民不戰則畊，禁絶先王之學，固不待李斯建言之時也。然吕不韋乃能招延四方辨博之士，成吕覽一書，其書雖醇疵相參，至於奇聞異見，有裨世教。若月令爲書，小戴取之以記禮，先儒不謂其爲不可也。顧其書版本不復刊，而讀者亦甚寡。元祐聞先生此言也，時年二十餘，今忽四十餘年矣。已而元祐饑驅東西漂頗，聞節軒先生不樂仕，僅以監察御史終，位不究德，而始發於其子嘉興公。嘉興公以文儒起家，敭歷朝箸，出爲嘉興路總管，念其家所藏書，皆節軒先生所手校，於是出其一二，俾以刊于嘉禾之學宫，與學者共，而吕氏春秋其一也。公念元祐嘗受學於胡先生之門，固以諸生拜御史公者矣。吕覽既刊版，乃俾元祐爲之序。御史公海岱人，諱克誠，字居敬，累贈至禮部尚書。嘉興公名貞，字庭幹，由嘉興擢授海道都漕運萬户云。遂昌鄭元祐序。」見元刻本。案：畢本無，今補。

明方孝孺曰：「吕氏春秋十二紀、八覽、六論，凡百六十篇。吕不韋爲秦相時，使其賓客所著者也。太史公以爲不韋徙蜀，乃作吕覽。夫不韋以見疑去國，歲餘即飲酖死，何有賓客，何暇著書哉？史又稱不韋書成，懸之咸陽市，置千金其上，有易一字者，輒與之。不韋已徙蜀，安得懸書於咸陽？由此而言，必爲相時所著，太史公之言誤也。○畢沅曰：「本傳不誤。」不韋以大賈乘勢市奇貨，致富貴，而行不謹，其功業無足道者，特以賓客之書顯其名於後世，況乎人君任賢以致治者乎？然其書誠有足取者，其節喪、安死篇譏厚葬之弊，其勿躬篇言人君之要在任人，用民篇言刑罰不如德禮，維遹案：此文在上德篇，非用民篇。達鬱、分職篇皆盡君人之道，切中始皇之病，其後秦卒以是數者僨敗亡國，非知幾之士，豈足以爲之哉！第其時去聖人稍遠，論德皆本黄、老，書出於諸人之所傳聞，事多舛謬，如以桑穀共生爲成湯，以魯莊與顔闔論馬，與齊桓伐魯，魯請比關内侯，皆非實事，而其時竟無敢易一字者，豈畏不韋勢而然耶？然予獨有感焉，世之謂嚴酷者，必曰秦法，而爲相者乃廣致賓客以著書，書皆詆訾時君爲俗主，至數秦先王之過無所憚，若是者，皆後世之所甚諱，而秦不以罪。嗚呼！然則秦法猶寬也。」

盧文弨曰：「玉海云：『書目，是書凡百六十篇。』今書篇數與書目同。然序意舊不入數，則尚少一篇。此書分篇極爲整齊，十二紀，紀各五篇；六論，論各六篇；八覽，覽當各八篇，今第一覽止七篇，正少一。考序意本明十二紀之義，乃末忽載豫讓一事，與序意不類，且舊校云『一作「廉孝」』，與此篇更無涉，即豫讓亦難專有其名。黄氏震云「十二紀終而綴之以序意，主豫讓」云，則在宋時本已如此，然以爲主豫讓者，其説亦誤也。因疑序意之後半篇俄空焉，別有所謂『廉孝』者，其前半篇亦簡脱，後人遂强相附合，併序意爲一篇，以補總數之缺。然序意篇首無『六曰』二字，後人於目中專輒加之，以求合其數，而不知其迹有難掩也。今故略爲分別，正以明不敢妄作之意云耳。」

又書呂氏春秋後：「呂氏春秋一書，大約宗墨氏之學，而緣飾以儒術，其重已、重生、節喪、安死、尊師、下賢皆墨道也，然君子猶有取焉。秦之君臣曷嘗能行哉！猶墨子非樂，而此書不然，要由成之者非一人，其墨者多也。漢志謂墨家者流蓋出於清廟之守。清廟，明堂也。此書十二月紀非所謂順四時而行者歟？則漢志之言信也。孟子尊孔子，斥楊、墨，書中無一言及之。所稱引者，莊、惠、公孫龍、子華子諸人耳。世儒以不韋故，幾欲棄絕此書，然書於不韋固無與也。以秦皇之嚴，秦丞相之勢燄，而其爲書時寓規諷之旨，求其一言近於揣合而無有，此則風俗人心之古，可以明示天下後世而不怍者也。世儒不察，猥欲并棄之，此與耳食何異哉！」抱經堂文集。案：畢本無，今補。

畢沅呂氏春秋新校正序：「漢書藝文志雜家，呂氏春秋二十六卷，秦相呂不韋輯智略士作，原夫六經以後，九流競興，雖醇醨有間，原其意恉，要皆有爲而作。降如虞卿諸儒，或因窮愁託于造述，亦皆有不獲已之故焉。其著一書，專覬世名，又不成于一人，不能名一家者，實始于不韋，而淮南内、外篇次之。然淮南王後不韋幾二百年，其采用諸書，能詳所自出者十尚四五。即如今道藏中文子十二篇，淮南王書前後采之殆盡，間有增省一二字，移易一二語以成文者，類皆當時賓客所爲，而淮南王又不暇深攷與。不韋書在秦火以前，故其採綴原書類亡，不能悉尋其所本。今觀其本〔一〕味一篇，皆述伊尹之言，而漢儒如許慎、應劭等間引其文，一則直稱伊尹曰，一則又稱伊尹書。今考藝文志道家伊尹五十一篇，不韋所本，當在是矣。又上農、任地、辨土等篇述后稷之言，與亢倉子所載略同，則亦周、秦以前農家者流相傳爲后稷之説無疑也。他如採老子、文子之説，亦不一而足。是以其書沈博絶麗，彙儒墨之旨，合名法之源，古今帝王天地名物之故，後人所以探索而靡盡與！隋書經籍志雜部呂氏春秋二十六卷，高誘注。誘序自言嘗爲孟子章句及孝經解等，今已不見。有世所傳誘注國策，亦非真本，唯此書及淮南王書注，最爲可信。誘注二書，亦間有不同。有始覽篇『大汾冥阨』，解云『大汾，處未聞。冥阨、荊阮、方城皆在楚』，而淮南王書注則云『大汾在晉』，『冥阨』淮南作『澠阨』，注云：『今宏農澠池是也。』先識覽篇『男女切倚』，解云：『切，磨。倚，近也。』淮南王書『倚』作『踦』，注又云：『踦，足也。』知分篇解云『魚滿二千斤爲蛟』，而淮南王書又作『二千五百斤』。至于音訓，亦時時不同。此蓋隨文生義，或又各依先師舊訓爲解，故錯出而不相害與。暇日取元人大字本以下悉心校勘，同志如抱

〔一〕「本」，原誤「至」，今改。

經前輩等又各有所訂正，遂據以付梓。鳩工于戊申之夏，逾年而告成。若淮南王書，則及門莊知縣炘已取道藏足本刊于西安，故不更及云。乾隆五十四年歲在己酉孟夏月吉序。」

新校吕氏春秋所據舊本

元人大字本脱誤與近時本無異。

李瀚本明弘治年刻，篇題尚是古式，今皆仍之。

許宗魯本從宋賀鑄舊校本出，字多古體，嘉靖七年刻。

宋啟明本不刻年月，有王世貞序。

劉如寵本神廟丙申刻。

汪一鸞本神廟乙巳刻。

朱夢龍本每用他書之文以改本書，爲最劣。

陳仁錫奇賞彙編本

又書内審正參訂姓氏

餘姚盧文弨紹弓　嘉善謝墉崑城

嘉定錢大昕曉徵　仁和孫志祖詒穀

金壇段玉裁若膺　江陰趙曦明敬夫

嘉定錢塘學淵　陽湖孫星衍淵如

陽湖洪亮吉穉存　仁和梁玉繩燿北

錢塘梁履繩處素　武進臧鏞堂在東

汪中呂氏春秋序：原注：「代畢尚書作。」「呂氏春秋，世無善本，余向所藏，皆明時刻，循覽既久，輒有所是正。于時嘉善謝侍郎、仁和盧學士並好是書，及同學諸君各有校本，爰輯爲一編，而屬學士刻之，既成，爲之序曰：周官失其職，而諸子之學以興，各擇其術以明其學，莫不持之有故，言之成理。及比而同之，則仁之與義，敬之與和，猶水火之相反也。最後呂氏春秋出，則諸子之説兼有之，故勸學、尊師、誣徒、一作詆役。善學一作用衆。四篇，皆教學之方，與學記表裏。大樂、侈樂、適音、一作和音。古樂、音律、音初、制樂皆論樂。藝文志言劉向校書，別得樂記二十三篇。今樂記有其一篇，而其他篇名載在別録者，惟見于正義所引。按本書適音篇，樂記載之。疑劉向所得，亦有采及諸子同于河間獻王者。凡此諸篇，則六藝之遺文也。十二紀發明明堂禮，則明堂陰陽之學也。貴生、情欲、盡數、審分、君守五篇，尚清淨養生之術，則道家流也。蕩兵、一作用兵。振亂、禁塞、懷寵、論威、簡選、決勝、愛士七篇，皆論兵，則兵權謀、形勢二家也。上農、任地、辨土三篇，皆農桑樹藝之事，則農家者流也。其有牴牾者，振亂、禁塞、大樂三篇，以墨子非攻、救守及非樂爲過，而當染篇全取墨子，應言篇司馬喜事則深重墨氏之學。甚者吴起之去西河，長見、觀表二篇一事兩見，惟有始覽所謂解見某書者，于本書能觀其會通爾。司馬遷謂不韋使其客人人著所聞，以爲備天地萬物古今之事，然則是書之成，不出于一人之手，故不名一家之學，而爲後世修文御覽、華林偏略之所託始。藝文志列之雜家，良有以也。然其所采摭，今見于周、漢諸書者，十不及三四。其餘則本書已亡，而先哲之話言，前古之佚事，賴此以傳于後世，其善者可以勸，其不善者可以懲焉。亦有閭里小智，一意采奇詞奥旨，可喜可觀，庶幾乎立言不朽者矣。其文字異同，已注于篇中，兹不復及。故序其著書之意，以質之諸君子，幸正教之。」述學補遺。案：畢本無，今補。

錢保塘跋畢氏吕氏春秋序：「汪容甫述學載代畢尚書作吕氏春秋序曰『余所藏皆明時刻，循覽既久，輒有是正。於時〔一〕嘉善謝侍郎、仁和盧學士及同學諸君各有校本，爰輯爲一編，而屬學士刻之，既成，爲之序』云云。畢氏經訓堂刻本自序則云：『暇日取元人大字本以下悉心校勘，同志如盧抱經前輩又各有所訂正，遂據以付梓。』其文絶不同。盧氏是書刻本亦未之見。疑畢氏本屬盧氏刻之，屬汪氏代爲之序，後盧氏不果刻，畢氏乃自刻之，

〔一〕「時」，原作「是」，據清風室文鈔改。

別撰斯序，而汪氏自以其原稾載之集耳，非有兩本也。畢氏序文，間有未審處，如云淮南王後不韋幾二百年。按史記秦始皇本紀，十二年，文信侯死。淮南王傳，孝文八年，淮南王有子四人，皆七八歲，乃封子安爲阜陵侯。於四人中首舉安，則安乃厲王長子，時年八歲，當生於文帝元年，上距始皇十二年纔五十七年，即以元狩元年安没時計之，亦祇百十餘年，不得云後幾二百年也。又云吕氏上農、任地、辨土等篇與亢倉子所載略同。按亢倉子云天寶中王士元撰，見本書自序及晁氏讀書志，新唐書藝文志正取吕氏之言而爲此説。畢氏乃以爲周、秦間書，亦誤。至云文子十二篇，淮南王書採之略盡，則不知後人勦淮南書託爲文子，非淮南王取文子也。金山錢氏文子刻本辨之甚詳，此則畢氏所未及見矣。」清風室文鈔。

日本松皋圓畢校吕氏春秋補正序：「今之所行吕氏春秋百六十篇，後漢高誘注，明宋邦乂、徐益孫同校。予頃讀之，尋繹案省，頗有所疑。夫司馬遷作史記十二紀、十表、八書、三十世家、七十列傳，篇目整齊，題義粲明，古人用心正嚴固然。然如此書十二紀，自孟春至仲冬各五篇，惟季冬多序意一篇；八覽則有始七篇，餘竝八篇。竊謂篇目參差不齊，恐非吕氏之舊也。意者自此書出，降于明季，世之相去幾二千載，屢經喪亂，簡編爛脱，或失有始覽中一篇，或雜在中，未得其説。案序意者，假設問答，總明十二紀之義耳，全類後世題跋之體，宜繼置不侵篇末，不必别爲一篇。如荀子王制篇中提出『序官』二字，以説官職之例而可也。且其所載豫讓一事，不屬上文，此乃不侵篇後脱簡錯亂在此，後人不察，分爲一篇，以足其數，非吕氏之舊，明矣。又觀高注，傳寫相承，或遇改竄，或係譌脱，若其解義猥瑣淺陋不足據者，蓋居其半。案高氏亦碩儒，嘗注戰國策、淮南子等，豈如此注之無識多誤哉！或如宋、徐輩好事者私添削歟？何以言之？觀士容「術皆當作述，刻者誤」。夫板刻起乎唐，高氏漢人也，何知刻者誤？其證一也。徧閲此注及淮南注，少改字者，此亦先儒篤信之風，故如其曰某當作某者，唐、明以下口吻，決非漢儒之言，況術、述古字通借乎？其證二也。如安死篇解小旻之詩，專據毛傳，旁採鄭箋，於義疏遠，與上文不相接，高氏豈不知詩無定義乎？其證三也。如季春紀「無出國門」，「國」下分注「一作『九』」，然觀本注獨解九門之義，不及國門，因考凡曰某一作某者，竝校者辭，宜置圈外。其證四也。檢全書注十二紀極詳，八覽尚備，至中六論則寥寥僅存，上農以下諸篇，其最難解而闕不注，何其詳彼而略此乎？念十二紀之所以獨詳者，或係後人取時則訓注而增補歟？其證五也。因考高序所謂十七萬三千五十四言者，或遭攙入，或被勦略，蓋亦不辭，可勝歎哉！予爲發憤捃摭衆説，引据羣籍，以正後人假託之謬，以雪高氏誣罔之屈，觀者察諸。寛政十一年春三月二十五日，抹筆於青山書屋。此跋乃始校吕覽時所誌者也，時予年二十有五，屈指數之，距今文化乙亥已歷十六年，會福山鹽田屯購得畢沅校本，損貲翻刻。予與其藩太田叔龜友善，以故惠其新鐫初搢本。於是教授生徒之暇，挑燭展閲，亦足以觀彼國承平之久，業斯文者，比諸前代，更得精密。就取舊校，記入標間。其説與畢氏暗合者，率居什七，悉爲棄去，不復贅矣。間有異同，竊不自量，正其紕繆，補其缺漏，始乎季秋，終乎仲冬，加以鹽田考證類書。嗚呼！蒲柳之質先衰，刕數年前，病熱瀕死，頭髮半禿，及後更生，外視猶黑，櫛沐之際，對鏡逆搔，既覺種種。試以舊校，較諸今考，所獲不多，蓋懶性之爲咎，而學力之難進歟？慙歎奚已！古云『日月空從閑裏過，功名豈向懶中來』，信。因記斯言，竝録舊跋。後之讀者，須務努力，勿效尤哉。文化十有四年秋九月，迂齋松皋圓識。」

章學誠校讎通義：「呂氏春秋亦春秋家言，而兼存典章者也。當互見於春秋、尚書，而猥次於雜家，亦錯誤也。古者春秋家言，體例未有一定，自孔子有知我罪我之説，而諸家箸書往往以春秋爲獨見心裁之總名。然而左氏而外，鐸椒、虞卿、呂不韋之書，雖非依經爲文，而宗仰獲麟之意，觀司馬遷敘十二諸侯年表而後曉然也。呂氏之書，蓋司馬遷之所取法也。十二本紀倣其十二月紀，八書倣其八覽，七十列傳倣其六論，則亦微有所以折衷之也。四時錯舉，名曰春秋，則呂氏猶較虞卿晏子春秋爲合度也。劉知幾譏其本非史書，而冒稱春秋，失其旨矣。」

陳澧東塾讀書記：「呂氏春秋多采古儒家之説，故可取者最多。古之儒家，多偉人名論，其書雖亡，其姓名雖湮没，而其言猶有存者，令人發思古之幽情耳。」

徐時棟呂氏春秋雜記序：「周、秦之際，儒墨分途，異端横起，其家自爲學，人自爲書者，何可殫數。暴秦吹燄，衆説銷鑠，然而存於今者，六經、孔、曾、思、孟之道，昭昭乎日月矣。其他逸周書、穆天子傳之餘於書，大戴之餘於禮，國語、國策、竹書紀年之餘於春秋，三朝記之餘於論語，弟子職之餘於孝經，晏嬰、荀況之儒，鬻熊、管夷吾、老聃、辛文、關尹喜、鬼谷、莊周、列禦寇、鶡冠子之道，商鞅、韓非之法，尹文子之名，墨翟之墨，太公、孫子、司馬法之兵書，屈原、宋玉之詩賦，山海經之數術，黄帝、扁鵲之方技，無論僞作也，即前儒指稱爲古本者，亦既皓首而不能徧讀，況在秦以前哉！於時呂不韋以相父之尊，耦國之富，招致天下豪桀士，羅古今圖書，刺取衆説，采精録異，勒成巨編，僭其名曰春秋，專其號曰呂氏，劉略、班志品目之以爲雜家，蓋精確乎不可易矣。其書瑰瑋宏博，幽怪奇豔，上下鉅細事理名物之故，粲然皆具，讀之如身入寶藏，貪者既得恣所欲以去，廉介之士，雖一毫無取，而不能不歎羨其備物之富有也。乃儒者獨以不韋之書而羞稱之。嗚呼！此豈陽翟大賈與奔走於其門下者之所能爲哉。夫蠭之毒也，而蜜人食之。衣工之賤也，而裘人衣之。蜜成於蠭也，蠭采之於百華。裘成於工也，工集之於千狐。惡蠭而傾其蜜，賤工而裂其服，則豈不悖矣！呂氏之書，呂氏爲之，抑豈呂氏之爲哉？遺文軼事，名言至理，往往而在。攷其徵引神農之教，黄帝之誨，堯之戒，舜之詩，后稷之書，伊尹之説，夏之鼎，商、周之箴，三代以來禮樂刑政，以至春秋、戰國之法令，易、書、詩、禮、孝經，周公、孔子、曾子、子貢、子思之言，以及夫關、列、老、莊、文子、子華子、季子、李子、魏公子牟、惠施、慎到、甯越、陳駢、孫臏、墨翟、公孫龍之書，上志故記，歌誦謡諺，其攟摭也博，故其言也雜，然而其説多醇而少疵。嗚呼！此豈賈人子與其食客之所能爲者哉！漢人高誘有言，尋繹此書，大出諸子之右。吾習其書尤信，故於諸子中每好觀是書。竊嘗總攬大略，以論之如此。高氏訓解稱善本，自宋以來，刊刻多謬譌。至於我聖朝有畢沅氏校刻者，最爲精審。循環誦繹，覺高注、畢校或羝牾本意，失其旨趣，私輒病之。間以鄙意，筆諸眉端，積久愈多，别録成册，爲吕氏春秋雜記。千慮一得，或未必無補於讀是書之君子。若謂斲而裁之，則吾豈敢。咸豐六年十二月甲午序。」

又後序：「余既爲吕氏春秋雜記，記鄉先生黄東發氏嘗校是書，取視之，但記每篇大意，時或掇采其語，而論衡者寡，因摘其所論與吾言異同者附見一二。又記近人梁氏玉繩嘗作吕子校補，復取視之，則詮釋駁辯，所證據之書與吾合者十有八條。愛士篇「處廣門之官」，順民篇「湯旱五年」，孟冬紀「物勒工名」，至忠篇「文摯治病」，長見篇「覲存」，本味篇「伊尹説」，長攻篇「服衰登山」，慎人篇「共伯」，精諭篇「好蜻」，不屈篇「煙視」，高義篇「賓萌」，知分篇「夏后啓」，召類篇「司城〔一〕子罕」，過理篇「帶益三副」，原亂篇「無過亂門」，博志篇「夢文王、周公」，上農篇「后稷曰」，共十七條。又庭立紀聞採諸以敦説貴信篇「抽劍自承」一條。或纖悉盡符，或大略不異。豈惟不妒其先得，抑亦足以驗吾言之或庶幾無大謬也。各存其説，更不删薙。而其餘條由鄙意以爲乖背者，亦或辨折之，未能盡也。凡雜記爲卷八，爲條二百二十七，爲文三萬三千有奇，既而以示陳君子相，或有所商搉，取其説附之卷中。又偶以記中語語宋君蓮叔，亦嘗參數語，又附之。久之，某君宿草堂，讀是記，半夜而盡，既歸，書來辯難，所駁詰者四事，滔滔九百五十餘言。又久之，余始答其辯，四倍於原書，今具以兩書附記末，爲四千八百餘言。於是擘卷著録，冠初脱稿時弁言於首，復記成書以後所聞見者爲此序，合爲序目，復二千言。總凡十卷，幾四萬言。付之削氏，就正有道。吾嘗謂自得之聰明每苦於不足，求勝之意氣常處於有餘。以有餘之意氣，而睥目攘臂囂囂然爲不足之聰明爭勝負，此水火之所以日甚，而門户之所以日鬪也。博其識以淵源乎周、秦之書，平其心以酌量乎漢、宋之學，博則會，會則通，平則公，公則明。由斯道也，雖治經

〔一〕「城」，原作「馬」，據召類篇改。

無難，而況諸子。然而知之〔一〕艱，行之惟艱，蓋未嘗不景仰先哲而撫卷以怍也。咸豐七年九月望後三日書。」烟嶼樓文集。

曹楞跋王念孫呂氏春秋手校本：「弇山畢尚書湛博墳典，提振儒疋，海內通才，感嚮風義，悉出其門，以求張顯。秦郵王先生沈酣經郛，裔焉茂焉，挺其脩名，少壯植之，至老而不敢倦。二公者又皆遭逢盛世，海宇清砥，得以餉其嗜，恣其志。時不可再，皃無可儗，後生愁悱，能希之者有幾？呂氏春秋一書，畢尚書聚吴、越俊彦於梁孝王園，羅置羣籍，攷證讐校，刊之以惠士林，善本也。王先生又竭稽古之力，正其舛錯，丹墨而竄乙之，善之又善者也。楞胡畐覯之，獲窺前哲力學之勤，審文定義之精，益怳然於古書沿譌襲盭之所因，充其極，雖百智慧不能釋其紛而袪其纇，雖百聰明不能抉其奥而通其神。王先生，尚書之功臣也，先後不同時，容有所慭，尚書不殁羣善，著參訂姓氏於篇首，雅量奚若。叚王先生預校書之役，尚書之敬禮，更當奚若！呂不韋行駔儈之詐，以名位爲市，何知文字？藉賓客以成此書，賓客因自宣其藴結，而反覆致慨於世無真士與知己之難求，序意曰：『私視使目盲，私聽使耳聾，私慮使心狂。三者皆私設精則智無由公，智不公則福日衰，災日隆。』不韋

〔一〕「之」下疑當有「非」字。

侈然自大，驕蹇無狀之態窮盡如繪。故下即自託於青荓、豫讓之爲人，蓋言不韋雖不賢，而既爲其客，未可悖之也。咸陽市門無一字之增損，非不能也，不忍也。揚子思輂其金以自豪，吾恐當時有子雲其人，一訾議間，容不保其軀，而爲子雲者，亦可危也。嗚呼！天地否，大通圯，良士委，今之不捄，徒論古以爲娛，是之謂愚。光緒二十有八年正月二日曹楞書。」維遹案：姜宸英湛園未定稿書呂氏春秋、梁章鉅退庵隨筆、馬其昶抱潤軒未刊稿讀呂氏春秋，文繁不録，附識於此。

卷帙

漢書藝文志雜家：「呂氏春秋二十六篇。秦相呂不韋輯智略士作。」

梁庾仲容子鈔：「呂氏春秋三十六卷。」子略。

隋書經籍志雜部：「呂氏春秋二十六卷，秦相呂不韋撰，高誘注。」

馬總意林：「呂氏春秋二十六卷。」

舊唐書經籍志雜家：「呂氏春秋二十六卷，呂不韋撰。」

新唐書藝文志雜家：「呂氏春秋二十六卷，呂不韋撰，高誘注。」

崇文總目：「呂氏春秋三十六卷。」錢侗曰：「諸家書目並二十六卷。」案畢本無，今補。

通志藝文略雜家：「呂氏春秋二十六卷，秦相呂不韋撰，高誘注。」

郡齋讀書志雜家類：「呂氏春秋二十卷。」王先謙曰：「袁本『二十』下有『六』字。」右秦呂不韋撰，後漢高誘注。按史記不韋傳云：不韋相秦，招致辯士厚遇之，使人人著所聞，集論以爲八覽、六論、十二紀，二十餘萬言，以爲備天地萬物古今之事，號曰呂氏春秋，暴之咸陽市門，王先謙曰：「袁本暴之作布。」懸千金其上，有能增損一字者，予之。王先謙曰：「袁本『其上』下作『延諸侯遊士賓客，有能增損一字，予千金』。」時人無增損者。高誘以爲非不能也，畏其勢耳。昔張侯論爲世所貴，崔浩五經注學者尚之，二人之勢猶能使其書傳如此，況不韋權位之盛，學者安敢牾其意而有所更易乎！誘之言是也。然十二紀者，本周公書，後儒置於禮記，善矣，而目之爲『呂令』者，誤也。王先謙曰：「『時人無增損』以下，袁本所無。」維遹案：畢沅據袁本引至「後漢高誘注」止，今增補。

直齋書録解題雜家類：「呂氏春秋三十六卷，秦相呂不韋撰，後漢高誘注。其書有十二紀、八覽、六論。十二紀者，即今禮記之月令也。」畢沅曰：「此與子鈔卷數皆誤。」

漢書藝文志考證雜類：「呂氏春秋二十六篇。史記：呂不韋招致辯士，厚遇之，至食客三千人。是時，諸侯多辯士，如荀卿之徒，著書布天下。不韋乃使其客人人著所聞，集論以爲八覽、六論、十二紀，二十餘萬言，以爲備天地萬物古今之事，號曰呂氏春秋。索隱曰：『八覽者，有始、孝行、慎大、先識、審分、審應、離俗、恃君。凡八十三篇。六論者，開春、慎行、貴直、不苟、似順、士容。凡三十六篇。十二紀者，記十二月也。有孟春等紀，凡六十一篇。是書以月紀爲首，故以春秋名，高誘注。二十六卷。月令本十二月紀之首章。東萊呂氏曰：『不韋春秋成於始皇八年。按呂氏春秋「維秦八年，歲在涒灘，秋，甲子朔，朔之日，良人請問十二紀」。此其書成之歲月也。涒灘者，申也。通鑑、皇極經世「始皇八年，歲在壬戌」，後呂氏春秋二年。不韋當時人，必不誤，蓋後世算曆者之差也。不韋引夏書曰：「天子之德廣運，乃神乃武乃文。」商書曰：「五世之廟，可以觀怪，萬夫之長，可以生謀。」仲虺有言曰：「諸侯之德，能自爲取師者王，能自爲取友者存，其所擇而莫如己者亡。」周書曰：「若臨深淵，若履薄冰。」舜自爲詩曰：「普天之下，莫非王土。率土之濱，莫非王臣。」其舛異如此，豈一字不能增損乎？』」案：畢本無，今補。

文獻通考經籍雜家：「呂氏春秋二十卷。」畢沅曰：「此脱『六』字。」

宋史藝文志雜家類：「呂不韋呂氏春秋二十六卷，高誘注。」

明南雍經籍考子類：「呂氏春秋二十六卷，高誘註。秦呂不韋招延四方辯博之士成此書，凡百六十篇。或問不韋以呂易嬴，揚子雲曰：『不韋以位易宗，其爲人無足論者。然史角往魯之説，足以祛明堂位、祭統之誣成王、伯禽，學者不可以不之考也。』」案：畢本無，今補。下同。

天禄琳琅書目九：「明版子部。呂氏春秋，一函四册。秦呂不韋著，漢高誘訓解，二十六卷。前誘序、目録，後有鏡湖遺老識語，明張登雲跋。考是書卷目，各家著録互異，唐、宋藝文志及晁氏讀書志並作二十六卷，惟馬氏文獻通考作二十卷，與陳氏書録解題又作三十六卷，與此本亦異。按鏡湖遺老識語，稱『餘杭鏤本亡三十篇，又有脱字漏句。此本得於東牟王氏，四明使君於元豐初奉詔修書於資善堂，取大清樓藏本爲之校定。元祐壬申，余喜得此書，校讎始定，爲一客挾去。後三年見歸，因募筆工録之』云云。據此，則鏡湖遺老爲宋人，其時所校定者，原未嘗刊刻。此本有陳世寶訂正，朱東光參補，張登雲繙校，諸名目刊列於標題之下，是其書爲登雲所手校，而遵用鏡湖遺老校定舊本，概可見也。陳世寶、朱東光爵里俱無考。張登雲，山東兖州府寧陽縣人，登隆慶辛未進士，見太學題名碑。」

又後編：「呂氏春秋，二函十六册。秦呂不韋撰，漢高誘訓解。書二十六卷，凡百六十篇。曰十二紀，子目六十一。曰八覽，子目六十三。曰六論，子目三十六。前有誘序。每卷標題下，刻明雲間宋邦乂、張邦瑩、徐益孫、何三畏校。三畏字士柳，華亭人，萬曆壬午舉人，官紹興府推官。餘無考。」

四庫全書總目子部雜家類：「呂氏春秋二十六卷，兩江總督採進本。舊本題秦呂不韋撰。考史記文信侯列傳，實其賓客之所集也。太史公自序又稱『不韋遷蜀，世傳呂覽』。考序意篇稱『維秦八年，歲在涒灘』，是時不韋未遷蜀。故自高誘以下皆不用後説，蓋史駁文耳。漢書藝文志載呂氏春秋二十六篇。今本凡十二紀、八覽、六論，紀所統子目六十一，覽所統子目六十三，論所統子目三十六，實一百六十篇，漢志蓋舉其綱也。其十二紀即禮記之月令，顧以十二月割爲十二篇，每篇之後〔一〕各間他文四篇。惟夏令多言樂，秋令多言兵，似乎有義。其餘則絶不可曉。先儒無説，莫之詳矣。又每紀皆附四篇，而季冬紀獨五篇，末一篇標識年月，題曰序意，爲十二紀之總論，殆所謂紀者猶内篇，而覽與論者外篇、雜篇歟？唐劉知幾作史通内、外篇，而自序一篇亦在内篇之末，外篇之前，蓋其例也。不韋固小人，而是書較諸子之言獨爲醇正，大抵以儒爲主，而參以道家、墨家，故多引六籍之文與孔子、曾子之言。其他如論音則引樂記，論鑄劍〔二〕則引考工記，雖不著篇名，而其文可案。所引莊、列之言皆不取其放誕恣肆者，墨翟之言不取其非儒、明鬼者，而縱横之術，刑名之説，一無及焉，其持論頗爲不苟。論者鄙其爲人，因不甚重其書，非公論也。自漢以

〔一〕「之後」原脱，據四庫全書總目補。
〔二〕「劍」，原脱，據四庫全書總目補。

來，註者惟高誘一家，訓詁簡質，於引證顛舛之處，如制樂篇〔一〕稱成湯之時穀生於庭，則據書序以駁之，稱南子爲蠆夫人，則據論語、左傳以駁之，稱西門豹在魏襄王時，則據魏世家、孟子以駁之，稱晉襄公伐陸渾，稱楚成王〔二〕慢晉文公，則皆據左傳以駁之，稱顔闔對魯莊公，則據魯世家以駁之，稱衛逐獻公立公子黚，則據左傳、衛世家以駁之，皆不蹈註家附會之失。然如稱魏文侯虜齊侯，獻之天子，傳無其事，不知誘何以不糾？其謂梅伯説鬼侯之女好，妲己以爲不好，因而見醢；謂白乙〔三〕丙、孟明皆蹇叔子；謂甯戚扣角所歌乃碩鼠之詩；謂公孫龍爲魏人，竝不著所出，亦不知其何所據。又共伯得乎共首及張毅、單豹事，均出莊子，乃於共伯事則曰不知其出何書，於張毅、單豹事則引班固幽通賦，竟未見漆園之書，亦爲可異。若其註『五世之廟』曰逸書，則梅賾僞本尚未出，引〔四〕詩『庶姜孽孽』作『钀钀』，『鼉鼓逢逢』作『韸韸』，則經師異本，均不足爲失也。」

〔一〕「篇」，原脱，據四庫全書總目補。
〔二〕「王」，原脱，據四庫全書總目補。
〔三〕「乙」，原作「乞」，據四庫全書總目改。
〔四〕「引」，原脱，據四庫全書總目補。

拜經樓藏書題跋記：「吕覽二十六卷。元刻本，卷首有遂昌鄭元祐序，序後有『嘉興路儒學教授陳泰至正十下缺。吴興謝盛之刊』一行。每葉二十行，每行大小字俱二十。有『南書房史官海甯查慎行字夏重』、又曰『悔餘得樹樓藏書』諸圖記，蓋曾爲初白先生收藏。序首缺半頁，先生手書補全。先君子識簽云：『此元初刻本。序文前半頁，乃查初白先生手筆鈔補，真如白獺髓矣。兔床志。』」

鄭堂讀書記子部雜家類：「吕氏春秋二十六卷，經訓堂叢書本。舊題秦吕不韋撰，實其賓客之所集也。不韋，陽翟人，莊襄王時官丞相，封文信侯，始皇尊爲相國，號稱仲父。四庫全書著録。漢志作二十六篇，篇即卷也。隋志所載二十六卷，高誘注。新、舊唐志、崇文目、讀書志、通志、宋志俱同。書録解題作三十六卷，通考作二十卷，皆字之誤脱耳。是書首爲十二紀，每紀各分五目，終以序意。次爲八覽，各分八目，惟首一覽止七目。次爲六論，每論各分六目。大凡一百六十篇。漢志惟舉其十二紀、八覽、六論之數也。其以月紀爲首，故以春秋名書。十二紀篇首與月令同。書成于始皇八年，有序意篇可證。而太史公自序及漢書遷傳載報任安書俱云『不韋遷蜀，世傳吕覽』，蓋欲遷就蒙難著書之意，而非其實也。方希直遜志齋集有吕氏春秋篇，稱『不韋以大賈乘勢市奇貨致富貴，而行不謹，其功業無足道者，特以賓客之書顯其名于後世，況乎人君任賢以致治者乎？然其書誠有足取者。其節喪、安死篇譏厚葬之幣，其勿躬篇言人君之要在任人，用民篇言刑罰不如德禮，達鬱、分職皆盡人君之道，切中始皇之病，其後秦卒以是數者僨敗亡國，非知幾之士，豈足以爲之哉。第其時去聖人稍遠，論德皆本黃、老，書出于諸人之所傳聞，事多舛謬。而其時竟無敢易一字者，豈畏不韋勢而然耶』？余謂希直所論，能抉作者之旨，高續古子略、黃東發日鈔所未見及者也。誘所注書，如孟子章句、孝經解，久佚不傳，國策注亦非足本，惟此書及淮南子注最爲可信。其注二書，亦間有不同，此蓋隨文生義，或又各依先師舊訓爲解，故錯而不相害歟。前有誘自序。末有宋元祐壬申後三年鏡湖遺老跋，不著名氏，當記于紹聖乙亥云。鎮洋畢秋帆撫豫時，取元人大字本以下八種，悉心校勘，盧抱經等又各有所訂正，遂據以付梓，冠以乾隆己酉新校正序及附考，並新校所據舊本，審正參訂姓氏。其附載『馬端臨曰』一則，即通考所載『晁氏曰』一則，張冠李戴，莫此爲甚，而當時參訂十二人中，竟無有爲之審正者，豈亦畏其勢而然耶？別有明雲間宋邦乂等校刊本，前有王弇羽序，秋帆所據舊本內有宋啟明本，注云『不刻年月』，與此本相合，而其名異，或邦乂等又取啟明本而重刻之耳。」

郘園讀書志子部：「呂氏春秋二十六卷。明萬曆庚申，凌氏朱墨套印本。呂氏春秋，世傳元嘉興路儒學刻本爲最古。乾隆中，畢沅校刻此書，前列引據諸本，以元人大字爲第一，按：此即元嘉興路儒學本。謂其脫誤與近時本無異。而所列第二本則爲明弘治時李瀚刻本，謂其篇題是古式，今皆仍之。畢氏此説，殊爲未審，不知李瀚有重刻元大字本者，刻于弘治十一年河南巡撫任内，二十六卷末有『弘治十一年秋河南開封府許州重刻』一行，版心刻大小字數，本依元本舊式。書估往往割去重刻序及卷尾末葉，僞充元刻，近人藏書家往往爲其所欺，惟仁和丁氏善本書室藏書志于李瀚刻本揭破其僞。丁藏此書刻本最富，悉皆明刻。李刻外有明翻元本，云『巡按直隸監察御史陳世寶訂正，河南按察司僉事朱東光參補，直隸鳳陽知府張登雲繙校』，每半葉十行，行二十字。謂弘治刊本，即同此式。有嘉靖七年許宗魯刻本，有明無年月雲間宋邦乂、宋啟明父子校刻本，按：此前有王世貞序，當亦嘉靖時所刻。有明新安汪一鸞刻本，有明皇甫龍、沈兆廷刻本。近時藏書家殆無比其富者。然諸本皆爲畢校所見。皇甫龍、沈兆廷本，即畢引之朱夢龍本。其本每引他書之文以改本書，于明刻中爲最劣。又一劉如寵刻本，爲萬曆丙申刻，却出丁藏之外，而皆未見此萬曆庚申凌毓枏套印硃評本，蓋由此刻傳本絶少故也。套印本卷一大題下有硃字二行，一云『宋鏡湖遺老陸游評』，一云『明天目逸史凌稚隆批』。稚隆即毓枏之父。當時套印刻本書頗多，至今與閔齊伋所刻之書同爲收藏家所珍貴。顧其識甚闇陋，如鏡湖遺老記一則，本不署名，以記文有『元祐壬申余卧疾京師』數語證之，知爲賦『梅子黄時雨』詞之賀鑄，即許宗魯所云從賀鑄舊校本出者是也。陸游慶元間人，上去元祐遠矣。鏡湖因避宋翼祖嫌名改字，當時或以

『鑑』字代『鏡』，皆以避敬之故。淩氏不知，題爲陸游别號，已是可笑。尤可異者，上闌硃評不稱某曰，亦不以他色套印，竟不知誰爲陸誰爲淩，是又無論爲賀鑄爲陸游，真是無冤可訴矣。明嘉、萬以後刻書，多不明來歷，大都如此。即如許宗魯之多古體字，亦其所自造，而非出于宋、元。余藏有許刻國語，中字體多以説文楷寫，全不知篆變爲隸，隸變爲楷，中間尚隔一墻，如何可以飛渡？殆亦好奇而不知根柢者。然此書評批，誠不可據，而圈點句讀，能使讀者目快神飛，是固文章家之所取資，知其謬誤而不繩以考據可也。光緒癸卯春三月二十日葉德輝題記。」維遹案：記吕氏春秋元刻本者，見孫星衍平津館鑒藏書籍記、陸心源皕宋樓藏書志、繆荃孫藝風堂藏書記、王頌蔚寫禮廎遺集、瞿鏞鐵琴銅劍樓藏書目録、恬裕齋藏書記、鄧邦述羣碧樓善本書録、清學部圖書館善本書目、京師圖書館善本書目、傅增湘雙鑑樓善本書目，記明刻本者，見丁丙善本書室藏書志、日本藤佐經籍訪古志、姚範援鶉堂筆記。文繁不録，附識于此。治吕氏春秋版本者，必有所取焉。